대중독재의 영웅 만들기

대중독재의 영웅 만들기

비교역사문화연구소 기획 | 권형진·이종훈 엮음

■ 이 글은 2003년 학술진흥재단의 지원에 의하여 연구되었음.(KRF-2003-072-AM2002)

엮은이의 말

영웅 숭배, 그 미몽(迷夢)의 기억을 찾아서

I

1960~1980년대 초등학교 어린이들에게 "커서 뭐가 될 거냐?"는 질문은 무척 일상적인 것이었다. 이것은 교실에서 장래 희망을 이야기하는 형식으로, 또는 당시에 유행한 글짓기나 웅변대회의 소재로 즐겨 사용되던 공식적인 학습 방법이었다. 또한 가족과 친지의 모임에서 어른들에게 사적으로 자주 받는 질문 중 하나이기도 했다. 이때 아이들은 대답의 모델로 위인전에 나오는 '역사적 인물'들을 내세웠음은 두말할 필요가 없다. 이렇게 1960~1980년대 한국은 장래 위인전에 등장할 소년·소녀들로 가득 찬 '희망 한국'이었다.

대부분의 학생들은 영웅전을 읽고 그들의 삶을 따라가고자 했다. 물론 대중이 역사를 소비하도록 만드는 여러 가지 방법 중에 영웅의 이야기는 시대와 장소를 막론하고 항상 즐겨 사용되는 방법이다. 문제는 다양한 역사 소비의 방식에서 유독 영웅의 역사만이 적극적으로 소비되고 강조되었다는 점이다.

역사, 특히 현대사가 많은 부분 개인과 집단의 기억과 망각에 기초한다는 점에서 영웅 이야기는 청소년 교육을 위한 좋은 소재로 사

엮은이의 말

　용되었다. 이런 이유에서 20세기에 청소년들이 숭배한 영웅들은 사회적 기억과 망각의 결과물이며, 동시에 망각을 동반한 개인적 회상의 산물이라고 할 수 있다.
　우리가 주목해야 할 점은 1960~1980년대 한국의 청소년들이 숭배한 영웅들로는 역사적으로 '평가된' 영웅들 이외에도 체제가 만들어낸 영웅들이 소리 없이 등장했다는 사실이다. 그들은 민족의 영웅들과 어깨를 나란히 하며 교과서에 등장하고, 철없는 어린이들의 영웅 목록에도 자리 잡게 되었던 것이다. "나는 공산당이 싫어요."를 외치며 잔인한 죽음을 당한 반공 어린이 이승복과, 부하들의 목숨을 구하기 위하여 수류탄을 안고 장렬하게 죽은 강재구 소령은 시대가 만들어낸 영웅들이었다. 정권은 자신들이 만들어놓은 체제와 이데올로기를 위하여 그들만의 영웅을 만들어내고 그것을 믿도록 강제하였던 것이다.
　그러면 지금은 다른가? 올해 초 "아산 현충사는 이순신 장군의 사당이라기보다는 박정희 대통령의 기념관 같은 곳"이라는 문화재청장의 발언이 문제가 되었고, 얼마 전 10여 척의 전선으로 330여 척의 적 함대를 격파한 이순신의 명량해전(鳴梁海戰)을 방영한 TV 사극의 게시판에는 컴퓨터 그래픽스가 만들어낸 스펙터클에 열광한 시청자들의 글이 폭주하였다. 그렇다면 과거의 정치적 영웅 숭배와 현재의 상업적 영웅 숭배가 단순히 이것을 만들어낸 자들만의 창조물일까? 어느 누구도 범접할 수 없는 절대적 존재가 된 민족영웅 이순신은 이제 더 이상 역사적 인물이 아닌 그 무엇이 되었는가? 이런 이순신의 승리에 열광하는 대중은 책임이 없을까? 스펙터클을 기대하는 것은 시대를 초월한 대중의 욕구일 것이다. 이러한 대중의 심리를 포착하여 주술을 걸고 '홀림'의 정치학을 실천하는 것이 대중 독재의 영웅 숭배가 아닐까?

II

"겁도 없고 흠도 없는 영웅들로 수놓아진 국민적 상상의 세계"[1]를 보여주는 영웅전을 국민 교육의 중요한 역사 서술로 사용하는 것은 아마도 근대 국민국가들의 공통된 특징 중 하나일 것이다. 그러나 이러한 영웅 숭배는 근대 국민국가들이 역사에 등장하기 이전에도 존재하였다. 고대의 《플루타르코스 영웅전》에서부터 우리는 고대의 영웅들에 대한 길고 짧은 에피소드에 이미 익숙해 있다. 영웅이 인류 역사의 발전에 결정적인 역할을 하였다고 굳게 믿은 칼라일은, "혼미한 상황으로 궁극적인 멸망을 향해 무기력하게 치닫는 범용하고 나태한 시대, 이런 시대를 …… 하늘의 번개가 내려와 불살라주기를 기다리고 있는 마른 장작 더미와 같다."며 이런 시대에 대해 "신에게서 직접 능력을 받아 내려오는 위인이 바로 그 번개"[2]라고 영웅의 중요성을 강조하였다.

이것은 단순히 서양만의 경험은 아닐 것이다. 어린 시절 우리의 상상력을 자극하였던 《삼국지》와 같이 역사 고전에 등장하는 장대한 영웅 서사는 동양에서도 이미 익숙한 시나리오였다. 그러나 이러한 장편의 역사 서사 어디에도 하찮은 병졸의 삶과 고통은 자세히 서술되지 않았다. 오히려 그들의 목숨은 천하통일이라는 영웅의

엮은이의 말

'위대한 의지'를 위해 투자되는 카지노의 칩과 같았다. 자신이 가진 모든 칩을 걸고 한 판 승부를 벌여 승리하면 그는 영웅호걸이 되었던 것이다. 물론 그들은 항상 민심은 천심이라는 말과 함께 앞으로 다가올 태평성대를 강조하였다.

칼라일에 따르면 전근대의 영웅은 성실성과 통찰력이라는 '미덕'을 반드시 가져야 했다. 성실하지 못하다면 최소한 자신이 불성실하다는 것을 인식하고 부단히 노력해야 했다.[3] 이러한 '미덕'과 함께 그들을 숭배하는 개인이나 집단의 '과장'을 통하여 전근대의 영웅은 탄생하고 그 생명을 이어나갔다. 로마의 주교가 대표적인 기독교 성인인 베드로와 바울로의 순교지 위에 주님을 위한 제단을 만들었다는[4] 사실과, 예수가 통나무 두 개를 걸쳐 만든 십자가 위에서 죽은 것이 아니라 아주 널찍한 숲 속에서 죽었다고 희화화하는 에코의 소설은 무엇을 의미하겠는가?[5] 근대 이전에는 '미덕'과 '과장'이라는, 즉 '하늘'과 '인간'으로부터의 선택을 동시에 누리는 자(者)만이 영웅이 될 수 있었다는 것이다.

그러나 프랑스 대혁명으로 영웅 숭배는 커다란 변화를 겪게 된다. 절대 왕정을 몰아낸 혁명 세력들은 혁명의 영웅들을 위한 제단인 팡테옹을 만들었다. 대중들을 위한 영웅의 전당이 만들어진 것이다. 이러한 변화는 나폴레옹에 의해 자신의 군사적 성공과 자기 광고(PR)의 방식을 통해 대중의 지지로 극대화되는 수준으로까지 발전하였다. '꼬마 하사관' 출신의 황제는 누구나 영웅이 되는 근대적 '대중영웅'의 모습과 전통적인 '엘리트 영웅'의 모습을 동시에 담고 있었다. 이와 같이 근대에 들어 전통적인 영웅은 사라지고 누구나 영웅이 될 수 있는 대중적 의미로 영웅 숭배의 방식이 확장되고 변질되어갔다. 과거 영웅들이 그 출신에서, 그 행동과 사고방식에서 일반 대중이 감히 접근할 수 없는 존재였다면, 근대에 들어서면서는 좀더 폭넓은 대중적 지지를 확보하기 위해 영웅 숭배가 강조되고 적극적으로 활용되는 것이다.

III

대중들이 본격적으로 영웅 숭배의 대상으로 고려되기 시작한 것은 제1차 세계 대전이 발발하면서부터였다. 제국주의와 민족주의의 소용돌이 속에서 치러진 제1차 세계 대전 동안 유럽 사회에서 대중의 정치적 · 경제적 · 사회적 · 문화적 역할은 그 의미가 배가되었다. 가족과 친구들을 떠나 참호의 수렁 속에서 몇 년 동안 최악의 순간들을 경험해야 하는 병사들을 전선에 묶어두고 남성들이 떠난 후방에서 여성들을 무기 공장에서 일하도록 만들기 위해서, 민족과 애국심이 무한대로 강조되었고 이런 희생이 국가로부터 보상을 받는다는 믿음을 심어 주어야 했다. 전선에서 죽어가는 이들의 희생이 헛된 것이 아니라는 믿음을 주기 위하여 그들에 대한 국가적 행사가 기획되었고, 그들의 희생을 기억하는 장소가 마련되었다. 과거에는 생각할 수 없었던 일들이 벌어지기 시작하였다. 이제 국가와 민족을 위기에서 구하는 것은 소수의 위대한 인물이 아닌 전선에서 죽어가는 무명의 병사라는 믿음이 대대적으로 선전되었다. 즉 영웅이라는 개념에 근본적인 변화가 온 것이다. 그러나 영웅 숭배는 '대중영웅'

엮은이의 말

만으로 이루어질 수 있는 것이 아니었다. 바이마르 시기 비스마르크를 통한 영웅대망론이 등장하고, 박정희 체제 당시 이순신의 '성웅화'와 같이 전통적인 영웅 또는 엘리트 영웅들은 여전히 대중을 선동하고, 그들을 자신의 정치 진영으로 끌어들이기 위해서 절대적으로 필요한 존재들이었다.

그러나 이제 주류는 '대중영웅'이라고 일컬을 수 있는 대량 생산된 새로운 영웅들이었다. 이들 영웅은 선택받은 인물이 아닌 누구나 될 수 있는 그런 존재였다. 여기에 산업화를 통하여 발전하기 시작한 대중 매체의 확산은 이러한 '대중영웅'의 출현을 더욱 효과적으로 만들었다. 전쟁은 끝났지만 승자도 패자도 모두 정치적으로나 사회적으로 큰 어려움을 겪게 된다. 일반적으로 한 민족이 다른 민족의 억압을 받을 때에만 자신에 대해서 자각한다는 르낭의 말[6]이 옳기는 하지만 문제는 모두가 위기의식을 느끼고 있었다는 것이다. 위기의 상황에서 대중을 끌어모으기 위해서 민족과 국가라는 용어가 그 어느 때보다도 많이 사용되었다. 더욱이 위기를 극복하기 위해 사람들은 구세주와 같은 영웅의 출현을 애타게 기다리게 된 것이다. 물론 이것은 단순히 민족이라는 '상상의 공동체'에서만의 현상은 아니었다. 사회주의를 표방하는 체제에서도 대중을 동원하는 중요한 수단으로 영웅의 이미지는 매우 유용하였다.

특히 제1차 세계 대전 이후 서구 사회에서 급속히 퍼진 대중민주주의는 아직 현실 세계에서 실험되지 않은 상태였다. 이제 정치적 권력은 대중적 지지를 확보한다면 어떠한 정치인이나 정치 집단도 자신의 수중에 넣을 수 있게 되었다. 검증되지 않은 수많은 선동가들이

> 엮은이의 말

　대중의 환호와 갈채를 받으며 한 국가의 최고 정치인으로 등장하였다. 이들뿐만 아니라 혁명이나 쿠데타를 통해 권력을 장악한 정권도 자신들의 정체성을 확립하고 대중의 지지를 유지하기 위하여 독재의 방법을 기꺼이 사용하였다. 새롭게 권력을 장악한 이들은 대중의 환호와 지지를 유지하기 위해 수많은 방법들을 동원하여 자신의 체제를 과장함으로써 약점을 감추고자 하였다. 대중들은 정권의 내부에서 일어나는 자세한 일들을 알 필요가 없었다. 그들은 다만 정권이 창조해낸 이미지에 계속 환호만 하면 되었던 것이다. 이러한 목적에 영웅만큼 좋은 것이 또 있을까? 거기에 민족 또는 국가라는 수식어가 붙은 민족영웅 또는 국가영웅이라면 금상첨화가 아니었겠는가?
　이렇게 대중민주주의 사회에서 대중은 또다시 기만당하고 철저히 도구화되었다. '대중독재' 사회에서 영웅은 기존의 모든 영웅 형식을 종합한 모습으로 나타난다. 이들은 자신들의 체제를 유지하고 선전하기 위하여 가능한 모든 영웅상을 이용하는 것을 꺼리지 않았다. 따라서 대중독재 체제에서 나타나는 영웅 숭배는 일종의 '영웅 종합 선물 세트'와 같은 양상을 띤다. 이 상자 안에는 전통적인 역사영웅에서부터 '대중영웅', 엘리트 영웅, 종교적 성인이 함께 등장하기도 하고, 죽은 영웅과 함께 살아 있는 영웅이 공존하며, 소년 영웅에서 여성과 남성이 모두 영웅으로 등장하기도 한다. 또한 국가 이데올로기와 계급, 기술과 진취적 탐험정신을 대표하는 모든 인간 유형의 영웅들이 존재한다. 이러한 다양한 종류의 영웅들이 등장하는 대중독재 체제 하에서 대중영웅들이 갖는 공통점은 영웅으로서의 생명력이 짧다는 것이다. 전통적 역사영웅들이 가지는 시간의 아우

엮은이의 말

라를 그들은 가지지 못한다.

　그렇다면 대중영웅의 성공은 단순히 정권적(공적) 욕구에 따른 결과물에 지나지 않을까? 그리고 대중독재 체제에서 열광하는 대중은 강제에 내몰려 그렇게 열광한 것일까? 여기서 우리는 스펙터클을 갈망하는 대중을 잊지 말아야 한다. 열광하는 대중이 없으면 그들의 영웅은 존재하지도 존재할 수도 없다. 대중독재의 영웅 숭배는 스펙터클을 갈망하는 대중의 심리를 주술로 불러내는 '홀림'의 정치학이었다. 주술을 통해 대중의 욕구는 기만당하고 도구화된 것이다. 여기에는 좋아하는 음식만 먹는 편식 아동과 같이 자신들이 기대하는 스펙터클만을 보려고 하는 대중의 욕망이 그 중심에서 작용하였음을 알아야 한다. 스펙터클에 가려 영웅의 사적 공간과 일상은 망각되고 새로운 기억이 만들어진다.

　오늘날 대중의 공적 공간과 사적 공간은 타의적이고 동시에 자의적인 의지들에 의해 혼합되고 있다. 전 세계적 규모의 대중 매체는 공적 공간을 무한대로 확장시키고, 시시각각으로 전해오는 사건 사고의 보도는 대중들의 일상과 평범하고 작은 '시민영웅'들과 '공공의 적'들의 이야기들을 뒤섞고 있다. 철로에 떨어진 어린아이를 구하기 위하여 자신의 두 다리를 희생한 철도원이 '시민영웅'이 되고, 자신의 애견이 싼 오물을 치우지 않은 한 여성이 '공공의 적'이 되었다. 공적으로 행해지던 영웅 숭배 방식이 튀고자 하는 개인들에 의해 도용되고, 이것이 현대를 살아가는 지혜로 평가받고 있다. 대중문화가 거대한 산업의 지배를 받게 되면서 대중영웅을 만들어냈던 방식들이 우리의 일상을 지배하는 것이다.

IV

마지막으로 여기에 실린 글들은 2004년 8월 20일 한양대학교 비교역사문화연구소의 '대중독재 국제연구 네트워크'가 한국학술진흥재단의 지원을 받아 개최한 '20세기 유럽의 독재 체제와 대중'이라는 주제의 학술대회와 10월 29일부터 31일까지 개최한 '대중독재: 동의의 생산과 유통(Mass Dictatorship and Consensus-Building)'이라는 주제의 국제 학술대회의 '영웅 숭배와 대중 매체(Hero-Cults and Media Representations)' 세션에서 발표된 글들을 중심으로 엮었다. 아울러 대중독재 체제의 영웅 숭배에서 빼놓을 수 없는 부분인 중국과 북한의 대중영웅에 대한 차문석 선생님의 노고로 책의 완성도를 높일 수 있었음을 밝혀둔다.

2005년 8월 8일
책임 편집을 맡은 권형진 씀

■ 엮은이의 말 미주

1) 크리스티앙 아말비, 성백용 옮김, 《영웅은 어떻게 만들어지는가. 프랑스 역사에 나타난 영웅의 탄생과 몰락》, 아카넷, 2004, 13쪽.
2) 토머스 칼라일, 박상익 옮김, 《영웅숭배론》, 한길사, 2003, 44쪽.
3) 토머스 칼라일, 박상익 옮김, 《영웅숭배론》, 한길사, 2003.
4) 피터 브라운, 정기문 옮김, 《성인 숭배》, 새물결, 2002.
5) 움베르토 에코, 이윤기 옮김, 《장미의 이름》, 열린책들, 2004.
6) 에르네스트 르낭, 신행선 옮김, 《민족이란 무엇인가》, 책세상, 2002.

차례

엮은이의 말

1부 | 새로운 '대중영웅'이 등장하다

호르스트 베셀   만들어진 나치의 '대중영웅'

I   해군 실습선 이글 호와 호르스트 베셀 호   24

II   '엘리트 영웅'에서 '대중영웅'으로   29
       1. 새로운 엘리트 집단이 만들어지다   2. '대중영웅'이라는 새로운 영웅 등장
       3. '대중영웅'의 표상, 호르스트 베셀

III   호르스트 베셀은 누구인가?   39
       1. 청소년기의 호르스트 베셀   2. 돌격대원이 되다
       3. 호르스트 베셀 피살 사건

IV   나치의 '대중영웅' 호르스트 베셀 만들기   52
       1. '베셀 신화'의 창조자, 괴벨스   2. 신화 만들기의 새로운 기제는 '음악과 노래'   3. 기념과 상징으로 재탄생하다   4. '천년 왕국'을 위한 순교자, 호르스트 베셀

V   만들어진 '대중영웅'의 실체   77

레이평, 길확실 마오쩌둥·김일성 체제가 만들어낸 영웅들

I 붉은 기, 〈인생〉, 그리고 장례식 88

II 사회주의, 영웅, 스펙터클 92
    1. '관료정'과 영웅   2. 포퓰리즘, 개인 숭배, 영웅
    3. 영웅 스펙터클의 정치

III 영웅신화 만들기 107
    1. 영웅신화는 어떻게 만들어지는가   2. 영웅 레이펑의 일생, '딩쯔 정신'
    3. 마오쩌둥과 레이펑 : "레이펑을 배우자(向雷鋒學習)!"   4. 동원과 저항
    5. 지도자의 산업적 욕망을 따르는 노동영웅들

IV 영웅, 다시 불려나오다 142
    1. 덩샤오핑의 레이펑   2. 자본주의 스펙터클의 선구자, 레이펑

V 스펙터클 없는 영웅 사회 150
    1. 리틀, 빅 히어로   2. 영웅과의 결별

이승복 "나는 공산당이 싫어요."의 정치학

I 이승복 사건의 진실 게임 166

II 순교자가 된 소년 170
    1. "공산당이 싫어요."   2. 이승복의 실언으로 인한 참극?

III 순교자 이승복, 영웅이 되다 176
    1. 이승복이 영웅이 되어야 할 이유   2. 이승복 기념사업의 전개
    3 실기·만화·교과서

IV   '죽어도 영원히 죽지 않는' 반공의 꽃   189
       1. 대중영웅 이승복   2. 1980년대 이승복기념관 건립과 유적단지화 사업
       3. 매스 미디어 속의 이승복과 반공

V   대중의 숭배와 탈숭배   205
       1. 어린이에게 내면화된 이승복   2. 웅변, 지배담론의 소비와 생산

VI   영혼의 자유를 위하여   222

모로조프, 스타하노프, 슈미트

스탈린 시대의 영웅들

I   모스크바 조각공원에서   230
       1. 집단 유배지?   2. 비운의 소년은 어디에

II   영웅 시대, 1930년대 소비에트 사회   237
       1. 사회주의 건설을 위한 비사회주의적 에토스   2. 소비에트 사회, 현실과 이상의 간극

III   소년 영웅, 파블릭 모로조프   243
       1. 벽촌의 인민재판, 영웅 공작소가 되다   2. 고리키, 파블릭을 사회주의 리얼리즘의 표상으로   3. 보래! 달려라! 일러라!

IV   교양화된 노동영웅, 스타하노프   256
       1. 생산현장의 영웅들, 기록으로 말하다   2. 소비와 교양의 영웅으로

V   극지와 창공의 영웅, 슈미트, 츠칼로프   271

　　　　1. 승리에서 승리로　　2. 소비에트 연방 영웅들의 탄생　　3. 역경·불안의 유일한 출구, 영웅신화

Ⅵ　영웅 시대의 전환과 전환 시대의 영웅　293

2부 | 역사영웅이 새롭게 거듭나다

이순신　'민족의 수호신' 만들기와 박정희 체제의 대중 규율화

Ⅰ　총성 없는 전쟁　306

Ⅱ　충군(忠君)의 영웅에서 민족(民族)의 영웅으로　311
　　　1. 민족영웅의 발견, 신채호　　2. 식민지와 민족영웅, 이광수

Ⅲ　박정희 체제의 '성웅(聖雄)' 만들기　322
　　　1. 의례와 기념물　　2. 민족영웅의 서사, 이은상

Ⅳ　총력안보 체제와 충무공 정신의 생활화　340
　　　1. 충무공 정신　　2. 대중 속의 이순신

Ⅴ　인간의 얼굴로 다가온 '민족의 수호신'　355

비스마르크
히틀러가 재구성한 철혈재상의 기억

I 공개되어서는 안 될 사진   362

II 영웅의 부활   367
   1. 산 자와 죽은 자의 충돌   2. '비스마르크에 대한 기억들'
   3. 민족과 영웅의 결합

III 바이마르 시대, 영웅을 기다리다   380
   1. 제2의 비스마르크는 어디에?   2. '지도자'의 등장

IV 비스마르크의 그늘 속으로   388
   1. 비스마르크, 새 제국의 상징   2. 히틀러, 비스마르크를 전유하다

V 비스마르크를 넘어서   399
   1. 한 민족, 한 제국, 한 지도자   2. 대중에게 다가온 비스마르크

VI 신화의 침몰   410

페탱
비시 정권의 '르 마레샬' 신화 만들기

I 살아 있는 '과거'   422

II 준비된 영웅에서 민족의 영웅으로   426
   1. 베르됭의 영웅   2. '공화국의 구원자'   3. 비시 정권의 '프랑스 호 선장' 만들기

III 마레샬과 성녀   447
   1. 프랑스의 영원한 상징, 잔다르크   2. 푸른 눈을 가진 지도자

IV   영웅과 '프랑스의 적들'   457
        1. 공산주의에 대한 혐오   2. 유대인은 위험한 종족이다

V   이중 전략   476

성녀 테레사   프랑코 체제가 전유한 가톨릭의 종교영웅

I   '마법의 손'을 획득하다   484

II   부활하는 성인들   487

III   성녀 테레사의 생애   492
        1. 미모의 소녀, 그리스도를 만나다   2. '위대한 아버지'가 되다

IV   프랑코가 전유한 테레사의 손   500
        1. 기적의 손, 내전을 뒤집다   2. '보이지 않는 동반자'

V   만들어진 '스페인인의 성녀'   507
        1. 19세기 이전의 테레사   2. 프랑코, 다중적인 이미지를 창조하다
        3. '썩지 않은 팔'의 전국 순례   4. 성체의 카리스마, 집단적 기억을 만들다

VI   종교와 독재자의 공생   526

| 1부 |

새로운 '대중영웅'이 등장하다

雷鋒, 길확실
이승복
Morozov, Stakhanov, Schmidt

호르스트 베셀

만들어진 나치의 '대중영웅'

레이펑, 김확실

이승복

모로조프, 스타하노프, 슈미트

권형진(건국대학교 강의 교수, 독일현대사)

이 배는 독일 혁명의 전선에 참가했던 시인이자 투사의 이름을 딴 것이다. …… 아돌프 히틀러의 투쟁이 독일 정신을 만드는 동안, 그리고 제3제국을 위한 투쟁이 진행되는 동안 호르스트 베셀은 지도자와 그의 이념을 위하여 목숨을 바쳤다. 그는 민족사회주의의 모델이다. 노동자들에게 민족사회주의의 믿음을 전파하기 위하여, 대학생 호르스트 베셀은 노동자 호르스트 베셀이 되었다. ……

마르크스 혁명의 지도자들에게 살해됨으로써, 호르스트 베셀은 독일 혁명의 상징이, 독일 혁명가들을 위한 강력한 모델이 되었다. 호르스트 베셀의 입은 침묵했지만, 그의 노래는 혁명을 불러일으킨 독일 혁명의 노래가 되었다. 호르스트 베셀은 죽었지만, 그는 불멸의 존재가 되었다.

이 배와 함께 그의 불멸의 이름을 바다 저 너머에 전파하라! 이 배와 함께 호르스트 베셀의 정신을 전파하라! 사나이가 되길 원하는 소년들이 이 배를 타고 훈련하는 동안 그들이 호르스트 베셀의 정신을 따르도록 만들어라. 그들에게 전선의 정신을 배우도록 만들어라. 위대한 민족주의와 진정한 사회주의는 같다는 것을 그들에게 일깨워라! 민족 공동체에 대한 순수한 봉사정신. …… 배가 침몰하는 마지막 순간까지도 깃발을 높이 들고 있도록 만들어라! 호르스트 베셀의 사랑과 지도자에 대한 그의 충성심을 본받도록 만들어라!

― 1936년 6월 13일 해군 실습선 '호르스트 베셀' 호의 진수식에서 한 루돌프 헤스의 연설에서

Ⅰ. 해군 실습선 이글 호와 호르스트 베셀 호

　　1953년 화창한 어느 날 미국의 트루먼(Harry S. Truman) 대통령은 범선을 움직이는 거대한 타륜(舵輪)을 잡고 정치가다운 포즈로 기념 사진을 찍었다. 그 범선은 미국 해안 경비대의 실습선인 이글(Eagle) 호였다. 세 개의 항해용 돛대가 있는 이글 호는 미국 해군이 자랑하는 범선으로 사관생도들의 실습선으로 사용되었다. 현재 전 세계적으로 루마니아의 미르체아(Mircea) 호, 포르투갈의 사그레스 2(Sagres II) 호, 독일의 고르히 포크(Gorch Fock) 호[1]가 동급의 범선으로서 사관생도들의 실습선으로 사용되고 있다.

　　나치의 '대중영웅'을 이야기하는데 왜 트루먼의 기념 사진이 문제가 될까? 그것은 이글 호의 역사와 관계가 있기 때문이다. 이글 호는 1936년 독일 함부르크의 블롬 앤드 포스 조선소에서 건조되었다. 나치 정권 하에서 건조된 두 번째 실습선이었던 이 선박의 이름은 나치의 대중영웅인 호르스트 베셀(Horst Wessel)의 이름을 따서 호르스트 베셀 호로 지어졌고, 1936년 9월 17일 처녀 항해를 하였

1953년 트루먼 대통령이 이글 호의 타륜을 잡고 기념 촬영을 하고 있다.

다. 2년 후인 1938년 나치 정권은 또 한 척의 자매선을 만들어 그해 2월 14일 해군 실습선으로 취역시켰다. 이 배의 이름도 나치 정권이 대중영웅으로 숭배하는 알베르트 레오 슐라게터(Albert Leo Schlageter)의 이름을 따서 알베르트 레오 슐라게터 호로 명명하였다. 다음 해인 1939년 나치 정권은 또 다른 자매선을 건조하기 시작하였다. 이번에는 히틀러 소년단원으로 1932년 공산당 청소년 단원들에 의해 죽은 헤르베르트 노르쿠스(Herbert Norkus)를 기념하기

Horst Wessel

1995년 산뜻하게 단장한 미 해안 경비대 실습선 이글 호의 모습.

위하여 그의 이름을 딴 범선을 건조하기 시작한 것이다. 그러나 같은 해에 제2차 세계 대전이 발발하여 헤르베르트 노르쿠스 호는 전쟁이 끝날 때까지 완성되지 못하였다. 전쟁이 끝나고 호르스트 베셀 호와 알베르트 레오 슐라게터 호는 미국에게 전리품으로 몰수되었다.

    1945년 12월 말 독일의 브레머하펜을 떠난 이들 두 척의 범선은 콜럼버스가 신대륙을 발견했던 항로를 따라 뉴런던에 도착하였다. 이렇게 신대륙에 도착한 두 척의 배들 중 알베르트 레오 슐라게터 호는 1947년 브라질 해군에 매각되어 1961년까지 과나바라(Guana-

1936년 함부르크에서 성대하게 치러진 호르스트 베셀 호의 진수식.

bara) 호라는 이름으로 브라질 해군의 실습선으로 사용되었다. 알베르트 레오 슐라게터 호의 방랑은 여기서 그치지 않고 1961년 포르투갈 해군에 다시 매각되어 사그레스 2 호로 이름이 바뀌는 운명을 감수해야만 했다. 이와는 달리 호르스트 베셀 호는 미 해군의 실습선으로 지금까지 본연의 역할뿐만 아니라 수많은 대내외 행사를 빛내는 임무를 충실하게 수행하고 있다.[2]

　미 해군이 이글 호를 통하여 해군 생도의 교육과 대외 이미지를 고양하는 것은 나치 정권이 호르스트 베셀 호를 통하여 추구했던 선전정책과 그 내용에서 거의 변화가 없다. 그러나 두 국가의 정권이

Horst Wessel

이 한 척의 범선에 부과하는 정치적 의미는 분명한 차이를 갖는다. 우선 국가의 상징물인 독수리를 사용하는 미국과 정권의 정체성을 대표하는 '죽은' 영웅을 배의 이름으로 정한 나치 독일의 경우는 표면적으로도 그 강조점이 다르다는 것을 알 수 있다.

특히 1936년 거행된 진수식에 히틀러를 위시한 나치 독일의 모든 중요 인물이 참석하였다는 사실과 그 배의 이름이 호르스트 베셀로 정해졌다는 사실은 단순한 해군 실습선 한 척의 건조만을 의미하지는 않는다. 이것은 나치 이데올로기와 그의 투쟁 과정을 상징하는 인물의 정신을 계승할 목적으로 건조되었던 것이다. 나치 정권은 전근대적인 범선을 건조하여 전 세계의 바다를 누빌 움직이는 민족사회주의의 기념비를 만들어낸 것이다. 나치 정권이 자신들의 이데올로기를 종교적 신념을 가지고 과시하고자 했다는 것을 고려한다면 호르스트 베셀 호가 가지고 있는 영웅 숭배의 방법은 매우 교묘하며 정교한 것이다. 국가의 상징인 독수리를 기념하는 미국과 체제의 '죽은' 영웅을 기리기 위한 나치 독일의 이름 짓기의 차이는 '시민종교'와 '정치종교'의 차이를[3] 간접적으로 보여주는 것은 아닐까?

II. '엘리트 영웅'에서 '대중영웅'으로

　1934년에 출판된 《독일 지도자 사전》의 서문에서 편집자는 "독일 민족의 운동과 국가, 그리고 공동체 내에서 지도적 지위가 어떻게 조직되어 있는가를 보여줌으로써 공적 부분에서 지도자 사상이 실현되는 것을 알기 쉽게 설명하기 위하여"[4] 이 책을 편집하였음을 밝히고 있다. 이 책은 지도자 원리(Führerprinzip)가 나치 체제 하의 독일 사회에서 얼마나 중요한 위치에 있었는가를 잘 보여준다. 이 책에 등장하는 인물들은 적어도 나치 집권 초기에 독일 사회의 각 분야에서 지도적 위치에 있었던 사람들이다.

　그러나 서문을 좀더 읽다 보면 흥미로운 사실을 발견하게 된다. 초판으로 준비된 5월 1일의 서문에 8월 2일의 추가 서문이 덧붙여진 것이다. 내용은 일련의 정치적 사건들에 의해 이미 완성된 초판의 내용을 수정하였으며, 향후 출간될 증보판 또는 2판에서는 앞으로의 변동 사항에 세심한 주의를 기울일 것을 약속하고 있다.[5] 책의 출판을 앞두고 편집진이 예상하지 못했던 룀 쿠데타(Röhm-Putsch)

가 발생한 것이다. 이미 인쇄가 끝난 책은 숙청된 에른스트 룀(Ernst Röhm)을 위시한 돌격대의 지도부에 속했던 인물들의 이름을 가리기 위하여 군데군데 쪽지를 붙여 수정한 누더기가 되고 말았다.

1. 새로운 엘리트 집단이 만들어지다

위의 사실에서 우리는 두 가지 점에 주목하여야 한다. 첫 번째는 나치 체제가 독일 사회를 지배하는 방식을 전통적인 엘리트주의에 근거하였다는 사실이다. 따라서 이 책에는 나치 체제에 동조하여 자신의 지위를 유지한 기존의 엘리트들과 새로이 건설될 제3제국을 이끌어나갈 나치당의 주요 인물들이 총망라되어 소개되었다. 여기에서 두 번째 특징을 유출해낼 수 있는데, 그것은 과거에서부터 독일 사회의 지도적 인물들이었던 사람들과 새로운 정권의 엘리트가 함께 총망라되어 소개됨으로써 발생하는 문제인 것이다. 이 책에 소개된 나치스 중 상당수는 거의 무명의 인물들이었다. 이들을 독일 사회의 엘리트로 알리고 자리 잡도록 만드는 것이 이 책의 중요한 출판 목적이었을 것이다. 이와 함께 기존의 엘리트에 속하는 인물들의 사회적 지위가 매우 불안해졌다. 출신 가문과 사회적·문화적·학문적 지위가 출세의 지름길이었던 전통적인 엘리트 생산방식이 변화하고 있음을 알 수 있다. 대중정치운동이었던 나치즘의 특성을 감안한다면 이러한 변화가 매우 빠른 속도로 진행될 것이라고 예측되었을 것이다. 더욱이 집권한 지 채 1년도 되지 않은 상황에서 일어난 나치 정권 내부의 권력 투쟁과 정치적 살해 행위를 보면서 독일의 전통적인 엘리트 집단은 선택을 해야 했을 것이다.

이처럼 나치 집권 초기 독일 사회는 구(舊)엘리트 집단과 신(新)엘리트 집단의 재배치가 급속히 진행되고 있었다. 20세기 초반 많은 독일인들이 엘리트주의를 기초로 한 영웅주의를 신봉하고 있었다는 점을 감안한다면[6] 나치 체제가 추구한 사회 지도층의 재편성은 지극히 '독일적인' 것이라고 할 수 있다. 바이마르 시대와의 차이점은 나치스가 집권하고 독일의 영웅주의가 엘리트주의와 더욱 긴밀하게 관련지어져 새로운 정권의 가공할 정치적 도구로 변화되어갔다는 사실이다. 그러나 이러한 사실에도 불구하고 나치 독일에서 엘리트주의를 기반으로 한 영웅주의는 그 한계점이 명확히 그어져 있었다. 특히 살아 있는 인물들이 '지도자' 히틀러의 위상을 넘거나 그와 동등한 존재가 되는 것은 상상도 할 수 없는 일이었다. 나치 체제에서 최고의 엘리트 영웅은 히틀러 단 한 사람뿐이었고, 또 그래야만 했다. 이러한 사실은 이후 나치 체제가 자리 잡아가면서 '히틀러 신화'로 더욱 승화되었고, 민족사회주의를 특징짓는 중요한 구성 요소가 되었다.[7]

독일 민족과 '민족공동체' 통일의 구심점, 1930년대 '경제 기적'의 설계자, 법과 질서의 엄정한 수호자, 청렴의 상징이며 이의 구현자, 천재적 외교가, 군사적 천재, 독일 민족의 적인 볼셰비즘과 유대인에 대한 민족의 수호자라는 히틀러 신화는, 나치 시대 이전에 존재하던 독일의 영웅주의적 지도자 이념을 선전이라는 수단을 통해 만들어낸 허구적 인물과 히틀러 본인의 이미지를 혼합하여 만들어진 것이었다.[8] 여기서 특히 독일 민족의 수호자로서 히틀러의 이미지는 시간을 두고 점차적으로 구축된 카리스마적 지도자상이었다.[9]

히틀러 신화는 나치 집권 기간 동안 유일무이한 현상이었다. 나치의 엘리트주의와 영웅주의가 히틀러라는 개인으로 체화되고 정형화된 것이었다. 히틀러 신화는 나치가 집권하기 이전에는 존재하지도 않았으며, 존재할 수도 없었다. 따라서 집권하기 이전 나치스는 대중운동으로서 나치즘을 대중에게 선전하고 그들 속으로 침투해 들어가기 위하여 전통적인 영웅주의 사상을 적극적으로 이용하였다. 특히 제1차 세계 대전의 패전이라는 민족적 재앙을 경험한 독일인들에게 민족적 동질감과 위대성을 강조할 수 있는 민족영웅의 이미지는 매우 효과적인 정치 선전의 도구였다.

그러나 그 방식은 이전과는 달라야 했다. 우선 제1차 세계 대전으로 과거의 전쟁영웅은 설자리를 잃게 되었는데, 이러한 현실을 가장 적나라하게 표현한 사람이 제1차 세계 대전 당시 독일의 작전계획을 수립한 알프레트 폰 슐리펜(Alfred von Schlieffen) 장군이었다.

> 현대의 최고 사령관은 화려한 수행원들을 거느리고 언덕 위에 서 있는 나폴레옹이 아니다. 가장 성능이 좋은 쌍안경을 가지고 있다 하더라도 얼마나 멀리 볼 수 있겠는가. 오히려 그의 백마는 셀 수 없이 많은 포대들의 손쉬운 표적거리가 될 뿐이다. 사령관은 훨씬 후방에 전보·무선·전화 등의 통신기기가 가까이 있는 널찍한 사무실이 있는 건물 속에 위치한다.[10]

나폴레옹 시대와 달리 제1차 세계 대전은 한 번 또는 몇 번의 결정적인 전투에 의해 승패가 결정되지 않았으며, 어떠한 전장도 지휘관이 높은 언덕에서 전체적인 조망을 가지고 지휘할 수 없었다. 아군과 적군이 수 킬로미터 또는 수십 킬로미터로 길게 늘어선 전선에서 참호를 파고 서로 대치하는 상황에서 나폴레옹과 같은 전투 지휘관은 더 이상 존재할 수 없게 된 것이다. 기술문명의 발전으로 전쟁의 양상도 이전의 전쟁과는 사뭇 달라졌다. 더욱 멀어진 사거리와 향상된 무기의 살상력 때문에 병사들은 질서정연하게 대형을 갖추고 공격하는 것과 같은 '미친 짓'은 더 이상 하지 않게 되었다. 심지어 과거의 화려한 적·청·황색의 군복도 식별이 어려운 국방색·회색·흙색으로 바뀌고, 이것도 모자라 얼룩무늬의 위장이 전쟁터의 보편적인 무늬와 색깔이 되었다.[11] 이런 상황에서 과거와 같이 군사 지휘관이 전쟁의 영웅이 되는 일은 쉽지 않았을 것이다. 죽음의 고비와 위대한 승리를 같이하였던 나폴레옹은 더 이상 없었다. 일반 병사들이 기억하는 전쟁은 무수한 단막극처럼 비좁은 참호 속에서, 또는 몇 평 되지 않는 철조망 사이에서 일어난 사건들로 제한되었다. 이들에게 진정한 영웅은 그들과 생사고락을 함께한 전우, 분대장이나 소대장과 같은 평범한 인물들이었다.

전쟁이 장기화되면서 생존을 위한 치열한 경쟁 속에서 자신을 바쳐 전우를 구하고 아군의 사기를 높이는 일반 병사가 더 많이 필요해졌고, 평범한 병사들이 전쟁영웅이 될 수 있는 기회는 늘어났다. 새로운 유형의 전쟁영웅이 탄생한 것과 함께 제1차 세계 대전은 유럽 사회에 전몰장병에 대한 사자(死者) 숭배가 자리잡도록 만들었다. 특히 전쟁에 패한 독일에서 사자 숭배는 새로운 문화기제로 등장하였는데, 이것은 독일의 전통적인 영웅주의와 그 맥을 같이하는 것이라 할 수 있다. 독일의 영웅 숭배가 삶보다는 죽음을, 승리보다는 패배와 깊은 관련이 있다는 베어드의 주장을[12] 주목할 필요가 있다.

2. '대중영웅'이라는 새로운 영웅 등장

1933년 정권 장악에 성공한 나치스는 자신들의 집권을 '민족혁명' 또는 '민족사회주의 혁명'으로, 더 나아가 '독일 혁명'으로 선전하였다. 프랑스 대혁명과 러시아 혁명과 같은 전통적인 의미의 혁명들과 차별 짓기 위하여 그들은 나치 집권이라는 사건이 갖는 혁명적 성격, 즉 독일 사회를 근본적으로 변화시킨 점을 강조하였다.[13] 여기서 나치 혁명의 역사적 당위성을 강조하기 위하여 '민족사회주의 신화'를 만들어내고, 이를 '민족사회주의 (경배)의식'을 통하여 기념하며, 민족적 종교의식으로 승화시켰다.[14] 이와 같은 나치 혁명의 신화화와 그에 따른 종교적 의식의 사회화 및 정례화 과정은 에리히 푀겔린(Erich Voegelin)이 주장한 '정치종교' 개념으로 설명될 수 있을 것이다.[15] 나치의 정치종교화가 정확히 정치적 목적을 위하여 기성 종교를 수단으로 삼는다는 정치종교 개념의 도식에 완전히 부합하는 것은 아닐지라도, 당시 독일 사회에서 민족사회주의가 자신들의 고유한 상징들을 만들어내고 일반 대중으로 하여금 이를 소비하고 체득하게 만든 방식은 푀겔린의 정치종교 개념과 크게 다르지 않다.[16] 나치즘을 위하여 '순교한' 초기 나치스를 성인으로 만들기 위해, 종교적 성일(聖日)을 모방한 국경일을 제정하고 기념 퍼레이드를 한 나치 정권의 선전정책은 이를 잘 보여준다.[17]

1923년 실패한 나치 쿠데타의 '순교자'들을 기리기 위해 만든 '영웅기념일'[18] 행사는 나치의 정치종교 의식을 특히 잘 보여준다.[19] 쿠데타 당시 사망한 16명을 기념하기 위하여 히틀러는 1926년부터 11월 9일을 나치당 내에서 전국적인 '애도일'로 선포하고 그들의 '순교'를 기리는 기념 행사를 거행했다. 이들 16명의 '초기 나치 전사'들은 나치 집권 또는 나치 혁명을 위해 자신을 희생한 영웅이었다. 히틀러에 따르면 이들이 흘린 피는 "제3제국을 위한 세례 성수"[20]였다. 실패한 나치 쿠데타의 희생자 추모 의식은 기독교적 구원상을 빌려 나치즘이라는 세속적 정치운동을 종교화 또는 신성화하는 수단이었다. 민족사회주의운동 최대의 실패를 영웅의 구원신화로 전화시킨 것이었다.

나치즘이 대중정치운동으로 자리 잡은 1920년대 말 자신을 희생한 나치의 영웅들은 기독교의 성인이나 신화 속에 등장하는 선택받은 사람들이나 엘리트가 아니었다.[21] 특히 나치의 돌격대 조직은 제1차 세계 대전 당시 조국을 위하여 죽어간 이름 없는 병사들의 이미지를 통하여 사회적으로 평가받을 수 있었으며, 따라서 나치 운동을 위하여 죽어간 돌격대원은 전선에서 죽어간 애국적인 무명용사들과 등치되는 존재로 추모되고 기념되었다.[22] 제1차 세계 대전 당시 '상상의 공동체'인 민족을 위하여 수많은 사람들이 죽어갔다. 프랑스

Horst Wessel

　대혁명 이후 정치적으로 주목받기 시작한 평범한 사람들, 즉 대중을 전쟁터로 불러내기 위하여 좀더 적극적인 대중 동원의 기제들이 사용되기 시작한 것이다. 그리고 죽음이라는 비참한 현실을 승화시키는 방법들이 강구되었다. 수렁이 된 참호 속에서 죽어간 무명용사들은 아무 의미 없이 죽어간 것이 아니라 '그 무엇인가'를 위하여 숭고한 죽음을 선택한 것이었다. 이를 기념하기 위하여 전후 수많은 전몰장병 기념물들이 세워졌다.[23]

　이렇게 전통적인 엘리트 영웅상은 국가적·사회적 목적에 의해 그 의미가 전화되고 확대되어 대중영웅의 이미지로 변화되었다. 전쟁이 끝나고 유럽은 국가와 민족에 상관없이 공통의 아픔을 공유하게 되었고, 이런 과정에서 유럽인들은 승자와 패자 가릴 것 없이 전사자들의 죽음에 대하여 특별한 의미를 부여하게 된다. 전쟁 기간 동안 적과 아군의 대치 상황에서 선과 악의 대칭적 구도가 작동하였다면, 이제는 죽은 자들에 대한 기억을 어떻게 소화하는가가 중요한 사회적 과제로 등장하게 된 것이다. 승자는 이들의 죽음을 승리의 근원으로 설명하는 기념물을 만들었으며, 패자는 죽은 자들의 희생을 패전이라는 시련을 당한 조국과 동일시함으로써 극복해야 할 도덕적 준거로 승화시켰다. 따라서 이들은 총체적 의미에서 민족의 영웅이었다. 그리고 죽은 자들이 생전에 가지고 있던 계급이나 사회적 출신은 무가치한 것이 되었다.[24] 이와 같이 제1차 세계 대전의 전몰장병 추모를 통하여 대중영웅이라는 새로운 영웅상이 '만들어지게[25] 된 것이다.

3. '대중영웅'의 표상, 호르스트 베셀

정권 창출을 위하여 나치즘은 대중을 동원하는 문화기제로 전통적인 엘리트 영웅 숭배와 새로이 만들어진 대중영웅 숭배를 적절히 혼합하여 가장 성공적으로 활용하였다. 물론 '정치의 미학화' 혹은 '히틀러 신화'[26]에서 등장하는 엘리트 영웅 숭배가 나치의 영웅 숭배의 전면에 깔려 있다는 것은 나치 통치 전 시대를 관통하는 '지도자 원리'와 '지도자 국가'의 선전을 통해서도 잘 알 수 있다. 그러나 본격적인 대중정치운동이었던 나치즘이 대중을 움직이도록 만드는 작동기제로 단순히 히틀러 개인에 한정된 영웅 숭배 외에도 대중영웅과 같은 다양한 문화기제들을 적극적으로 사용하였다는 사실을 간과해서는 안 된다.[27] 대중운동으로서 나치즘을 위해 목숨을 바친 순교자들에 대한 사자 숭배 또는 대중영웅 숭배는 대중을 동원하는 매우 중요한 수단이었다. 특히 나치스가 집권한 1933년 이전의 '투쟁기'에 나치 이데올로기를 위해 '순교한' 젊은 돌격대원들의 죽음은 새로운 정치운동으로 나치즘을 선전하기 위해 가장 유용한 도구였다. 이것은 1931년 2월 돌격대 부대장인 에드문트 하이네스(Edmund Heines)가 룀에게 가두투쟁에서 사망한 돌격대원들에 대한 전(全) 돌격대 차원의 통일된 의식 절차를 만들 것을 제안한 주장에도 잘 나타나 있다.

죽은 돌격대원은 그의 죽음을 통하여 한 번 더 (나치)운동을 위해 이용되어야만 한다. 우리는 붉은 테러의 모든 희생자를 다음과 같이 선전해야만 한다. 빨갱이들이 그들의 테러로 얻을 수 있었던 이익보다 잃는 것이 더 크도록.[28]

이러한 관점에서 출발하여 이 글은 나치 체제가 대중을 동원하고 통합하기 위해 사용한 특정한 문화기제인 '대중영웅 숭배'의 대표적 사례라고 할 수 있는 호르스트 베셀의 경우를 살펴보고자 한다.[29] 호르스트 베셀로 대표되는 나치의 '영웅 만들기'를 다루려는 데는 몇 가지 이유가 있다. 우선 무엇보다도 그로 대표되는 상징성이다. 어디서나 볼 수 있는 평범한 한 젊은이가 자신의 목숨을 희생하여 나치즘이라는 대중정치운동을 대표하는 영웅이 될 수 있었던 이유는 무엇인가? 그리고 나치 정권에 의해 비공식적으로 제2의 국가(國歌)로 인정된 〈호르스트 베셀 노래(Horst Wessel Lied)〉가 갖는 상징성은 무엇이었는지를 살펴보고자 한다. 1930년 공산당과의 '혁명적 투쟁 과정'에서 사망한 호르스트 베셀을 추모하기 위해 나치 정권이 사용한 영웅 만들기의 구체적인 내용과 목적은 무엇이었는지도 살펴보아야 할 것이다. 나치 정권이 만들어낸 호르스트 베셀이라는 대중영웅을 분석함으로써 우리는 나치의 영웅 숭배라는 문화기제에 대한 몇 가지 중요한 점들을 도출해낼 수 있을 것이다. 또한 이것은 20세기 독재 체제에서 나타난 영웅 숭배의 일반적인 특징들을 이론화하고 정리하는 데 도움이 될 것이다. 그리고 이것은 촘촘히 엮여 있는 나치의 선전·선동 기술의 작동 메커니즘의 실체를 드러내는 데도 도움이 될 것이다.

III. 호르스트 베셀은 누구인가?

1. 청소년기의 호르스트 베셀

1879년 헤센의 올덴도르프에서 여관 주인의 아들로 태어난 루트비히 베셀(Ludwig Wessel)은 신학을 공부하여 프로테스탄트 목사가 되었다. 목사로 처음 부임한 곳은 빌레펠트였고, 그곳에서 1907년 장남인 호르스트 베셀이 태어났다. 1913년 베를린의 유명한 니콜라이 교회에 부임한 루트비히 베셀은 그곳에서 베르너(Werner)와 잉게보르크(Ingeborg)를 낳았다.

그는 민족주의적 성향이 매우 강한 황제주의자로 1914년 제1차 세계 대전이 발발하자 군목으로 참전하였다. 전쟁 기간 동안 그는 동부 전선에서 힌덴부르크와 개인적으로 친분관계를 맺기도 하였다. 1917년 프로테스탄트 정신에 기초하여 설립된 독일조국당에 가입한 그는 중부 유럽에 거대한 독일을 건설하자고 주장하는 '신성한 전쟁'을 적극 지지하는 대중 연설가로 활동하기도 하였다. 대중 연설가로 루트비히 베셀은 인종주의적이고 공격적인 범게르만주의를 강조했으며, '독일의 신성한 정신'에 대한 절대적인 믿음을 주장하는 극단적인 민족주의자로 행동하였다. 이와 함께 반유대주의적 증오심도 그가 즐겨 사용하는 주제였다.

전쟁이 끝나고 루트비히 베셀은 본격적인 정치 활동을 시작해 1919년 1월 반혁명적 부르주아 단체인 제국시민회의의 회장에 선출되었다. 베르사유 조약 체제에 대한 반항과 반볼셰비즘 운동을 대중적인 운동으로 만들고자 했던 이 단체가 내부 분열을 겪으면서 영향력을 상실하자 그의 짧은 정치 활동도 끝나고 말았다. 1919년 말 건강상의 이유로 회장 직에서 물러난 그는 자유 기고가로 〈베를린 화보(Berliner Illustrierte)〉에 독일의 재건을 주장하는 민족주의적인 글을 발표하는 것으로 만족하여야 했다. 하지만 이도 오래가지 못하고 1922년 5월 9일 수술의 후유증으로 루트비히 베셀은 갑자기 사망한다.[30]

아버지가 마흔두 살의 나이로 사망했을 당시 호르스트 베셀은 열네 살이었다. 열정적인 민족주의자인 아버지로부터 그가 얼마나 많은 영향을 직접적으로 받았는지는 불분명하다. 적어도 전쟁 기간 중에 전선의 아버지가 보낸 민족주의적 열정에 가득 찬 편지는 아버지에 대한 존경심을 갖도록 만들었으며, 아버지의 사상에 흥미를 갖도록 만든 것으로 생각된다.[31]

1918년 혁명이 발발했을 당시 열 살이었던 호르스트 베셀은 이 모든 무정부 상태를 직접 경험하였다. 내전 상황이 휩쓸고 간 베를린은 일상적인 폭력이 난무하는 곳이었지만, 어린 그에게는 놀이터였다. 이 당시 호르스트 베셀은 자신의 베개 밑에 권총을 넣어두고 있었다고 한다.[32] 아버지의 영향이었는지 그의 정치적 경력은 매우 빨리 시작되었다. 아버지가 사망하고, 극우 비밀 조직인 '콘술 조직'의 단원들이 라테나우(Walther Rathenau)를 암살한 1922년, 호르스트 베셀은 보수 기독교 색채가 강한 독일국가인민당의 청소년 조직 '비스마르크 소년단'에 가입한다. 그러나 후에 나치의 프로테스탄트 교회정책에서 핵심적 역할을 했던 '독일기독교도연맹'의 창설에 주도적인 역할을 한 마르크 관구의 책임자 쿠베가 만든 이 단체의[33] 평범한 프로그램에 호르스트 베셀은 만족하지 못했다. 그래서 그는 얼마 지나지 않아 군사 훈련이나 테러 연습과 같은 청소년 단련 프로그램을 실시하는[34] 좀더 급진적인 '바이킹 연맹'에 가입하게 되었다.[35]

카프 쿠데타를 주도한 에르하르트 의용단의 지도자 에르하르트가 쿠데타에 실패한 후 1920년 3월, 자신의 조직을 수습하여 재건한 극우 비밀 결사 단체가 콘술 조직이다. 라테나우 암살을 계획한 혐의로 콘술 조직이 불법화되고 해체되면서 이 단체의 정신을 이어받아 창설한 청소년 단체인 바이킹 연맹에서 호르스트 베셀은 매우 적극적으로 활동한 것 같다. 이 단체의 활동에 전념하기 위하여 그는 1925년 2월 온건한 성향의 비스마르크 소년단을 탈퇴하였다.[36] 이런 상황에서 그는 1926년 4월 베를린 대학의 법학부에 입학하였다. 그가 대학에 입학한 지 한 달 만에 바이킹 연맹이 쿠데타 음모를 꾸몄다는 혐의로 프로이센 주에서 불법화되었다. 당시 대부분의 정치 사건들이 그렇듯이 프로이센 주 바이킹 연맹의 쿠데타 음모도

Horst Wessel

나치 돌격대의 가장 말단인 SA-Mann 시절의 호르스트 베셀 모습이다.

증거 불충분으로 소송이 중지되었다. 하지만 이 사건으로 호르스트 베셀은 정치적으로 무소속자가 되고 말았다. 이러한 상황에서 그가 찾은 새로운 정치 조직은 거의 와해 상태에 있던 나치 돌격대(SA)였다. 여기서 흥미로운 점은 호르스트 베셀이 돌격대에 가입하기 얼마 전에 요제프 괴벨스(Joseph Goebbels)가 새로이 관구 책임자로 임명되어 베를린에서 본격적인 정치 활동을 준비하고 있었다는 사실이다.[37]

Horst Wessel

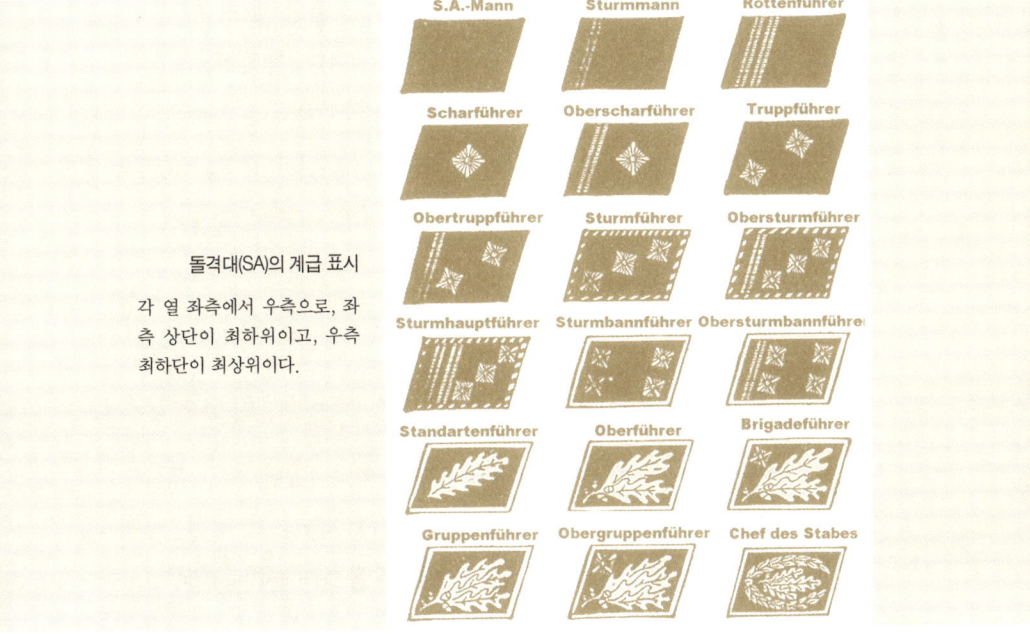

돌격대(SA)의 계급 표시

각 열 좌측에서 우측으로, 좌측 상단이 최하위이고, 우측 최하단이 최상위이다.

2. 돌격대원이 되다

호르스트 베셀은 1926년 10월 돌격대에 가입하고, 12월에는 나치 당원이 되었다. 돌격대에 가입함과 동시에 그는 괴벨스와 특별한 관계가 되었다. 괴벨스의 입장에서는 호르스트 베셀을 적극 활용할 충분한 이유가 있었다. 무엇보다도 그에게는 수도 베를린에서 확고한 정치적 기반을 구축하기 위해 나치 학생연맹 내에서 자신의 입장을 대변해줄 인물이 필요했고, 그런 역할에 호르스트 베셀이 적임자였다. 돌격대에 가입하면서 괴벨스와 긴밀한 관계를 맺게 된 호르스트

호르스트 베셀 | 43

베셀은 크게 고무되었고, 1927년 뉘른베르크에서 열린 제3차 나치 전당대회에 참가하며 돌격대 활동에 완전히 몰입한다. 특히 1927년과 1928년 사이의 겨울 학기 동안 빈 대학에서 공부하게 된 호르스트 베셀은 괴벨스에게서 오스트리아의 히틀러 소년단에 대한 조사와 연구를 지시받았다.[38] 빈에 체류한 한 학기 동안 그는 잘 조직된 오스트리아의 나치당에 크게 감명 받은 듯하다.[39] 빈에서 돌아오자마자 그는 법학이라는 쉽지 않은 전공 공부를 하면서 돌격대 활동을 계속하기는 어렵겠다고 생각하여 학업을 중단하고 본격적으로 돌격대 활동에만 전념한다.

지금까지 아들의 정치 활동에 대해 매우 호의적이었던 가족, 특히 어머니는 그의 학업 포기에 크게 실망하였다. 호르스트 베셀은 알렉산더 광장의 돌격대 제4지대 제1대에 속한 돌격대 분대를 책임지게 되었다. 이와 동시에 호르스트 베셀은 선동 연설가로 활동하면서 자신의 존재를 알리기 시작하였다.[40] 그의 주요 공격 대상은 사회주의자나 공산주의자들 외에도 민족주의 진영에 속한 정치 단체들, 특히 보수 우파의 독일국가인민당과 철모단 등이었다. 히틀러가 이들 부르주아 우파의 정치 조직과 연대를 강화하고 의회주의적 노선으로 당 정책을 변화시키는 것에 대해 괴벨스가 강한 반감을 보인 1929년 4월, 베를린 돌격대 내에서 호르스트 베셀의 지위는 더욱 확고해져갔다. 특히 뉘른베르크 전당대회의 선전을 위하여 호르스트 베셀을 주인공으로 한 선전 영화를 제작하는 등 그와 괴벨스의 관계는 더욱 긴밀해졌다.[41]

1929년 6월 1일 트룹퓌러로 승진한 호르스트 베셀은 베를린의 프

Horst Wessel

1929년 뉘른베르크 전당대회에서 자대원들의 선두에서 행진하는 호르스트 베셀.

슈투름퓌러 복장의 호르스트 베셀. 사망하기 얼마 전의 모습이다.

리드리히스하인 지역에 돌격대 제5지대를 만들었다. 베를린 동부에 위치한 프리드리히스하인은 가난한 노동자 지역으로 공산주의자들의 본거지였다. 이런 곳에 돌격대의 지대를 설립하는 행동은 당연히 공산당 행동대와 충돌할 수밖에 없는 상황을 야기하였다. 이곳에서 그는 지하철 공사장 인부와 같은 하급 노동자 생활을 통하여 프리드리히스하인의 노동 계급과 동질감을 형성하는 데 성공한 듯하다. 실제로 그의 지대에 공산당의 행동대인 '붉은전사동맹'의 전직 단원들과 공산주의자들이 새로이 가입하였다.[42] 시간이 지나면서 그의 제5지대는 베를린 돌격대 중에서 가장 과격한 집단으로 명성을 떨치게 된다. 이러한 명성에 걸맞게 1929년 말 제5지대는 소속원이 약 240명으로 급증하였다.[43] 또한 선동 연설가로서 호르스트 베셀의 명성도 높아져 베를린에서 거의 괴벨스에 버금가는 인기를 누렸다. 이러한 정치 활동과 함께 호르스트 베셀 영웅화 작업에 중요한 요소인 〈깃발을 높이 들고〉가 이 시기에 작곡되었다.

3. 호르스트 베셀 피살사건

호르스트 베셀의 돌격대 활동은 1929년 말이 되면서 급격히 침체 상황에 빠져든다. 그는 프리드리히스하인에서 노동자 생활을 하다가 알게 된 창녀 출신의 에르나 예니케(Erna Jänicke)와 동거하며 어머니와 형제들로부터 독립하여 자취를 시작하게 된 것이다. 예니케와의 동거는 가족, 특히 괴벨스의 반대에 부딪혔고, 이에 대한 반발로 돌격대 활동도 상대적으로 소극적으로 변한 것 같다. 이런 상황에서 그와 함께 돌격대에 가입했던 세 살 어린 동생 베르너 베셀이 12월 22일 괴를리츠 부근의 크르코노셰 산맥에 있는 옐레니아구라에서 폭설에 갇혀 조난사하는 사건이 발생하였다.[44] 12월 28일, 베르너의 장례식이 치러졌다. 동생의 죽음으로 심한 정신적 충격을 받은 호르스트 베셀은 외부와의 접촉을 끊고 돌격대에서 탈퇴할 것을 심각하게 고려한 듯하다.[45]

 이런 상황에서 예니케와 동거하고 있던 집의 방세 때문에 집주인 엘리자베트 잘름(Elisabeth Salm)과 사소한 다툼이 발생하였다. 예니케와 동거를 시작하자 집주인 잘름은 주거인이 늘어난 것을 이유로 방의 월세를 올려받으려 하였으나 베셀이 이에 응하지 않았다. 호르스트 베셀이 잘름의 집에 세든 것은 10월 1일이었는데, 선수금으로 200마르크를 지불하였다. 잘름은 법정에서 이것이 방세라고 주장하였으나, 예니케의 증언에 의하면 호르스트 베셀은 구입한 것으로 생각하였다. 예니케와 동거를 시작한 후인 11월 말 이후에는 추가로 13마르크의 방세를 더 내기로 하였다. 당시 실업 보험으로 성인 남성 노동자가 주당 15마르크 85페니히를 받았다는 사실을 감안하였을 때, 방 하나에 부엌을 사용하는 가격으로 200마르크는 너무 비싼 것이었다. 하나의 예로 다섯 명의 자녀를 가진 가난한 실업자 부부가 주당 방세로 지불한 것은 고작 3마르크(월 12마르크)에 지나지 않았다. 문제의 발단은 예니케와의 사소한 불화로 화가 난 여주인이 공산당원으로 활동하다 죽은 남편의 동료들에게 도움을 청하면서 시작되었다.[46]

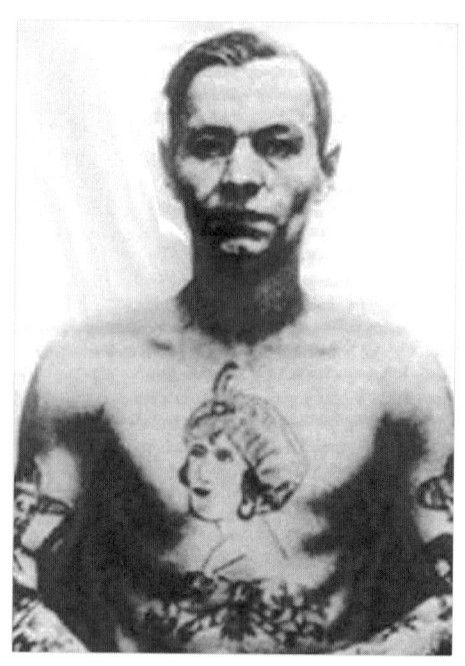

'알리'라는 별명으로 불린 알브레히트 휠러의 모습. 몸에 문신을 한 그는 호르스트 베셀과 대조되는 사악한 범죄자의 이미지를 담고 있는 것으로 이용되었다.

1930년 1월 14일 저녁 9시, 그녀가 남편의 옛 동료들에게 도움을 청하기 위해 단골 술집으로 갔을 때, 그곳에는 일단의 '붉은전사동맹'의 단원들이 몇 시간 전 일어난 나치 돌격대의 피격 사건에 대하여 대책을 의논하고 있었다. 붉은전사동맹의 행동대장이었던 카밀로 로스(Camillo Ross)가 몇 시간 전 길거리에서 나치 돌격대에게 총격 피습을 당했던 것이다. 그들이 범인으로 호르스트 베셀의 부하들을 지목하고 있던 차에, 잘름 부인과 문제를 일으킨 나치 돌격대

1930년 3월 1일 치러진 호르스트 베셀의 장례식. 공산당 행동대원들과의 충돌로 경찰 장갑차의 호위를 받으며 공동묘지로 갔다.

원이 다름 아닌 그들이 찾던 호르스트 베셀이라는 소리를 듣자 동지의 복수와 함께 악명 높은 나치 돌격대의 행동대장을 자신들의 방식으로 처단할 것을 결정하였다.[47]

10여 명의 붉은전사동맹의 행동대원들이 호르스트 베셀을 기습하기 위하여 그의 방으로 몰려갔다. 이들 중에는 서른두 살의 목공 출신 알브레히트 '알리' 휠러(Albrecht 'Ali' Höhler)도 끼여 있었다. 그는 당시 절도와 위증, 그리고 주로 매춘 혐의로 전과 16범의 범죄 경력을 가지고 있었으며, 붉은전사동맹의 기수로 공산주의자들의 행동대 내에서 유명한 인물이었다.[48] 호르스트 베셀의 방으로

Horst Wessel

들어간 공산당 행동대원들은 그를 단지 '병원에 실려갈 정도로 손을 봐주려고' 했으나 동행한 횔러가 그의 얼굴에 대고 권총을 발사하였다. 호르스트 베셀은 턱과 혀가 완전히 날아갈 정도의 치명상을 입었다.[49]

프리드리히스하인 병원으로 실려간 호르스트 베셀은 응급 수술을 받고 일단 위기를 넘겼으나, 5주 후인 2월 23일 폐혈증으로 인한 합병증으로 스물두 살의 어린 나이에 사망하였다. 그가 사망함으로써 호르스트 베셀 신화의 탄생이 가능해졌다. 사망한 호르스트 베셀의 시신은 곧 괴벨스의 주도 하에 나치 운동의 순교자로서 성대한 장례 절차를 거쳐 3월 1일 그의 아버지가 근무했던 니콜라이 교회의 묘지에 묻혔다. 경찰의 삼엄한 경비 하에 치러진 장례식은 공산당의 반대 데모대와의 무력 충돌이 발생한 가운데 어렵게 진행되었다. 장례식에는 나치 정권에서 핵심 인물이 된 괴링과 당시의 돌격대 책임자인 페퍼, 얼마 전 나치당에 입당한 전 황태자 빌헬름 아우구스트 폰 프로이센과 베를린 관구 책임자인 괴벨스가 참석하였지만 히틀러는 갑작스런 병을 이유로 참석하지 않았다.[50]

호르스트 베셀을 살해한 횔러에게는 경찰에서 500마르크, 나치당에서 500마르크로 총 1천 마르크의 현상금이 걸렸으나, 그는 이미 공산당 비밀 조직의 도움을 받아 위조 체코 여권을 가지고 프라하로 피신한 후였다. 그러나 곧 돈이 떨어진 그는 어리석게도 베를린으로 돌아와 2월 3일 체포되었다. 다른 17명의 공범들과 재판을 받은 그는 9월 26일 열린 재판에서 6년형을 선고받고 뵐라우 형무소에 수감되었다. 나치 집권 후 횔러는 베를린의 비밀경찰 형무소로 이감되었다가 뷜라우 형무소로 재이감이 결정되고, 1933년 9월 20일 이송 도중 베를린 외곽에서 일단의 나치 돌격대원들에게 끌려나간 후 부근의 숲에서 가슴에 총을 맞은 시체로 발견되었다.[51]

IV. 나치의 '대중영웅' 호르스트 베셀 만들기

1. '베셀 신화'의 창조자, 괴벨스

호르스트 베셀의 죽음은 당시의 상황에서 특별한 것이 아니었다. 이미 수많은 젊은이들이 전쟁터에서 '조국을 위하여' 전사하였고, 이후 좌우익의 내란 상태에서 무수히 죽어갔다. 그는 나치 운동을 위해 죽은 53번째 돌격대원이었다.[52] 더욱이 그는 공산당의 행동대와 나치 돌격대 사이의 공개적인 투쟁 과정에서 사망한 것도 아니었다. 개인적인 이유로 자신의 자취방에서, 사적인 반감과 호르스트 베셀이 속한 나치 돌격대에 대한 반감, 그리고 그의 여자 친구인 예니케의 과거 행적과 관련이 있을 것으로 보이는 뒷골목의 암흑 세계에서 포주들 사이에 벌어진 이권 다툼(사건 이후 공산당 측에서는 횔러가 예니케와 이전부터 알고 있었다고 주장하였다)이 그를 사망으로 몰고 간 다양한 이유로 주장되었다. 그러나 '호르스트 베셀 신화'의 탄생 과정에서 우리가 주목해야 할 점은 괴벨스와 호르스트 베셀 사

Horst Wessel

이의 개인적 관계와 그의 죽음을 나치 운동의 신화로 만들어낸 괴벨스의 선전 전략이다.

　이미 호르스트 베셀의 장례식을 전후로 그의 죽음을 나치 '대중영웅'의 숭고한 죽음으로 만들려는 작업이 괴벨스에 의해 시작되었다. 괴벨스는 자신의 베를린 돌격대 내에서 호르스트 베셀의 죽음을 기리는 2주간의 공식 추모 기간을 정하고, 토요일인 1930년 3월 1일 나치의 영웅으로 성대하게 장례식을 치렀다.[53] 이후 자신이 직접 편집을 맡고 있던 〈돌격(Angriff)〉 지를 통해 '호르스트 베셀 신화'의 기초 작업에 들어갔다. 1930년 3월 6일 그는 〈돌격〉 지에 호르스트 베셀을 '사회주의자 예수'로 묘사하면서 신성화하기 시작하였다. 괴벨스에게 호르스트 베셀은 "행동을 통해 '나에게로 오라, 너희를 구원하리라!'고 외치는" 예수와 같은 인물이었다. 그는 여기서 호르스트 베셀이 자신의 희생을 통하여 얻고자 했던 목적에 대해서 다음과 같이 적고 있다. "우리와 함께하고 있는 죽은 자들이 피곤한 손을 들어 저 멀리 어둠 속에서 명령하고 있다. 무덤을 넘어 앞으로! 저 앞에 독일이 있다!"[54] 호르스트 베셀은 조국을 위하여 중산층의 안락한 삶을 버리고 삶에 지친 노동자들을 찾아간 '사회주의자 예수'였다는 것이다. 그리고 그가 노동자들에게 준 구원의 약속은 조국 독일이었다.

　여기서 흥미로운 사실은 괴벨스가 사용한 사회주의자 예수의 이미지를 적대적인 입장에 있었던 사회주의자들도 나치즘의 특성으로 파악한다는 사실이다. 1929년 11월 말 치러진 선거전에서 나치당의 승리를 분석한 미렌도르프는 나치의 선거 전략에서 인종주의적 적대감과 경제 위기로 야기된 사회적 상황을 효과적으로 선전한 것을 성공 요인으로 꼽고 있다.[55] 여기서 그가 주목한 부분은 청소년들을 동원하는 수단이었다. 그의 분석에 따르면 나치스에 동조하는 청소년층은 나치즘이 강조하는 정신적인 요구에 동감한 것이 아니라 대부분 충동적인 성격의 소유자들과 개인적으로나 정신적으로 불온한 자들이었다.[56] 이것이 의미하는 것은 호르스트 베셀과 같은 인물이 갖는 외형적 이미지와 그를 이용하여 만들어낸 이상적인 청년상을 쉽게 믿을 수 있는 계층이 나치의 추종자였다는 것이다. 여기서 우리는 괴벨스의 호르스트 베셀 신화 창조가 그 정치적 효과를 극대화시킬 수 있는 토양이 존재하였다는 사실을 알 수 있다.

괴벨스가 호르스트 베셀의 죽음을 적극적으로 신화화한 것에는 그의 사회적 이미지가 큰 역할을 하였다. 민족주의자였던 프로테스탄트 목사의 아들로 태어나 안락한 가정에서 자라난 법대생 호르스트 베셀은 독일의 민족주의 세력에게 큰 영향력을 발휘할 수 있었을 것이다. 당시 독일 사회에서 선택받은 미래의 엘리트인 베를린 대학의 법대생이 선택한 것은 위기에 처한 조국 독일을 구원하기 위하여 자신을 희생하는 것이었다. 동생도 조국을 위한 투쟁 과정에서 잃었지만 호르스트 베셀은 독일 신화의 지크프리트와 같이 영웅적인 투쟁을 계속하였던 것이다. 그리고 이러한 민족의 영웅을 지크프리트 신화 속에 등장하는 시기심에 눈먼 하겐과 같은 사악한 공산주의자 휠러가 잔인하게 살해하였던 것이다. 괴벨스는 호르스트 베셀이 죽은 2월 23일자 일기에 다음과 같이 적고 있다. "호르스트 베셀이 오늘 일찍 죽었다. (그는) 제3제국을 위한 새로운 순교자이다. 자기 동생처럼 두 세계를 떠도는 방랑자가 된 것이다. 커다란 아픔과 비통함을 금할 수 없다."[57] 제3제국을 위해 희생된 '순교자'인 그를 상징하기 위하여 그가 지휘하였던 베를린의 돌격대 제5지대는 이제 '호르스트 베셀 돌격지대 5로 개칭되었다.[58]

2. 신화 만들기의 새로운 기제는 '음악과 노래'

괴벨스가 호르스트 베셀을 신화화하는 과정에서 중요한 역할을 담당한 것은 바로 그가 만들었다고 알려진 〈깃발을 높이 들고〉라는 나치의 행진가이다.

> 깃발을 높이 들고! 대열도 정연하게!
> 돌격대가 강철 같은 의지로 행진한다,
> 동지여, 공산당과 반동을 쏴죽여라,
> 진정으로 우리의 대오와 함께 행진하라.
> Die Fahne hoch! Die Reihen dicht geschlossen!
> SA maschiert mit mutig-festem Schritt,
> Kameraden, die Rotfront und Reaktion erschossen,
> Maschier'n im Geist in unseren Reihen mit.
>
> 갈색 군대를 막을 것은 없다,
> 돌격대원을 막을 것은 없다!

Horst Wessel

이미 수백만이 희망에 찬 하켄크로이츠(卐)를 응시하고 있다,
자유와 풍요의 날이 밝아온다!
Die Straße frei den braunen Batallionen,
Die Straße frei dem Sturmabteilungsmann!
Es schau'n aufs Hakenkreuz voll Hoffnung schon Millionen,
Der Tag für Freiheit und für Brot bricht an!

최후의 소집 나팔이 울린다!
우리 모두 전투 준비는 끝났다!
이제 곧 모든 거리에 히틀러 깃발이 휘날리고,
굴욕의 날은 얼마 남지 않았다!
Zum letztenmal wird nun Appell geblasen!
Zum Kampf steh'n wir alle schon bereit!
Bald flattern Hitlerfahnen über allen Straßen,
Die Knechtschaft dauert nur noch kurze Zeit!

깃발을 높이 들고! 대열도 정연하게!
돌격대가 강철 같은 의지로 행진한다,
동지여, 공산당과 반동을 쏴죽여라,
진정으로 우리의 대오와 함께 행진하라.
Die Fahne hoch! Die Reihen dicht geschlossen!
SA maschiert mit mutig-festem Schritt,

Kameraden, die Rotfront und Reaktion erschossen,

Maschier'n im Geist in unseren Reihen mit.

―〈호르스트 베셀 노래(Horst Wessel Lied)〉

이 곡은 1929년 8월 당 기관지 〈돌격〉에 발표되었고,[59] 9월 6일 베를린의 집회에서 처음으로 불려졌다.[60] 문학적으로도 나치 시대를 대표하는 작품으로 연구되는[61] 이 곡이 주목을 받는 이유는 나치 체제가 자신들의 정치운동을 상징하는 노래로 이용했기 때문이다. 〈깃발을 높이 들고〉는 호르스트 베셀의 사망과 함께 나치즘을 상징하는 문화적 기제로 적극 활용되었다. 특히 괴벨스는 이 노래를 통하여 호르스트 베셀의 이미지에 영웅과 시인의 이미지를 일체화시키려 하였다. 가사에 등장하는 나치 혁명의 이미지를 부각시키는 부분들이 해체되어 괴벨스의 선전 문구에 녹아 들어가 힘을 발휘하였다.[62] 〈호르스트 베셀 노래〉는 대중적 정치운동인 나치즘에 종교적 숙명론을 계시해주는 신성한 존재였다.[63]

시간이 지나면서 이 노래는 나치스에 의해 '신성성'을 부여받게 된다. 나치 집권 이후 〈호르스트 베셀 노래〉는 정권에 의해 독일 국가에 버금가는 의미를 부여받게 되고, 국가의 모든 공식 행사와 나치 집회에서 〈깃발을 높이 들고〉가 울려 퍼지지 않는 경우를 찾아볼 수 없게 된다.[64] 이와 함께 나치 정권은 모든 오락장과 술집에서 〈호르스트 베셀 노래〉를 부르는 것을 금지시키는 법률을 제정하여 이 노래를 신성화하였다.[65] 이렇게 나치 정권에 의해 신성성을 부여받은 〈호르스트 베셀 노래〉는 나치 시대 최고의 선전 매체였던 라디오를 통하여 독일인들의 일상에 깊숙이 파고들 수 있었다.

3. 기념과 상징으로 재탄생하다

나치 정권은 호르스트 베셀의 죽음을 신성화하기 위해 매우 다양한 방법을 사용하였다. 가장 대표적인 것이 공공시설의 이름을 개명하는 작업이었다. '사악한' 공산주의자들과 투쟁하다가 희생된 그의 죽음을 기리기 위하여 1933년 5월 1일 베를린의 공산당 당사 '카를 립크네히트 하우스'를 몰수하여 '호르스트 베셀 하우스'로 개명하였다. 그 밖에도 그가 사망한 프리드리히스하인 병원은 '호르스트 베셀 병원'으로 이름이 바뀌었다.[66] 공공건물에 대한 호르스트 베셀 기념화 작업을 통하여 대중의 의식 속에 나치의 대중영웅 호르스트 베셀의 이름을 각인시키는 작업이 정권적 차원에서 진행되었던 것이다. 이러한 작업은 단순히 공공건물에만 국한된 것이 아니었다. 전통적인 영웅 기념의 방식이었던 거리 이름과 광장 이름을 바꾸는 공적 작업도 전국적으로 진행되어 독일 전역에 호르스트 베셀 광장, 호르스트 베셀 거리가 넘쳐났다.

호르스트 베셀을 나치즘의 '순교자'로 기념하기 위한 기념물도 즐겨 이용된 방법이었다. 사자 숭배와 영웅 숭배라는 문화기제의 중심에는 당연히 호르스트 베셀의 묘지를 성역화하는 작업이 자리 잡고 있었다. 이미 1933년 1월 31일 호르스트 베셀이 묻혀 있는 니콜라이 교회의 묘지에서 그의 어머니와 여동생, 그리고 히틀러가 참석한 가

Horst Wessel

1932년경의 공산당 당사인 카를 립크네히트 하우스. 나치 돌격대가 정기적으로 정문 앞 광장을 시위 행진하곤 했다.

나치 집권 후 몰수되어 호르스트 베셀 하우스로 개명된 카를 립크네히트 하우스.

Horst Wessel

수상에 취임한 직후인 1933년 1월 31일 베셀의 무덤에서 연설하는 히틀러.

운데 추모석 제막식이 거행되었으며,[67] 이후 호르스트 베셀의 무덤은 나치의 성지가 되었다. 매년 2월 24일에 니콜라이 교회 묘지에서 나치의 고위 지도자들이 참석한 가운데 정례적인 추모식이 열렸고, 호르스트 베셀 신화의 창조자인 괴벨스는 1945년까지 한 번도 이 추모식에 빠지지 않은 것으로 알려져 있다. 죽은 영웅에 대한 숭배 의식 외에도 호르스트 베셀의 묘석에는 그의 노래 〈깃발을 높이 들고〉를 상징하는 부조물이 첨가되어 나치의 성지로서의 모습을 갖춰나가게 된다.

베를린이 호르스트 베셀의 순교지였다면, 빌레펠트는 순교자의

나치의 성지 호르스트 베셀의 무덤을 지키는 돌격대원들.

탄생지였다. 게르만족이 로마의 침입을 막아낸 아르미니우스 신화의 중심지인 토이토부르크 숲의 정상을 호르스트 베셀 고지로 명명하고 거대한 자연석 기념물을 설치하였다. 이러한 성역화 작업은 호르스트 베셀 사망 10년째인 1939년 빌레펠트 중심가에 호르스트 베셀의 실물 크기 동상을 세우는 것으로 절정을 이루게 된다.[68] 그 밖에도 호르스트 베셀이 6개월 간 머물렀던 빈의 기숙사도 그의 이름을 따서 개명되었다.[69]

기념비 건립과 성역화 작업 외에도 호르스트 베셀 신화를 대중의 일상에 접합시키기 위하여 그의 전기와 그를 주인공으로 다루는 수

1933년 빌레펠트의 토이토부르크 숲 정상에 설치된 호르스트 베셀 기념석.

많은 출판물들이 간행되었다. 나치가 집권한 1933년 이미 수많은 호르스트 베셀 관련 서적들이 발간되었다.[70] 물론 이러한 전기물들은 나치 정권의 호르스트 베셀 신화 창조의 한 수단으로 진행되었지만, 상당수의 출판물이 이미 1933년에 발행되었다는 사실을 주목할 필요가 있다. 또한 이러한 책들이 나치당의 공식 출판사인 뮌헨의 에어 출판사가 아닌 유명한 민간 출판사에서 발간되었다는 사실은 호르스트 베셀 전기가 상업적으로도 매력 있는 소재였던 것으로 추측된다.[71] 호르스트 베셀 전기가 갖는 또 다른 측면은 청소년들에게 나치의 대중영웅을 자연스럽게 각인시킬 수 있다는 장점을 가졌다

1939년 호르스트 베셀 10주기를 기념하여 빌레펠트 시 중심에 세워진 동상의 제막식 모습.

는 것이다. 1937년 초판이 발행된 청소년 대상의 크란츠 문고 222번인 호르스트 베셀 전기가 좋은 예일 것이다.[72] 1941년까지 총 238종이 발간된 크란츠 문고가 다룬 주제는 독일의 자연과 신화, 역사, 위인, 그리고 나치의 초기 역사였다. 이들 주제에 호르스트 베셀이 포함되었다는 사실은 그가 이미 나치의 상징적인 인물이 되었다는 것을 의미하였다.

호르스트 베셀 신화를 확대하는 도구로 유일하게 실패한 경우가 영화였다. 호르스트 베셀의 생일인 1933년 10월 9일로 계획된 공식 상영을 앞두고, 괴링을 위시한 나치 지도자들이 초청된 가운데 베를

Horst Wessel

1933년에 제작된 호르스트 베셀을 주인공으로 한 영화 〈한스 베스트마르〉의 포스터.

린에서 시사회가 열렸다. 하지만 벤츨러 감독의 호르스트 베셀 영화의 시사회 결과는 선전상 괴벨스의 상영 금지 조치였다. 이유는 "역사적 인물인 호르스트 베셀과 민족사회주의운동을 축소하고 비하하였으며, 사실을 적절하게 표현하지 못했다."[73)]는 것이었다. 이 영화는 1932년 출판된 베스트셀러 작가 에베르스의 책[74)]을 대본으로 하여 만들어졌으나 나치 정권의 상연 허가를 받지 못한 것이다. 상영 금지 조치에 대해 제작자는 즉시 영화를 부분적으로 수정하고 제목도 〈한스 베스트마르〉라고 바꿨다. 11월 23일 재검열을 받기 위하여 수정된 작품이 제출되었다. 호르스트 베셀의 어머니가 이 영화의 상영 금지를 히틀러에게 직접 청원하기도 하였으나,[75] 영화는 12월 23일 공식적으로 상영이 허용되었다. 그러나 영화에 대한 괴벨스의 평가는 여전히 부정적이었고, 이를 반영이라도 하듯 곧 극장들의 상영 프로그램에서 삭제되었다.[76] 이와 함께 1934년 퇴폐적이라는 이유로 이 영화의 대본을 쓴 전기 작가인 에베르스의 작품들도 판매 금지를 당하였다.

호르스트 베셀 영화가 나치 정권에 의해 부정적인 평가를 받은 이유는 정확히 밝히기 힘들다. 그러나 괴벨스가 특히 할리우드식 영화를 선호하였다는 점을 감안한다면 이 영화가 괴벨스의 '예술적 수준'에 함량 미달이었던 것으로 추측해볼 수 있다. 더욱이 호르스트 베셀의 어머니가 직접 영화 상영 금지를 히틀러에게 청원할 정도로 영화에서 그려지고 있는 대중영웅으로서의 호르스트 베셀의 이미지가 나치 최고위층과 가족에게 불만이었던 것 같다. 특히 호르스트 베셀이 횔러에 의해 살해당하는 상황을 극적인 영웅의 죽음으로 묘사하기에는 큰 어려움이 있었을 것이다. 이 밖에도 나치 시대에 영화라는 매체가 가진 대중동원 매체로서의 효용 가치는 그리 크지 않았다. 이런 면에서 히틀러가 가장 적극적으로 활용한 대중매체 수단인 라디오와 〈호르스트 베셀 노래〉의 결합은 좀더 높은 선전 효과를 거둘 수 있었다. 이런 상황에서 나치 정권이 호르스트 베셀을 통하여 만들어내고자 하는 대중영웅의 이미지를 손상시킬 수 있는 모험을 굳이 할 필요는 없었을 것이다.

호르스트 베셀의 영웅적 생애를 소재로 한 영화가 나치의 영웅숭배 수단으로 크게 이용되지 않은 또 다른 이유는 히틀러 소년단

Horst Wessel

원 헤르베르트 노르쿠스의 영웅적 생애가 존재했기 때문이다. 호르스트 베셀처럼 공산당이 장악하고 있던 베를린 노동자 지역 중 하나인 보이셀키츠에서 히틀러 소년단원으로 활동하다가 공산당 청소년 조직원들에게 살해당한 헤르베르트 노르쿠스는 나치의 대표적 '소년 영웅'이었다.

제1차 세계 대전에 참전했던 아버지 루트비히 노르쿠스(Ludwig Norkus)도 베를린의 나치 돌격대 제6지대에 소속된 나치당원이었다. 전후 인플레이션으로 인해 경제적으로 파산 상태에 이르자 헤르베르트 노르쿠스의 어머니는 조그만 우유가게를 운영하였다. 그런데 나치당원인 루트비히 노르쿠스에 대한 공격의 일환으로 공산당원들이 그녀의 우유가게를 공격하였고, 이런 정치 테러의 후유증으로 그녀는 1931년 정신병원에서 사망하였다. 이러한 이유로 헤르베르트 노르쿠스는 자연스럽게 히틀러 소년단에 가입하였다. 그러나 보이셀키츠에서 히틀러 소년단원으로 활동하는 것은 폭력과 위협, 그리고 협박을 감수해야 하는 것이었다.[77] 헤르베르트 노르쿠스는 1932년 1월 24일 이른 아침, 나흘 후로 예정된 나치 집회의 프로그램을 배포하기 위하여 노동자 거주지역에 나갔다가 공산당 청소년 조직원들에게 포위되어 칼에 찔리고 짓밟히는 공격을 받고 인근의 주택 현관에서 발견되었다. 병원으로 옮겨진 헤르베르트 노르쿠스는 곧 사망하였다.[78]

그의 죽음을 계기로 히틀러 소년단과 공산당 청소년 조직 사이의 전쟁이 더욱 격화되었다. 그가 죽은 지 열흘 후, 열여덟 살의 게오르크 프라이저라는 히틀러 소년단원이 베를린에서 살해당하자, 또 다시 나치의 선전·선동 기구들이 일제히 목소리를 높였다.[79] 그러나 이들의 죽음은 그 당시에 일어났던 수많은 정치 테러들 중 하나로 큰 의미를 갖지는 못했다.

헤르베르트 노르쿠스의 죽음이 중요한 의미를 갖게 된 것은 소설과 영화를 통해서였다. 1932년 카를 알로이스 셴칭거의 소설 《히틀러 소년단원 크벡스(Hitlerjunge Quex)》가 발표되었다. 이 소설은 2년 동안 19만 부가 판매되었으며 1945년까지 약 50만 부가 판매되는 베스트셀러였다. 이 소설을 바탕으로 1933년에 같은 제목의 영화가 제작되었다. 독일의 유명한 한스 슈타인호프가 감독한 이 영화에는 하이니 묄커가 헤르베르트 노르쿠스를 상징하는 크벡스로, 바이마르 공화국 당시 이미 명성을 날리고 있던 하인리히 게오르게가 크벡스의 아버지로 등장한다. 독일어로 수성(水星)을 의미하는 크벡스라는 별명으로 불린 헤르베르트 노르쿠스는 이 영화를 통하여 대중의 주목을 받게 되었으며, 이로써 나치 운동의 소년 순교자로서 자리매김할 수 있었다.[80]

영화 〈히틀러 소년단원 크벡스〉에 등장하는 헤르베르트 노르쿠스는 나치즘이라는 정치종교를 위해 희생된 순교자의 이미지로 그려진다. 순결한 금발의 소년, 생활고를 비관하여 아들과 자살을 시도하는 어머니, 자신을 억제하지 못한다는 이유로 공산당에서 쫓겨난 술 취한 아버지, 궁핍한 보이셀키츠의 암울한 빈민가, 외세의 도구인 독일 공산당원들, 이상적이고 영웅적인 히틀러 소년단원, 민족의 속죄양적인 죽음, 그리고 아돌프 히틀러를 통한 민족 부활의 약속 등으로 나타나는 이 영화의 이미지는 나치즘이라는 정치종교를 최

Horst Wessel

대한 부각시키는 것이었다.[81] 히틀러 소년단의 최고 지도자인 발두어 폰 시라흐는 이 영화를 괴테의 〈파우스트〉, 베토벤의 〈교향곡 9번〉과 함께 신과 인간이 교차하는 지점에 있는 히틀러의 의지를 찬양하는 독일 역사의 위대한 기록의 하나라고 찬양하였다.[82]

헤르베르트 노르쿠스는 나치 정권 하에서 전형적인 영웅 숭배의 대상이 되었다. 특히 발두어 폰 시라흐는 노르쿠스를 히틀러 소년단의 전형적인 영웅으로 만들기 위하여 많은 노력을 하였다. 그러나 나치의 모든 선전기관을 장악하고 있는 괴벨스가 만들어낸 호르스트 베셀의 위상을 넘어서는 것은 어려웠을 것이다. 이러한 사실은 1932년 1월 29일 노르쿠스의 장례식에 대하여 적은 괴벨스의 일기에서 간접적으로 나타난다.

> 살을 에는 추위 속에 히틀러 소년단원 노르쿠스의 장례식이 치러졌다. 조그만 관 주위로 아이들과 사람들이 모인 가운데 비통한 마음으로 연설을 하였다. 이 소년의 아버지는 진정 용기 있는 사람이다. 비통한 회색 얼굴의 평범한 한 노동자가 한 손을 높이 들고 〈호르스트 베셀 노래〉를 불렀다. 분노와 고통스런 자부심을 담고 "깃발을 높이 들고!"라고 노래했다. 묘지 정문 밖에는 속물들이 모여 또 다른 희생자를 기다리고 있었다. 이들 무뢰배들은 언젠가 한번 쥐새끼들처럼 멸종을 시켜버려야 해![83]

영화 〈히틀러 소년단원 크벡스〉를 통해 헤르베르트 노르쿠스는

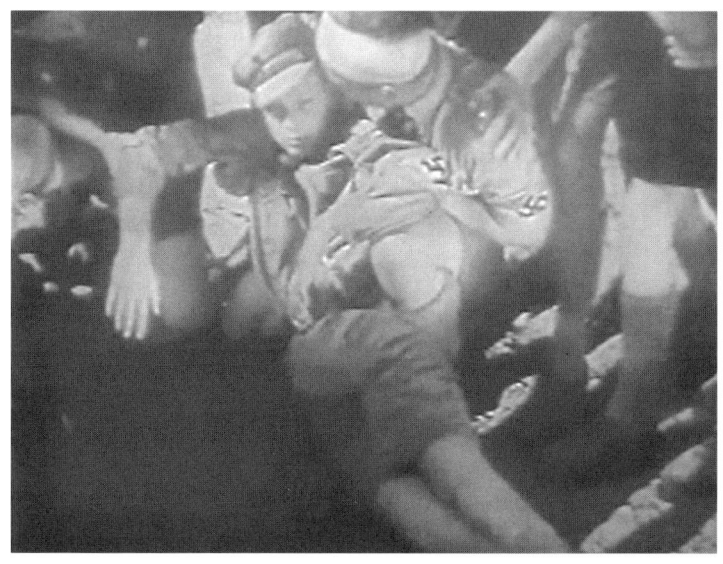

〈히틀러 소년단원 크벡스〉의 마지막 장면. 나치의 하켄크로이츠 깃발이 휘날리며 히틀러 소년
단원이 행진하는 장면과 이 장면이 중첩되면서 영화가 끝난다.

민족사회주의운동을 위해 뛰어다니다 빨갱이들에게 처참하게 희생당한 이상적인 나치의 소년 영웅이 될 수 있었다. 그러나 그의 영웅적 위상은 호르스트 베셀을 넘어설 수 없었다. 이러한 사실에서 우리는 나치의 죽은 영웅들 사이에 존재하는 위계질서에만 집착해서는 안 된다. 오히려 호르스트 베셀과 헤르베르트 노르쿠스의 경우에서 나타나듯이, 나치가 만들어낸 이상적인 영웅 이미지는 다양한 인물들을 서로 보완적으로 사용하면서 그 효과를 극대화시키고 있다는 점이다. 나치의 선전·선동 정책 차원에서 거의 모든 요소를 갖추고 있던 호르스트 베셀의 부족한 점을 노르쿠스와 같은 또 다른 영웅들을 통해 보완함으로써 완벽한 나치의 영웅 이미지를 만들어 내고자 했다는 점을 인식해야 한다.

4. '천년 왕국'을 위한 순교자, 호르스트 베셀

호르스트 베셀 신화의 중요한 구성 요소 중 하나는 그의 살해 사건 이후 괴벨스에 의해 지속적으로 만들어진 순교자라는 이미지다. 이것은 나치가 '투쟁 시기'라고 부르는 집권 전 시기에 나치 혁명의 달성을 위한 자기희생의 도덕률을 상징하였다. 이러한 자기희생의 정신은 나치 집권 후에도 매우 유용한 도덕률이었다. '개인의 이익보다는 공공의 이익', '피와 대지'로 대표되는 '민족 공동체' 이데올로기는 철저히 개인의 희생을 바탕으로 하는 것이었다. 따라서 호르스트 베셀의 순교자적 영웅상은 1933년 이후 청소년들이 본받아야 할 대표적인 민족사회주의의 청소년상으로 자리 잡게 된다. 이러한 것을 반영하는 대표적인 사례는 수많은 호르스트 베셀 학교가 존재했다는 사실이다.

미래의 민족사회주의자들을 양성하는 중심 기관인 학교가 호르스트 베셀의 이름에 따라 개명되고 그의 정신을 이어받는 청소년들을 교육하는 장소로 변하였던 것이다. 브레멘의 한 호르스트 베셀 학교에 대한 롤프 구테(Rolf Gutte)의 증언을 통하여 이러한 청소년 교육 정책의 실체를 부분적으로나마 확인할 수 있다.[84] 1933년 3월 프리메이슨에 속해 있던 교장을 대신하여 돌격대의 슈투름퓌러가 신임 교장에 취임하였다. 1935년 12월, 학교는 브레멘 최초로 히틀러 소년단의 깃발을 게양할 수 있는 자격을 획득하였다. 전체 학생의 93.7퍼센트가 히틀러 소년단에 가입했기 때문이다. 독일의 모든 청소년이 의무적으로 히틀러 소년단에 가입하도록 규정한 1936년 12월 1일의 법령[85]이 제정되기 1년 전에, 이렇듯 많은 학생들이 히틀러 소년단에 가입했다는 사실은 시사하는 점이 크다. 1936년이 되면 전체 학생의 99.8퍼센트가 히틀러 소년단과 그 부속 단체에 소속되었다. 이것은 전체 학생의 0.2퍼센트도 안 되는 학생들이 히틀러 소년단에 가입하지 않았다는 것을 의미한다.

이러한 소수의 학생들에 속한 구테는 이로 인해 불이익을 받지는 않았다. 그러나 항상 '아웃사이더'라는 자의식이 구테로 하여금 소극적이고 의기소침한 학생이 되도록 만들었다고 기억하고 있다.[86] 이것이 호르스트 베셀이라는 이름을 가진 학교가 만들어내는 사회적 분위기였던 것이다. 청소년들이 집단에서 소외되지 않기 위하여 적극적으로 집단의 전면에 나서도록 만드는 대중 심리를 자극하는 것이 이러한 학교들이 존재하는 방식이었다. 히틀러 소년단에 가입하지 않았던 구테가 전쟁 말기 브레멘 외곽의 대공포 진지에 배치되었을 때 느낀 남자로서의 자긍심도[87] 집단으로부터 소외된 개인이 가질 수 있는 자연스런 심리 현상의 한 단면을 보여주는 것이었다.

청소년들의 일상은 학교 생활과 함께 국가적 조직으로 발전된 히틀러 소년단을 통하여 통제되고 관리되었다. 이러한 히틀러 소년단이 호르스트 베셀의 이상을 계승하는 것은 천년 왕국을 지상에 건설

Horst Wessel

하려는 나치스의 목적을 위하여 어쩌면 필연적인 것이었을 것이다. 히틀러 소년단의 노래에는 조국을 위하여 희생한 호르스트 베셀의 정신이 잘 나타나 있다.

> 새로운 민족이 일어났다, 돌격 준비 완료.
> 깃발을 더 높이 휘날려라, 동지여!
> 우리의 시간이 가까웠다!
> 젊은 병사들의 시간!
> 폭풍에 찢긴 깃발을 들고
> 우리의 앞에는 갓 태어난 국가의 죽은 영웅들이,
> 우리의 위에는 영웅적인 조상들이 행진한다!
> 독일이여, 조국이여, 우리가 곧 간다!
> Ein junges Volk steht auf, zum Sturm bereit.
> Reißt die Fahnen höher, Kameraden!
> Wir fühlen nahe unsere Zeit!
> Die Zeit der jungen Soldaten!
> Vor uns maschieren mit sturmzerfezten Fahnen
> die toten Helden der jungen Nation,
> und über uns die Heldenahnen!
> Deutschland, Vaterland, wir kommen schon![88]
> ―〈행복한 히틀러 소년단〉

깃발을 높이 들고 호르스트 베셀과 같은 죽은 영웅들의 뒤를 따라 용감하게 돌격하는 히틀러 소년단이 구원해야 하는 것은 아직은 '어린' 조국, 그렇기 때문에 허약한 조국인 것이다. 폭풍우에 찢어진 깃발은 호르스트 베셀이 자신의 노래에서 높이 들고 행진했던 그 깃발인 것이다.

실제로 1934년 뉘른베르크 전당대회에서는 호르스트 베셀을 히틀러 소년단이 본받아야 하는 구체적인 영웅으로 강조하고 있다. "어떠한 신부도, 어떠한 악마도 우리가 히틀러의 자식이라고 느끼는 것을 방해할 수는 없다. 우리는 예수가 아니라 호르스트 베셀을 따른다."[89] 히틀러 소년단이 부른 이 노래는 단순히 호르스트 베셀을 영웅화하는 것을 넘어서는 것이었다. 정치종교로서 나치즘이 정통 종교인 기독교를 부정하는 것이다. 이와 같이 호르스트 베셀이라는 대중영웅 또는 순교자를 통하여 나치 정권은 청소년들을 새로운 정치적 인간으로 변형시키고자 했다.

호르스트 베셀이 제3제국을 위하여 자신을 희생했다는 나치 정권의 대중 선동이 얼마나 효과적이었는가를 보여주는 또 다른 예는, 호르스트 베셀의 이름을 따라 남자 아이들의 이름을 짓는 사례가 증가한 사실에서 살펴볼 수 있다. 종교적 순교자들을 기리는 방식의 하나로 성인의 이름을 세례명으로 삼는 전통이 제3제국 시대에 들어 세속화된 것이다. 물론 가장 많이 지어진 이름은 지도자인 히틀러의 이름인 아돌프였다. 1932년까지 아돌프(Adolf 또는 Adolph)라는 이름으로 등록된 신생아는 최대 1.5퍼센트(1910년)였는데, 나치스가 집권하기 이전인 1932년에는 겨우 1퍼센트 정도에 머물렀다. 그러나 베셀의 이름인 호르스트로 출생 신고된 신생아의 비율은 그

Horst Wessel

가 살해당한 1930년 2월 이후 전체 신생아의 1퍼센트 선에서 서서히 증가하기 시작하여 1932년에 급증하고, 나치 집권이 이루어진 1933년 1월 30일이 되면 약 2.2퍼센트에 달한다. 이것은 나치 지도자인 아돌프라는 이름의 신생아가 2퍼센트에 머물렀다는 것을 고려할 때 대단한 비율이라고 하지 않을 수 없다.[90]

특히 1934년까지 아돌프라는 이름의 신생아가 전체의 2.3퍼센트까지 급증하다가 그 이후 급격히 감소한 것에 반하여[91] 호르스트는 거의 변화가 없었을 뿐만 아니라 1940년과 1941년이 되면 2.7퍼센트까지 증가한다. 이렇게 1945년까지 25만 쌍이 넘는 부모들이 나치당과 호르스트 베셀의 어머니에게 자신들을 자식으로 받아달라는 편지를 쓰고 자신들의 아들에게 호르스트라는 이름을 지어주었다.[92] 이것은 수없이 많은 거리와 광장, 지명, 그리고 학교들이 호르스트 베셀이라는 이름으로 불린 것과는 그 의미와 결과에서 매우 다른 것이었다. 공공장소와 지명을 바꾸는 일은 공공의 이름으로 행해졌고, 실제로 전쟁이 끝나면 이들의 이름은 새로이 바뀌거나 삭제되었다. 그러나 아들에게 호르스트라는 이름을 지어주는 것은 부모들의 자발적인 의사에 의해 행해졌으며, 이것은 자식들의 이름을 통하여 부모들의 정체성이 계속 남게 되는 것이었다. 이것은 천년 왕국의 건설을 선전한 나치 정권의 약속을 믿고 따른 대중의 자발적인 동의의 행위였다.

호르스트 베셀이라는 만들어진 대중영웅은 나치 정권의 정체성을 가장 잘 대변해주는 상징이었다. 실제로 다른 나치의 영웅들 중에서 호르스트 베셀의 이미지와 인지도를 넘는 인물은 없었다. 나치

친위대 사단 '호르스트 베셀'의 소매에 붙이는 사단표식.

1936년 해군 실습선인 호르스트 베셀 호 진수식에 참석한 히틀러가 베셀의 어머니에게 인사를 하고 있다.

Horst Wessel

스가 정권을 장악하기 위하여 힘든 정치적 '역정'을 헤쳐나가고 있을 때에는 다가올 구원의 시간을 예시해주는 구원자적 영웅으로, 집권에 성공한 이후에는 어려운 '투쟁 시기'를 열어준 순교자적·예시자적 영웅으로, 그리고 전쟁 기간에는 다시금 고난을 두려워하지 않는 신화적 영웅으로 선전되고 활용되었다. 특히 1936년 함부르크에서 처녀 출항한 해군의 실습선이 호르스트 베셀 호로 명명된 것이나, 전황이 기울고 있던 1944년 친위대 사단이 그의 이름을 본떠 호르스트 베셀 사단이 된 것은, 호르스트 베셀 신화가 추구하는 궁극적인 목적을 상징적으로 시사해준다.

V. 만들어진 '대중영웅'의 실체

　호르스트 베셀의 경우에서 보았듯이, 나치가 시도한 '대중영웅' 만들기의 궁극적인 목적은 나치 이데올로기를 위해 희생하는 정치종교의 순교자를 끊임없이 만들어내는 것이었다. 이러한 목적을 달성하기 위하여 나치 체제는 당시까지 존재한 모든 영웅 숭배의 문화기제들을 호르스트 베셀의 영웅화에 집중시켰다. 전통적인 영웅 숭배의 문화라고 할 수 있는 동상과 기념탑, 조형물의 건립과 호르스트 베셀의 이름을 딴 거리, 지역, 광장 등을 통하여 독일 국민에게 민족의 영웅으로서 호르스트 베셀의 이미지를 각인시켰다. 그리고 기존 종교에서 신성성을 강조하는 것을 빌려와 순교자로서의 호르스트 베셀 이미지를 만듦으로써 대중영웅 호르스트 베셀은 독일인들의 일상으로 더욱 파고들 수 있었다. 이러한 영웅화 작업과 함께 나치스는 전통적인 사자 경배의 문화기제와 종교적 순교자 숭배를 혼합하여 독일 민족의 구원자로서의 호르스트 베셀의 이미지를 만들어냈다. 이러한 수단을 통하여 호르스트 베셀의 무덤은 나치즘의

Horst Wessel

성지가 되었으며, 이로써 호르스트 베셀은 종교적 경건성과 함께 고귀한 민족정신의 정수가 될 수 있었다.

이러한 전통적인 방법과 함께 제1차 세계 대전 이후 보편화된 전몰장병의 추모의식을 통해 형성되기 시작한 대중영웅 이미지도 호르스트 베셀의 영웅화 과정에 적극 활용되었다. 이러한 논리에서 호르스트 베셀은 조국과 민족을 위하여 자신을 희생한 평범한 한 젊은 이가 아닌 민족의 영웅이었다. 그리고 이와 같은 영웅은 강한 사명감과 신앙과 같은 국가 사랑이 있으면 누구나 될 수 있었다. 따라서 호르스트 베셀은 미래의 지도자가 되고 영웅이 될 청소년들이 본받아야 할 전형이었다. 특히 고난과 어려움에 처한 민족과 국가를 위해 자신의 모든 것을 희생한다는 호르스트 베셀 신화는 나치의 민족공동체 이데올로기를 체화시키는 것이었다.

나치의 대중영웅 만들기에서 특징적으로 나타나는 것은 대중의 일상이 머무는 모든 곳에서 호르스트 베셀을 발견할 수 있다는 점이다. 나치 집권 이전에는 전통적인 영웅을 만나는 장소와 시간이 한정되어 있었다면 나치가 집권한 후 독일 국민은 대중영웅 호르스트 베셀을 어느 곳, 어느 시간에도 만날 수 있었다. 나치 독일에서 호르스트 베셀은 대중의 공적·사적 일상에서 항상 만날 수 있는 존재였다. 이와 같이 새로운 영웅 만들기가 가능하였던 가장 큰 이유는 〈호르스트 베셀 노래〉라는 문화기제가 있었기 때문이다. 당시의 독일 대중이 접하는 모든 문화 매체가 나치의 호르스트 베셀 영웅 만들기에 동원된 것이었다. 과거의 영웅들이 교회의 공동묘지 담 안이나 거대한 기념물들이 세워진 장소에 머물렀다면 나치의 대중영웅

Horst Wessel

뮌헨에 있던 나치 영웅기념비.

호르스트 베셀은 묘지의 울타리를 넘어 대중의 일상 속에서 함께한 영웅이었다. 나치의 호르스트 베셀 영웅화가 성과를 거둘 수 있었던 것은 나치 정권이 대중들의 심리를 충분히 이해했기 때문이라고 생각된다. 앞에서 보았던 호르스트 베셀 신화의 창조를 위한 다양한 방법들은 뛰어난 나치의 대중 선전·선동 정책의 결과물이었다. 이러한 주장이 설득력을 갖는 이유는 역설적이게도 1930년 독일의 사회주의자들이 나치당의 급속한 성장이 몰락을 위한 전조라고 '성급한 예언'을 한 사실에서도 잘 알 수 있다. 실제로 역사는 정반대의 결과를 낳았다.[93]

나치의 대중영웅 호르스트 베셀은 전쟁이 끝나고 완전히 사라진 듯 보였다. 그러나 나치 체제가 만들어낸 대중영웅 호르스트 베셀의 이미지가 얼마나 강력한 것이었는가를 보여주는 사례들이 지금도 존재한다. 근래에 유럽과 독일에서 다시 부활하고 있는 신나치 운동의 추종자들이 흔적도 찾을 수 없는 그의 무덤을 찾는 순례를 하고 있다는 기사를 보았다. 여기서 주목해야 할 점은 호르스트 베셀의 무덤이 있던 장소에 꽃을 바치는 사람들이 단순히 스킨헤드나 신나치들과 같은 젊은 극우주의자들만이 아닌 호르스트 베셀의 영웅 신화를 일상에서 직접 경험한 나이 든 세대들도 포함되어 있다는 사실이다.[94]

■ 호르스트 베셀 미주

1) 100일 간의 작업 끝에 1933년 5월 3일 진수된 나치 정권 최초의 해군 실습선 '고르히 포크' 호는 1945년 4월 말 독일군에 의해 침몰되었다. 전후 1947년 인양된 '고르히 포크' 호는 구(舊) 소련에게 전쟁 배상 목적으로 인계되어 '토바리치(동지)'라는 새 이름으로 해군 실습선이 되었다. 구소련이 붕괴되고 '토바라치' 호는 우크라이나 해군 실습선으로 사용되다가 2003년 비용을 감당할 수 없던 우크라이나 정부가 독일의 한 민간 범선동우회에 매각하였다. 현재는 독일의 슈트랄준트 항에 전시되어 있다.
2) 브레멘 항구의 역사를 다루는 홈페이지(www.janmaat.de/m_segelschul.htm)와 미국 해안 경비대의 홈페이지(www.uscg.mil/hg/g-cp/history/WEBCUTTERS/Eagle_1946.html) 참조.
3) 나인호, 〈나치 독재의 정치종교와 전체주의적 대중 만들기〉, 임지현 · 김용우 엮음,《대중 독재. 강제와 동의 사이에서》(책세상, 2004), 212~216쪽.
4) *Das Deutsche Führerlexikon. 1934/1935*, Berlin: Verl. Otto Stollberg, 1934, p. 11.
5) *Ibid.*, p. 12.
6) Jay W. Baird, *To die for Germany. Heroes in the Nazi Pantheon*, Bloomington · Indianapolis: Indian Univ. Press, 1990, p. xi.
7) Ian Kershaw, "The 'Hitler Myth': Image and reality in the Third Reich", David F. Crew, ed., *Nazism and German Society, 1933~1945*, London · New York: Routledge, 1994, p. 197 f.
8) *Ibid.*, p. 198~199 참조.
9) Ian Kershaw, *Hitlers Macht. Das Profil der NS-Herrschaft*, München: Deutscher Taschenbuch Verlag, 1992, p. 24~25.
10) Alfred von Schliefen, "Der Krieg in der Gegenwart", in *Cannae*, Berlin, 1925, p. 278(Hajo Holborn, "Moltke and Schliefen: The Prussian-German School", in Edward M. Earle, ed., *Makers of Modern Strategy. Military Thought from Machiavelli to Hitler*, Princeton: Princeton Univ. Press, 1952, p. 194에서 재인용.
11) 스티븐 컨, 박성관 옮김,《시간과 공간의 문화사 1880~1918》(휴머니스트, 2004), 703~707쪽.
12) Jay W. Baird, *Ibid.*
13) Klaus Vondung, "Revolution als Ritual. Der Mythos des Nationalsozialismus", in: Dietrich Harth · Jan Assmann(Hg.), *Revolution und Mythos*, Frankfurt a.M.: Fischer, 1992, p. 207~208.
14) Sabine Behrenbeck, "Durch Opfer zur Erlösung. Feierpraxis im nationalsozialistischen Deutschland", in: Sabine Behrenbeck · Alexander Nützenadel(Hg.), *Inszenierungen des Nationalstaats. Politische Feiern in Italien und Deutschland seit 1860/71*, Köln: SH-Verlag, 1998, p. 149~150.
15) Erich Voegelin, *Die politischen Religionen*, Wien: Bermann-Fischer, 1938.
16) 이에 대해서는 다음을 참조하라. Sabine Behrenbeck, *Der Kult um die toten Helden. Nationalsozialistische Mythen, Riten und Symbole 1923 bis 1945*, Vierow b. Greifswald: SH-

Verlag, 1996, p. 17 ff.
17) *Ibid.*, 299 ff.와 Vondung, "Revolution als Ritual", p. 209~210.
18) 정식으로는 '(나치)운동 사망자 기념일(Gedenktag für die Gefallenen der Bewegung)'이다.
19) '영웅기념일'의 행사 내용과 절차에 대해서는 다음의 글을 참조하라. Sabine Behrenbeck, "Durch Opfer zur Erlösung", p. 156~161.
20) Domarus Max, *Hitler. Reden und Proklamationen 1932 bis 1945. Kommentiert von einem deutschen Zeitgenossen*, Wiesbaden: Löwit, 1973, Bd. I, p. 458.
21) 《나의 투쟁》에 나타난 히틀러의 영웅관은 전통적인 엘리트 영웅관에 상당히 근접한 것이었다. Adolf Hitler, *Mein Kampf*, München: Eher, p. 15~17.
22) Sabine Behrenbeck, *Der Kult um die toten Helden*, p. 160 ff.
23) Reinhart Koselleck, "Kriegsdenkmale als Identitätsstifrungen der berlebenden", Odo Marquard · Karlheinz Srierle(Hg.), *Identität*, München: Wilhelm Fink, 1979, p. 257~258.
24) *Ibid.*, p. 263.
25) 역사에서 전통의 창조 또는 '만들어진 전통'의 개념에 대해서는 다음의 책을 참조하라. 에릭 홉스봄, 박지향 · 장문석 옮김, 《만들어진 전통》(휴머니스트, 2004), 19쪽 이하.
26) 이에 대해서는 다음을 참조하라. Hans-Joachim Winkler, *Legenden um Hitler*, Berlin: Colloquium Verlag, 1963; Peter Reichel, *Der schöne Schein des Dritten Reiches. Faszination und Gewalt des Faschismus*, Frankfurt a.M.: Fischer, 1994; Ian Kershaw, *Der Hitler-Mythos, Volksmeinung und Propaganda im Dritten Reich*, München: DTV, 2002.
27) 나인호, 〈나치 독재의 정치종교와 전체주의적 대중 만들기〉, 208쪽 이하.
28) Thomas Balistier, *Gewalt und Ordnung. Kalkül und Faszination der SA*, Münster: Verlag Westfälishces Dampfboot, 1989, p. 163~164에서 재인용.
29) 호르스트 베셀에 대한 최근의 연구로는 다음을 참조하라. Imre Lazar, *Der Fall Horst Wessel*, Stuttgart: Belser, 1980; Thomas Oertel, *Horst Wessel. Untersuchung einer Legende*, Köln u.a.: Böhlau, 1988 (Braunschweig Tech. Univ. Diss., 1987); Jay W. Baird, *To die for Germany*. 특히 Imre Lazar의 책은 필자가 CBS에서 호르스트 베셀에 관한 기록 영화를 제작하기 위해 미국의 Hoover Institut의 지원을 받아 수집한 자료들을 담고 있다. 당시의 많은 1차 사료들을 원문 그대로 인용하여 자료 수집에 많은 도움을 주었지만 사료의 출처를 정확하게 밝히지 않은 점이 아쉽다.
30) Manfred Gailus, "Das Lied, das aus dem Pfarrhaus kam", *Die Zeit*, 2003/39, 2003. 9. 18.
31) Fritz Daum, *SA-Sturmführer Horst Wessel. Ein Lebensbild von Opfertreue*, Reutlingen: Enßlin & Laiblins, 1933, p. 9., Manfred Gailus. "Vom Feldgeistlichen des Ersten Weltkriegs zum politischen Prediger des Bürgerkriegs. Kontinuitäten in der Berliner Pfarrerfamilie Wessel", *Zeitschrift für Geschichtswissenschaft*, 50. Jg., No. 9/2002, p. 785 f.
32) Imre Lazar, *Der Fall Horst Wessel*, p. 42.
33) Ingeborg Wessel, *Mein Bruder Horst. Ein Vermächtnis*, München: Franz Eher, 1934, p. 14~15.
34) Christian Zentner · Friedemann Bedürftig(Hg.), *Das große Lexikon des Dritten Reiches*,

München: Südwest Verl., 1993, p. 431.
35) Fritz Daum, *SA-Sturmführer Horst Wessel*, p. 14 f.
36) Ingeborg Wessel, *Mein Bruder Horst*, p. 16 ff.
37) Peter Longerich, *Die braunen Bataillone. Geschichte der SA*, München: C. H. Beck, 1989, p. 53 f.와 60 f.
38) Richard Schapke, "Horst Wessel ohne Legende. Anmerkungen zum 70. Todestag", *DIE KOMMENDEN. net* (www.die-kommenden.net/dk/artikel/horst_wessel.html).
39) 호르스트가 1928년 2월 친구에게 보낸 편지, Imre Lazar, *Der Fall Horst Wessel*, p. 68~69 재인용.
40) 1929년 한 해 동안 총 56회의 연설을 한 것으로 기록됨: Ingeborg Wessel, *Mein Bruder Horst*, p. 93; Imre Lazar, *Der Fall Horst Wessel*, p. 70.
41) Ralf G. Reuth(Hg.), *Joseph Goebbels Tagebücher. Bd. 1: 1924~1929*, München · Zürich: Piper, 1992, p. 364 f.
42) Wilfred von Oven, "Rotfront und Reaktion. Erst wurde Horst Wessel und dann die SA beseitigt", in: *Deutschland in Geschichte und Gegenwart*, 28(4), 1980, p. 9 ff.; Patrick Moreau, *Nationalsozialismus von links. die Kampfgemeinschaft Revolutionärer Nationalsozialisten und die Schwarze Front Otto Straßers 1930~1935*, Stuttgart: Deutsche Verl.-Anst., 1985; Schüddekopf Otto-Ernst, *Linke Leute von rechts. die nationalrevolutionären Minderheiten und der Kommunismus in der Weimarer Republik*, Stuttgart: Kohlhammer, 1960; Richard Schapke, *Ibid*.
43) Imre Lazar, *Der Fall Horst Wessel*, p. 84.
44) Annemarie Stiehler, *Horst Wessel. Eine Geschichte aus der Kampfzeit*, Frankfurt a. M.: Verl. M. Diesterweg, 1937, p. 22 ff.
45) Fritz Daum, *SA-Sturmführer Horst Wessel*, p. 93 ff.; Imre Lazar, *Der Fall Horst Wessel*, p. 97 ff.
46) Imre Lazar, *Der Fall Horst Wessel*, p. 123 ff., 135 ff., 148 ff.; Hubert Knickerbocker, *Deutschland so oder so?* Berlin: Rowohlt, 1932, p. 13.
47) Imre Lazar, *Der Fall Horst Wessel*, p. 14 ff.
48) 휠러가 과거 에르나의 포주였다는 설이 있으나, 이를 증명하는 증거는 없다. 실제로 이러한 주장은 호르스트 베셀 사건을 창녀 한 명을 둘러싼 포주들 간의 이권 다툼과 개인적인 질투로 발생한 사건으로 만들려 한 공산당 계열 언론들의 선전이었던 것으로 생각되는 정황이 더 많이 나타난다. *Ibid*., p. 14 ff.
49) Wilfred von Oven, *Ibid*.
50) Ralf G. Reuth(Hg.), *Joseph Goebbels Tagebücher. Bd. 2: 1930~1934*, München · Zürich: Piper, 1992, p. 461~465.
51) Imre Lazar, *Ibid*., p. 30~31, 35 ff.
52) Manfred von Killinger, *Die SA in Wort und Bild*, Leipzig: R. Kittler Verl., 1934, p. 81.
53) Ralf G. Reuth(Hg.), *Ibid*., p. 462.

Horst Wessel

54) "Bis zur Neige", in: *Angriff*, 1930. 3. 6. Sabine Behrenbeck, *Der Kult*, p. 136~137에서 재인용.
55) Carl Mierendorff, "Gesicht und Charakter der nationalsozialistischen Bewegung", in: Rudolf Hilferding(Hg.), *Die Gesellschaft. Internationale Revue für Sozialismus und Politik*, 1. Bd.(1930), p. 494.
56) *Ibid.*, p. 498
57) Ralf G. Reuth(Hg.), *Ibid.*, p. 463.
58) Imre Lazar, *Ibid.*, p. 117.
59) Craig W. Nickisch, "Die Fahne hoch! Das Horst-Wessel-Lied als Nationalhymne", *Journal of the NCFL(Selecta)*, Vol. 20(1999), p. 18.
60) Ralf G. Reuth(Hg.), *Joseph Goebbels Tagebücher. Bd. 1* p. 402~403.
61) Craig W. Nickisch, *Ibid.*, p. 20~22.
62) 특히 "Die Fahne hoch", "maschiert in unseren Reihen mit", "Die Straßen frei den braunen Batallionen", "Freiheit und Brot", "Rotfront und Reaktion"과 같은 문구들이 즐겨 사용되었다. *Angriff*, 1930. 2. 27; *Völkische Beobachter*, 1930. 9. 15.
63) Ralf G. Reuth(Hg.), *Joseph Goebbels Tagebücher. Bd. 2*, p. 800.
64) 나치의 '영웅기념일' 행사의 진행 과정은 이러한 좋은 예. Klaus Vondung, "Revolution als Ritual", p. 210.
65) Imre Lazar, *Ibid.*, p. 170.
66) Imre Lazar, *Ibid.*, p. 167.
67) Manfred Gailus, *Ibid.*
68) Wolfgang Emer, "Bielefelds bestem Sohn. Die Einweihung des Horst-Wessel-Steins 1933", in: Werner Freitag(Hg.), *Das Dritte Reich im Fest. Führermythos, Feierlaune und Verweigerung in Westfalen 1933~1945*, Bielefeld: Verl. f. Regionalgeschichte, 1997, p. 81~86; Imre Lazar, *Ibid.*, p. 194.
69) *Ibid.*, p. 191.
70) Hans Ewers, *Horst Wessel. ein deutsches Schicksal*, Stuttgart: Cotta, 1933; Josef Viera, *Horst Wessel. Kinder und Kämpfer des 3. Reichs*, Leipzig: Schneider, 1933.
71) 1932년 공식적인 돌격대 대원 수는 1932년 초 이미 42만 명이었고, 1934년이 되면 그 수가 420만 명으로 급증하였다. 이들을 구매 가능 인구로 가상한다면 호르스트 베셀 전기의 상업적 가능성은 대단히 높았다고 하겠다. Wolfgang Benz · Hermann Graml · Hermann Wei (Hg.), *Enzyklopädie des Nationalsozialismus*, München: dtv, 1997, p. 752.
72) Annemarie Stiehler, *Ibid.*
73) Imre Lazar, *Ibid.*, p. 167~168.
74) Hans Ewers, *Horst Wessel*.
75) Manfred Overesch, u.a. (Hg.), *Das 3. Recih 1933~1939. Eine Tageschronik der Politik, Wirtschaft, Kultur*, Düsseldorf: Droste, p. 96.
76) Wilfred von Oven, *Ibid.*, p. 10.

77) Arnold Littmann, *Herbert Norkus und die Hitlerjungen vom Beusselkietz*, Berlin: Steuben, 1934, pp. 49~52, 81~82.
78) Jay W. Baird, *Ibid.*, p. 115.
79) Jay W. Baird, *Ibid.*, p. 118.
80) Rolf Schneider, "Hitlerjunge Quex. Berliner Typologie", *Berliner Morgenpost*(2005. 2. 6); http://www.intst.net/humanities/igcsehist/term3/persuasion/hjq.htm
81) Jay W. Baird, *Ibid.*, p. 121.
82) Baldur von Schirach, *Die Hitler-Jugend*, Berlin: Zeitgeschichte, 1934, pp. 18~19.(Jay W. Baird, *To die for Germany*, p. 121 재인용).
83) Joseph Goebbels, *Vom Kaiserhof zur Reichskanzlei. Eine historische Darstellung in Tagebuchblaettern vom 1. Jan. 1932 bis zum 1. Mai 1933*, München: Eher, 1937, p. 34.
84) 민족사회주의 이념을 청소년들에게 교육시키는 공공 교육기관들 중에서 호르스트 베셀의 이름을 사용하는 학교들보다 아돌프 히틀러라는 이름을 사용하는 학교들이 일반적으로 미래의 나치 엘리트를 양성하는 곳이라는 인상을 주었다. Harald Focke · Uwe Reimer, *Alltag unterm Hakenkreuz. Wie die Nazis das Leben der Deutschen veränderten*, Hamburg: Rowohlt, 1991, pp. 96~98.
85) *Reichsgesetzblatt I*, 1936, p. 993.
86) Rolf Gutte, "Horst-Wessel-Schule. Vorarbeiten zur Beschreibung einer Schulzeit unterm Faschismus", Johannes Beck u.a.(Hg.), *Terro und Hoffnung in Deutschland 1933~1945. Leben im Faschismus*, Hamburg: Rowohlt, p. 330~348.
87) *Ibid.*, p. 338.
88) Rolf Schörken, "Jugend", Wolfgang Benz u.a.(Hg.), *Enzyklopädie des Nationalsozialismus*, p. 203에서 재인용.
89) Richard Grunberger, *A Social History of the Third Reich*, New York: Penguin, p. 557에서 재인용.
90) Michael Wolffsohn · Thomas Brechenmacher, "Vornamen", Etienne Francois · Hagen Schulze(Hg.), *Deutsche Erinnerungsorte*, Bd. III, München: C. H. Beck, 2001, p. 646 그래프 참조.
91) 아돌프라는 이름을 사용하는 것에 대해 나치 정권이 행정적으로 억제한 결과였다. *Ibid.*, p. 647 참조.
92) Imre, Lazar, *Ibid.*, p. 195.
93) Mierendorff, "Gesicht und Charakter", p. 504.
94) Andreas Kopietz, "Pankow", *Berliner Zeitung*, 2001. 2. 8.

Horst Wessel
이승복
Morozov, Stakhanov, Schmidt

레이펑, 길확실

마오쩌둥 · 김일성 체제가 만들어낸 영웅들

	호르스트 베셀
	이승복
차문석(성균관대 강사, 정치학)	모로조프, 스타하노프, 슈미트

영웅을 '절대적으로' 필요로 했던 20세기 사회주의 사회, 그 중에서 중국과 북한 사회의 영웅들에 관한 이야기는 그 자체로서 이들 '사회의 역사'이다. 이들 사회는 자기 재생산 능력이 결여되어 있어서 권력이 스스로를 유지하고, 그럼으로써 국가 전체를 재생산하기 위해서는 영웅이라는 '정치인형'을 창조하지 않을 수 없었다.

이들 사회에서 영웅의 창조와 그 영웅의 소비는 사회주의 '스펙터클 사회'를 구축하는 데 큰 힘이 되었다. 이 영웅들은 권력과 대중 사이를 스펙터클 형태로 매개하면서 권력의 힘줄, 지도자의 욕망을 사회에 정착시키고 동원을 가능케 했다. 마오쩌뚱의 '좋은 전사' 레이펑과 김일성의 '영원한 천리마' 길확실은 이러한 스펙터클의 한가운데서 이들 체제를 상징하고, 이들 체제를 가동시키는 엔진 구실을 했다.

하지만 중국과 북한의 대중들은 공식적인 영역에서는 이 영웅들이 발하는 정치적 메시지를 따랐지만, 일상인 사적 영역에서는 영웅으로 대표되는 권력에 쉽사리 순응하지 않았으며 오히려 은밀히 저항했다. 따라서 영웅을 강제하는 사회에서 이들 정치인형들은 한편으로는 사회주의적 도덕과 정치적 담론으로 무장한 정치권력의 화신이면서도, 다른 한편으로는 대중들의 연대와 일상을 파괴하는 배신자로서의 성격 때문에 희극적이고도 비극적인 존재였다.

이제 시장에 의해서 이들 사회가 가진 고전적 체제의 성격이 조금씩 허물어지면서 영웅들은 희화화되었고, 오히려 시장과 자본을 견인하는 또 다른 '피에로'로 변신하고 있다. 중국과 북한이 걸어온 사회주의만큼이나 이들 영웅들의 운명도 격변 속에서 동요해왔던 것이다.

雷鋒, 길확실

I. 붉은 기, 〈인생〉, 그리고 장례식

높은 창공에서 장렬하게 펄럭이는 커다란 '붉은 기(紅旗)'들의 파도, 그 뒤를 상기된 얼굴로 열 지어 행진하는 수천 수만의 인민들. 우리가 미디어 영상물이나 사진을 통해 접하게 되는 사회주의 국가들의 모습이다. 중국과 북한 같은 사회주의 국가들의 국가와 대중이 만나는 행사장에서 펼쳐지는 이 장엄하고도 역동적인 장면들은, 우리에게 마치 거대한 국가적 상징에라도 감염된 듯이 조국과 민족 같은 국가주의적 담론들에 출몰하는 '영웅'이 되고 싶다는 욕망을 낳기도 한다. 그러나 이런 웅장한 장면에도 불구하고 우리는 그 이면에서 살아가는 사회주의 인민들의 삶을 놓칠 수 없다. 결코 영웅이 존재할 수 없는, 영웅의 기억들을 공식적인 영역에만 묻어놓고 살아가는 대중들의 일상의 삶 말이다.

장이머우(張藝謀) 감독의 영화 〈인생〉(1994년)은 중국의 국공내전부터 대륙의 공산화, 마오쩌둥(毛澤東) 시절의 광기의 역사인 대약진운동(1958~1961년)과 문화대혁명(1966~1976년), 그리고 덩샤오핑(鄧小平) 이후 자본주의를 향해 질주하는 중국의 역사적 파노라마를 평범한 중국 인민의 삶을 통해 보여준다. 정치적 행사가 전개될 때마다 고통 받는 고달픈 중국 인민들의 삶이 보인다. 이 영화의 원제는 '인생(人生)'이 아니라 '산다는 것(活着)'이다. 뒤에 붙은 '착(着)'은 지속성을 의미한다. 이런저런 역사적 부침을 겪으면서도 죽거나 꺾이지 않고 연연히 살아가는 민초의 모습을 표현하는 데 손색이 없는 말이다.

이 영화에서는 저 웅장한 영웅들이 인민들의 삶 속 어디에도 비집고 들어갈 수가 없다. 사실상 일상은 그렇게 영웅 없는 일상인 것이다. 인민들의 이기적이고, 그래서 더욱 견고할 수밖에 없는 일상 그 어느 곳에, 중국의 레이펑(雷鋒, 1940~1962년) 같은 이타적이고 도덕적인 삶을 살았던 영웅들이 외삽될 수 있을까.

또 다른 에피소드 하나! 우리는 1976년 마오쩌둥이 죽던 날, 그리고 1994년 김일성이 죽던 날, 눈물을 쏟으며 통곡하던 인민들의 눈에서 또 다른 중요한 그 무엇을 읽어내게 된다. 거기에서는 바로 권력과 자신을 동일시하는 사회주의 인민들의 모습이 언뜻 보였던 것이다. 사회주의 인민들의 이러한 동일시 감정은 매우 복잡미묘한 것이었다.

우리는 사회주의 사회를 살아왔던 수많은 인민들의 삶을 다양한 통로를 통해 다양한 방식으로 기억하며 상기할 수 있겠지만, 과연 어떤 이미지가 가장 본래적인 것인지 의문을 품는 경우가 많다. 그런데 질풍노도와 같은 역사 속을 표류했던 고통스런 '인생'과 수령의 '장례식'. 수령과 민초들의 '인생'을 연결시키는 것이 다름 아닌

雷鋒, 길확실

영웅이다. 권력은 위로부터 이 영웅들을 민중들의 삶 속에 견고하게 배치하려고 했다. 권력은 대중을 동원하기 위해 영웅을 탄생시켜서 활용했고, 대중은 지도자에게 도덕을 강제하고 그들의 일상에 직접적으로 개입해 들어와 억압하는 관료를 공격하기 위해서 영웅을 수용하고 활용했던 것이다. 그 한가운데 레이펑이 우뚝 서 있다.

중국에는 '레이펑은 3월에 왔다가 4월에 간다'는 말이 있다.[1] 중국에서 3월은 '레이펑'이라는 '인민의 영웅'을 기리는 달이다. 이때쯤이면 중국의 각 언론은 레이펑을 추모하고 그의 정신을 본받자는 평론이나 사설을 게재한다. 게다가 각 성이나 시의 언론에서는 '레이펑에 대한 새로운 기록이 발견됐다'느니, '아직까지 밝혀지지 않은 레이펑의 일화가 발견되고, 미공개 사진이 공개됐다'느니 하는 기획기사를 싣고 그를 인민들 속에 영원히 살아 숨쉬는 영웅으로 각색하고 분칠한다.

이러한 '영웅 만들기'는 북한이라고 예외일 수가 없다. 북한에서는 체제상으로 중요하고도 긴급한 국면에서는 반드시 '영웅대회'가 개최되었는데, 이들 영웅을 통해서 북한은 체제의 긴장과 모순을 해소하려고 했다. 북한은 한국전쟁 직후인 1953년 8월에 '전국전투영웅대회'를 개최하여 '조국보위와 전후 복구건설을 위한 투쟁에서 영웅적 위훈을 세우도록' 했다. 그리고 1980년대 북한을 흔들었던 경제난을 극복하기 위해서 1988년 9월에 '전국영웅대회'를 개최하여 영웅들을 전국적으로 동원하고 '200일 전투' 등에 적극 동참할 것을 결의했다. 그리고 지난 1990년대에 발생한 북한 역사상 초유의 경제난과 식량난, 그로 인한 사회의 무질서―이른바 '고난의 행군'

—에 대응하기 위해서 2003년 9월에 제3차 영웅대회인 '선군시대 영웅대회'를 개최한 바 있다.[2] 영웅은 항상 현실 속으로 뚜벅뚜벅 걸어온다.

雷鋒, 길확실

II. 사회주의, 영웅, 스펙터클

자본주의 사회와는 다른 이유로 중국과 북한을 비롯한 20세기의 모든 사회주의 사회는 '영웅을 필요로 하는 사회'였다. 이들 국가들에서 레이펑과 같은 전국적인 헤라클레스들은 체제를 가동시키는 엔진이었다. 소련의 경우 이조토프(1931년), 멘지코프(1934~1935년), 스타하노프(1935년), 중국의 경우 가장 널리 알려져 있는 국민영웅 레이펑(1963년)뿐 아니라, '다칭(大慶)' 모델을 창시했던 강철인간 왕진시(1960년), 1964년의 '다자이(大寨)' 모델의 영웅인 천융구이, 그리고 북한의 경우 유명한 차력사인 진응원과 길확실 같은 영웅들이 바로 그들이다.

사회주의 사회에서 이들 영웅들은 일종의 스펙터클(spectacle) 형식으로 사회에 제출되었으며, 국가 권력은 자신이 가진 욕망을 도덕적 코드로 전환시켜 이들 영웅 스펙터클을 사회에 유통시킨다. 대중들은 이들 영웅들이 제시하는 덕목과 행위를 내면화(동화 혹은 저항)하면서 국가적 삶에 빨려 들어간다. 이리하여 국가 권력과 대중

간에 매우 독특한 형태의 관계가 구성되고 작동된다. 이로써 이 사회의 영웅들은 저 권력 지도부로부터 대중 사회로 '권력을 실어나르는 기차'가 되었다. 그렇다면 왜 20세기 사회주의 국가들에서는 영웅이 필요했을까? 영웅들은 사회와 체제에 어떠한 역할과 기능을 했을까?

1. '관료정'과 영웅

시장을 인위적으로 폐지하고 그 자리에 계획경제를 들어앉힌 '현실' 사회주의 혁명 덕분에, 사회주의 국가에서는 관료기구의 폭발적 확장이 두드러지게 나타났다. 사적 소유의 철폐가 인간의 해방을 가져올 것이라는 신념은 국가적 재산의 확장을 유발시켰고, 이는 전 인민적 소유라는 미사여구와는 달리 국가적 재산을 관리하고 운용하는 관료적 계급을 탄생시켰다. 그리하여 혁명 이전 사회의 사적 소유는 국가적 소유라는 '왜곡된' 형태의 사적 소유로 변하였다. 혁명의 '붉은 기' 아래에는 항상 음울한 관료의 그림자가 어슬렁거렸고, 이들 사회는 관료가 사회 모든 곳을 지배하는 관료정(官僚政) 사회가 되었다.

사회주의 관료정은 인민의 자유를 일정 수준에서 구속하여 관료의 직접적인 통제에 얽어매는 체제다. 따라서 일체의 의사결정 권한은 국가에 집중된다. 이로써 (상품의) 교환이 아닌 사용 가치의 '증여적(贈與的)' 체제가 발전한다. 증여적 체제의 가장 대표적인 사례가 배급제다. 증여로서의 배급 체계는 전 사회의 '전체적인 급부 체계'[3]로서 기능한다. 즉 생활의 모든 부분에 관여하면서 사회 구조를 작동시키게 된다. 증여의 형식으로 제공되는 배급은 국가(혹은 수령)가 제공하는 일종의 선물(膳物)이다. 이렇게 받은 선물에는 '충성·지지·동원'의 형태로 보답을 해야 한다. 인민들이 권력의 증여에 대해 충성·지지·동원으로 보답할 때 그 보답의 방식과 태도는 영웅을 통해서 제시된다. 한편, 배급제는 지도자와 사회 간에 '물'을 매개로 관계가 성립되어 있음을 보여주며, 바로 이러한 증여에는 감정적·인격적 관계를 형성하는 힘이 있다. 증여는 마르셀 모스(Marcel Mauss)가 그의 유명한 저서인 《증여론》에서 개념화한 포틀래치(potlach)[4]라 불리는 행사 혹은 축제에 의해서 가동되기도 한다. 중국과 북한에서는 이러한 포틀래치가 각종 국가적 기념일―당 창건일, 민족 해방일, 지도자의 생일 등―로 베풀어진다.

그러나 선물은 이론상으로는 자발적이지만 실제로는 강제적이며 타산적인 급부의 성격을 지닌다. 그러면서도 언제나 아낌없이 제공되는 것―이른바 수령의 '광폭정치(廣幅政治)'의 토대―이라는 형식을 취한다. 따라서 급부와 반대급부는 매우 자발적인 형식 아래 선물 또는 선사품으로 행해지지만 실제로는 엄격하게 의무적이며, 만일 그것을 이행하지 않을 때는 갈등이 발생한다.[5] 따라서 증여를 통해서 가장 원초적인 형태의 후견과 충성이 상징적인 방식으로 소통되면서 국가(혹은 수령이라는 인격적 대상)에 대한 숭배와 복종의 메커니즘이 형성되는 것이다. 요컨대 증여 체제는 가부장성과 지도자에 대한 신성(神性)을 발생시킨다. 심지어는 순수 증여의 형태로 나타나 개인 숭배의 심리적 기제로도 활용된다. 이때 권력-대중의 관계는 수령제 등의 인격적·가부장적인 관계로 형성된다. 그리고 이것을 매개하는 '인격'이 영웅이며 체제의 화신이 된다.

2. 포퓰리즘, 개인 숭배, 영웅

현실 사회주의에서 권력 중앙은 혁명의 대의를 유일하게 담보하는 존재로서 사회에 제시되어, 진리는 권력 중앙의 수중에 있다고 믿어진다. 권력이 '사회주의적인 것'—사회주의적 인간, 사회주의적 사회, 사회주의적 도덕—을 대중에게 선택의 여지가 없는 맥락 속에서 강제할 때, 권력도 스스로 사회주의 도덕권력이 되어야 한다. 왜냐하면 대중들은 권력의 레토릭을 내면화할 때 실제로 권력이 그러하다고 믿기 이전에 그러해야 한다고 믿는 습성이 있기 때문이다. 결국 권력이 대중에게 '사회주의적 도덕'이라는 틀을 제시함으로써 스스로 도덕적인 존재가 되어야 하는 바로 이 부분이 권력과 대중이 타협하는 지점이다. 이렇게 권력이 대중을 도덕적인 존재로 만들려 하고 대중은 그것을 내면화할 때, 동시에 대중이 권력으로 하여금 도덕적이기를 강제할 때 권력 중앙은 대중의 지지 속에서 매우 커다란 힘을 발휘하게 된다. 따라서 수령—스탈린, 마오쩌둥, 김일성 등—은 대중의 욕망에 의해 자비로운 존재로 구성되며, 그러기에 항상 대중의 편에 서는, 대중의 이익을 구현하는 존재로 구성된다. 중국과 북한의 '군중 노선'—군중에서 나와 군중으로 들어간

雷鋒, 길확실

마오쩌둥의 인민에 대한 광폭정치를 보여주는 그림이다. '공산당을 영원히 따르자, 마오쩌둥 주석을 영원히 따르자.'는 슬로건을 달고 있다.

다!―은 이러한 국가와 대중 간의 관계를 가장 잘 표현해주는 담론이다.

관료정 사회인 현실 사회주의에서 이 양자의 관계를 이기적이고 불평등하게 왜곡시키는 존재가 바로 관료기구와 관료들이다. 사실 관료기구는 권력 중앙의 의지를 제도적으로 관철시키는 힘인데, 이 제도적 힘을 통해서 자신의 개인적 이익을 관철하는 데 더욱 앞장서게 되는 것이 이들 붉은 완장들의 욕망이다. 이 사회들의 권력 중앙이 발하는 정책과 메시지들은 수많은 관료적 일탈과 그에 대한 대중의 저항으로서의 사보타주(Sabotage)에 종속되어 있다. 중국 사회주의에서는 '위에는 정책이 있고, 아래에는 대책이 있다'고 할 정도로 관료 채널을 통과하는 정책들은 현실에서 관철되지 못한다. 그리

1946년 5월 보통강 개수공사 현장에서 노동자들과 함께 삽질하는 김일성 주석. 이 공사는 3년에 걸쳐 완성되었다. 보통강은 비만 오면 범람해 그 인근에는 사람이 살 수 없었는데, 김일성이 이곳을 인민들의 삶을 꽃피우는 낙원으로 만들었다고 한다. 이 사진은 북한에서 수령의 광폭정치를 보여주는 가장 유명한 사진이다.

하여 관료들의 욕망은 매우 빈번하게 대중들의 불만의 표적이 되며, 사회주의적인 인간이 아닌 스스로 방어적이고 이기적인 인간들을 양산해내는 데 기여했다.

마오쩌둥과 김일성 같은 권력 중앙은 이러한 정책 집행 과정에서 나타난 오류들을 바로잡아 좀더 사회주의적이고 도덕적인 사회를 만들기 위해서 이 국면에 개입하지 않을 수 없게 된다. 그리하여 자신의 지지자로 여겨지는 대중들을 보듬고 사회주의적인 질서들을 위협하는 관료들을 공격하게 되는데, 때때로 고위 당 간부까지도 숙청의 표적이 된다. 이는 중국의 대약진운동이나 문화대혁명 시기에

雷鋒, 길확실

나타난 대표적인 현상들이었고, 북한에서는 '태성 할머니'—1956년 8월 종파사건을 일으킨 종파분자들을 숙청한 김일성 수령의 결단이 옳았다고 위로했던 일종의 영웅—가 나타났던 1950년대 중반, 갑산파를 숙청했던 1960년대 중·후반, 그리고 3대혁명소조운동으로 김정일식 젊은 피를 체제에 수혈하기 시작했던 1970년대 초·중반에 주기적으로 나타났던 현상이다. 영웅은 이러한 시기에 가장 많이 만들어진다.

이것이야말로 포퓰리즘적 권력이라고 할 수 있다. 심지어는 소련의 스탈린 대숙청도 그러한 경향을 보였던 정치적 이벤트였으며, 중국과 북한의 군중 노선도 관료주의를 배격하기 위해 대중 속에서 영웅을 찾아내어 사회주의적 대의를 새삼 강조하였던 것이다. 최고 지도자는 대중들이 토로하는 불만의 대상인 관료층을 공격하기 위해서 대중을 이용한다. 이로써 지도자는 더욱더 오류가 없는 전능한 존재로 승화된다. 영웅은 이 지도자의 인격화된 '인형'이다. 이렇게 승화된 지도자는 대중의 이익을 치켜세워 옹호하며, 대중들에게 관료를 공격하게 만든다. 마오쩌둥은 "대중을 신뢰하고 대중에 의지하고 대중의 창발성을 존중하라."고 말한다. 이 이상 대중적인 슬로건이 어디 있겠는가.

인민들은 권력이 제시한 영웅을 통해 대리 만족을 느끼게 되며, 권력은 이를 통해 국면 전환을 꾀한다. 따라서 영웅은 역설적이게도 권력 지도부가 품고 있는 욕망을 보여주는 리트머스 시험지다. 마오쩌둥 주석이 관료를 공격하기 위해 대중의 편에 서서 메시지를 날리자, 대중들은 즉각 '피와 생명으로 마오쩌둥 주석을 보호하자', '당

중앙을 목숨 걸고 지킬 것을 맹세하고, 마오쩌둥 주석을 보호하자'[6]는 등의 슬로건을 외치며 권력을 비호하는 행동을 취한다. 바로 저 유명한 레이펑이 그러했듯이, "마오쩌둥의 명령이라면 칼날이 뒤덮인 산을 오르고, 불길에 싸인 바다로 내려갈 각오가 되어 있다."고 결연하게 말하게 되는 것이다.

이 지점에서 우리는 최고 지도자가 발화하는 '군중 노선'이 일정 정도 지도자에 대한 개인 숭배와 친화성을 갖고 있다는 의혹을 설명해야 한다. 이데올로기적으로 무장되거나 학습되지 않은 중국과 북한의 대중들이 자신의 지도자와 당에 대한 충성과 맹세를 외부로 표출시킬 수 있는 효과적인 방식은 추상적인 이데올로기나 조직에 대한 것이 아니라 구체적인 인격적 '개인'—수령—을 경유하는 것이다. 결국 '개인 숭배'는 지도자와 대중들 사이가 직접적으로 매개되기 때문에 그 중간에 생경하게 외삽되어 있다고 여겨지는 당 조직을 파괴하는 결과를 낳게 된다. 지도자 개인은 혁명, 새로운 질서의 토대, 사회주의 사회의 건설뿐만 아니라 과거의 전통을 인격화하게 된다.

일단 지도자가 다양하고 주목을 끌 만한 공적을 통해서 권력, 매력, 용기—이른바 카리스마—를 소유하고 있음을 보여주게 되면 그러한 숭배는 역전될 수 없게 된다. 심지어는 어떤 특정 시기 전체에 지도자의 이름을 통해 상징적인 각인을 새겨놓게 된다. 이른바 스탈린주의와 마오쩌둥주의, 김일성주의가 그것이다. 지도자에 대한 찬양은 대중들의 모방을 자극하게 되는데, 지도자는 그의 사상과 언행을 완벽하게 답습하고 있다고 여겨지는 '정치인형'을 창출하게

雷鋒, 김확실

된다. 이것이 영웅의 창출이다. 그리하여 지도자는 개인 숭배—최고 지도자가 가진 영웅적 자질을 선전하여 모방하려는 욕구를 한층 효과적으로 자극할 수 있다—를 창출하기 위해서 정치적 동일시라는 자산들을 이용하게 된다. 이는 대중들에게 '꼬마' 스탈린, '꼬마' 마오쩌둥, '꼬마' 김일성과 같은 영웅들을 사회적 모델로 제시하여 영웅들—모범 노동자, 모범 농민, 모범 병사—과 대중들 간에 동일시를 형성한다. 이것이야말로 사회주의 스펙터클의 현전(現前)이라 할 수 있다.

지도자는 대중 교육 캠페인을 이용한다. 즉 정치·경제적 역경을 초래한 목표들을 설정하고 그 목표물들을 공개적으로 비판하거나 혹독하게 찌그러뜨리는 방식을 택한다. 그리고 이러한 일탈에 대한 광범위한 대중적 합의를 창출한다. 지도자는 규범에 대한 대중적 지지를 구축하는 과정을 개발하는 반면, 대중들은 목표물에 대한 반(反)사회적 충동과 억압된 불만들을 해소할 기회들을 포착하게 되며 때때로 감정적 카타르시스를 느끼게 된다. 이러한 경험들은 비상한 인물의 영웅적 인격에 흠모와 존경을 가져 자신과 동일시하면서 더욱 강력해진다.

1962년 9월에 중국은 전국의 도시와 농촌에서 '사회주의교육운동'을 전개하자고 제기하였다. 관료들의 부패에 대한 책임을 물어 전국에 새로운 공기를 주입하려는 의도였다. 가령 허베이 성(河北省) 바오딩(保定) 지역은 소사청(小四淸)[7]을 진행했는데 간부들이 '자기 몫 이상을 차지하는 행위'와 '횡령과 절도'를 일삼는 행위를 적발하였다.[8] 사실 이 운동은 '레이펑 학습운동'의 시작을 알리는 전서구였다. 당시를 회상하는 중국 인민의 말을 빌리면, 마오쩌둥이 대중들에게 다양한 기회를 주었기 때문에 깊이 감사하는 마음을 가졌다고 한다.[9] 마치 《성서》에 나오는 "내게 능력 주시는 자 안에서 내가 모든 것을 할 수 있다."는 말처럼, 대중들은 지도자가 그들에게 권한을 주는 한 따를 태세를 정확하게 갖추게 된다. "마오쩌둥 주석이 뒤에서 떡하니 버티고 밀어주니까, 나중에 죽더라도 저 황제 놈(간부) 한번 끌어내려 보자!"[10] 대중들은 마오쩌둥이라는 지도자와 동일시하는 행동을 시시때때로 표출하였다. 마오쩌둥의 붉은 시대는 "정말로, 정말로 인민과 지도자의 영혼이 서로 통하던 그런 시대"[11]였다고 회상한다.

　인민들은 구사회에 맞섰던 마오쩌둥의 영웅적 투쟁에 대한 보답으로 충성을 맹세하는 것이다. "우리가 인민의 피를 빠는 봉건 지주로부터 해방된 것은 오직 마오 주석과 당 덕분이었다. 해방은 우리가 새롭게 태어나도록 해주었고, 우리에게 고등교육을 받을 기회를 주었으며, 국가와 인류에게 봉사해야겠다는 포부를 심어주었다. 우리는 당과 마오 주석과 국가에 감사하는 마음을 더 창조적인 활동을 통해 표현하려고 했다."[12]는 것이다. 하지만 이것은 의혹이 없는 지순한 절대적인 충성이라기보다는 지도자와 대중 간의 역관계를 통해서 나타나는 호혜성 있는 충성이었다.

　"중국 농민들이 얼마나 무지할 수 있는지 …… 그들은 바깥 세상의 일에 대해서는 하나도 모르고, 심지어 현재 국가 주석이 누군지도 모른다. 그들은 권력을 조금이라도 가진 것처럼 보이는 사람이면 누구에게라도 인사를 한다. 그들은 결코 감히 권위에 도전하거나 정부

정책의 정당성에 의문을 제기하지 않는다. 그들이 당한 불공정함을 시정하는 유일한 방법은 전능한 마오 주석에게 호소하는 것뿐이라고 생각한다".[13] 지도자의 이러한 도덕적인 광폭정치와 이에 대한 인민들의 충성은 모스의 《증여론》에서처럼 서로 간에 교환된다.

타이완 출신 인류학자인 황수민(黃樹民)이 쓴 《린 마을 이야기》—중국 푸젠 성(福建省) 남부 연안의 한 농촌 마을인 린(林) 마을을 배경으로 펼쳐지는 인류학적 인터뷰 기록서—에 나오는 마을 사람들에 따르면, 마오쩌둥 주석이 식량과 의료, 초등교육과 같은 기본적인 것들을 제공하는 대신 다른 한편에서는 일상적인 정치 통제와 이데올로기의 주입, 당 노선에 대한 강제된 순응을 요구했다고 한다.[14] 요컨대 권력 지도부와 인민들 간에 일종의 타협과 교환이 이루어진다. 양자는 관료 계층을 공격하는 데 의기투합하며, 이 과정에서 권력은 대중에게 삶을 책임지는 레토릭을, 대중은 권력에게 충성과 동원과 지지를 보내게 되는 것이다. 그리하여 완벽한 포퓰리즘적 정치운동들이 이 체제를 작동시키게 된다.

3. 영웅 스펙터클의 정치

영웅은 스펙터클로 제시되는데, 이것은 '영웅 스펙터클'을 구성한다. 사회주의 사회의 영웅 스펙터클은 이 사회가 상품 사회가 '아니기' 때문에 구축되는 특유한 스펙터클이다. 어떤 사회가 체제로서 유지되기 위해서는 특정한 위기나 침체에 직면했을 때 이를 극복하고 스스로를 갱신할 수 있는 능력, 즉 재생산 능력이 반드시 필요하다. 가령 자본주의의 경우 자신의 축적 위기를 돌파할 수 있는 내적 재생산 능력이 존재하는데, 이른바 새로운 축적 원천을 찾아내어 자양분을 섭취하면서 체제를 유지하는 것이다. 그러나 중국과 북한처럼 20세기 사회주의 사회는 이러한 재생산 혹은 갱신 능력이 취약하고 고도로 불안정했다. 사실 이 사회가 자신을 갱신하여 유지할 수 있는 기제는 바로 이데올로기—노동의 신화를 더욱 굳건히 추진하든가, 사회주의의 대의를 새삼스럽게 강조하든가—와 '관리 체제의 갱신'밖에 없었다. 그럼에도 불구하고 이러한 기제들이 사회에서 갖는 효과는 제한적이거나 현실에서 무시되었다. 따라서 이 사회는 일종의 체제라 명명할 수 있는 성격을 갖지 못한다. 이러한 점에서 이 사회는 과도기적 성격을 갖는다.[15]

따라서 이 사회가 정책의 실패와 경제 위기, 대중들의 불만과 저항과 같은 심층적인 위기로부터 자신을 지켜내기 위해서는 특정한 보조기제가 필요했다. 결국 이 체제는 사회를 규율하려는 독특한 기제를 만들어내야 했다. 이것이 바로 군중 노선을 통한 대중운동이라는 기제다. 대중운동은 스펙터클의 형식으로 진행되며 영웅은 그 한가운데서 솟아나온다. 따라서 영웅은 혁명 이후에 수립된 제도들이 정치·경제를 완전히 장악할 정도로 효율을 발휘하지 못하는 이 체제의 결정적인 산물이라고 할 수 있다. 즉 영웅들은 바로 자기 재생산 능력이 결여된 사회가 자신을 재생산하고 유지하기 위해서 도입한 독특한 운동 속에서 탄생하게 된다. 물론 영웅현상은 자본주의를 포함해서 근대 체제의 일반적인 현상이라고 할 수 있지

雷鋒, 길확실

만, 사회주의 체제는 이러한 영웅 스펙터클을 체제 동학의 중요한 메커니즘으로 전환시켰다는 점에서 특수한 사회주의적 현상이라고 할 수 있다.

이러한 영웅 스펙터클을 관철시키기 위해서 영웅의 일기가 인민의 교양을 위해서 인쇄되어 회람되고, 영웅의 사진이 갑자기 전국 곳곳에 내걸리며, 그의 생애에 관한 영화들이 만들어진다. 그리고 영웅을 담은 포스터들이 압도적인 양으로 생산된다. 가령 중국에서는 영웅 레이펑의 일기인 《레이펑 일기》와 레이펑에 관한 영화, 레이펑을 그린 선전 포스터들이 전국에 게시되었다. 이것은 권력이 욕망하는 이미지대로 인민들을 개조하기 위한 시도였다. 북한의 경우, 영웅 길확실의 수기인 《천리마작업반장의 수기》, 백설희 영웅에 관한 영화인 〈열네 번째 겨울〉,[16] 그리고 조종사 영웅인 길영조[17]에 관한 영화인 〈비행사 길영조〉 등이 대중에게 선전되었다. 이는 대중들에게 영웅주의를 심어주기 위한 기획이었다. 한편 각종 영웅의 이름을 학교, 지명, 공장 및 농장 등에 부여함으로써 일상 속에 영웅주의를 확산시키려는 시도도 병행된다. 가령 레이펑 소학교, 김제원협동농장, 리수덕리, 리수복청년협동농장 등이 그것이다. 그리하여 사회주의 영웅 스펙터클은 단순히 정치·경제적 현상이 아니라 그것을 넘어선 사회·문화적 현상으로 모든 일상, 모든 장소, 모든 시간 속에서 인민들에게 상기되고 반복되고 내면화되는 것이다. 생존한 영웅은 관료정 사회의 지배 계급의 반열에 오른다. 중국의 '다자이' 영웅 천융구이와 '강철인간' 영웅 왕진시가 그러했고, 북한의 철도 영웅 진응원과 천리마 영웅 길확실이 그러했다. 그럼으로써 이들이

雷鋒, 길확실

비행사 영웅 길영조

길영조는 1993년 비행 훈련 중 화재가 발생하자 낙하산 탈출을 포기하며 비행기가 김일성 동상에 추락하는 것을 막기 위해 자신의 목숨을 던진 영웅이다.

단지 '신화'가 아님을 보여주면서 '세속'의 상징을 얻어낸다.

기 드보르(Guy Debord)의 성찰을 빌리면, 이 영웅 스펙터클 현상은 단순히 영웅 이미지를 구성하는 것이 아니다. 그러한 영웅 이미지들에 의해 매개되는 국가 권력과 인민들 간의 관계다. 따라서 그것은 실제적인 것이고 물질적으로 번역된 세계라고 할 수 있다.[18] 즉 이 사회는 영웅 스펙터클 사회로의 변형을 통해서 지배되는 사회로 형성되는 것이다. 인민들은 이 영웅 스펙터클을 통해서 그들이 사는 세계를 바라보도록 강제된다.[19] 그리하여 사회주의 사회에서 영웅 스펙터클은 인민들과 그들이 사는 세계 간의 경계를 없애며, 권력에 의해 담보된 레토릭 밑으로 모든 생생한 진리를 끌어내림으로써 어느 것이 진실이고 어느 것이 허구인지, 진실과 허위 간의 경계를 없애버린다.[20] 그렇게 영웅을 스펙터클로 환원시킨다. 이들 영웅은 스타로서 무대에 등장한 스펙터클의 담지자이며 권력의 힘줄과 이미지를 체현한다. 스펙터클은 이데올로기가 물질화된 것이고, 스펙터클은 '영웅주의'와 상통한다.

Ⅲ. 영웅신화 만들기

'영웅은 태어나는 것이 아니라 만들어지는 것이다'라는 말이 이토록 적합한 경우는 없을 것이다. 영웅은 신화화되어야, 즉 현실의 거추장스러운 상황들을 사상(捨象)시키고 가능한 한 고결하고 도덕적이게 만들어져야 한다. 인민들을 감화시키고 따라 배우도록 하기 위해서는 영웅 신화 만들기에 나름대로의 구조들이 존재해야 한다. 가령 언어의 기본 단위로 음소를 언급하는 것처럼, 레비스트로스의 구조인류학의 개념을 차용하면 신화소(mytheme)라는 것이 존재할 수 있다는 것이다. 이런 신화소라는 개념으로 영웅신화가 만들어지는 과정을 검토해보면 매우 흥미로운 사실들이 부각된다.

1. 영웅신화는 어떻게 만들어지는가

중국의 영웅 레이펑과 북한의 영웅 길확실이 신화화되는 과정을

雷鋒, 길확실

"레이펑을 배우자"라는 마오쩌둥의 글씨가 적힌 포스터.
"위대한 공산주의 전사-레이펑".

비교하는 것은 상당히 흥미로운 일이다. 이들은 삶과 죽음이라는 갈래에서 차이가 날 뿐, 그 시기는 거의 비슷하다. 이들은 각각 《레이펑 일기》(1962년)와 《천리마작업반장의 수기》(1961년)를 남긴 것으로 유명하다. 이들의 일기와 수기는 중국과 북한의 인민들에게 광범위하게 읽혔으며 체제를 위한 일종의 성서가 되었다. 과잉 단순화의

雷鋒, 길확실

위험을 무릅쓰고 인민들에게 스펙터클로 제시되는 이 영웅들의 신화가 갖는 공통점을 찾아보면서 영웅이 어떻게 신화화되는지를 추적해보자.

신화소 1 영웅들은 거의 대부분 비참한 출생 환경을 갖고 있다. 신분이 전도되는 사회주의 사회에서는 그만큼 출신 성분이 좋다는 것이다. 레이펑은 매우 빈곤한 농민 가정에서 출생했으며, 일곱 살이 되던 해에 고아가 된다. 이것은 중국 인민 대다수가 레이펑과 그리 다르지 않은 출생 환경을 갖고 있다는 점에서 영웅과 인민들 간의 친밀성을 높여준다.

《천리마작업반장의 수기》로 잘 알려진, 북한의 가가노바(Gaganova, 구소련의 노동 영웅)이자 레이펑으로 잘 알려져 있는 노력영웅 길확실도 그러했다. 그는 평안북도 영변의 검박산 골짜기에서 화전농의 딸로 태어났고, 아버지는 지주에 의해 반신불수가 되어 사망했다. '북한의 모든 대중이 그러하듯이' 그의 가족도 일제와 지주의 무거운 멍에 밑에서 고통 받으며 자라났던 것이다.[21] 이리하여 이 영웅들은 계급과 적에 대한 애증(愛憎)이 투철한 존재로 부각될 수 있었다.

신화소 2 이들 영웅들은 흠잡을 데 없는 이타주의와 도덕주의의 전도사들이다. 레이펑의 일생은 그 자체가 성인(聖人)이었으며, 예수 그 자체였다. 오히려 흠집 없는 이타성 그 자체가 대중들에게 거부감을 줄 정도였다. 북한의 길확실은 평양제사공장 작업반장으로서 빼어난 모범이 된 후에도 자진하여 몇 배나 힘들고 수입은 적은 생소한 작업반으로 내려가 노동했을 뿐 아니라, 뒤떨어진 사람들을 새로운 인간으로 교양·육성시키는 데 온 힘을 다했다.[22] 이들은 이 타적인 노동에서는 그것이 설령 '시시포스의 노동'이라 할지라도 결코 거부하지 않았던 것이다.

신화소 3 이들 영웅들은 최고 지도자인 마오쩌둥과 김일성의 호명에 떨쳐 일어나 새로운 주체로 거듭났고, 이 전능한 지도자들의 욕망을 인민들에게 전달하여 내면화시키는 역할을 열정적으로 잘 수행했다. 레이펑은 "마오쩌둥의 명령이라면 칼날이 뒤덮인 산을 오르고, 불길에 싸인 바다로 내려갈 각오가 되어 있다."고 말했다. 길확실은 1958년에 "경애하는 수령 김일성 원수님! 저는 당신이 가르친 대로 사업에서는 인민의 앞에 서서 희생적으로 일하는 혁명 투사의 모범을 보이며 생활에서는 검박하고 겸손하고 서로 위하고 도와주는 참된 모범을 보이겠습니다."라고 말했다.[23]

신화소 4 이들 영웅들은 당시 체제가 펼치던 정치·경제 정책들을 올곧게 수행하는 초인적인 열정을 보여주었다. 레이펑은 1950년 토지개혁, 1955년 농업합작화운동, 1958년 대약진운동 등의 모든 국가적 사업에 헌신했다. 레이펑은 1962년에 사망하기까지 체제의 다양한 행사들을 순서대로 수행하는 '종합 영웅'이었다. 반면 북한의 영웅에는 그러한 '종합 영웅'이 없다. 북한에서는 매 시기의 국가적 사업에서 걸출한 영웅들이 배출되어 국가의 전도사로서 이용된

김정일이 1986년에 방문한 평남 평원군 원화협동농장. 1952년 5월 10일 김일성이 이 농장에서 모를 심은 것을 기념하여 북한에서 첫 모내기가 이루어진다. 김일성과 김정일은 이 농장의 명예 농장원이다.

다. 해방 직후에 급격한 에너지 난에 대처했던 철도영웅 김회일, 조직적인 증산경쟁운동에서 배출된 흥남비료공장의 강사련이 있으며, 애국농민 김제원은 토지개혁을 한 이듬해에 최초로 애국미(30가마니)를 바친 농민영웅이었다. 한국전쟁 시기에는 '연길 폭탄' 영웅 박영순이 있었다. "공장도, 기계도, 그리고 자재도 없는 산중에서 적들의 눈을 피해 폭탄을 만들"었다고 한다.[24] 당시에 간호병 영웅이 된 안영애는 혁명가극인 〈당의 참된 딸〉의 소재가 되었다. 한편 후방에서도 신의주에 위치한 락원기계공장에서 '신포향'이라는 영

천리마 작업반장 길확실은 이후 승진하여 평양제사공장 지배인을 거쳐 당비서가 되었다. 사진은 평양제사공장 지배인 시절의 길확실이다(오른쪽에서 두 번째).

웅이 탄생했는데, '락원의 10명 당원'이라는 신화를 창출하는 주역이었으며, 그가 소속된 주철직장은 신포향주철직장으로 개명되었다. 산업화 시기에는 북한 최대의 영웅인 길확실과 진응원 등 수많은 노동영웅들이 배출되었다.

    소련과 비교해서 중국과 북한의 영웅들은 정치사상적으로 대단히 철두철미하며 좀더 권력에 친화적인 경향이 있는데, 이는 아마도 사상과 정치를 강조하는 마오쩌둥과 김일성의 정치노선 때문일 것이다. 마오쩌둥이 지닌 정치노선은 "모름지기 사상과 정치가 '으뜸'이 되어서 경제, 과학기술 및 그 밖의 모든 것을 결정하고 주재하며 영도해야만 하는 것"이었다.[25] 반면 소련의 스탈린의 경우에는 "기술이 모든 것을 결정하고 간부가 모든 것을 결정한다."고 생각했다. 마오쩌둥은 그것을 비판했다. 그는 정치가 모든 것을 결정하고 대중이 모든 것을 결정할 것을 강조했던 것이다. 그리하여 '정치 으뜸', '정치 강조'가 이제는 '도덕 강조', '도덕 으뜸'이 되었고, '공적인 것을 크게 보며 사심이 없는' 희생정신, 분투정신을 강조하게 된 것이다. 마오쩌둥은 대중 속에 거대한 사회주의 적극성이 숨겨져 있다고 믿었다. 그리하여 마오쩌둥은 대중들에게 "명성 때문도 이익 때문도 아니고, 고생도 죽음도 두려워하지 않고 한마음으로 혁명을 하는 무산계급의 철저한 혁명정신을 가져야 한다. 첫째는 고생을 겁내지 말라, 둘째는 죽음을 두려워하지 말라, 레이펑 동지를 배우자!"고 요구했다.[26] 북한도 군중 노선을 추종했으며, 인민의 의지에 기대는 권력담론을 발화했다. 북한도 소련과는 반대로 기술을 추종하는 것을 '기술 신비주의'라 비판하며 인민의 의지를 강조하는 담론—대표적인 것이 주체사상—을 끊임없이 강조했다.

2. 영웅 레이펑의 일생, '딩쯔 정신'

1962년 8월 15일에 레이펑은 육체적으로 사망하였지만, 7개월 만에 《레이펑 일기》와 '딩쯔 정신(釘子精神, 나사못 정신)'으로 화려하게 부활했다. 1963년 3월에 마오쩌둥이 "레이펑 동지를 배우자(向雷鋒同志學習)."고 호소함에 따라 스물두 살의 순교자 레이펑은 일약

雷鋒, 길확실

안산철강 노동자 시절의 레이펑

인민해방군 시절의 레이펑

전국적인 영웅으로 부상했던 것이다. 하지만 레이펑과 같은 평범한 인물이 전국적인 선전자료로 사용될 만큼 그렇게 많은 사진과 자료들을 남겼다는 것은 기적과 같은 것이다.

레이펑이 권력의 부름을 받게 된 이유는 무엇일까. 레이펑의 일생 자체는 중국 사회주의 체제의 역사적 전개 과정과 긴밀하게 맞물려 있다. 레이펑이 생전에 베풀었던 온갖 선행과 이타주의적인 일화는 중국 사회주의 체제가 역사적으로 전개한 각종 행사와 정확하게 일치한다. 어찌보면 레이펑의 일생은 중국 사회주의 역사의 소우주라고 할 수 있을 정도이다. 레이펑의 일생은 마오쩌둥과 중국 공산당의 시대적 요구를 완벽하게 구현하고 있다. 그런 점에서 마오쩌둥의 인민에 대한 요구대로 레이펑의 삶을 형상화한 것이거나, 아니면 마오쩌둥과 당의 요구를 레이펑의 삶에 그대로 조작하여 집어넣은 것이라는 의심이 갈 정도이다. 당시 중국과 적대했던 소련의 인민들도 레이펑에 대한 너무나 완벽한 형상화로 인해 "레이펑의 전기를 믿을 수 없다."고 항변할 정도였다. 일각의 연구를 보면 당시 교사와 급우들의 말을 빌려서 레이펑이 학업 성적이 우수하지 못했다는 것도 알려주고 있다.[27] 따라서 레이펑을 영웅으로 선택했던 지도부가 레이펑의 일생 그 자체에 드라마와 같은 극적 요소들을 가미했을 수도 있다.

게다가 중국의 대중들에게 레이펑의 일생은 자신들과 동일시하기에 안성맞춤이었다. 레이펑의 할아버지, 아버지와 어머니, 그리고 형제들의 비극은 구중국의 수억의 피압박 대중들이 겪은 고난의 축소판이라는 점도 지대하게 작용했다. 여기에는 지도자가 이러한 고

雷鋒, 길확실

난으로부터 중국 인민을 해방시켰다는 것을 암시하기 위한 권력의 간접적인 메시지가 은밀하게 장착되어 있었다.

레이펑은 1940년 12월 18일 후난 성(湖南省) 왕청현(望城縣)의 빈곤한 농민 가정에서 태어났다. 그의 조부모와 부모, 형제는 모두 노동자·농민 출신이었다. 할아버지(雷新廷)는 가난한 농민으로 지주의 착취와 압박에 시달리다 1943년에 사망했다. 아버지(雷明亮)는 1929년 마오쩌둥이 이끄는 후난 농민운동에 자위대장으로 참가했다가 국민당군에 잡혀 반죽음을 당하였으며, 1944년에 일본군에 저항하다 맞아 1945년 봄에 사망했다. 레이펑의 형(雷振德)은 열두 살의 어린 나이에 아동 노동자로 일하다 결국 폐결핵으로 1946년에 사망했다. 두 살도 안 된 남동생은 영양실조로 사망했다. 그리고 어머니는 시아버지, 남편, 아들들을 잃고 지주에게 능욕까지 당하게 되어 1947년에 자결하게 된다. 레이펑은 일곱 살(1947년)에 고아가 되었고, 이후 먼 친척뻘되는 아주머니 손에 키워졌다. 1948년에 먹을 것이 없어 밥 동냥을 하던 중 지주집 아들이 풀어놓은 개에게 봉변을 당하기도 하였고, 아주머니를 위해 나무하러 갔다가 악덕 지주에게 붙들려 낫도 빼앗기고 그 낫에 팔을 난도질당하기도 하였다. 이것은 어린 레이펑에게 지주에 대한 적개심을 길러주었다고 한다.

1949년에 해방이 되자 인민해방군이 그의 마을에 처음 들어온다. 레이펑은 부대장에게 억울하게 죽은 부모, 형제의 원수를 갚기 위해 군인이 될 것을 간청하였으나, 부대장은 나이가 어리니 나중에 나라를 위해 열심히 일하라고 만년필을 주면서 돌려보냈다. 그 후 레이

雷鋒, 길확실

평은 아동단에 들어가 지주와의 투쟁을 시작했다. 1950년 봄, 토지개혁 공작대가 마을에 들어와 토지개혁을 실시하자 가난한 집 아이들과 함께 지주를 증오하면서, '마오 주석은 가난한 자 구원했다네', '마오 주석을 끝까지 따르겠네' 라는 노래를 부르면서 지주를 감시하는 활동을 했다고 한다.

1950년 9월부터 향 정부에서 고아인 레이펑을 무료로 학교에 진학시켜 6년 동안 소학교를 다니게 하였다. 물론 독자들도 예상했겠지만, 학교에서는 줄곧 사람들의 칭찬을 받는 좋은 학생이었다고 한다. 가난한 학생들을 도와주고, 양식을 지키며 나쁜 사람들을 혼내주는 등 남보다 앞장서서 사회주의를 실천하였다고 한다. 그리고 1955년 봄에 농업합작화운동이 시작되자, 레이펑은 정부로부터 분배받은 토지를 자발적으로 내놓아 공산당의 방침에 적극 호응하였다. 1956년 7월, 소학교를 졸업한 후 사회주의 신농촌을 건설하기 위해 자발적으로 고향에 남았다. 그때부터 향 정부에서 통신원을 맡아 일하게 된다. 통신원 시절에 혁명의 요구에 따라 무슨 일을 하든지 결코 '녹슬지 않는 나사못'이 될 것을 다짐했다. 이것이 바로 '나사못 정신'이다. 이 시기에 레이펑은 자신을 단련시키기 위해 정치서적과 사상수양 서적, 문예작품들을 섭렵하고, 혁명영웅들인 류후란(劉胡蘭), 둥춘루이(董存瑞), 황지광(黃繼光) 등의 전기와 소련 노동자의 각성 과정을 그린《강철은 어떻게 단련되었는가》,《등에》 같은 책을 탐독했다고 한다. 이때도 그는 첫 월급 29위안 중 식비 9위안을 제외한 20위안을 농기구 구입 자금으로 농장에 전액 헌금하였다.

雷鋒, 길확실

　　레이펑은 1957년 2월 8일에 중국공산주의청년단에 가입하였으며, 그해 늦가을에 부근의 호수를 막아 집단농장으로 만드는 대대적인 공사에 자원했다. 이 시기의 여름에 홍수가 나자 비바람을 무릅쓰고 동료들을 이끌고서 국가 재산인 7,200포대의 시멘트를 지켜냈고, 이 일로 그는 신문에 이름이 나고 각종 표창을 받게 된다. 1958년에는 농장의 트랙터 기사가 되어 모범을 보였다. 그리고 트랙터를 몰고 불철주야 땅을 갈아 황무지 개간에 전심전력을 다 쏟았다. 불과 3개월 만에 농장원들의 합심 노력으로 700헥타르의 황무지를 전부 개간했다고 한다.
　　한편, 1958년 11월에 랴오닝 성(遼寧省)에 위치한 중국 제일의 철강공장인 안산(鞍山)철강공사에 입사한다. 이것은 많은 것을 의미한다. 왜냐하면 안산철강공사는 대약진과 정치 우위를 뜻하는 '안강헌법(鞍鋼憲法)'의 본산지였기 때문이다. 레이펑은 이 공장에 입사할 때 자신의 본명인 레이정싱(雷正興)을 레이펑(雷鋒)—인민의 이익을 위해서 모든 일의 선봉에 선다는 의미—으로 바꾸게 된다. 안산철강의 공업 건설에 참가해 불도저 기사로 선진 생산자, 붉은 기수, 모범 노동자의 칭호를 얻었다. 여기서도 레이펑은 선행을 멈추지 않는다. 영하 20도까지 내려가는 추운 겨울날 생산대의 노인에게 자신의 솜옷을 벗어주는 등 계급적 결속감과 자기희생을 보였다고 하며, 세 차례의 '선진 생산자', 열여덟 차례의 '기준병', 다섯 차례의 '붉은 기수'로 선출되어 '청년 사회주의 적극준자'라는 칭호를 받았다.
　　1960년 1월 8일에 레이펑은 드디어 인민해방군에 입대했다. 그는 군에 입대해서도 군사 훈련에 참가하지 않을 때는 마오쩌둥의 저작들을 탐독했다. 또 혁명정신으로 무장하여 동료 병사들에게 노래와 연극 등으로 혁명정신을 선전하였고, 아픈 몸을 이끌고 노동에 참여하여 희생정신을 가르치기도 했다. 그리고 추석날 배급되는 월병(月餠) 네 개마저 탄광 병원의 부상자들에게 나눠주었단다. 게다가 소방작전에서 화상당한 몸으로 방홍작전에 참여해 이레 밤낮을 자지 않고 홍수를 막아냈으며, 상금으로 받은 203위안 중 200위안을 당위원회와 홍수대책본부에 헌금하여 국가 건설에 앞장섰다고 한다. 그는 이 공로로 수송부대 전사를 거쳐 반장(분대장)이 되었다.

그해 11월 8일에는 드디어 꿈에 그리던 공산당에 입당하였다. 그는 여러 차례 절약 모범으로 당선되었고, 영도기관은 '모범 공청단원'의 칭호를 수여(11월 27일)했으며, 개인사가 신문에 보도되면서 전국적인 영웅이 되었다. 또한 그는 장교들과 신병들에게 차와 음식을 제공했고, 긴 행군 후에는 동료들의 발을 씻어주고 양말을 꿰매주었다. 그는 무엇보다도 혁명적 대의를 위해 철저하게 헌신했다.

1961년 1월부터 레이펑은 자신이 구사회에서 살아온 지난 생애를 간증하기 위해서 전국을 순회하면서 보고회를 갖기 시작했고, 그해 6월에는 푸순 시(撫順市) 인민대표로 선출되기도 했다. 사망하게 되는 1962년에도 그는 칼갈이꾼으로 위장한 반혁명분자를 체포하여 체제를 수호했다고 한다. 1962년 8월 15일은 이 '중국의 예수' 레이펑이 사망한 날이다. 그는 그날 장마철 치수작업에 투입되었다. 며칠 동안의 고된 작업을 마친 뒤 피곤한 몸을 이끌고 부대로 복귀하던 그는 물구덩이에 빠진 트럭을 끌어내려다 불의의 사고를 당해 스물두 살의 젊은 나이로 요절하였다.[28]

레이펑의 청렴결백을 보여주는 또 하나의 사례가 있다. 인민해방군 동료들이 레이펑 몰래 그의 소지품 상자 세 개를 열었는데, 첫번째 상자에는 깁고 기운 낡은 셔츠와 바지 몇 벌이 있었고, 두 번째 상자에는 어디에서건 눈에 띄는 대로 주워모아 정리해둔 쇳조각, 헝겊조각, 못, 헌 장갑이 있었다. 마지막 상자에는 건축 공사장에 흘린 시멘트 가루를 쓸어담아 1톤을 모았다는 쓰레받기와 빗자루만이 전부였다고 한다. 레이펑은 1958년 6월 7일부터 1962년 8월 10일에 이르는 기간 동안 쓴, 이후에 전국적으로 유명해진 《레이펑 일기》를 남겼다. 레이펑은 자신의 인생에서 최대의 바람은 "결코 녹슬지 않는 혁명의 나사못"이 되는 것이었다. 1961년 3월 어느 날 그는 《레이펑 일기》에 다음과 같이 적고 있다.

> 색이 바래고 누덕누덕 기워놓은 병사들의 누런 군복이 가장 아름답다. 노동자의 기름 묻은 작업복이 가장 아름답다. 거칠고 군은살이 박힌 농민의 손이 가장 아름답다. 햇빛에 검게 그을린 노동인민의 얼굴이 가장 아름답다. 시끄러우면서도 우렁차게 울려나오는 노동현장의 굉음이 이 세상의 모든 소리 중에서 가장 아름답다. 사회주의 건설에 꾸준히 매진하는 삶의 영혼이 가장 아름답다. 이런 것이 우리 시대의 아름다움을 구성한다.[29]

3. 마오쩌둥과 레이펑—"레이펑을 배우자(向雷鋒學習)!"

1) '레이펑 학습운동'의 배경

레이펑이 태어난 후난 성은 전통적으로 농민과 공산당의 반(反)지주 투쟁의 오랜 역사를 갖고 있다. 역시 이곳에서 출생한 마오쩌둥은 반지주 투쟁과 반제국주의 투쟁을 통해 중국 역사의 축소판이라 할 수 있는 후난 성을 해방시켰다. 직접 대면하지는 않았지만 여기서 레이펑과 마오쩌둥이 영적으로 만났던 것이다. 레이펑과 후난 성, 이것도 마오쩌둥의 정치적 위업과 정당성을 상기시키는 효과를 갖고 있다. 하지만 그보다 중요한 것은 레이펑의 출생 연도가 1940년이라는 점이다. 1949년 해방의 시점이 되면 아홉 살이 되어 '말귀를 알아듣는' 그야말로 안성맞춤의 나이가 된다. 혁명 이후 사회에서 초등교육부터 시작하여 온전한 사회주의 교육 속에서 성장하게 되는 것이다. 레이펑은 마치 1929년 소련의 콤소몰(Komsomol, 공산주의 청년동맹) 단원들이 사회주의적 교육을 받은 신세대로서 원대한 소련의 산업화에 '붉은 기'를 움켜쥔 젊은 피로 등장한 것처럼, 그야말로 신중국의 최초의 사회주의 사업부터 참가할 역전의 용사로 무럭무럭 자라게 될 터였다.

레이펑의 출신 성분은 다른 누구보다도 마오쩌둥의 '붉은 시대'가 탐낼 만했다. 그들의 일가가 모두 노동자·농민이었는데다, 모두 중국 인민의 공통의 적인 '악덕 지주'와 '국민당 군벌', '일본 침략군'에게 압박과 능욕을 당하여 사망했기에 이보다 더 좋은 선전용 캐릭

雷鋒, 길확실

터는 없었던 것이다. 마치 소련의 노동영웅 알렉세이 스타하노프 (1905년생)가 혁명기에 10여 살이 된 것과 비슷하며, 그가 영웅이 되기 전에 이미 고아였던 것을 상기한다면 영웅으로 탄생되기에 적합한 조건이라는 것이 있지 않을까 한다.

"인민을 위해 봉사하고, 남 돕는 일을 즐거움으로 삼았다."[30]는 문구는 가장 널리 알려진 레이펑에 대한 공식적인 상찬이었다. 레이펑이 죽자 중국 지도부들은 일제히 그를 주목하였다. 봉건 잔재와 반(半)식민주의를 타파하고 세워진 신중국에서 인민 전체를 통합하고 교육하기 위한 사상적 도구로 레이펑만 한 인간상은 없었기 때문이다.

레이펑은 대중들에게 루쉰(魯迅)의 《아Q정전》에 나오는 반(半)봉건, 반(半)식민지 시대의 저열한 인간인 '아Q'와는 정반대의 인간형으로 제시되었다. 마오쩌둥은 루쉰의 소설 속 '아Q'처럼 온갖 퇴폐적이고 반동적이며 미신적인 생각으로 가득 찬 중국의 소외된 인간들—말하자면 중국식의 프롤레타리아트—을 '진보적이고 혁명적인 프롤레타리아'로 창조해내기 위해 무한한 혁명의식을 주입하는 교육과 운동을 벌이지 않을 수 없었다. 그리고 이것이 '레이펑'을 발견해내는 데까지 연결되었던 것이다. 레이펑은 그렇게 분칠되고 각색되어 대중들에게 뚜벅뚜벅 걸어나왔다.

이리하여 레이펑은 그 생애의 어떠한 이기주의적 행동—자신의 존재를 위한 인간적 행위—도 사상(捨象)된 영원한 이타주의자, 열정적인 체제 충성자로서 박제되어 대중 앞에 '정치인형'으로 등장하게 된다. 이제 혼 없는 영웅들이 체제의 인형이 되어 전국적으로 출몰하게 되는 것이다.

 그렇다면 1963년에 본격적으로 추진된 '레이펑 학습운동'의 배경은 무엇일까. 물론 3년 뒤에 중국을 10년 대란으로 몰고 갈 문화대혁명의 신호탄이기도 하지만, 무엇보다도 중요한 배경은 대대적인 실패로 드러난 대약진운동의 여파일 것이다. 대약진운동은 모진(冒進, 무모한 정책)이라 불릴 정도로 결과가 매우 처참했다. 1959~1961년 사이에 적게 잡아도 약 2,000여만 명의 대중이 기근으로 사망했다.[31] 심지어 4,300만 명이 아사했다고 보는 연구도 있다.[32]

 여러 신빙성 있는 연구에 따르면 중국 정부는 곡물 생산 기록이 얼마나 위조된 것인지 알지 못한 채 대약진운동 초기인 1959년과 1960년 곡물 수출을 더 늘렸고, 그것이 기근을 더욱 악화시켰다.[33] 정책에 대한 대중들의 방어적인 행태—생산 실적의 허위 과장 보고—도 이러한 상황을 악화시켰다. 중국의 권력은 이 재앙을 천재지변이라고 항변했지만, 대중들은 이를 모진과 인재로 생각했다. "내가 관찰할 바에 의하면 이 재앙(대약진 이후 기근)의 진짜 이유는 인간의 과오라고 결론지을 수밖에 없다. 마오쩌둥 주석은 그 이후 30년 동안 우리나라를 휩쓸었던 모든 고통에 책임이 있다."[34] 이 재앙은 인민들이 살아 있는 한 그들의 기억 속에 영원히 각인될 정도로 심각한 것이었다. 실제로 이 시대를 살았던 중국 대중들의 목소리는 당시의 처참했던 상황을 말해준다. 라오웨이(老威)가 인터뷰한 중국 대중들에 따르면, "우리 식구는 모두 일곱 명인데 1961년에 둘이 굶어죽었다."[35] "3년 자연재해 동안 우리 현만 해도 굶어죽은 사람이 족히 몇만 명은 된다. 매장은커녕 관도 구하기 어려웠다. 그러니 그냥 거적에 둘둘 말아서 장의사로 보냈다."36) "1961년 봄 보릿고개 때 헤아릴 수도 없이 많은 사람들이 산에 들에 꽉 들어차서 어슬렁거렸어. 손에 잡히는 대로 입에 쳐넣는 거지. 나무껍질, 풀뿌리, 풀, 곤충 가리지 않았으니까. …… 먹을 것 찾아서 왔다 갔다 하다가 갑자기 픽 쓰러져서 그대로 세상 떴지."37) "1962년 초가 되어 마침내 사람을 먹는 일이 일어나기 시작했어. 산에서 싣고 온 시신들을 보면 대부분이 찢어지거나 훼손되어 있었어. 그래서 민병(民兵)들이 주야로 숨어 있다가 식인광 몇 놈을 잡아다가 바로 처단했지."38)

이러한 몸서리쳐지는 재앙이 인민들에게 쉽게 잊혀지지 않는 기억으로 고착될수록 권력은 인민들이 가능한 한 빨리 이 기억에서 벗어나게 하고, 그 기억에 의해 발생될 저항을 예방적으로 분쇄할 필요성을 절실히 느끼고 있었다. 따라서 민심 수습을 위한 위로부터의 운동을 개발할 필요가 있었다. 그때 그것을 위한 영웅으로 등장한 사람이 바로 레이펑이었다. 그가 권력의 죄를 대속할 십자가를 져야 했다. 당시 중국 공산당은 중국 전통에서도, 마르크스를 포함한 좌파적 역사인물 속에서도 모델로 선양할 정치적 캐릭터를 찾지 못하고 있었다.

레이펑을 영웅으로 만들려는 작업에 대한 의혹은 시기 문제에서도 존재한다. 레이펑 기념일인 3월 5일은 레이펑의 출생이나 사망과는 관계가 없다. 사후 7개월여 만에 그의 행적을 보고 받은 마오쩌둥이 '레이펑을 배우자'라는 교시를 내린 날이 그날인 것이다. 게다가 당시 국가 주석을 비롯한 중국의 당·정 최고위층의 집무처인 중난하이(中南海) 입구에도 레이펑의 일기장에 기록된 '인민을 위해 봉사하자'라는 글귀가 마오쩌둥의 친필로 씌어져 모든 공직자의 복무 원칙으로 강조되었다. 이리하여 레이펑은 죽은 지 7개월 만에 '죽은 자 가운데서 다시 살아나' 인민의 가슴으로 파고드는 영웅으로 영생하게 된다. "영웅이란 죽고 나서 한층 더 길고 파란만장한 삶을 살아간다."는 아말비의 지적[39]이 이보다 더 적절할 수 있을까.

2) 마오쩌둥의 정치인형

마오쩌둥은 이제 레이펑이라는 권력의 '정치인형'을 대중들 앞에 선보이기로 결심했다. 1962년 8월 15일에 레이펑이 죽자, 국방부는 그가 생전에 근무했던 4반을 '레이펑반'으로 명명하게 된다. 1963년 2월 7일에 〈인민일보〉는 '마오 주석의 호전사 : 레이펑'을 발표하면서 《레이펑 일기》를 발췌하여 소개했다.[40] 1963년 2월 9일에는 중국인민해방군 총정치부가 '레이펑 학습' 활동을 전개할 것을 호소하였다. 2월 15~23일에는 공청단 중앙이 전국 청년들에게 '레이펑 학습' 활동을 할 것을 호소했으며, 전국의 중·고등학교에서도 관철시키려고 했다.[41] 급기야 1963년 3월 5일 〈인민일보〉에 마오쩌둥이 '레이펑을 배우자'라는 제사를 발표하였고, 이어서 저우언라이(周恩來), 류사오치(劉少奇), 주더(朱德), 덩샤오핑 등도 레이펑 추모의 글을 발표하였다. 1963년 3월 6일 〈해방군보〉에 저우언라이가 '레이펑을 배우자'라는 글을 싣고서, 레이펑의 애증이 분명한 계급에 대한 입장, 언행일치의 혁명정신, 공적인 것을 우선하고 사적인

雷鋒, 길확실

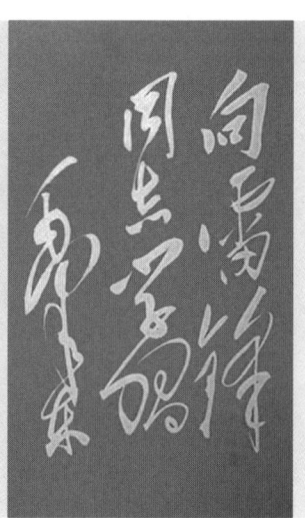

1963년 3월 5일 마오쩌둥이 발표한 "레이펑을 배우자!"라는 제사
이로써 중국 전역에 레이펑 학습이 시작되었다.

것은 잊어버리는 기풍, 헌신적으로 분투하는 프롤레타리아의 투지를 배우자고 하였다.[42] 이리하여 전국적으로 레이펑은 학습과 운동의 모델이 되었다.[43]

레이펑 기념 활동은 그가 근무하던 부대와 그가 인연을 맺은 소학교를 중심으로 시작되었지만, '레이펑 학습운동'은 인민해방군의 발의와 마오쩌둥의 추인으로 전국의 인민을 대상으로 하는 교육운동으로 전개되었다. 이는 당시의 고난을 극복하려는 서루회의의 결의와 부합하는 것이었다.[44] 레이펑 학습에서 중요한 것은 레이펑 정신을 배우는 것이다. 레이펑 정신이란 한마디로 학습에 있어서 '나사못 정신'이다. "빈틈이 없는 널빤지에 못이 박혀 들어가는 것은 압력으로 틈을 짜내는 것과 뚫고 들어가는 정신"이며, "시간을 짜낼 줄 알고, 파고들어 연구하는 정신이 필요"하다는 정신이다.[45]

이러한 레이펑의 나사못 정신은 사회주의 교육운동의 일환으로 확산되었다. 레이펑의 정신은 완벽한 공산주의자였으며, 이는 당시의 당권파와는 정반대의 정신으로 칭송되었다. 마오쩌둥이 공격하고자 했던 것이 바로 그것이었다. 그리하여 레이펑은 당권파를 비판하기 위해서 인민들에게 '마오쩌둥의 호전사(好戰士), 레이펑'으로 제시되었던 것이다.

레이펑 학습운동은 마오쩌둥에 대한 개인 숭배를 강화시켰다. 마오쩌둥에 대한 개인 숭배를 획책하여 덩달아 자신의 정치적 권위를 확보하려고 했던 린뺘오(林彪)는 "레이펑 학습은 마오 주석의 책을 읽고, 마오 주석의 말을 들으며, 마오 주석의 말에 따라 일을 처리하며, 마오 주석의 좋은 전사가 되는 것"이라고 강조했다. 하지만 문화대혁명이 끝난 이후 레이펑에 관한 새로운 사실들도 인민들 사이에 회자되었는데, 즉 그가 마오쩌둥의 저서만 읽은 게 아니고 마오쩌둥의 정적이었던 류샤오치의 책도 탐독했다는 것이다.

레이펑 학습운동은 이러한 정치운동에 근본적으로 비판적인 속죄양들을 색출해내는 과정을 수반하면서 진행되었다. 그 속죄양은 독자적 인식능력을 갖춘 지식인 중에서 찾아야 했다. 이러한 속죄양 찾기는 1950년대로 거슬러 올라간다. 1954년 위펑보(兪平伯) 비판운동, 1955년 후펑(胡風) 비판운동, 그리고 1958년에는 반(反)우파 투쟁을 일으켜 40~70만 명의 지식인을 숙청했다. 당시 각 기관에서는 5퍼센트의 우파분자를 의무적으로 발각해내도록 했다.[46]

雷鋒, 길확실

　레이펑이라는 평범한 노동자이자 병사를 영웅으로 만들 수 있었던 것은 당시 인민들이 관료주의와 부패, 간부들에 대한 불신을 갖고 있었기 때문이다. 당시 권력은 레이펑을 통해서 부르주아 '전문가', '학자', '권위', '창시자들'을 모조리 쳐부수려고 하였다. 인민들도 평상시에 지식인에 대해 부정적인 시각을 갖고 있었다. "원래 지식인이란 인간들은 굴욕감을 못 참지. 잠시 나긋나긋한 것 같아도 속으론 다 하나하나 새겨두고 있어. 그러다 때가 되면 그걸 확 드러내는 게 그 인간들이야."[47] 사실상 레이펑이 어린 시절에 가졌던 생각은 '가난한 사람들이 잘살 수 있고 억울하게 죽은 집안 식구들의 원수를 갚는 것'이었다. 이것은 가난한 사람들이 잘살 수 있다는 희망을 인민들에게 선사하면서 집안 식구들의 원수라는 정치적 이데올로기전을 수행하는 것이다. 원수와 마찬가지로 인민들이 잘살 수 있도록 힘쓰지 않는 간부들과 관료들, 그리고 심지어는 지식인들이 그들인 것이다.

　따라서 지식인이나 관료가 아니라 레이펑이야말로 마오쩌둥이 갖추어야만 하는, 인민의 모든 생활에 정답을 제공하는 만능 탤런트로서 제시된다. 레이펑은 1950년대 학교 생활에서 "간단한 문제가 틀렸어도 그것을 용서해서는 안 돼. 틀리지 말았어야 한다면 다시는 그러지 않도록 교훈을 찾아야 해. 그래야 장차 새 나라를 잘 건설할 수 있어."라고 말하였다. 또 소년 선봉대가 없는 학교에서는 그것을 창설하여 어린이로서 조국에 이바지하는 모습을 보였다. 심지어 토지개혁 때 분배받은 토지를 인민공사화에 적극적으로 참여하면서 내놓았다. "그 땅은 당이 내게 준 것이다. 그런데 당이 합작화의 길을 제시해주고 있으니, 나는 거기에 의당 따르려는 것뿐이다."⁴⁸⁾라고 말하면서 말이다. 레이펑은 이렇게 마오쩌둥 주석과 당의 정책에 대한 올바른 답을 대중들에게 가르쳐준다.

레이펑의 사후에 그를 기리는 노래도 즉각 만들어졌다. 바로 '레이펑의 좋은 본보기를 학습하자(學習雷鋒好榜樣)'라는 제목의 노래다. 이 노래는 레이펑이 사망한 직후에 톈안먼 광장에서 그를 추모하는 관제 집회를 열라는 마오쩌둥의 지시에 따라 인민해방군 문공단(文工團)의 선전활동 작곡가 두 명이 행사 당일 오전까지 비분강개한 심정으로 이 노래를 작사, 작곡해 오후에 처음으로 연주했다고 한다. 당시 마오쩌둥은 인민을 위해 헌신했던 레이펑의 정신을 잘 살려낸 장엄한 선율이라고 칭찬했다고 한다.⁴⁹⁾ 이 노래는 지금까지 중국인들 사이에서 애창되고 있다. "레이펑의 모범됨을 학습하세. 혁명과 당에 충성하세. 애증은 분명할지언정 근본은 잊지 마세. 입장은 굳건히 하고 투지는 강하게 하세."라는 가사로 이루어져 있다.

하지만 당시 지식인들의 태도는 매우 싸늘했다. 노벨문학상 수상자이자 망명 중국인 학자인 가오싱젠(高行健)은 《나 혼자만의 성경》에서 다음과 같이 되뇌인다. "새로운 인간도 만들어졌다. 완벽한 전형으로서 레이펑이란 어린 전사였다. 그는 부모 없는 고아로서 오성홍기 아래 성장했다는데 누군지는 모르겠지만 아무튼 희생정신을 발휘하여 남을 구하고 자신의 생명을 버렸다. 사욕 없는 이 영웅은 글을 조금 깨우쳤는지 '마오쩌둥 저작'을 읽고 독후감까지 써냈다. 공산당에 무한히 감격하여 번쩍번쩍거리는 한 개의 나사못이 되고 싶다고 했다. 그의 태도를 모든 국민에게 본받으라고 요구했으며 누

雷鋒, 길확실

레이펑의 좋은 본보기를 학습하여, 투철한 투쟁정신을 발전시키자는 내용의 포스터.

구나 배우지 않으면 안 되었다. 이렇게 만들어진 새로운 인간형에 대해 그는 마음속으로 의문을 품었다. 그러나 당시 대학교의 사상 보고서 제도는 대학생들마다 공산당에게 마음을 바치도록 했다. 자신의 마음뿐 아니라 다른 사람의 마음까지, 그리고 의문스런 마음까지 모두 사상종합 보고서에 적어 바쳐야 했다. "영웅이 되려면 화약

상자에 몸을 날려 육체가 산산조각이 나지 않고서는 불가능한가?" "모터 한 대는 나사못 하나의 역할보다도 더욱 큰 거 아닌가?"⁵⁰⁾ 레이펑을 거부한 이 지식인의 운명은 가혹하고도 요상하게 권력에 의해 내뱉어졌다. 권력이 인간의 운명을 결정짓는 것은 이 지식인이 가진 《나 혼자만의 성경》의 예언보다도 만 배는 정확했던 것이다.

레이펑 학습운동이 치열했던 1960년대를 산 학생들의 회상에 의하면, 레이펑은 혁명 이상주의의 화신으로서 당시의 정치 지상주의, 도덕 지상주의의 분위기 속에서 학생들은 레이펑의 완벽한 형상 앞에서 죄의식을 느꼈다고 증언하고 있다.⁵¹⁾ 그리고 문화대혁명 때 상산하향운동(上山下鄕運動, 1969~1979년)으로 농촌에 하방된 지식청년들이 레이펑적인 생활을 하면서 논두렁에 앉아 《마오 주석 어록》을 읽었을 것이라고 생각하는 일방적인 통념, 혹은 '신화'에 일침을 가하는 논거도 존재한다. 그들은 레이펑과 같은 이타적인 행동을 한 것이 아니라, 어떻게 해서라도 농촌을 떠나려고 판공처 주임에게 뇌물을 갖다 바치는 것이 일상적인 상황이었던 것이다. 이제는 자본주의 중국에서 한껏 출세한 구 홍위병들이 자신들의 하방을 진지하게 이야기하여 위세를 떨쳐 보이기 위한 것일 뿐이다.⁵²⁾

4. 동원과 저항

권력은 영웅을 통해서 조국에 대한 충성과 공동체에 대한 헌신 같은 국가주의적 담론들을 강조하지만, 이는 일반 대중들의 일상과

雷鋒, 길확실

은폐된 저항―사보타주와 일상생활의 고수 등―이라는 현실에 직면했다. 대중들은 자기희생적인 사례들을 따르다가는 거의 얻는 것이 없음을 일상을 통해 잘 알고 있다. 이러한 면에서 영웅을 따른다는 것은 일반 대중들의 일상에서 볼 때 '누가 권력을 지닌 프롤레타리아'로 지명될 것인지, 그리고 '누가 정권의 떡고물에 자신을 파는 배신자'인지를 결정하는 메커니즘으로까지 인식된다. 따라서 이들 영웅들은 대중들로부터 연대의식을 파괴―소련의 경우, 돌격노동영웅들과 스타하노프 노동영웅들에 대한 린치와 폭력, 심지어 살인이 가해졌던 사례가 있다. 이는 영웅들이 대중들 간의 연대를 해친 것에 대한 보복이다―하고, 계급으로서가 아니라 파편화되고 원자화된 대중으로 만드는 기제가 된다. 하지만 이럴 때일수록 권력은 영웅을 더욱더 '성자'처럼, 더욱더 스펙터클하게 사회에 제출하려고 한다. 따라서 레이펑들은 순교자 베드로처럼, 아니 예수 그 자체로서 제시되는 것이다.

그렇기 때문에 권력은 더욱더 이들 대중 사회에 깊숙이 개입하려는 것이다. "혁명하는 일은 아무리 작아도 큰일이요, 개인의 일은 아무리 커도 작은 일"이라는 '나사못 정신'과 '복종의 철학'을 그들에게 들이댄다. 중국 정부는 레이펑의 나사못 정신을 배우도록 하기 위해서 소학교 때부터 그의 개인사와 업적 등을 책과 노래로 교육시킨다. 모든 중국인은 거의 10여 년 간 레이펑을 통해서 신중국의 역사와 공산당의 업적, 그리고 혁명정신을 배우는 것이다.[53] 이런 교육 덕분에 스스로 권력의 규율을 내면화하기도 한다. "얘기하자면 나 역시 보이지 않는 전선에 서 있었던 거나 다름없었다."[54]고 말이다. 이제 스스로 권력의 욕망을 자신의 욕망으로 오인 혹은 간주한다. 권력이 부르는 대로 행동할 주체로 창출되는 것이다.

이러한 영웅 본받기가 항상 부드럽게 관철되는 것은 아니기 때문에 권력의 욕망에 파묻히기를 거부하는 반동분자를 타자화하는 마녀 사냥이 병행된다. 이는 마치 몽테뉴의 말처럼, "강력한 상상이 사건을 만들도록" 권력은 전 사회적인 운동 에너지를 만들어낸다. 즉 반동분자들을 신경 쓰지 않았을 때는 몰랐으나 신경 써서 잡아들이니 그 많은 수에 놀라지 않을 수 없고, 다시 한 번 신경 쓰니 더욱 많은 수라. 그리하여 더욱 신경 쓰면 쓸수록 더 많은 우경분자들이 발각된다. 그러니 더욱 놀라서 경각심을 가질 수밖에······.

1962년을 전후로 실시된 사회주의 교육운동 과정에서 사건이 하나 일어난다. "활동가 교본에서는 청년들에게 '사회주의 의식'을 주입하기 위해 '억고사첨'(憶苦思甛 : 쓴맛을 기억하고 달콤함을 생각함)이라 불리는 활동을 조직하도록 했다. 즉 젊은이들이 해방 전 인민들의 고된 삶을 잘 알게 하고 그것을 공산당이 가져다준 생활, 즉 달콤함과 비교하도록 하는 것이다."[55] 특히 중요한 것이 이런 억고사첨 모임을 조직해 자발적으로 강연회를 개최해서 이런 권력의 메시지를 대중에게 확산시키는 것이다. 사실 이런 교육 장치들은 중국 농촌의 자율성과 불간섭을 포함하는 전통적인 유교 통치 이데올로기와 전적으로 상반되는 것이었다. 엄격한 정치적 통제의 존재를 가장 잘 보여주는 것이 도처에 깔린 확성기였다. 유선의, 반짝반짝 빛나는 원뿔 모양의 확성기는 마을뿐 아니라 사람들이 일하는 인근 밭에까지도 전략적으로 설치되었다. 어떤 경우에는 마을의 확성기들이 아침부터 밤까지 음악도 없이 마오쩌둥의 어록만 계속 방송하기도 했다.[56] 체제로부터 도망갈 방도는 없었다. 매일 아침 6시에 방송이 시작되었다. 동네의 거민위원회는 첫 프로그램인 〈동방홍〉(東方紅 : 1940~1970년대의 마오쩌둥 찬가. 1943년 산시 성의 민요를 개사하여 중국 공산당과 마오쩌둥을 찬양하는 노래로 만들었다. 마오쩌둥의 상징인 '붉은 태양'이란 이미지의 원천이 바로 이 노래다)을 틀고 나서 한 시간 동안 계속 방송을 했다. 정오에도, 저녁에도, 하루 세 차례. 저녁 무렵에는 한 시간 동안 정치적 교화를 위한 방송을 했다. 사람들은 시각을 알기 위해 이용하는 것을 제외하고는 마치 방송이 존재하지 않는 양 그것을 대체로 무시했다.[57]

그리하여 인민들은 소외된다. 라오웨이가 인터뷰한 공중변소를 지키는 노인의 회상에 따르면, "정치 분위기가 마구 휘몰아칠 때는 사람들이 불만을 발산할 데가 없으니까 여기(공중변소) 와서 하소연한다. 애들 동요뿐 아니라 싸구려 그림, 상소리, 표어, 문장 등 없는 게 없다."는 것이다.[58] 즉 공중변소가 역설적이게도 자유로운 발언 장소가 된다. 인민들이 아무런 책임을 지지 않고 불만을 토로하는 공간이다. 심지어 억압적인 계획생육정책(計劃生育政策)으로 문화혁명 전에는 혼인 증명서가 없으면 낙태를 못하였는데, 공중변소는 자연스레 낙태하는 병원이 되기도 했다. 영웅 스펙터클 이면에 감춰진 '변소'가 인민들의 공간이 되는 역설이다.[59] 물론 영웅 스펙터클을 내면화한 대중들은 "혁명의 붉은 바다 밖에 이런 음란한 구석이 있다니!"[60]라고 비아냥거릴지도 모른다. 하지만 자진해서 변소 청소를 하려는 젊은 학생이 "대신 제가 레이펑처럼 좋은 일 한번 하죠, 뭐."[61]라고 했을 때는 권력이 제시한 영웅 레이펑은 이곳에서 인민들과는 동떨어진 인류로서 희화화된다.

영웅 스펙터클에 대한 인민들의 은밀한 저항은 곳곳에 포진해 있다. 인민들은 집체 체제의 가장 큰 약점이 무엇인지를 알고 있으며, 이를 염두에 두고 행동하게 된다. 즉 앞에 나서지 않으려는 행태가 그것이다. 이는 "사냥총은 자기 목을 제일 먼저 내미는 새를 쏘게 된다."라는 속담에서 잘 알 수 있다. "옛날의 집체 체제 하에서 도둑질은 유행 같은 것이었다. 대부분은 공공 재산과 관련된 도둑질이었다. 도둑질의 대상 범위는 농산물을 훨씬 넘어섰다. 공공 창고의 연장, 건설현장의 목재, 마을 도로를 덮고 있는 석판 같은 것들이 한밤중에 없어지곤 했다."[62] 영웅을 통해 매개되는 권력과 인민들의 관계는 동원과 저항이 수시로 교환되고 유통된다. 살아도 영웅 속에서 살고 죽어도 영웅 속에서 죽는 인민들이 아니었다. 마치 돈 키호테의 묘비에 적힌 말처럼, 대중들은 공식적인 영역에서는 "미쳐서 살았고" 사적인 영역에서는 "정신 차리고 죽은" 채 지내면서 자신들의 은밀한 일상적 삶 속으로 침잠해 들어갔던 것이다.

5. 지도자의 산업적 욕망을 따르는 노동영웅들

레이펑이 마오쩌둥의 사상을 가슴 깊이 담고 사회주의적 예수로 살아 체제 수호의 영웅이 되었다면, 근대 산업주의자로서의 마오쩌

등의 욕망을 대중 사회에 확산시켰던 산업 영웅들이 존재한다. 이들 또한 조국과 수령과 인민을 위해 초인적인 노력을 경주하여 걸출한 성과를 올렸던 영웅이다. 대표적인 노동영웅은 '다자이의 영웅' 천융구이와 '강철인간' 왕진시다. 이들은 1949년 톈안먼에서 마오쩌둥이 해방을 선언하면서 "우리나라는 가난하다. 우리는 중국을 근대화하고 산업화시켜야 한다. 우리는 선진국과 어깨를 나란히 할 것이다."라는 선언에 철인적인 노동으로 화답했던 헤라클레스들이었다. 그리하여 '농업은 다자이에 따라 배우고 공업은 다칭을 따라 배우자(農業學大寨工業學大慶)'는 운동의 모델이 되었다.

1) 다자이의 영웅, 천융구이

1942년 이후 혁명사업에서 활동적이었던 천융구이(陳永貴, 1913~1986년)는 산시 성(陝西省) 시안(西安)의 다자이 생산대를 체제 옹호와 생산성 성공의 신화로 만들었다. 그는 다자이의 척박한 자갈밭을 오로지 인력과 고된 노동에만 의지하여 생산적인 경작지로 탈바꿈시켜 중국 체제의 자력갱생 정신을 구축하였다는 것이다. 그의 헤라클레스적인 노동은 1964년에 마오쩌둥이 '농업은 다자이로부터 배우자'는 슬로건을 내걸게 했다. 천융구이는 1952년의 협동화운동을 이끌면서 협동농장(이후 인민공사)의 주임으로 또 지역 당 비서로 1957년에는 산시 성에서, 1964년에는 전국적인 차원에서 노동영웅이 되었다.[63] 이 헤라클레스의 지도 하에서 다자이는 당과 국가 지도부, 외국인 방문객, 노동자, 농민, (청년) 혁명가들, 저널리

雷鋒, 길확실

천융구이의 모습. 다자이 농장에서의 혁명적 노동정신을 배우자는 내용의 포스터. "다자이의 길을 가자."

스트들과 예술가들의 인기를 끌면서 자력갱생의 모범 사례가 되었다. 다자이의 모범은 현실의 조건이 어떻든 간에 모든 곳에서 따라야만 했다. 이후 매일 약 2만 명의 방문객들이 이러한 자력갱생 모델을 학습하기 위해서 다자이를 거쳐갔다고 한다.[64]

사실 천융구이는 빈농 출신으로 마흔세 살까지 글을 읽지 못했다

雷鋒, 길확실

농업 부문에서 노동영웅이 된 천융구이가 다자이 농장에서 마오쩌둥과 함께 서 있는 모습.

고 한다. 그러나 으레 영웅이 그러하듯이 그는 마오쩌둥의 저작들을 교과서로 사용하면서 혁명이론에 정통한 인물이 되었다고 한다. 이후 1973년에 중국 공산당 정치국원을 지냈으며, 1975~1980년에는 중국의 부수상을 지낼 정도로 쾌속 승진하였다. 하지만 덩샤오핑이 1970년대 말에 화궈펑(華國鋒)을 권자에서 몰아내었을 때, 다자이 모델도 공식적으로 불신을 받게 되었다. 덩샤오핑은 마오쩌둥을 계승하고자 했던 화궈펑과 적대했고 그들의 걸작품 다자이를 불신했다. 이윽고 다자이의 성취들은 인민해방군의 대대적인 지원의 결과였다는 것이 밝혀졌으며, 순수한 인력이 아니라 중기계가 사용되었다는 사실도 밝혀졌다. 1983년에 천융구이는 베이징 교외에 위치한 어느 국영농장으로 숙청되었다.[65] 1990년대 말부터 다자이 주민들은 더 이상 고된 노동을 감수하지 않으려 하며 부자가 되려고 안간힘을 쓰고 있다고 한다. 천융구이, 그는 권력으로부터 버림받아 쓸

모없어진 영웅의 쓸쓸한 종말을 보여주었다.

2) 강철인간, 왕진시

'강철인간'으로 알려진 왕진시(1923~1970년)는 중국의 스타하노프이다. 왕진시도 여느 영웅들과 마찬가지로 '구사회에서의 삶이 악몽'이었을 정도로 간쑤 성(甘肅省) 위먼(玉門)의 가난한 농가에서 태어났다. 왕진시는 어린 시절에 양치기로 일했고, 후에는 석탄 운반꾼으로 일했다. 그는 열다섯 살이 되었을 때 위먼 유전에서 일하기 시작했으며 이후 10년 동안 거기서 일했다. 1956년에 왕진시는 중국 공산당에 입당했고 1959년에 베이징에서 개최된 전국노동영웅대회에 참가했다. 1960년 2월에 마오쩌둥과 당중앙위원회는 소련의 기술자와 지원 없이 헤이룽장 성(黑龍江省)에 위치한 '다칭에서 대대적인 전투를 수행'하여 석유를 개발하여 자급자족하기로 결정했다. 왕진시와 그의 유명한 1205번 굴착반은 위먼 유전에서 떨쳐 일어나 황량한 목초지로 돌진했다.[66]

그들은 영하 20~30도의 혹한에도, 피로와 부상과 난관에도 굴하지 않고 꼬박 닷새 동안의 작업 끝에 유맥(油脈)을 발견해냈다고 한다. 다칭의 첫 번째 석유는 "마오쩌둥 주석 만세!"가 울려퍼지는 가운데 생산되었다. 3년 내에 다칭은 중국 최대의 유전이 되었으며 중국 전체 석유 생산량의 3분의 2를 생산했다. 그리하여 다칭 유전은 중국이 자체적으로 개발한 유전으로 자력갱생과 노동자의 헌신, 정치우위 등이 집약된 상징적 모델이 되었다. 이로 인해 사람들은 그

雷鋒, 길확실

다칭 유전을 개발한 노동영웅인 강철인간 왕진시. "다칭 정신을 배우자."

를 '강철인간'이라고 불렀고, 1960년에 국가는 '강철인간 따라 배우기' 운동을 전국적으로 확산하였다.[67]

1967년에 왕진시는 전설적인 노동영웅이 되었고, 1968년에는 당 중앙위원회 위원으로 선출되었다. 1970년에 암으로 죽기까지, 왕진시는 계급의 적들, 수정주의자들, 잘못된 사상과 그 분파들과 싸우는 최전선에 항상 서 있었다고 한다. 영웅 왕진시는 1980년대 초반에 다시 전국적으로 부활하였다. 당시 중국의 청년들을 생산력 발전에 헌신하도록 오지로 동원하기 위해서였다. 1989년의 톈안먼 사건 이후에도 '다칭을 배우자'는 슬로건이 다시 한 번 재생했는데, 이번

공업은 다칭에서 배우자는 포스터.
"노동자 계급의 선봉전사인 강철 인간 왕진시 동지를 따라 배우자."

에는 모든 인민에게 '다칭의 정신'을 배울 것을 호소했던 것이다.

이 영웅 만들기와 신화화가 낳은 의혹과 의구심에도 불구하고, 권력은 항상 인민들에게 '보이지 않는 것을 믿는 것이 참 믿음'이라는 것을 강제했다. 그러나 인민들은 '보았으나 믿지 않았'던 것이다.

雷鋒, 길확실

Ⅳ. 영웅, 다시 불려나오다

1. 덩샤오핑의 레이펑

　10년 대란의 문화대혁명이 끝나던 해인 1976년에 극단의 현상들이 나타났다. 이리하여 이 극단의 시대를 헤쳐나가기 위해서 죽은 영웅이 또다시 사회 속으로 부활할 채비를 차리게 된다.

　중국의 1976년은 마오쩌둥이 사망한 해이자 그럼으로써 문화대혁명이 끝난 해이다. 중국 인민들은 이 한 해에만, 엄청난 정치·경제적 격변을 통해 자신들에게 헤아릴 수 없는 상처를 주었지만 결코 미워할 수 없었던 정치 지도자들의 잇달은 사망 소식을 듣게 된다. 이는 문화대혁명에서 받은 상흔에 덧붙여 또 다른 정치적 허탈감을 맛보게 했을 것이다. 1월 8일에 저우언라이가 사망했고, 7월 6일에는 주더가, 그리고 특히 9월 9일에는 중국의 농민과 노동자들이 아직도 '따를 준비가 되어 있는' 마오쩌둥이 사망했다. 게다가 최고 지도자들의 연속적인 사망과 함께 발생한 천재지변도 대중들의 불안감을 한껏 자극했다. 1976년 7월 28일에 허베이 성의 탕산(唐山), 펑난(豊南) 지구에 20세기 최대 규모인 7.8도의 강진이 급습하여 24만 2,769명의 사망자와 16만 4,851명의 중상자가 발생했던 것이다.

중국은 마오쩌둥 사후인 1970년대 말에 경제 개혁에 착수했다. 가장 대표적인 개혁으로는 '인민공사' 제도를 특징으로 하던 집단 노동방식을 철폐하고 가정 단위로 농민들에게 토지 경작권을 부여한 '가정책임경영제(家庭承包責任制 혹은 包産到戶)'를 들 수 있다. 그런데 이 개혁을 처음 실시할 때 중국 인민들은 "몇십 년 혁명해오다가 하룻밤 사이에 해방 전으로 돌아갔다."고 탄식했다. 인민들에게 마오쩌둥이 생전에 이미 결정한 일은 변경할 수 없으며 생전에 말한 것은 그대로 따라야 하는 것이었다.[68]

덩샤오핑은 인민들의 이러한 정서에도 불구하고 시장경제 노선을 고집했다. 그리면서도 덩샤오핑은 여전히 '레이펑 학습'을 강조했다. 왜 그랬을까. 덩샤오핑은 마오쩌둥 사상을 한편으로는 계승한다고 하면서도 자유화에 반대 입장을 분명히 하였다. 따라서 이 두 가지 목적을 동시에 해결하기 위해서는 레이펑을 다시 불러오는 것이 급선무였다. 이에 따라 후차오무(胡喬木)는 1981년 8월에 자유화를 자산 계급의 자유화로 간주하여 중국 사회주의와 대립시키고, 그러한 자유화 신조가 레이펑 정신과 레이펑 학습 활동에 충격을 주어 청년들의 사상에 혼란을 주고 있다고 언급했다.[69] 결국 레이펑을 다시 불러옴으로써 민주화를 차단하려고 했던 것이다. 그리고 1983년 레이펑 학습 20주년을 맞이하여 그를 "우리 민족의 미덕과 공산주의 도덕 품성의 집중적 표현"으로 추앙하는 데 서슴지 않았다.[70]

雷鋒, 길확실

1980년대 '덩샤오핑 시대의 레이펑'이라 불리는 장하이디의 포스터.

물론 이 시기에 레이펑만이 영웅으로 되불러진 것은 아니었다. 덩샤오핑의 노선에 걸맞는 영웅들도 탄생하게 된다. 흔히들 마오쩌둥 시대에는 '레이펑'이 최고였지만, 덩샤오핑 시대에는 '장하이디 (張海迪)'라는 영웅이 최고라는 말을 한다. 덩샤오핑이 개혁 개방을 가속화하던 1983년에 중국의 모든 언론을 관장하던 공청단이 '장하이디 배우기 운동'을 전개했다. 장하이디는 어릴 때 불구가 되었는데, 독학으로 중의학과 외국어를 공부하여 높은 점수를 받아 젊은이들에게 깊은 인상을 남겼다고 한다. 하지만 대중들 간에는 사실 그녀의 외국어 실력이 겨우 번역이나 할 수 있는 정도이고, 불구가 된 원인도 자살 미수 때문이라는 말도 회자되었다. 어쨌든 영웅의 무게에서 레이펑을 따라올 수는 없었다.

　1986년에 허페이(合肥)와 상하이(上海) 등지에서 학생들의 크고 작은 민주화 시위가 일어나자 중국 정부는 시위를 잠재우기 위해 또다시 레이펑을 끌어들였다. 1987년 당시 인민해방군의 정치부장은 중난하이에서 개최된 '레이펑 정신 토론회'에서 "레이펑 정신은 공산주의 정신이고, 진심으로 인민을 위해 봉사하는 정신이며 …… 조국과 사회주의를 따뜻하게 사랑하고 열심히 공부하며 열성적으로 투쟁하고 이타적으로 타인을 돕는 데서 즐거움을 찾는 정신"이라고 재차 강조했다. 즉 민주주의를 요구하는 시위자들은 결코 앞선 이념 추구자가 되지 못할 뿐 아니라 조국과 사회주의에 역행하는 것이라는 것을 의미했다.

　세계의 이목을 끌었던 1989년 톈안먼 사태 이후 중국의 권력 지도부는 2~3년 동안 개혁 개방의 속도를 다소 늦추고 잠시 보수로 회귀했다. 동유럽과 소련의 체제가 해체되는 과정에서 중국으로 감염될 민주화 요구에 대응하고자 했던 것이다. 그리하여 조국에 대한 충성과 여타 이타심들이 강조되었다. 그러나 이는 대량실업, 살인적인 경쟁, 증가하는 불평등과 같은 고된 현실과 더 이상 부합하지 않았다. 게다가 엄격한 긴축정책, 수많은 향진기업과 개체기업인 거티후(個體戶)들의 정리, 정치적으로는 반체제 인사에 대한 처벌 확대, 불순분자 색출을 위한 후퉁(胡同, 골목길)의 거민위원회 감시 체제

강화, 각 딴웨이(單位)—중국에서는 도시의 모든 기관을 딴웨이라 부른다—별 정치학습이 강화되었다. 특히 지식인들에 대해서 베이징대 학생들의 1년 간 농촌봉사제 실시, 공무원들의 하방, 지식인들에 대한 통제 강화, 당원 정리 등이 실시되었다.

    이러한 상황을 영웅의 힘으로 돌파하기 위해서 거리 곳곳에 '레이펑을 배우자'는 대형 현수막을 요란하게 내거는 등 '레이펑' 추모 열기를 다시 폭발적으로 증가시켰다. 전국의 대형 건물마다 '레이펑 동지를 배우자'라는 진홍색 대형 현수막이 내걸렸고, 각 딴웨이마다 '레이펑 동지 따라 배우기' 운동이 전개되었다. 모든 직장, 모든 관공서나 지방의 집체 기업 사무실에는 중앙 현관 입구에 오색의 색분필로 장식한 레이펑 동지 학습에 관한 공고판이나 벽보가 나붙었다. 그리하여 베이징을 비롯한 전국이 감청색의 국민복과 초록색의 군복으로 뒤덮였는데, 이는 '만인의 만인에 대한 투쟁 상태'였던 문화대혁명의 암울했던 경험에서 획득한, 그리고 또다시 닥칠지도 모를 불투명한 미래를 대비하여 자신을 보호하기 위한 일종의 '보호색'이었던 셈이다.

2. 자본주의 스펙터클의 선구자, 레이펑

    마오쩌둥의 사후 중국의 자본주의화 과정에서 다시 불려나온 '레이펑'은 이제 권력과 인민을 희미하게나마 이어주는 포퓰리즘의 전도 벨트가 아니었다. 오히려 자본을 향해 질주하는 권력의 욕망을 은폐시켜주는 일종의 방패막이 구실을 하였다. 이제 영웅 스펙터클은 광고판 속으로 들어가 배치되었으며, 더 이상 인민들을 '호명'하지 않았다. 그리하여 그는 '광고판에 박제된 영웅들', 기 드보르가 말했던 자본주의 스펙터클의 선구자가 되었다.

개혁 개방을 통해 시장이라는 맷돌을 작동시킨 중국은 애덤 스미스의 말처럼 이미 "만인이 만인에 대하여 상인이 되는" 시대로 접어들어버렸다. 상하이 경제발전을 상징하는 푸동(浦東)의 최대 백화점인 바바이반(八伯伴) 정면에 걸려 있는 레이펑의 대형 초상화는 이제 새로운 메시지를 전달할 태세를 갖추었다. 물론 루쉰 전람관과 푸단(復旦) 대학에도 그의 대형 초상화가 걸려 있지만, 이제 레이펑은 중국의 붉은 시대의 상징인 '마오쩌둥의 호전사'가 아니라, '황색' 자본을 나르는 '자본의 호전사'가 되어야 했다. 기묘하게도 어릴 때부터 "돈으로 우리를 구슬리려 하다니! 어림없다."[71]고 외쳤던 그 레이펑이 자본을 상징하는 영웅으로 시장의 중심부에 다시 솟아오른 것이다.

1990년대 들어 중국의 대중 사회에서 유행하는 말은 "돈만 보고 나아가자."라는 말인데, 사실 이는 개혁정책으로 인민을 추동하기 위해 정부가 내걸었던 "미래를 향해 앞만 보고 나아가자."라는 구호를 희화화시킨 것이었다. 그리하여 중국의 권력은 "지난 몇 년 사이에 '자산계급 자유화'가 범람했기 때문에 일부 사람들은 자산계급의 부패한 극단적인 이기주의 사상으로 공산주의의 정신을 대치하려 했다."[72]고 지적하면서 '레이펑 정신'을 새로이 강조하였다.

1997년 〈레이펑이 떠나던 날〉이라는 영화가 제작되어 중국 전역

雷鋒, 길확실

에서 상영되었다. 그리고 1990년대 말까지《레이펑 일기》는 무려 2천여만 부가 팔린 초대형 스테디셀러가 되었다. 이제 황색 영웅 레이펑은 빠오파후(爆發戶, 벼락부자)와 함께 중국의 인민들 속에서 황색 바람을 선도하고 있는 셈이다.

그럼에도 불구하고 홍콩의 유력 일간지 〈밍빠오〉가 2004년 3월에 광저우와 베이징, 상하이 등 대도시 대중들을 대상으로 '세계의 근현대사에서 가장 존경하는 위인'을 묻는 조사에서 레이펑이 10위에 올랐다. 이는 나날이 치열해지는 자본주의화 과정에서 마오쩌둥과 레이펑을 회상함으로써 위로를 얻으려는 마음이 담겨져 있는 것이다. 2003년 3월 5일, '레이펑 따라 배우기'가 시작된 지 40주년이 되는 해에 중국의 미디어들은 '레이펑 정신'이 오늘날에도 여전히 의미가 있는 것인지, 적실성이 있는 것인지의 여부에 관한 문제에 상당한 주의를 기울였다. 대체로 중국의 미디어들은 레이펑의 자기희생에 대한 태도는 자발적 노동을 증진시키는 데 이용될 수 있다는 결론을 내렸다.

중국의 〈인민일보〉와 〈문회보〉 등 주요 신문들은 "레이펑은 병들어가는 우리 사회에 오아시스와 같은 존재"이며 "레이펑 학습을 통해 사회주의 순수 정신을 가다듬어야 한다."고 강조하였다. 특히 〈인민일보〉는 2003년 3월 5일에 "레이펑 정신을 시대에 맞게 실천해 중화민족의 위대한 정신을 체현하자."고 역설하여, '영웅 레이펑'을 통해 국민의 단합을 꾀하려고 했다. 그러나 현재 중국 인민들의 반응은 미지근하다. 즉 '공산당이 하는 일 정도로 치부'하고 있다는 것이다. 중국의 인민들은 "레이펑은 이제 초등학교 교과서에나

나오는 이야기"이며, "레이펑이 밥 먹여주느냐."고 퉁명스럽게 대답할 정도로 세속화되어가고 있다.[73]

　중국 권력은 인민들로부터 멀어져가는 '레이펑'을 통해서 사회주의 순수성을 애써 강조하려고 한다. 20년 넘게 추진된 개혁 개방으로 중국 사회는 점차 자본주의적 성격을 강하게 표출하고 있으며, 배금주의와 이기주의가 팽배해졌다. '죽은 사람도 살려냈다'는 중국의 전설적인 의사 '편작(扁鵲)'처럼, 이러한 중국 자본주의가 유발시킨 병폐들을 치유하기 위해서 레이펑을 불러온 것이다.

　현재 중국에서는 중국 특유의 감옥 형태인 노동교육원에서 도박, 마약, 사기, 매춘, 불륜, 근무 태만과 노름 등 타락한 개인들을 수용하여 노동을 통해서 교육시킨다. 여기서도 인민을 위해 모든 것을 희생했다는 레이펑을 교육시키고 있다. 심지어는 생산 현장에서도 노동 강도를 강화하기 위해서 레이펑을 이용하고 있다. 후난 성의 창사(長沙)에 위치한 어떤 기업의 노동조합은 2003년에 들어와 '레이펑을 배우자'는 운동을 벌였다. 이 노조의 '레이펑 운동'은 '레이펑처럼 회사를 사랑하고 충성을 다하자는 뜻'이다. 마치 미국 청년들의 티셔츠에 찍혀 있는 체 게바라의 사진처럼, 레이펑은 백화점에 등장한 '상술도구'로 전락했다. 레이펑은 이제 중국 곳곳에서 현현하여 시장경제를 걷고 있는 중국 사회의 모순을 다양한 이미지로 보여주고 있는 것이다.

雷鋒, 길확실

V. 스펙터클 없는 영웅 사회

중국의 권력이 지금까지 체제의 선전수단으로 이용해온 레이펑 기념박물관을 찾는 인민들의 수는 지난 수년 간 현저히 줄어들었다고 한다. 문화대혁명 때인 1968년에 설립된 이래 매년 평균 57만 명씩 무려 2천만 명이 방문했던 기념관이다. 중국의 인민들은 이러한 현상을 '레이펑이 출국했다'고 한다. 즉 더 이상 중국에는 레이펑이 없다는 이야기다. 게다가 자본주의적 질서가 팽배해지면서 인민들 사이에는 레이펑과 같은 영웅이 더 이상 호소력을 갖지 못한다는 것을 암시한다. 마오쩌둥과 김일성의 저 '붉은' 시대를 호령하던 전국적 스펙터클의 영웅들은 이제 그들의 시대가 저물었음을 알게 되었다. 미네르바의 부엉이가 황혼에 날개를 펴듯 전국적인 스펙터클 영웅 위로 부엉이가 날고 있는 것이다. 이들 전국 영웅들은 작지만 큰 영웅들(little, big heroes)에게 자리를 내주고야 말았다.

1. 리틀, 빅 히어로

이제 '붉은' 혁명의 열정도, 지도자를 가슴 뜨겁게 믿고 따르던 충성도 식었다. 마오쩌둥과 김일성의 저 '붉은' 시대, 그리고 압축적인 산업화 시대에는 전진적이고 기록 타파적인 영웅 스펙터클이 일반 노동자와 대중들에게 감동적인 모델로서 영향을 미쳤을 수도 있다. 그러나 중국의 경우 개혁 개방으로 인한 자본주의적 시장화와 개인화, 북한의 경우 1970~1980년대의 암울한 경제 상황과 일반 대중들의 정치·경제적 피로감을 고려한다면 '천상(天上)'의 존재로 인식되던 초인적인 영웅들은 더 이상 인민들의 시선을 끌지 못하게 되었다. 그리하여 적어도 대중 사회에서는 중국의 국가영웅 레이펑, 왕진시, 천융구이와 같은 영웅들이, 그리고 북한의 국가영웅 길확실, 진응원, 신포향과 같은 영웅들이 더 이상 스펙터클을 구성하지 못하게 되었다. 이러한 사태에 직면한 중국과 북한의 권력은 이른바 일상적인 생산 현장에서 묵묵히 자신의 노동을 성실히 수행하는 '작은 영웅들'이 노동자 대중들에게 커다란 자극이 될 것이라고 생각했다. 그래서 일상적인 존재로부터 영웅을 발굴하여 대중들에게 확산시켰다. 그리하여 모든 사람이 영웅이 될 수 있게 된 것이다.

1) 중국의 '작은 영웅들'

1997년 〈인민일보〉에는 광시 성(廣西省)의 한 산촌에서 촌민들을

雷鋒, 길확실

위해 궂은일을 마다하지 않고 봉사하고, 기술을 가르치며, 선진화된 의식과 생활 등을 지도하는 10명의 여성들의 활약상을 그린 '15년을 하루같이 레이펑을 배우고 있는 10명의 자매'라는 제목의 기사가 머리기사로 실렸다. 1996~1997년에 이름을 떨친 또 한 명의 인민영웅은 바로 베이징의 시내버스 여차장 리쑤리(李素麗)였다. 그녀는 10여 년 동안 한결같이 미소 띤 얼굴로 승객들에게 진심 어린 서비스를 제공하여 노동 모범으로 선출되었다. 이리하여 권력은 '리쑤리를 본 받자'는 운동을 전개했고, 연극 〈리쑤리〉가 제작되어 대중들에게 파고들었다.

그뿐 아니다. 1995년에는 가난한 산골 마을인 장카오 현(姜考縣)의 서기인 쟈오위루(焦裕祿)와 벤위안지구(邊遠地區) 아리(阿里)의 서기인 쿵판선(孔繁森)이 멸사봉공의 공무원으로 추앙받았다. 은행원 라오치아푸[74]도 영웅이 되었으며, 최근에는 자동차 정비공인 왕타오(王濤)가 노동자의 모범으로 대서 특필되고 있다. '리쑤리를 배워 위대한 사회주의 조국을 건설하자', '수천, 수만의 왕타오가 필요하다'라는 플래카드와 벽보가 거리를 빽빽하게 채웠으며, 리쑤리연구위원회가 전국 각지에서 결성되었다. 한국에서는 선행가나 의인으로 신문과 방송에 한 번 소개되고 말듯한 착한 인민들을 영웅으로 만들어 전국에 확산시킨 것이다. 레이펑은 거의 매년 한 명씩 부활한다. 해마다 방홍작전에 참가하는 '홍수작전의 병사', '방직공장의 여공' 등 자신을 희생하고 남을 돌보는 많은 '레이펑'들이 자연스럽게 탄생하는 것이다.

2) 북한의 '숨은 영웅들'

북한에서도 '숨은 영웅들'의 시대가 개막되었다.[75] 숨은 영웅이란 각 분야에서 묵묵히 맡은 바 임무를 다해 국가의 발전에 남다른 공헌을 하고도 자기를 내세우지 않는 사람들을 일컫는 말이다. '숨은 영웅 따라 배우기 운동'은 1979년에 시작되었다. 1979년 당시 경공업품과 식료품 부족은 이미 만성적인 문제로 노정되어 있었기에 북한은 새로운 영웅 시대를 전개해야만 하는 상황에 봉착했다. 그리하여 자신의 자리에서 누가 뭐라든 묵묵히 일하는, 그러한 "사회적 분위기를 조성하는 것은 숨은 영웅들의 모범을 따라 배우는 운동의 특성과 관련하여 제기되는 중요한 요구"[76]였다. 백설희 영웅이 첫 번째였다. 백설희는 과학원 식물학연구소 연구사였으며 시집도 안 가고 마흔 살까지 기름골(기름 성분이 많은 다년생 식물)을 연구해 기름문제를 해결했다고 한다. 그리하여 1979년 10월에 백설희 등 네 명의 과학자에게 노력영웅 칭호를 수여했다. 비록 기름골은 경제성이 없어 일반화되지는 못했지만 이들의 모범을 따라 배우도록 한 데서 '숨은 영웅 따라 배우기 운동'이 발기되었다.[77]

김일성은 1986년 2월에 다섯 명의 '숨은 공로자'를 초청하여 훈장을 수여하고 이어 '숨은 영웅 따라 배우기 위한 평양시 근로자 궐기모임'(1986년 2월)과 '숨은 공로자대회'(1986년 10월)를 개최하였으며 이를 북한의 핵심적인 노력 경쟁 운동으로 추진했다. 이후에도 '숨은 영웅 따라 배우기 운동 10주년 기념보고회'(1989년 10월), '전국영웅대회'(1988년 10월), '숨은 공로자 경험토론회'(1991년 9월)를 잇달아 개최해 이 운동의 확산에 주력했다. 그리고 숨은 영웅, 숨은 공로자들이 '당의 결사대·근위대'가 될 것과 '전 주민의 영웅화'를 촉구하기도 했다. 북한은 1989년 10월 현재 중앙과 도·시·군에 등록된 숨은 영웅들이 모두 1만 5,500여 명에 이른다고 발표했다.

특히 1990년대에 들어와 북한은 좀처럼 돌이키기 힘든 건국 이래 최악의 '고난의 시대'—이른바 '고난의 행군' 시대—를 맞이하였다. 북한 경제는 완전히 마비되었다. 식량난에 따른 배급제의 중단으로 사회에 대한 국가의 통제력은 현격히 저하되었다. 공장 및 기업소들은 20~30퍼센트를 제외하고는 완전히 멈추어 섰다. 그래서 '전 주민의 영웅화'를 모토로 한 '숨은 영웅'들을 탄생시켜 고난의 행군에 대처하려고 했다.

이 '고난의 행군' 시대의 북한 영웅들은 혹독한 주위 환경을 극복하는 작은 무용담—기아가 사회를 휩쓸고 있는 최악의 조건에도 불구하고 맡은 일을 여전히 충실히 수행하는—을 중심으로 발굴되었다. 리기설 영웅은 1990년대 중반 '고난의 행군' 시기에 문화회관과 목욕탕, 이발소 등이 갖춰진 건물을 비롯해 다섯 동의 건설을 단기간에 훌륭히 건립했으며, 남새(채소) 온실, 양어장, 축산 기지 등 부업 기지들을 건설하는 데도 일등 공신으로 활약했다고 한다. 고창원 영웅은 해마다 농업 생산 계획을 초과 달성하는 성과를 거두었으며, 함경남도 허천군의 윤창진은 지난 16년 간 자체로 개간한 600평의 땅에서 생산한 곡물을 국가에 모두 바치는 애국심을 발휘해 인민들의 모범이 되었다고 한다. 성진제강연합기업소의 운전사 3형제(계영호, 계영일, 계영주) 영웅도 10년 동안 단 한 건의 사고도 없이 강

雷鋒, 길확실

1961년 함경북도 김책시에 위치한 성진제강소를 시찰 중인 김일성. 이 제강소는 북한 3대 제강소 중 하나이며, 당시의 시찰은 조선로동당의 일원적 지도 체제를 확장하기 위한 것이었다.

철 물동량을 제때에 정확히 수송했으며, 매년 수송 계획을 150퍼센트 이상 초과 달성했다고 한다.[78]

개혁 개방 시기 중국의 권력이 레이펑과 같은 전국 영웅을 되새김질하여 인민들에게 제출했듯이, 북한에서도 이전의 노동영웅들을 각색하고 분칠하여 대중에게 제시했다. 김정일은 "1950년대의 안영애, 1960년대의 길확실과 같은" 영웅들이 "2000년대에도 계속 나와야 한다."고 강조했다.[79] 한편에서는 대중들의 '집단적 영웅주의'도 부추겼다. 김책제철소의 해탄로 살리기 운동을 선전하는 과정은 이

雷鋒, 길확실

함경북도 청진시의 김책제철연합기업소 작업반장 리동수(맨 오른쪽). 노동영웅 리동수가 노동자들과 생산 회의를 하고 있다. 이곳은 김일성이 생전에 가장 애착을 가졌던 제철소이다.

를 적나라하게 보여준다. "해탄로에 불을 지피면 절대로 꺼뜨리면 안 된다. 그리하여 불타는 것이라면 가정 집물이든 무엇이든 끊임없이 집어넣었다. 어떤 노동자는 밥상을 집어넣었다. 이러한 열의가 번져나가 청진시 인구 40만 명 중 5만 명이 김책제철소에서 일하는데 온 도시가 해탄로를 살리기 위해 떨쳐 일어났다."고 한다. 이들의 전투는 100일 간 계속되었다.[80]

그리고 고난의 행군 이후 군대가 경제관리의 전면에 나서면서 '선군정치(先軍政治)'가 강조되었다. 이에 따라 '숨은 군인 영웅'들이 배출된다. 남종일 소속부대, 김동하 소속부대, 윤영일 소속부대, 최일선 소속부대, 윤영호 소속부대, 그리고 김경삼 소속부대 등을 찬양했다. 결국, '고난의 행군'이라는 혹독한 경제환경에서 철인 같은 인내심을 강조하는 북한의 영웅담론은 '숨은 영웅'의 후속 담론으로서의 '대중 영웅주의'를 거쳐서 선군정치 하에서는 '군인영웅'으로 담론이 전환되었다. 이것은 현재 북한의 영웅 스펙터클이 생산성보다는 군인영웅을 내세우는 전략 속에서 혹독한 환경에 대한 인내를 통한 질서와 체제 유지를 그 목표로 삼고 있다는 것을 의미한다.

2. 영웅과의 결별

레이펑에 관해서 인민들이 끊임없이 의혹과 의심을 품게 된 것은 수년에 걸쳐서 레이펑의 이미지가 수많은 공식적인 재모델화 과정을 겪었기 때문이다. 하지만 중국 정부는 여기에 아랑곳하지 않고 그의 나사못 정신을 강조하기를 멈추지 않는다. 그러나 곳곳에서 나사못 정신은 형해화되고 있다. 심지어 레이펑이 사적 기업가들의 후원자적 성인으로서 이용되기까지 한다. 유사한 일은 마오쩌둥에게도 일어나고 있는데, 사적 기업들의 찬양자로서는 아니지만 마오쩌둥의 사진이 행운을 가져다주는 상징으로 자본가들의 점포 계산대 뒤에 걸리는 것이다.

최근에 중국의 한 대중에 따르면, 초등학교 때 레이펑을 배우고 리쓰리를 배우고 쿵판선을 배우고, 수재영웅, 지금은 우주비행사 양리웨이(楊利偉)를 배워야 한다. 그러나 대중들은 겉치레만 대강하

雷鋒, 길확실

고 그 나머지는 사리사욕을 채우면 된다고 생각하고 있다.[81] 사실 대부분의 중국인들은 오랫동안 레이펑을 일종의 농담과 교양의 중간 수준에서 자조해왔다. 그러나 그의 초상화는 여전히 거의 모든 학교에 걸려 있으며, 그는 여전히 공식적인 영역에서는 국가의 가장 위대한 성자(聖者)이다. 그렇지만 새로운 사회의 유토피아가 한 번은 마오쩌둥 시대의 모진 정책에 의해, 또 한 번은 덩샤오핑 시대의 자본에 의해 신화였음이 드러났듯이, 레이펑을 통해 창출하려던 새로운 인간도 역시 하나의 신화였음이 드러났다.

레이펑은 대중 사회에서 희화화되고 조롱거리로 전락하고 있다. 1961년 10월 17일의 《레이펑 일기》를 보면 "나는 변소에 분뇨가 가득 찬 것을 보고 즉시 청소를 시작했다. 다른 사람들이 나를 똥쟁이라고 놀려댔지만 아주 영광스러운 것이다."라고 했는데, 한 공중변소 관리인은 '똥바가지 레이펑'이라는 별명만 하나 붙였다고 자조했다. 그렇다면 '레이펑이 출국했다'는 정보는 사실일지 모른다.

북한에서도 예외는 아니다. 1990년대 중반 이후 경제난과 계획체제 붕괴로 사회의 집단성과 질서가 이완되었고 이 틀을 떠받치고 있던 노동의식도 이완되었다. 이에 따라 북한 체제에서는 자연스럽게 '노동 영웅주의'를 본질로 하는 스펙터클의 사회가 점차 존속하기 힘들어지고 있다. '고난의 행군' 이후 북한에서는 '시장적' 기제들—비록 조야한 형태의 소상인 체제이기는 하지만—에 인민들이 생존을 극복하게 됨에 따라서 영웅을 매개로 구축된 스펙터클적인 삶의 의지들이 인민들의 삶에서 부정되고 있다. 정치·도덕적 유인에 기반을 둔 공동체와 이타를 위한 노동 관념이 생존의 문제에 직면한 개인들에 의해서 변질되거나 거부되고 있는 것이다. 북한에서는 현재 '사회주의적 노동영웅'이 되는 것보다 개인의 이익을 위해 노동하려는 풍조가 확산되고 있다.

현재 북한의 권력은 현 시대를 '영웅 시대'로 선언하고 '강성대국' 건설에 영웅들의 동원을 호소하고 있지만[82] 이미 사회는 영웅과 결별하고 있다. 저 붉은 시대에 수령이 주도했던 광폭정치가 험악한 경제난으로 그 물질적 토대를 상실하자, 이제 북한의 대중들은 그들의 일상적 생존을 위해서 시장으로 걸어가고 있는 것이다.

雷鋒, 길확실

■ 레이펑, 길확실 미주

1) 華琪, 《時代與雷鋒》(北京: 華文出版社 · 人民武警出版社, 2003), 3쪽.
2) 북한의 '영웅대회'의 역사에 대해서는 차문석, 〈북한의 근대정치경제와 노동영웅〉, 《동아시아의 도전》(서울: 청어람미디어, 2004)을 참조.
3) 전체적인 급부는 '선물에 답례할 의무' 뿐 아니라, '선물을 주어야 할 의무'와 '그것을 받아야 할 의무'를 전제하고 있다. 마르셀 모스 지음, 류정아 옮김, 《증여론》(서울: 한길사, 2002), 72쪽.
4) 마르셀 모스가 《증여론》에서 언급하는 핵심 개념으로 '식사를 제공한다(nourrir)', '소비한다(consommer)'의 뜻을 가지고 있다. 이것은 부족의 추장이 잔치를 베풀어 공동체 성원들에게 선물을 베푸는 의식을 말한다. 위의 책, 54쪽.
5) 위의 책, 30~31쪽.
6) 金春明 · 席宣 지음, 이정남 외 옮김, 《문화대혁명사》(서울: 나무와숲, 2000), 127쪽.
7) 장부 계산의 정리, 창고의 정리, 자재의 정리, 노동 점수의 정리를 말한다.
8) 위의 책, 39쪽.
9) 黃樹民 지음, 양영균 옮김, 《린 마을 이야기: 어느 공산당 간부의 눈을 통해 본 한 중국 마을의 변화》(서울: 이산, 2003), 142쪽.
10) 老威 지음, 이항중 옮김, 〈늙은 홍위병 류웨이동〉, 《저 낮은 중국》(서울: 이가서, 2004), 263쪽.
11) 위의 책, 268쪽.
12) 黃樹民, 위의 책, 117~118쪽.
13) 위의 책, 164쪽.
14) 위의 책, 233쪽.
15) 차문석, 《반노동의 유토피아: 산업주의에 굴복한 20세기 사회주의》(서울: 박종철출판사, 2001), 110~113쪽.
16) 백설희 영웅을 주인공으로 하는 이 영화는 '조선중앙 텔레비죤'에서 일주일에 한 번 방영했다. 이 영화는 북한 인민들 사이에 당일의 내용이 회자될 정도로 인기를 끌었다고 한다.
17) 비행사 길영조는 1993년 비행 훈련 중 김일성 동상 위에 추락하는 것을 피하기 위해 기체를 다른 방향으로 추락시키고 사망했다.
18) 기 드보르 지음, 이경숙 옮김, 《스펙터클의 사회》(서울: 현실문화연구, 1996), 11쪽.
19) 이승우, 〈스펙터클 정치에 대한 도전〉, 서울대학교 정치학과 석사 학위 논문, 2005, 5쪽.
20) 기 드보르 지음, 위의 책, 173~174쪽.
21) 길확실, 《천리마작업반장의 수기》(평양: 직업동맹출판사, 1961), 37쪽.
22) 위의 책.
23) 위의 책, 39쪽.
24) 박영순은 항일 투쟁 참가자로서 항일 시기에 연길에서 이용 가능한 모든 재료를 조합해 폭탄

을 제조하여 빨치산에 공급했다고 한다. 1962년에 박영순은《연길 폭탄》이라는 책으로 부활했다. 혹독했던 한국전쟁 시기에 박영순이 다시 불려진 것은 당연했다.

25) 李澤厚,《中國現代思想史論》(北京: 東方出版社, 1988), 186〜187쪽에서 재인용.
26) 위의 책, 186〜187쪽.
27) 劉巨才,《中國學雷鋒活動 30年簡史》(北京: 團結出版社, 1991), 154쪽.
28) 레이펑의 일생에 관해서는 다음의 문헌을 참조했음. 최성만 외 옮김, 앞의 책; 肖祥劍,《向雷鋒學習》(北京: 線裝書局, 2004).
29) 肖祥劍, 앞의 책, 128〜129쪽.
30) 華琪, 앞의 책, 5쪽.
31) 費正淸外,《革命的中國的興起》(北京: 社會科學出版社, 1990), 335쪽.
32) Tu Wei-ming, "Social Suffering", *Daedalus*, Winter 1996, vol. 125, no. 1, p. 125.
33) Alan Piazza, *Food Consumption and Nutritional Status in the PRC*(Westview Press, 1986)를 참조.
34) 黃樹民, 앞의 책, 126쪽.
35) 老威,〈철거민 류웨샤 아주머니〉, 앞의 책, 166쪽.
36) 老威,〈시체 미용사 장다오링 선생〉, 위의 책, 206쪽.
37) 위의 책.
38) 위의 책, 207쪽.
39) 크리스티앙 아말비 지음, 성백용 옮김,《영웅은 어떻게 만들어지는가》(서울: 아카넷, 2004), 290쪽.
40) 新華月報編輯部編,《新中國五十年大事記》(北京: 人民出版社, 1999) 참조.
41) 中國敎育年鑑纂編部,《中國敎育年鑑 1949〜1981》(上海: 中國大白科全書出版社), 430쪽.
42) 周恩來,〈學習雷鋒〉,《周恩來選集(下卷)》(北京: 人民出版社), 417쪽.
43) 中國敎育年鑑纂編部, 앞의 책, 447쪽.
44) 劉巨才, 위의 책, 32쪽. '서루회의'는 대약진 이후에 국가 경제의 거대한 조정정책을 내놓기 위해 1962년 2월에 류샤오치의 주재로 개최된 당중앙상무위원회 확대회의를 말한다.
45) 肖祥劍, 위의 책, 39쪽.
46) 費正淸外, 위의 책, 254쪽, 271쪽.
47) 老威,〈공중변소 관리인 저우밍구이〉, 위의 책, 192쪽.
48) 최성만 옮김, 위의 책, 29〜31쪽.
49)〈新華通信〉·〈人民日報〉, 2005년 3월 5일자.
50) 高行健 지음, 박하정 옮김,《나 혼자만의 성경 I》(서울: 현대문학북스, 2002), 173쪽.
51) 米鶴都,《紅衛兵這一代》(香港: 三聯書店, 1993), 80쪽.
52) 老威,〈지식청년 치과의사 랴오다마오〉, 위의 책, 275〜294쪽.
53) 이러한 교육은 레이펑이 생전에 미국이 쳐들어와 다시 국민당 정부를 세울 기회를 노리고 있으므로 그에 대비해 자신의 허약한 신체를 극복하고 수류탄 던지기 챔피언이 되기 위해 스스로 훈련했다는 이야기까지 전해진다. 이리하여 각급 학교에서는 갑자기 달리기, 높이뛰기 등

신체 단련이 필수과목이 되었으며, 방과 후 한 시간은 신체 단련 시간이 되었다.

54) 老威, 〈거민위원회 주임 미다시 할아버지〉, 위의 책, 147쪽.
55) 黃樹民, 위의 책, 157쪽.
56) 위의 책, 235쪽.
57) 위의 책, 232~233쪽. 그러나 8시에 초등학교에서 영화 상영이 있다든지, 마을 사람들이 구입할 배급 쌀과 화학 비료가 도착했다든지, 위생소에 뇌염 백신 40여 명 분이 왔으니 2세 이하의 유아는 즉시 접종해야 한다든지 등 자신의 삶과 밀접하게 관련된 방송에는 주의를 기울였다.
58) 老威, 〈공중변소 관리인 저우밍구이〉, 위의 책, 194쪽.
59) 위의 책, 191쪽.
60) 위의 책, 194쪽.
61) 위의 책, 192쪽.
62) 黃樹民, 위의 책, 208쪽.
63) Kwok-sing Li(ed.), *A Glossary of Political Terms of the People's Republic of China*(Hong Kong: Chinese Univ. Press, 1995)를 참조.
64) *Tachai: Pacesetter in China's Agriculture* (Peking: Foreign Languages Press, 1978)
65) 다자이 모델에 대해서는 Wen Yin & Liang Hua, *Tachai: The Red Banner* (Peking: Foreign Languages Press, 1977)를 참조.
66) 다칭 모델에 대해서는 *Taching: Red Banner in China's Industrial Front* (Peking: Foreign Languages Press, 1972)를 참조.
67) Jiang Shanhao, *Impressions of Taching Oilfield* (Peking: Foreign Languages Press, 1978)를 참조.
68) 〈解放軍報〉·〈紅旗〉, 1977년 2월 7일자(공동 사설).
69) 劉巨才, 위의 책, 183쪽.
70) 柳泳夏, 〈五四精神과 社會主義 中國化過程에서의 〈內聖外王〉〉, 《中國現代文學》 제16號(1999. 6), 304쪽.
71) 최성만 외 옮김, 위의 책, 26쪽.
72) 〈人民日報〉, 1990년 3월 5일자.
73) 중국 정부는 이에 대응하기 위해서 랴오닝 성 푸순 시에 위치한 레이펑 기념관—공원으로 조성된 3만여 평 대지 위에 1,500여 평 규모의 기념관이 그의 묘지 옆에서 위용을 자랑하고 있다—을 성금과 정부 지원금을 투입하여 전체 공사비 4,600만 위안(69억 원)을 들여 2003년 3월 5일 새로 개관하는 등 대대적으로 홍보하고 있다.
74) 18년 간 대출업무를 담당하던 평범한 은행원 라오치아푸는 식사라도 같이하자는 요청을 일절 사양했을 뿐 아니라 선물도 받지 않아 청렴의 상징으로 '전국 금융 체계의 우수 공산당원'이라는 칭호를 받았다. 당시 중국 당국은 아시아를 붕괴시킨 금융 위기에 대처하고자 했다.
75) 1980년대 소설에서도 평범한 일상사 속에서 가장 성실하게 주체적으로 당의 요구와 정책을 묵묵히 수행해가는 '숨은 영웅들'이 등장한다. 이 시기 북한의 문예정책이 '숨은 영웅을 발굴하고 그들을 따라 배우자'는 운동과 연관돼 진행되었기 때문이다. 김재용, 《북한 문학의 역사

적 이해》(서울: 문학과지성사, 1994), 260~263쪽.
76) 김명순, "친애하는 지도자 김정일 동지의 현명한 령도 밑에 진행되는 숨은 영웅들의 모범을 따라 배우는 운동", 《력사과학론문집》, 16호, 1991년, 58쪽.
77) '조선예술영화 촬영소'에서는 백설희 영웅을 주인공으로 하는 〈14번째 겨울〉이라는 제목의 영화가 만들어졌고, 이 영화는 조선중앙텔레죤에서 일주일에 한 번꼴로 방영되었다. 백설희 영웅은 당중앙위원회 위원에 최고인민회의 대의원(국회의원)과 국가과학원 식물학연구소 소장이 되었고, 같이 영웅이 되었던 박영철도 역시 당중앙위원회 후보위원에 최고인민회의 대의원, 김책공업종합대학 총장으로 급승진되었다.
78) 〈로동신문〉, 2002년 3월 25일자.
79) 〈로동신문〉, 2001년 1월 4일자.
80) 〈조선신보〉, 2002년 3월 15일자.
81) 중국 신화통신사의 인터넷 망인 신화망(新華罔: www.xinhua.net)에서 인용.
82) 심지어는 최근에 '영웅 따라 배우기'를 각종 학교로까지 파급시켜서 영웅 중학교 칭호를 주고 있다. 가령 해주시 사미제1중학교도 그 중 하나이다. 이 학교는 여섯 명의 공화국 영웅과 여섯 명의 노력영웅을 배출했다고 한다. 〈조선중앙통신〉 2003년 9월 10일자.

Horst Wessel
雷鋒, 길확실
Morozov, Stakhanov, Schmidt

이승복
"나는 공산당이 싫어요."의 정치학

호르스트 베셀

레이펑, 길확실

모로조프, 스타하노프, 슈미트

이상록(비교역사문화연구소, 한양대 강사)

　어린 시절 내게 이승복은 부동의 영웅이었다. '유관순 누나'가 일제의 간악한 고문 앞에서도 "대한 독립 만세!"를 외치며 민족의 지조를 지켰듯이, 이승복이 '북괴 무장공비'의 총칼 앞에서도 "나는 공산당이 싫어요."라고 당당히 외치며 두려움 없는 용기를 보여줬기에 그는 의심의 여지가 없는 영웅이었다. 만약 내가 이승복처럼 무장공비의 총칼 앞에 위협받는 상황이었다면 나도 "공산당이 싫어요."라고 큰 소리로 외칠 수 있었을까를 상상해보며 그럴 자신이 도무지 생기지 않아 부끄러워했던 적도 있었던 것 같다.

　영웅은 항상 평범한 사람이 따라잡기 힘든 비범함을 지니고 있기에 때로는 평범한 사람들이 일종의 자괴감을 느끼기도 하지만, 그보다 더 중요한 것은 영웅이 평범한 사람들에게 거울과 같은 존재로 자리 잡는다는 사실이다. "나는 공산당이 싫어요."라는 말을 이승복이 처했던 것과 같은 상황에서는 아무나 쉽게 입 밖으로 꺼낼 수 없지만, 일상 속에서는 누구나 쉽게 이 문장을 되새기고 말할 수 있었다. 아니 되새겨야만 했다. 이승복이 영웅의 자리에 서게 됨과 더불어 "나는 공산당이 싫어요."라는 말은 대한민국 전 국민의 언어로 자리 잡게 된다. '싫어함'과 '좋아함'이라는 개인적인 감정이 공산당에 대해서는 전 국민적 당위의 도덕률로 고정되는 효과를 발휘했던 것이다.

　2005년, 사람들은 이승복을 더 이상 영웅이라 부르지 않는다. 폐교가 된 시골 초등학교 교정 한구석에 자리 잡고 있는 이승복 동상은 영웅의 생명을 마감한 그의 신세를 잘 보여준다. 지난 30여 년 동안 우리는 어떻게 이승복을 대면해왔는가. 이승복은 어떻게 영웅으로 만들어졌고, 어떻게 영웅에서 탈각되었는가. 이제 이승복을 어떻게 기억해야 하는가.

이승복

Ⅰ. 이승복 사건의 진실 게임

　　　　　무장공비의 설교를 실컷 듣고도 "나는 공산당이 싫어요."
　　　　라고 하다가 무참하게 죽어간 평창 지방의 열 살 소년의 그
　　　　애절하고도 측은한 모습이 우리 삼천만 국민들 가슴속에 철
　　　　천지원한의 못을 박았다는 이 사실을 김일성 도당들이 명심
　　　　하고 대오각성하지 않는다면, 그들은 구할 수 없는 자멸의
　　　　묘혈을 스스로 파는 결과가 되고 말 것이다.
　　　　　　— 1969년 박정희 대통령 신년사 중에서

　그동안 초등학교 《도덕》 교과서에서 다뤄져왔던 '이승복 어린이
의 비극' 이야기가 1997년부터 자취를 감추게 되었다. 남한 반공교
육의 상징이었던 이승복 사건이 공식 교과 과정에서 빠지게 된 사실
은 1990년대 탈냉전과 남북 화해의 시대적 분위기를 반영하는 것으
로, 작지만 의미 있는 '역사적 사건'이었다. 2000년 남북정상회담을
계기로 남북 화해의 분위기는 한껏 고조되었고, 이러한 분위기에서

이제 반공교육은 자라나는 세대에게 혼란만 초래할 위험스러운 것으로 간주되기에 이르렀다. 초등학교 운동장마다 자랑스럽게 세워져 있던 이승복 동상 또한 치워져야 할 구시대의 유물이 되어 시골 폐교 운동장에서나 외롭게 서 있는 신세가 되었다.[1]

2004년 10월 28일. '이승복 사건 오보 논란'과 관련해 서울중앙지법 형사항소심에서 재판부가 원고인 조선일보 사 측의 손을 들어주는 판결을 내리면서 잊혀져가던 이승복의 이름이 다시 한국 사회에서 회자되었다. 이승복이 무장공비의 위협 앞에서 "나는 공산당이 싫어요."라는 말을 하고 잔혹하게 살해당했다는 당시 〈조선일보〉의 기사가 "기자의 현장 취재도 없었던 '작문 기사'였다."는 피고 측의 의혹에 대해 재판부는 "〈조선일보〉 보도는 현장 취재에 의해 작성된 것으로 판단된다."고 결론지었다. 아울러 재판부는 "충분한 확인 없이 전시회 등을 통해 오보라고 주장한 것은 명예훼손에 해당하지만, 피고인들이 이 기사가 허구라고 믿었을 만한 상당한 이유와 공익성이 인정된다."고 덧붙이며 피고인 김주언, 김종배 씨에게 각각 징역 6월에 집행유예 2년과 무죄를 선고했다.[2]

다음 날 〈조선일보〉에는 1면 머리기사로 이 판결 내용이 대서특필되었다. 이 신문의 논설위원은 "좌파의 인민재판식 공세 속에서 10년 만에 진실을 되찾은" 사건이라며 '진실'의 승리에 감격해 했고, 법원 출입기자는 "평생 잊지 못할 재판"이라며 "비뚤어진 시각으로 역사를 바라보는 세력"을 비난했다.[3]

그러나 '작문 기사설'을 제기한 측은 또 다른 '진실'의 끈을 부여잡고 있다. "조선일보 사는 분명히 취재기자를 파견하지 않았고, 이

이승복

승복 군이 '나는 공산당이 싫어요.'라고 발언했다는 기사 내용은 명백한 작문임"이 진실이라는 것이다. 그러나 이승복 진실 게임에 말려든 이후 안티조선 측은 조선일보 사에 별 영향을 주지 못했고, 오히려 더욱 파괴력 있는 부메랑이 되어 타격을 당하게 된 형국이다.[4] 대법원 상고 가능성이 남아 있으므로 아직 진실 게임은 끝나지 않았지만, 적어도 지금까지의 법정 진실 게임에서는 조선일보 사가 진실의 고지를 점령하고 있는 것처럼 보인다. 그리고 조선일보 사는 그 고지 점령을 진실의 확정으로 기정사실화시키려 한다. 과연 진실은 확정된 것인가? 아니 확정 가능한 것인가?

판결 내용을 면밀히 살펴보면 재판부는 결코 이승복 사건의 진실을 확정해주지 않았다. 재판부는 "명예훼손 소송은 '거짓과 진실'의 판단이 아니라 보도나 주장에 대해 '추상적 판단에 의한 의견이냐, 구체성을 지닌 사실이냐' 여부를 판단하는 것으로, '진실 여부'를 밝히는 것이 아니다."라고 판결에 앞서 전제하였다.[5] 실제 판결 내용을 보더라도 재판부는 피고 측이 제기한 〈조선일보〉 오보 주장이 '구체성을 지닌 사실'로 성립되기 어려운 '의견'에 불과하다는 점, 당시 〈조선일보〉의 기자가 현장 취재를 했을 개연성이 있다는 점, 이승복이 "공산당이 싫다."는 발언을 했을 가능성이 높다는 점 등을 인정한 것으로, 이는 '가능성이 높다'는 수준의 판단이지 진실의 확정 차원의 판단은 아니었다.

이승복 사건은 적어도 현재까지는 (아니 어쩌면 앞으로도 영원히) '진실'이 이것이라고 확정짓기 곤란한 사건이다. 여기서 우리는 이 진실 게임에서 벗어나야 할 필요성을 느낀다. '정말 이승복이 '나는 공산당이 싫어요.'라는 말을 했을까?', '진짜 〈조선일보〉 기자가 현장 취재를 했을까?'라는 질문과 공방은 어쩌면 이 사건이 갖는 중요한 역사적 의미를 은폐시키는 효과를 발휘하는지도 모른다.

그렇게 은폐되고 있는 역사적 의미를 밝혀내기 위해서는 다음과 같은 질문들로 바꾸어 생각해볼 필요가 있다. 이승복이라는 어린이가 무장공비의 총칼 앞에서 "나는 공산당이 싫어요."라고 발언할 수 있었던 사회·역사적 조건은 무엇이었는가. 그 발언이 전 사회적으로 추앙되고 그의 행동이 숭배되었던 사회는 도대체 어떤 사회였는가. 국가가 이승복이라는 평범한 개인을 영웅으로 만들고자 했던 일련의 과정은 어떠했으며, 과연 어떤 효과를 노리고 있었던 것인가. 대중으로부터 나온 이승복이라는 영웅이 대중들에게 어떤 영향을 끼쳤는가.

이승복

II. 순교자가 된 소년

1. "공산당이 싫어요"

　1968년 12월 9일 강원도 평창군 진부면 노동리에서 북한 측 남파 공작원들에 의해 열 살 소년 이승복을 포함한 일가족 네 명이 살해되고 두 명이 중상을 입는 사건이 발생했다. 이 사건을 다룬 1968년 12월 11일자 〈조선일보〉 기사에 따르면, '공비'들이 산골 외딴집인 이승복 가족의 집에 침입, 가족을 협박하여 강냉이를 먹고 가족 다섯 명을 안방에 몰아넣은 다음 '북괴의 선전'을 하였다. 그런데 그때 열 살짜리 어린이인 이승복이 "우리는 공산당이 싫어요."라고 말하며 얼굴을 찡그리자 공비들이 이승복의 어머니를 자식들이 보는 앞에서 돌덩이로 머리를 내리쳐 현장에서 숨지게 하였다고 한다. 곧이어 공비들은 "입버릇을 고쳐주어야겠다."며 이승복의 입을 찢은 뒤 돌로 내리쳐 죽였고, 이승복의 두 동생도 돌로 짓이겨 살해했으나, 함께 돌로 가격당했던 형 승권(〈조선일보〉에는 '승원'으로 잘못 기재

됨)이 다행히 살아났다. 뒤늦게 귀가한 이승복의 아버지는 집 안 상황을 파악하고서 곧바로 도망을 쳤고, 그 와중에 공비의 칼에 찔렸으나 2킬로미터 떨어진 향군초소에 신고할 수 있었다고 한다.

이 〈조선일보〉 기사는 이승복 사건의 사회·역사적 '사실'을 구성하고, 이승복 사건에 대한 대중의 집단기억을 형성하는 데 결정적인 역할을 해왔다. 이 기사는 이승복이 "공산당이 싫어요."라는 말을 했다는 내용이 언급된 최초의 보도기사라는 점에서 중요한 의미를 갖는다.[6] 〈조선일보〉 기자는 기사 내용이 살아남은 장남 이승권의 증언에 의한 것이라고 기사 앞부분에서 밝히고 있다. 즉 "공산당이 싫어요."라는 언급은 이승복의 형 이승권의 증언에서 비롯되었다고 볼 수 있다. 이 사건의 진실에 가장 가까이 다가가 있는 사람이 바로 그날 현장에 함께 있었던 이승권이다.

사건이 있은 지 14년 뒤인 1982년, KBS에서는 그해 완공된 이승복기념관을 대대적으로 홍보하고, 이승복의 반공의식을 국민에게 환기시키려는 목적으로 〈증언 10세 소년의 절규 : 나는 공산당이 싫어요〉라는 프로그램을 방영한다. 이 프로그램에서 당시 상황에 대한 이승복의 형 이승권의 담담한 증언이 비중 있게 다뤄졌는데, 여기에 담긴 그의 증언 내용은 당시 상황을 좀더 구체적으로 이야기해 준다.

이승복의 발언과 관련한 부분만 살펴보자. 1968년 12월 9일 저녁 이승복의 집에 침입한 무장간첩들은 방에서 메주콩을 주워먹고는 숙제를 하고 있던 이승복 옆에 앉아서 이렇게 묻는다. "너는 북한이 좋니, 남한이 좋니?" 이에 이승복이 "우리는 북한은 싫어요."라고

이승복

북한 무장간첩이 이승복 일가를 살해한 사건을 다룬 1968년 12월 11일자 〈조선일보〉 기사. 오보 논란과 작문 기사설을 촉발시킨 이 기사는 이승복 사건의 역사적 '사실'을 구성하는 데 결정적인 역할을 했다.

대답하자 뒤에 있던 무장간첩이 바싹 다가와 "너 지금 뭐라고 말했니?"라고 했고, 다시 이승복이 "우리는 공산당은 싫다고 말했다(말했어요)."라고 대답했다.[7] 그러자 뒤에 있던 무장간첩이 "야!" 하고 소리를 지르면서 이승복의 멱살을 잡고 이승복 입에다 칼을 넣고 위협하였다. 이때 형 이승권이 일어나서 "왜 이러세요?"라고 말하자 무장간첩 중 한 명이 개머리판으로 내리쳐 이승권은 정신을 잃게 되었다고 한다.

당시 분위기는 1982년 KBS 인터뷰에 더 잘 나타나 있지만, 큰 줄거리는 1968년 12월 11일자 〈조선일보〉 기사의 내용에서 벗어나지 않는다. 그런데 이 KBS 인터뷰 증언에서 흥미로운 대목은 이승권에 의해 재연된 이승복의 모습이 공비에 의연히 맞서 "나는 공산당이 싫어요."라고 당당히 외쳤다는 반공영웅 이승복의 이미지와는 완전히 다르다는 점이다. 여기서 재연된 이승복은 무장공비의 장난 섞인 질문에 그저 어린아이답게 솔직히 대답했다가 불행하게 살해된 불쌍한 소년일 따름이었다. 그러한 차이가 사건 당시의 현장감을 제대로 살리지 못했기 때문에 나타난 것인지, 그 이전까지 각종 매체에서 재현되어온 사건 당시의 분위기가 실제보다 훨씬 과격하게 과장된 탓인지는 확실히 알 수 없지만 말이다.

2. 이승복의 실언으로 인한 참극?

〈조선일보〉 보도를 유력한 '사실/진실'로 받아들이고 생각해보자. 열 살 소년이 총칼의 위협 앞에 굴하지 않고 무장한 남파 공작원들 앞에서 "공산당이 싫어요."라고 발언했다는 사실을 도대체 어떻게 보아야 할까?

이와 관련해 2004년 10월 재판 판결에서는 흥미로운 내용이 등장한다. 재판부는 이승복의 형 이승권의 증언에 근거해 "이승복이 (그들을) 국군인지 공비인지 모르는 상태에서 별다른 생각 없이 공산당에 대해 묻는 질문에 당시 반공교육이 투철한 상황에서 '공산당이

이승복

싫다'는 취지의 말을 했을 가능성이 높다."는 추측성 해석을 내렸다. 이러한 해석은 당시 해당 지역을 관할하고 있던 평창경찰서 용전 지서장의 지서 주임 하일의 회고 내용 속 추정과도 일치한다. 그의 추정은 다음과 같다.

> 열 살짜리 산골 어린이 이승복은 집 안에 들이닥친 사람들이 공비인지 국군인지 분간할 수 없었다. 그들의 선전 내용도 생소하고 이해할 수 없는 내용이었을 것이다. 어머니와 형도 그들의 질문에 묵묵부답으로 일관하자 학교에서, 이웃 어른들에게서 공산당의 잔악상을 귀에 못이 박히도록 들어온 이승복이 순진한 마음에 "공산당은 싫어요!"라고 말했던 것이다.[8]

이 같은 해석에 따르면 당시 이승복은 "나는 공산당이 싫어요."라고 자신의 반공의지를 담아 공비들에게 외쳤던 것이 아니라, 반공교육에 의해 무의식적으로 "공산당이 싫어요."라고 실언을 했던 것이 된다. 만약 이러한 해석이 옳다면, 이 사건은 산골 어린이의 빛나는 반공투쟁이 아니라 순진한 어린이의 무의식적 실언이 빚은 참극인 셈이다. 아울러 이승복 반공영웅 만들기는 조선일보 사와 정치권력, 그리고 교육 당국이 '한 어린아이의 실언에 의한 불행한 참극'을 '투철한 반공정신의 표출로 인한 반공주의 순교'로 바꿔치기해버린 한 편의 대국민 사기극이 된다.[9]

"공산당이 싫어요."라는 이승복의 말이 반공의지의 이성적 표현

교실 뒷쪽에 붙은 반공 코너. 1960년대 후반 이후 '반공'의 가치가 박정희 정권의 발전주의와 접합되면서 '북한 동포를 구하기 위해' 민족 중흥의 조국 근대화 대열에 나서야 한다는 식의 언설이 유포되었다.

이었건, 무의식의 발로였건 간에 공산주의가 무엇이고 공산당이 어떤 조직인지 이해할 수도 없었을 어린 소년이 총칼의 위협 앞에서 이처럼 발언했다는 사실은 어린이를 반공·반북의 맹목적 주체로 만들어놓은 1960년대 남한 반공교육의 특성을 역설적으로 드러내는 사건이라고 해석해야 하지 않을까? 이승복이 학교에서 배운 '반공'이라는 규범을 가족과 자신의 생존을 위협받는 상황에서도 실천해야 한다고 생각했던 것이라면, 학교 교육의 반공주의와 사회의 반공 규율화가 그만큼 고도화되어 있음을 반증하는 것이다.

III. 순교자 이승복, 영웅이 되다

1. 이승복이 영웅이 되어야 할 이유

이승복이 "공산당이 싫어요."라는 말을 했다는 사실만으로도 반공주의의 맹목성은 잘 드러나지만, 더욱 주목해야 할 점은 이승복이 사후에 반공의 표상으로 영웅화되면서 그의 언행이 반공의 모범으로 어린이들에게 교육되었다는 사실에 있다. 반공을 국시의 제일로 삼았던 박정희 정권은 남한의 모든 주민을 '반공국민'으로 만드는 데 사력을 다했다. 박정희 정권은 지배의 안정성을 북의 남침에 대비한 반공 태세의 확립과 '조국 근대화'에 전 국민을 동원하는 성장 위주의 개발 전략에서 구하고 있었다.

'싸우면서 건설하자'라는 구호에 집약되어 있듯이 박정희 체제의 개발주의는 반공주의와 긴밀히 연결되어 있었고, 반공주의는 '무력 남침 전쟁'이라는 예감할 수 있는 공포에 기반해서 작동했다. 박정희 체제는 '6·25의 도발자인 김일성 괴뢰도당'이 이끄는 북한의 군사적 우세 아래에서는 언제 또다시 전쟁이 일어날지 모르기 때문에 하루빨리 산업화를 추진하여 북의 군사·경제력을 추월해야 한다는 조바심을 끊임없이 조장했다. 그래서 '김일성 괴뢰도당'을 물리치고 '김일성 괴뢰정권 아래 고통받는 북한 주민들'을 구해내는 통일 과업을 달성할 수 있다는 식의 공세적 민족통일론과, '번영된 조국의 미래'를 맞이할 수 있다는 장밋빛 미래의 환상을 지속적으로 주입시켜 대중의 욕망을 국가가 장악하고자 했다.

한국전쟁을 체험한 전쟁 세대의 경우, 전쟁 당시 겪었던 고통의 기억이 '북의 전쟁 책임' 문제와 '인민군의 학살·학정'을 집중적으로 부각시킨 국가의 전쟁 기억과 맞물려 반공주의가 효과적으로 작동하고 있었다. 문제는 시간이 흐를수록 늘어가는 전후 세대의 등장이었다. '북한의 만행'과 '침략의 기억'을 외치는 남한 정부의 호소에도 불구하고 전쟁을 겪어보지 못한 전후 세대의 반공주의는 정권 입장에서 볼 때 항상 미심쩍었다.

이런 상황에서 터진 이승복 사건은 국가가 전후 세대에게 반공의식을 내면화하도록 만드는 데 더없이 좋은 사례였다. 그리고 박정희 정권은 그 기회를 놓치지 않았다. 박정희 정권은 자라나는 아이들에게 '왜 공산주의에 반대해야 하는가?'를 시시콜콜 논리적으로 설명할 필요 없이 동시대인인 이승복의 비극적 죽음을 들려주고 보여줌으로써 자연스럽게 아이들이 공산당을 혐오하고 적개심을 품도록 유도할 수 있었다. 따라서 이승복 사건은 더욱더 드라마틱해질 필요가 있었다. 공비의 악마성이 상세히 묘사되어야 했고, 이승복은 그러한 악마성에 뚜렷이 대비되는 순결함과 신

1969년 4월 17일자 〈소년조선일보〉. '사람 잡는 공산당 나는 싫어요! 입 찢겨 숨지며 소리 높이 외쳐'라는 제목의 특집기사가 다뤄졌다.

념에 찬 용기를 가진 소년으로 부각되어야 했다.

    1968년 12월 11일 〈조선일보〉 취재 기사 이후에 〈조선일보〉에서는 이승복에 대한 기사가 거의 나타나지 않는다. 이승복 관련 기사는 지역신문인 〈강원일보〉나 어린이신문인 〈소년조선일보〉에 자주 오르내리는 편이었다. 〈강원일보〉 1969년 4월 11일자 사설에는 "이승복의 죽음은 강원도의 반공교육이 성공했다는 실증"이라고 자랑스러워하면서 범국민 차원에서 다각적인 이승복 기념사업이 진행되어야 함을 촉구하는 글이 실렸다.

 1969년 4월 17일자 〈소년조선일보〉에서는 '사람 잡는 공산당 나는 싫어요! 입 찢겨 숨지며 소리 높이 외쳐'라는 제목의 특집기사가 다뤄졌다. 이 기사에서 무장공비는 이승복이 쓰던 연필을 가리키며 "미국 놈들이 준 거지?"라고 묻자, 이승복은 "아니에요. 우리나라 무궁화 회사에서 만든 거예요."라고 대답하고, 공비가 "우리는 북에서 왔는데, 너같이 가난한 농민을 도우러 왔다."고 말하자 "아니에요. 거짓말쟁이. 사람 잡는 공산당은 나는 싫어요."라고 말했다고 기자가 당시 대화 내용을 재현했다. 기자는 "강직한 승복 군은 꺼림없이" 등과 같은 표현을 통해 어린 이승복을 굽힘 없는 '강직한 성격'으로 규정지었으며, 무장공비를 전혀 두려워하지 않고 항거했던 것으로 단정지어 서술했다. 이제 이승복과 공비 사이에 있었던 확인되지 않은 모호한 상황과 태도들이 '무장공비의 위협에 대한 이승복의 거침없는 저항'으로 확정되었다.

2. 이승복 기념사업의 전개

 〈소년조선일보〉에는 이승복 사건에 대한 소개 기사와 더불어 강원도 교육위원회에서 추진 중인 다섯 가지 기념사업을 소개하는 기사도 함께 실려 있다. 기사에 따르면, 강원도 교육위원회에서는 ① 이승복의 실기(實記) 편찬, ②승공관 건립, ③기념탑 건립, ④묘지

이장, ⑤장학회 조직을 추진할 계획이며, 문교부는 1969년도 장학방침을 통해 '공산당이 싫어요'라고 항변한 이승복의 반공실화를 산 교재로 활용하여 지도하는 한편, 교과서에 이승복의 이야기를 싣기로 했다고 한다. 이 특집기사는 큰 반향을 불러일으켜 이후 전국의 초등학교(당시 국민학교)에서 반공 교재로 활용하기 위해 1969년 4월 17일자 〈소년조선일보〉를 단체 구입하려고 문의하는 내용이 5월까지 줄을 잇는다. 아울러 이승복기념사업기금모으기운동이 강원도 지역을 중심으로 활발하게 전개된다.[10]

강원도 교육위원회의 주도 아래 진행되던 각종 이승복 기념사업들은 사실 대통령 박정희의 지시에 의한 것이었다. 이승복의 실기를 짓고 추모하는 노래를 작사한 김병옥의 회고에 따르면, 1969년 1월 대통령의 강원도 연두 순시 때 "우리 어린이가 직접 겪은 공산당의 만행이므로 실기로 엮어 반공교육의 산 자료로 활용하라."는 지시가 있었다.[11] 박정희는 1969년 신년사에서 무장공비가 이승복을 살해한 것에 대해 "우리 삼천만 국민 가슴속에 철천지원한의 못을 박았다."고 언급하며 북의 대오각성을 촉구하기도 했다. 김병옥은 평창에서 현장조사를 하며 실기 집필을 준비하던 중 이승복을 추모하는 노랫말이 문득 떠올라 문교부 음악담당 편수관이었던 정세문에게 곡을 받아 노래를 만들었다. 김병옥은 이 곡을 강원도 교육위원회에 넘겼고, 이승복에 대한 추모곡 〈공산당은 싫어요〉가 강원도 교육위원회에 의해 제작·보급되기에 이르렀다.

1.

원수의 총칼 앞에 피를 흘리며/마지막 주고 간 말 공산당은 싫어요/구름도 망설이는 운두령고개/새 무덤 오솔길을 산새가 운다

2.

어린 넋 잠든 곳에 겨레가 운다/엎드려 절한 마음 눈물이 솟네/바람도 길 멈추고 어루만지니/하늘이 성이 났다 오랑캐들아

― 〈공산당은 싫어요〉―반공소년 이승복의 노래(김병옥 작사, 정세문 작곡)

 이 노래는 초기에 '승공의 노래' 또는 '반공 소년 이승복 조가(弔歌)'라고 불리기도 했다. 그리고 조가답게 매우 비장하고도 서글픈 느낌을 자아내는 곡조로 구성되어 있다. 이승복 추모식 행사를 마칠 때 추모식장에 모인 아이들이 이 노래를 흐느끼며 합창하다 끝내 울음을 터뜨렸다는 기사에서 이 노래가 주는 비장미를 확인해볼 수 있다.[12] 학교에서는 음악 시간에 풍금 연주에 맞춰 학생들이 이 노래를 부르며 이승복을 떠올렸다. 가사를 살펴보면 북한 공산당은 '원수, 오랑캐' 등 극도의 적대적·비도덕적 대상으로 지칭되고 있으며, 어린이를 살해한 무장공비의 행동은 "산새가 울고, 하늘이 성낼" 만행으로 규탄되고 있다. 이는 기본적으로 노랫말이 이승복의 영웅성을 드러내는 데 초점이 맞춰져 있다기보다는 순교자로서 이

이승복

승복이 갖는 희생적 면모를 부각시켜 분노와 적대감을 고취시키는 효과를 노린 것으로 해석할 수 있다.

3. 실기 · 만화 · 교과서

　1969년 6월 이후 이승복기념사업기금모으기운동이 전국적으로 확산됨과 동시에 이승복 영웅 만들기의 노력이 정부와 민간 차원에서 본격화된다. 강원도 교육위원회에서 조직한 '이승복기념사업회'에서는 《나는 공산당이 싫어요》(김병옥 지음)라는 실기(實記)를 발행하였고, 문교부의 검토 작업 후 2만 부를 인쇄하여 전국의 학교에 무료 배포하였다. 이 책은 이승복의 죽음을 '반공의 산 교재'로 만들고자 했던 박정희와 문교 당국의 기획의 산물이자 〈조선일보〉 기사를 '사실적으로' 복원해야 한다는 작가 김병옥의 소명의식의 산물이었다.
　이승복의 이야기는 그의 죽음에 관한 짧막한 이야기에서 이제 그의 일대기를 다룬 서사시로 거듭나게 되었다. 작가는 현장조사와 이승복 주변인 인터뷰를 토대로 작가적 상상력을 발휘하여 이승복 생전의 일상생활이나 사람들과 주고받은 대화 등을 동화처럼 복원해 냈다. 강원도 산골소년의 순박한 일상생활이 담긴 이 동화 속에는 간첩 · 무장공비의 '남침 만행'과 북한의 '대남 적화전술' 등이 노골적으로 겹쳐져 있다. 그리고 이승복의 죽음을 다룬 대목에서는 분노에 찬 이승복 내면의 언어까지 방백으로 등장하며 그의 당당한 항거

1969년 강원도에서 시작된 이승복기념사업모금운동이 전국적으로 확산됨과 동시에 이승복을
반공영웅으로 만들려는 노력이 정부와 민간에서 본격화 된다.

가 부각되는 동시에 그에 대비되는 무장공비의 잔혹한 가족 살해 장면들이 지나칠 정도로 상세히 묘사되어 있다.

  박정희 체제의 반공주의는 여러 층위의 메커니즘을 통해 작동하고 있었지만 그 중 가장 큰 효과를 발휘했던 것은 '공산주의(자)=반인륜적·반도덕적 체제(인간)'라는 것을 증명해 보이는 것이었다. 아버지를 고발한 북한의 어린이가 북한 정권에 의해 영웅이 된 사건을 예로 북한 공산주의는 반인륜적 체제임을 역설했던 남한의 대북 비판 언설이 이를 잘 보여준다. '우리 대 그들'이라는 사고 속에서 '그들' 김일성 정권은 "인간으로서의 최소한의 도덕조차 상실한, 인

이승복

1969년 5월에 〈소년조선일보〉에 연재를 시작한 만화 〈나는 공산당이 싫어요〉(추동성).

간이기를 포기한 짐승들"임을 박정희 정권은 끊임없이 환기시키고 확인시키려 하였다. 이승복과 그의 가족을 살해한 무장공비의 잔인함이 상세하게 묘사될수록 '공산주의자들의 반인륜성'은 더욱더 분명해질 것이었기에 어린이를 상대로 한 간행물에 어울리지 않는 묘사들이 많이 등장하곤 하였다.

강원도 교육위원회 교육감 김병렬은 《나는 공산당이 싫어요》에 실린 〈이 책을 내면서〉에서 "이승복 어린이는 3·1운동의 유관순에 버금가는 조국애의 화신으로서 반공교육에 새로운 비전을 제시해주었"다고 했고, 문교부장관 홍종철은 〈머리말〉에서 "승복이는 영영

이승복

1979년 〈소년조선일보〉에 '고발'(이범기)이라는 이름으로 등장한 이승복 만화. 만화에서 이승복은 항상 착하고 의협심이 넘치는 정의의 화신으로 재현된다.

우리 곁을 떠났지만 그가 남긴 반공정신은 영원히 우리 민족의 가슴 속에 살아 있을 것"이라며 이승복 반공정신의 불멸성을 민족의 영속성에 접합시켰다. 무장공비의 위협에 맞서 저항한 이승복의 반공정신은 이제 "온 국민이 계승해야 할 새로운 행동윤리"가 되었다.

만화가 고우영이 그린 컬러 만화책 《공산당이 싫어요》도 정부 주선으로 무려 80만 부를 인쇄하여 무료로 배포되었다.[13] 만화책을 교과서처럼 대량 제작하여 학생들에게 무상으로 살포한 것은 매우 이례적인 일이었다. 어린이들에게 아주 친근한 만화라는 장르를 통해 이승복 소년의 이야기를 전달하고자 한 정부 당국의 시도는 아주 효

이승복

과적이었을 것이며, 이것이 어린이들에게 끼친 영향은 그 어떤 것보다도 컸을 것으로 추정된다. 이후에도 초등학교 각 학년에 알맞은 그림책과 만화책, 그리고 실화집 등이 다양한 수준으로 각색되어 1980년대 중반까지 꾸준히 출판되었다. 교과서, 소설, 만화 등에 재현된 이승복의 모습은 한결같이 선생님과 부모님께 순종하는 착한 어린이로, 특히 소설과 만화에서는 독자들이 마치 자신이 알고 지내던 사람처럼 느낄 수 있도록 일상생활의 여러 에피소드를 배치하였다. 또 악마와 같은 무장공비들은 '우리' 국군에 의해 반드시 사살된다는 점, 그리고 그 뒤에는 이승복 아버지의 투철한 신고정신이 빛나고 있었다는 점 등의 내용이 무장공비 사건의 공식처럼 자리 잡고 있었다.

1969년 6월 이승복 기념사업의 전개에 발맞추어 〈소년조선일보〉에서는 '성난 아기별'(김병옥 지음)이라는 제목의 이승복 실기와 〈나는 공산당이 싫어요〉(추동성 그림)라는 만화를 동시에 연재하였다. 이승복 이야기를 다룬 반공만화는 1979년에 '고발'(이범기)이라는 이름으로 〈소년조선일보〉에 다시 등장하기도 한다.

〈소년조선일보〉의 지면 구성을 살펴보면, 1969년 6월의 이승복 추모 열풍을 계기로 반공주의가 한층 더 노골화되는 것을 확인할 수 있다. 〈소년조선일보〉 편집국에서는 '반공 도덕 교실'이라는 코너를 만들어 매주 수요일마다 어린이들에게 북한의 억압성과 폭력성을 고발하는 내용을 지면 가득히 실었다. 만화 면만 보더라도 명랑만화 위주의 구성에서 반공·방첩 정신을 고취시키기 위한 내용의 만화나 국가에 대한 충성심을 유발하도록 하는 역사만화의 비중이 급격히 늘어난다.

'무장공비' 앞에서 당당히 "나는 공산당이 싫어요."라고 외친 이승복의 용기를 찬양하고 '북한 무장공비'들의 잔혹성을 규탄하는 내용의 글이 1970년대 초등학교 6학년 2학기 《바른생활》 교과서에 실렸고, 1982년부터는 5학년 2학기 《도덕》 교과서에 실렸다. "승복아, 제비처럼 재잘거리던 너의 목소리가 아직도 귀에 쟁쟁한데, 너는 어디로 갔느냐? 우리가 커서 기어이 너의 원수를 갚아주마!"로 시작하는 교과서의 내용은 남한의 아이들이 이승복의 원수를 갚아야 한다는 복수심을 집단적으로 키우는 효과를 발휘하였다. 여기서의 복수심은 전쟁을 해서라도 북한 공산당을 물리쳐야 한다는 호전적 자세와 연결되며, 그것은 남한 국민국가의 반공전사들을 길러내기 위한 일종의 주술이었다.

교과서에는 이승복 사건에 대한 이야기와 더불어 그 이야기를 읽은 '나'와 삼촌의 대화, 그리고 반공글짓기대회에 참가한 어느 어린이의 글이 등장한다. '나'와 삼촌의 대화에서는 무장공비가 그토록 잔인할 수 있었던 이유가 북한 공산당이 북한 국민의 지지를 받지 못하는 데서 기인한 억압성 때문이라고 삼촌이 설명해주는 내용이 나온다. 어린이의 글짓기에서는 "승복이의 그런 당당한 태도에 많은 감동을 받기"도 하고, "무참히 죽어간 승복이가 한없이 불쌍하게 느껴지기도 하였"다며, 반공영웅 이승복에 대해 느끼는 어린이들의 감성을 두 측면으로 서술하였다. 그것은 특정 어린이의 감성을 글짓기 형식으로 드러내는 것인 동시에 어린이들의 감성을 그러한 방향으로 자연스럽게 유도해내는 것이기도 하다. 아울러 "북한

이승복

공산당을 단숨에 쳐부수어서 승복이의 원수를 갚아주고 싶다."는 어린이의 욕망 속으로 정치권력의 욕망을 강하게 투입시키고 있기도 하다. 비판 대상의 텍스트가 아니라 암기 대상의 텍스트인 학교 교과서의 특징을 십분 감안해본다면, 이와 같은 단원 구성은 이승복 사건에 대한 해석을 국가가 원하는 방향으로 이끌고, 그 궤도에서 어린이들이 이탈하지 않도록 꼼꼼히 배치해놓은 것임을 쉽게 알 수 있다.

IV. '죽어도 영원히 죽지 않는' 반공의 꽃

1. 대중영웅 이승복

이승복에 대한 추모의 열기는 일시적인 현상으로 머물러서는 안 되고, 반복적인 의례와 행사를 통해 해마다 철마다 되살아날 필요가 있었다. 매년 6월 '승공의 달'을 기념하여 각종 반공웅변, 글짓기, 포스터 그리기, 동화대회 등이 열렸는데, 이때마다 이승복의 이야기는 빠지지 않는 단골 메뉴였다. '반공'을 주제로 한 행사는 학교나 각 지역 교육청의 연중 행사 일정에 따라 수시로 열렸고, 특히 1973년부터는 매년 10월 중 이틀에 걸쳐 문교부 주최로 이승복 추모 전국학생웅변대회 및 글짓기대회가 개최되었다. 평창군 교육청에서는 1969년부터 매년 12월 9일에(혹한으로 1976년부터는 매년 10월 25일에) 이승복의 묘소 앞에서 추모제를 거행하였고, 1975년 10월 14일에는 강원도 평창군 대관령휴게소 부지 800평에 반공관과 이승복 동상을 건립하여 대관령을 넘나드는 여행자들을 위한 반공교육의

이승복

서울 강남초등학교에서는 '우리 손으로 동상을 세우자'고 결의, 폐품을 모아 판 돈 9만 2,175원으로 3미터 높이의 이승복 동상을 1970년 6월 24일 교정에 세웠다.

장으로 이용하였다.[14]

　반공관 전시실은 '이승복 코너, 북괴 코너, 대한민국 코너'로 구성되어 있었다. 이승복 코너에는 학살 참상을 재현한 모형물과 유족 및 기념사업 사진 등이, 북괴 코너에는 북한의 남침 야욕과 잔학상을 증명하는 사진과 무장간첩들의 유품들이, 대한민국 코너에는 경제 발전상과 총력안보 태세를 보여주는 사진이 각각 전시되어 있었다. 통계에 따르면 1982년 폐쇄될 때까지 연평균 58만 5천여 명이 반공관을 다녀갔다고 한다.

　반공교육의 장(場)인 반공관이 지역적으로 너무 외진 곳에 있었기 때문에, 국가는 학생들이 이승복을 더욱 가까이에서 기억할 수 있도록 각급 초등학교 운동장에 이승복의 동상을 세우는 사업을 전개하였다. 서울 강남초등학교에서는 바른생활 시간에 이승복의 이야기를 가르쳐왔는데, 이에 감동한 어린이들이 어린이회를 통해 '우리 손으로 동상을 세우자'고 결의하여 폐품을 모아 판 돈 9만 2,175원으로 3미터 높이의 이승복 동상을 1970년 6월 24일 교정에 세웠다.[15] 30여 년 간 초등학교 교사로 일해온 시인 김용택은 당시 초등학교의 이승복 동상 건립 열풍에 대해 다음과 같이 회고했다. "그때 이승복 상을 건립하는 것이 의무사항은 아니었지만 안 만들 수도 없는 분위기였다. 자발적으로 만든 것인지, 강제로 만든 것인지 구분할 수도 없다. 업자들이 시멘트로 이승복 상을 만들어서 학교에 공급했다."[16]

교정에 세워진 이승복 동상들의 정치미학은 그야말로 '아우라의 상실' 그 자체였다. 그것들은 대관령 반공관 동상을 표본으로 삼아 왼손에 책 보따리를 쥐고 오른손을 치켜올리고 있는 어정쩡한 모습이었으며, 시멘트 조형물 특유의 투박함으로 인해 '공산당이 싫어요!'라고 외쳤다는 항거 장면의 역동성이 살아나지 않는 경우가 많았다. '이승복 (동)상'이라는 이름이 붙어 있지 않으면 무슨 동상인지 알아보기 힘들 정도의 모호한 이미지를 하고 있었지만, 이승복 동상이 학교 교정의 세종대왕·이순신·유관순 동상과 어깨를 나란히 하는 자리에 서게 되었다는 그 공간적 배치가 갖는 상징성은 실로 엄청난 것이었다. 무장공비의 손에 죽은 강원도 산골의 평범한 소년이 쟁쟁한 역사적 영웅들과 같은 대열에 설 수 있었다는 사실은

| 이승복 |

박정희 체제가 이승복과 같은 평범한 대중을 영웅으로 만드는 데 얼마나 심혈을 기울였는지 잘 보여준다.

전통적으로 영웅이란 민족의 역사에 지대한 영향을 끼친 인물들 가운데서도 선택된 소수의 인물에만 붙일 수 있는 호칭이었다. 그러나 근대에 접어들어 이른바 '대중사회'가 형성되면서부터는 대중과 영웅의 위상과 간극이 달라질 수밖에 없었고, 영웅의 내포와 외연도 변화를 겪게 되었다. 특히 독재 체제에서 전통적인 역사영웅만 강조할 경우 영웅에 대한 대중의 숭배라는 자장이 그만큼 강력하긴 했지만, 대중이 영웅의 무게감에 짓눌려 좌절되거나 일정한 거리두기를 유지할 뿐 체제의 요구대로 규율화되지 않는 한계도 있었다. 독재 체제를 유지하는 데 관건인 대중사회를 좀더 효율적으로 규율화하기 위해서는 대중에게 좀더 친숙한 영웅, 즉 대중으로부터 나온 대중영웅이 필요했다.

독재 체제가 만들어낸 대중영웅 숭배의 특징은 국가와 민족을 위해 헌신한 개인을 떠받들고, 국가와 민족의 대의 앞에 개인을 희생하는(또는 희생되는) 것이 바람직한 가치이자 삶의 자세로서 재윤리화되는 데 있다. "나는 공산당이 싫어요."라고 말했다는 이승복 소년, 중대원들을 구하기 위해 수류탄에 몸을 던졌다는 강재구 소령, 주먹으로 터진 둑을 막았다는 어느 네덜란드 소년의 이야기 등을 교과서에 수록하여 아이들에게 가르침으로써 평범한 대중도 국가와 민족을 위해 헌신할 수 있음을 깨우쳐주고자 했다. 그래서 그들 대중영웅의 죽음은 '죽어도 영원히 죽지 않는' 아름답고 영광된 죽음으로 칭송되었다.

2. 1980년대 이승복기념관 건립과 유적단지화 사업

제5공화국 대통령 전두환은 어떤 의미에서 박정희 체제의 진정한 계승자였다. 전두환 정권은 새로운 체제를 구축하기보다는 기존의 체제를 고스란히 계승하여 발전시키려는 측면이 강했다. 이승복의 경우만 보더라도 그들은 박정희 정권이 만들어놓은 '이승복 영웅화 사업'의 틀을 그대로 계승, 확대해가는 모습을 보여주었다.

전두환은 1982년 3월 22일 이승복에게 국민훈장 동백장을 추서하였다. 14년 전에 세상을 떠난 망자에게 국가의 수장인 대통령이 훈장을 수여한 행위는 대단히 큰 정치적 의미를 내포한 상징적 의례가 아닐 수 없다. 훈장증에는 "국민 복지 향상에 이바지"한 공로로 이승복에게 훈장을 추서한다는 다소 뜬금없는 내용이 적혀 있기는 했지만, 뒤늦게나마 반공국가의 순교자였던 이승복에게 대통령이 직접 훈장을 추서함으로써 전두환 정권은 국민에게 반공의 가치를 다시 환기시키고자 하였다. 아울러 쿠데타와 피의 학살로 정권을 잡은 전두환 세력이 더욱더 완벽한 반공 태세 확립의 의지를 과시하여 자신들의 정치적 정당성 결여를 만회하고자 했던 측면도 생각해볼 수 있다.

전두환 정권이 가장 심혈을 기울인 부분은 이승복 유적단지화 사업이었다. 1975년에 건립된 반공관은 평창군 도암면 대관령휴게소 앞에, 이승복 가족의 묘소는 반공관에서 8킬로미터 떨어진 평창군 도암면 횡계리에, 이승복 생가와 그가 다녔던 속사초등학교 계방분교는 평창군 진부면 노동리에 뿔뿔이 흩어져 있었다. 전두환 정권은

이승복

1982년 10월 26일 이승복기념관 준공식에 참석한 전두환 전 대통령. 전두환 정권은 흩어져있는 유적지들을 한데 모아 단지화하여 청소년을 위한 반공의 산 교육장으로 활용하였다.

이렇게 흩어져 있는 유적지들을 한데 모아서 단지화하여 청소년을 위한 반공의 산 교육장으로 활용할 계획을 세워 추진해갔다. 전두환 정권은 기존의 반공관을 폐쇄하고, 속사초등학교 계방분교 부근 3만 1,200여 평 규모의 부지에 대통령 특별지원금 3억 4천만 원을 포함한 16억 1천만 원의 공사비를 투입하여 이승복기념관을 새롭게 건립하였다.

　1982년 10월 26일 대통령 내외가 참석한 가운데 이승복기념관의 준공식을 거행하였다. 전두환은 이날 준공식에서 "총칼 앞에서 어린 학생이 자기 심정을 이야기했다는 것은 얼마나 용기 있는 일이냐."고 이승복의 용기를 칭송하며, "이승복기념관의 준공을 계기로 어린이들뿐만 아니라 전 국민에게까지 이승복 군의 반공정신이 파급되어 우리 2세들에게 국민정신교육과 반공교육의 일대 전기가 되어야 할 것"이라고 말하였다.[17]

　당시 강원도 교육위원회 장학사였던 이덕호의 회고에 따르면, 기념관의 핵심 시설인 전시실에 이승복과 직접 관련이 있는 전시할 만한 물건이 없어 상당히 곤혹스러워했다고 한다. 어린 나이에 살해당한데다 산간 오지의 외딴 가옥에서 가난하게 살아온 화전민에게 특이할 만한 물건이 있을 리가 없었기 때문이다. 그래서 이승복이 살던 집터를 직접 발굴하여 고무신, 도시락, 굴렁쇠 등 유품 몇 점을 구해냈다고 한다. 빈약한 유품으로는 전시실 공간을 채울 수 없었던 터라 정형모 화백에게 의뢰하여 이승복의 초상화와 짧은 생애나마 그 일대기를 연작 형식의 기록화로 그려 전시했다.

　이승복의 생애를 그린 기록화 가운데 사건 당시의 그림을 보면, 동생들과 형은 겁에 질려 있어도 유독 이승복만은 주먹을 불끈 쥐고 당당히 무장공비 앞에서 "공산당이 싫어요."를 외치는 모습을 하고 있다. 무장공비들이 총을 들이대는 다음 장면에서도 이승복은 또렷이 공비들을 노려본다. 무장공비들이 칼로 이승복의 입을 찢는 장면과 가족을 살해하는 장면에서는 '만행'의 처참함이 적나라하게 드러

이승복

난다. 이는 사건 이전 산골마을 가족의 평화롭고 화기애애한 분위기와 대조를 이루어 관람자로 하여금 안타까움과 충격, 그리고 분노를 느끼게 한다.

기념관 내 한가운데에는 대형 동상을 새롭게 제작하여 배치했다. 반공관 앞에 있던 기존 동상의 경우 책 보따리를 들고 서 있는 정적인 모습이었기 때문에, 새로운 동상에는 이승복이 무장공비에게 항거하는 장면을 곧바로 떠올릴 수 있을 만한 강한 생동감을 부여해야겠다는 의견이 제기되었다. 이일령 작가에 의해 새로 제작된 이승복 동상에서는 이승복의 시선이 어른 키높이의 얼굴을 바라보는 듯 저 멀리 하늘 쪽을 향하고 있고, 놀란 듯 두 팔을 벌리면서 오른손으로는 앞을 막아세우는 듯 거부의 손짓을 하고 있으며, 입을 벌려 무언가 절규하는 듯한 모습의 이미지를 갖추게 되었다. 동상의 옆면과 윗면에는 '나는 공산당이 싫어요'라고 새겨진 긴 조형물을 배치하여 동상의 허전함을 감추고 웅장해 보이게 하며 반공의 메시지를 더욱 뚜렷하게 전달하고자 하였다.

> 평창군 진부면 노동리
> 이곳은 반공의 꽃 이승복이 꿈을 키우며 자라난 곳
> 발길을 멈추고 옷깃을 여미니
> 아! 지금도 들리네
> "공산당은 거짓말쟁이
> 나는 공산당이 싫어요"
> 그 용맹 그 외침 산울림되어

이승복기념관 앞에 세워진 이승복 동상. 이승복이 무장공비를 향해 "나는 공산당이 싫어요."라고 외치며 항거하는 듯한 역동감이 살아 있다.

계방산을 흔들고
태백산맥을 울리고
공산당의 가슴 서늘케 울렸나니
꽃송이째 꺾여간 어린 넋이여
자유의 불기둥이여
— 기념관 추모비 비문

기념관 한쪽에는 이승복 생가를 복원한 모형가옥도 새로 세웠고, 이승복과 그의 가족 묘소도 이곳 기념관 안으로 이장했다. 이승복의

이승복

기념관 한쪽에는 이승복 생가를 복원한 모형가옥을 새로 세웠다. 이승복과 그의 가족 묘소도 이곳 기념관 안으로 이장했다.

'이승복 기념비'라 새겨진 묘비. 뒷면에는 "여기 공산당 만행에 항거하여 자유 대한의 의로운 목숨을 바친 이승복 어린이가 잠들어 있다."로 시작되는 묘비문이 새겨져 있다.

묘소 앞에는 '이승복 기념비'라는 묘비를 새로 만들어 세웠다. "여기 공산당 만행에 항거하여 자유 대한의 의로운 목숨을 바친 이승복 어린이가 잠들어 있다."로 시작하는 묘비문에는 이승복의 모범적인 학교생활과 친구 간의 두터운 우애 등이 서술되어 있고, 무장공비 앞에서는 "분연히 일어나서 선생님에게 들은 공산당의 만행을 꾸짖으며 '나는 공산당이 싫어요'라고 외쳤다."고 적혀 있다. 그날 무장공비와 이승복이 주고받았던 대화는 어느덧 무장공비를 향한 이승복의 준엄한 '꾸짖음'으로 규정되기에 이른다.

1980년대 이승복기념관은 설악산 등 강원도 지역으로 수학여행을 갈 때 빠질 수 없는 경유지가 되어 매년 수학여행 철만 되면 북새통을 이루었다. 한창 때는 하루 5~6천 명의 관람객이 이승복기념관을 찾았으며, 1982년 개관 이후부터 2002년 말까지 총 1,040만 3,831명의 관람객이 방문했다.[18] 전두환 정권의 야심 찬 계획으로 만들어진 이승복기념관은 '반공영웅' 이승복의 성지(聖地)로 자리매김되었다.

3. 매스 미디어 속의 이승복과 반공

1982년 KBS에서 제작한 〈증언 10세 소년의 절규 : 나는 공산당이 싫어요〉라는 프로그램은 앞서 밝혔듯이 이승복기념관을 전 국민적으로 홍보하기 위해 만들어졌다. 비장하고 경건한 분위기로 이어지는 이 프로그램에서 진행자는 이승복기념관 구석구석을 탐방하며

이승복

전시관·생가·묘비·동상·학교 등을 보여주고, 이승복의 주변 인물들을 인터뷰한다. 당시 이승복의 같은 반 친구 김재오는 이승복이 매사에 솔선수범하는 모범생이었다고 말한다. 또 다른 친구 이광로는 당시 아이들은 밤길에 공비들이 나타날까 봐 두려워했으나 유독 "승복이는 연필 깎는 칼을 들고 앞장을 섰"고, 개울에 개구리를 잡으러 가도 "승복이는 한 마리라도 더 잡겠다는 욕심에 추운 줄도 모르고 개울에 뛰어드는" 매사에 투철하고 뛰어난 아이었다고 회고한다. 이승복의 담임 선생이었던 김종욱도 이승복이 학교 건물을 신축할 때 방과 후에 남아서 벽돌을 나르던 모습을 추억하며 모범적이고 성실한 학생이었다고 말한다.

김 선생은 이승복 생전에 계방분교 학교장이 반공교육에 남다른 열정을 가져서 매일 12시 55분에 방송되던 KBS 라디오 반공 드라마 〈김삿갓 북한 방랑기〉를 교내 방송으로 들려주었다고 증언한다. 1964년부터 방송되기 시작한 〈김삿갓 북한 방랑기〉라는 프로그램은 김삿갓이 북한을 유랑하며 그곳의 '처참한' 실정을 낱낱이 고발하는 내용으로, 드라마 말미에는 4·4조의 4행 풍자시를 통해 정리하는 형식으로 당시 상당한 인기를 누린 장수 프로그램이었다.

1960~1970년대에는 각 방송국이 다양한 편수의 반공 드라마를 경쟁적으로 제작하였다. 서울국제방송국의 라디오 연속극 〈저 멀리 남쪽 하늘〉·〈행복의 자유〉, KBS TV의 〈실화극장〉·〈전우〉, MBC TV의 〈자유무대〉·〈113 수사본부〉, TBS 라디오의 〈신판 홍길동전〉, TBC TV의 〈자유전선〉·〈추격자〉·〈제3국인〉·〈124 군부대〉·〈통곡의 종〉, DBS의 〈특별수사본부〉 등이 대표적인 반공 드라마였다.

KBS 라디오 반공 드라마 〈김삿갓 북한 방랑기〉 2000회 기념방송 장면. 이승복이 다니던 속사초등학교 계방분교에서는 이승복 생전에 교내 방송을 통해 매일 이 프로그램을 학생들에게 들려주었다고 한다.

서울국제방송국의 경우 조직 내에 대공과(對共課)를 두고 그 밑에 편성계와 연예계를 두었을 정도였다.[19] 1960~1970년대 라디오와 텔레비전의 급속한 확대 보급을 배경으로 성장한 반공 드라마는 대중의 안방 깊숙이 침투하여 일상생활의 한 부분으로 자리 잡았다. 드라마적 재미와 액션, 감동의 휴머니즘, 그리고 스타 배우의 매력은 시청자가 주인공과 자신을 동일시하는 효과를 발휘하며 반공주의의 이분법 속에 빠져들게 만들었다.

이승복

　이승복은 영화의 주인공이 되기도 했다. 1973년에는 손창민, 신성일 등이 출연한 〈천사의 분노〉(감독 노진섭)가 이승복 사건을 소재로 제작·상영되었고, 1985년에는 〈잊을 수 없는 순간〉(감독 이강윤)이라는 작품이 개봉되었다. 소재가 소재인 만큼 영화적 재미보다는 반공의 교훈성이 영화를 압도할 수밖에 없었고, 더구나 이승복 사건은 실화소설이나 만화책 등으로 이미 너무나 잘 알려진 이야기였기 때문에 영화는 그다지 성공하지 못했던 것으로 보인다.
　〈증언 10세 소년의 절규 : 나는 공산당이 싫어요〉라는 프로그램으로 돌아가 보자. 이 프로그램의 말미에는 속사초등학교 계방분교에 다니는 이승복 후배들의 힘차고 씩씩한 모습과 함께 그들의 이야기가 흘러나온다.

　　저는 이승복 형이 다녔던 학교에서 공부하고 있다는 것을 매우 자랑스럽게 생각합니다. 무장공비 앞에서 용감하게 공산당이 싫다고 외친 반공정신을 본받아 더욱 열심히 공부하겠습니다(계방분교 5학년 이창영).

　　저는 이승복 형의 모교인 우리 학교를 깨끗하고 아름답게 만들기 위해 매일 아침 친구들과 함께 청소하고 있습니다. 그리고 무장공비가 나를 끌고 가더라도 이승복 형처럼 "나는 공산당이 싫어요."라고 외치겠습니다(계방분교 5학년 이기봉).

　　승복 오빠의 얼을 이어받은 후배로서 열심히 공부하여 커서 여군이 되어 이승복 오빠의 원수를 갚는 일에 앞장설 생각입니다(계방분교 6학년 조화자).

이 어린이들의 다짐 속에는 자신들이 이승복이 다녔던 학교의 후배라는 자랑스러움과 함께 이승복의 정신을 자신들이 계승해야만 한다는 의무감이 묻어 있다. 이 어린이들은 이승복이 겪었던 것처럼 자신들도 언제든지 공비와 마주칠 수 있는 상황에 놓여 있었기 때문에 이승복과 같은 상황을 자신의 미래에 대입시켜 상상해보곤 했을 것이다. TV 카메라 앞이었기 때문일까? 한 어린이는 무장공비에 대한 두려움을 감추고 이승복과 같은 '저항의 길'을 가겠노라고 거침없이 말한다. 아니 어쩌면 그 두려움이란 이승복에 의해 결코 두렵지 않은 것으로 벌써 이 어린이의 머릿속에 인지되어 있는 것일지도 모른다. 장차 군인이 되겠다는 6학년 여학생의 다짐은 '커서 대통령이 되겠다, 장군이 되겠다'는 여느 아이들의 장래 희망처럼 순수한 마음의 표현이겠지만, "승복 오빠의 원수를 갚는 일에 앞장설 생각"이라는 소녀의 메시지는 섬뜩하기만 하다. 프로그램 진행자인 KBS 김진기 방송위원은 다음과 같은 멘트로 프로그램을 마무리짓는다.

이승복 군은 열 살의 어린 나이로 북괴 무장공비에게 항거하다 분연히 살해당했습니다. 그러나 이승복 군은 우리에게 왜 공산주의를 반대해야 하는지에 대한 해답을 제시해주고 있습니다. 이승복 군의 희생은 결코 헛되지 않을 것입니다. 우리 국민의 마음속에 깊이 자리 잡고 북한 공산주의자들이

이승복

멸망할 때까지 영원히 살아남아 있을 것을 믿습니다.

이승복이 사후 14년 뒤에 막대한 예산을 들여 웅장한 기념관에 새로 안치되고, '나는 공산당이 싫어요'라는 표상으로 대중의 집단 기억 속에 자리 잡으면서 한 시대의 영웅이 될 수 있었던 것은 1960~1980년대 한국 사회에서 반공의 가치가 그만큼 압도적이었음을 반증한다. 이승복이 그의 처참하게 찢겨진 시신으로 공산주의자들의 잔인무도함을 증명하고 "우리에게 왜 공산주의를 반대해야 하는지에 대한 해답을 제시해주고" 있기에, 반공규율에 기반한 지배를 실현해가던 박정희 정권이나 전두환 정권은 이승복의 시신을 더욱더 부여잡을 수밖에 없었다. 이승복이라는 분단의 비극적 희생자를 체제 수호의 표상의 영웅으로 만들면서 그를 통해 '생명보다 이념(반공)이 더 소중하다'는 사실을 어린아이들에게 가르쳤다는 점은 냉전시대 이념의 과잉을 역설적으로 말해준다.[20]

이승복

V. 대중의 숭배와 탈숭배

1. 어린이에게 내면화된 이승복

"나는 공산당이 싫어요! 죽어도 싫어요!"
피맺힌 너의 우렁찬 목소리
온 민족의 가슴을 울렸고
너무도 선명한 너의 모습
우리의 두 주먹을 불끈 쥐게 하였으며
두려움을 모르는 그 용기
우리의 발걸음을 힘차게 하였다.
너의 거짓 없는 그 표정
우리의 새 정신을 일깨웠다.
애국을 깨우쳤다.

이제 도끼를 든 마수에도

이승복

> 우리는 참을 때까지 참아왔다.
> 초전박살!
> 다시는 피를 보지 말자던
> 단 한 가지 소원도 무너지고
> 오직 너의 장한 모습을 떠올려
> 힘차게
> 줄기차게
> 멸공의 그날까지 총화로 뭉쳐
> 마지막 주고 간
> 너의 말을 되새긴다.
> ― 고 이승복 추도시 중에서
> 　　김현정(충북 청주 청남초등학교 5학년)

이 시는 1976년 12월 9일 고 이승복 어린이 제8주기 추도식에서 낭송된 추도시다. 이날의 추도식은 이승복 유가족에 대한 기념품 증정, 어린이의 추념문 및 추모시 낭독, 한국승공문제연구원장의 식사(式辭), 어린이의 결의문 채택 등의 순으로 치러졌다. 추도식과 함께 전국어린이승공미술대회도 개최되어 전국의 어린이들이 반공을 예술로 형상화하기에 여념이 없었다.[21] 이승복에 대한 대중의 반응을 확인하기 위해서는 이렇게 추도식에서 낭송된 추도시, 승공미술대회에 출품된 포스터 등의 미술작품, 글짓기대회 등에 제출된 독후감과 논설문, 웅변대회에서 낭송된 원고 등을 살펴볼 필요가 있다.

이승복 영웅 만들기의 경우 모든 세대를 아우르는 대중을 겨냥하

1975년 6월 11일자 〈소년조선일보〉 기사. 고 이승복 군 추모 전국대회 예선을 겸해 멸공 웅변 · 글짓기대회가 전국적으로 시작되었음을 알리고 있다.

고 있다기보다는 한국전쟁 이후에 출생한 전후 세대, 그 가운데서도 주로 이승복 또래의 어린이나 청소년 · 학생층을 겨냥한 것이었다. 무장공비의 이승복 학살이 성인이 아닌 어린이를 상대로 한 학살이었다는 점은 자라나는 어린이들에게 북한 공산세력은 힘없는 어린 친구조차 무참히 살해하는 '잔인무도한 짐승들'이라는 극도의 부정적 이미지를 제공하기에 충분했다. 그것은 공산주의에 대한 논리적 비판보다 훨씬 더 효과적인 반공교육의 자료로 기능할 수 있었다.

독재권력에 의해 만들어진 영웅은 지배담론 내의 특정한 규범들을 표상하는 존재로서 자리하면서 대중(어린이 · 학생)이 그 규범을

이승복

자연스러운 자신의 가치관으로 체득하게 만드는 효과를 발휘하고 있었다. 이승복을 통해 어린이·학생들에게 내면화되고 있던 그 규범과 가치관이 무엇이었을까?

2. 웅변, 지배담론의 소비와 생산

> 6·25를 겪지 못했기에 말로만 들어온 그들의 만행을 우린 승복이의 죽음을 보고 알았습니다. 조기잡이 배를 끌고 가 고기를 훔쳐가는 강도인 줄만 알았는데 철없는 어린아이들의 목숨까지 앗아가는 잔인한 살인마인 줄은 미처 몰랐기에 입에 붙은 반공구호에 그친 승공으로 소홀히 넘겼지만, 이제는 우리의 당면 과제인 승공통일이 무엇보다도 중대한 민족의 사명(使命)이요, 역사의 명령이라는 것을 알았습니다.
> ……여기 승복이의 죽음을 슬퍼하는 민족의 울분과 승공통일을 위해 이슬처럼 사라져간 반공용사들의 거룩한 이름은 우리 마음속에 영원히 남아 조국을 지키는 파수병이 되리니, 우리는 고사리 손에 반공 동화책을 쥐고 죽어간 승복이의 죽음에서 공산당이 싫다는 절규를 교훈 삼아 오늘의 생활에서 공산주의와 싸워 이기자고 마지막으로 외칩니다. 승복이는 죽었어도 그의 넋은 우리의 마음속에 살아 있습니다.
> ―〈승복이는 죽었어도〉, 정애리사, 대통령친서기 쟁탈 전국 웅변대회 중등부 특등[22)]

이승복

"이 연사 힘차게 외칩니다."라며 두 팔을 치켜든 어린이. 1970년대는 각종 웅변대회의 전성기였다. 대통령기 전국웅변대회의 경우 TV로 생중계될 정도였다.

1970년대는 각종 웅변대회의 전성기였다. 각양각색의 웅변대회가 여기저기서 개최되었고, 대통령기 전국웅변대회의 경우 TV로 생중계될 정도였다. 어린이들의 웅변은 다분히 지배의 언술을 자기 나름의 방식으로 소화해서 재구성해내는 측면이 있었다. 웅변의 말하기는 지배담론의 소비인 동시에 생산이었던 것이다. 어린이들은 웅변의 선동적 말하기를 통해 자신을 반공주체로 만들어갔다.

'북한 공산세력에 항거하다 살해당한 희생자였다'는 내러티브는 상당한 효과를 발휘하였다. 공산당이 조기잡이 배의 고기나 훔쳐가는 강도인 줄만 알았는데 "승복이의 죽음을 보고" 북한 공산당이

이승복

1969년 6월 14일에 개최된 승공반공 가장행렬 시가행진 모습. 자유나 평등을 향한 시민들의 열망을 억누르고 통제하기 위해 지배권력은 '반공'의 가치를 절대화시키는 전략을 취한다. 이승만·박정희 정권은 관제집회나 가장행렬과 같은 퍼포먼스를 통해 대중을 반공주의로 규율화시키고자 하였다.

"잔인한 살인마인" 것을 깨달았다는 어느 중학생의 이야기는 전후 세대들이 이승복 사건을 통해 북한 공산당에 대해 비로소 마음속에 적개심을 갖기 시작했음을 보여준다. 학생들은 이승복에 대해서 "승복이"라고 성을 빼고 이름만 부름으로써 자기 주변의 친구나 동생과 같은 친근한 존재처럼 느끼게 되었다. 이런 인식을 통해 반공주의는 새로운 차원에서 작동하기 시작한다. 이전의 반공주의가 다소 구호에 그친 감이 없지 않았다면, 북한 공산당이 내 주위의 친구나 동생 같은 '승복이'를 살해했다는 사실을 알게 된 뒤에는 공산당과 싸워 이기고야 말겠다는 승공의 자세를 진심으로 내면화하게 되었다. 이승복은 어린이들이 반공의 대열에 나서야 할 존재 이유 그 자체였던 셈이다.

또 이 학생의 웅변 내용에서 주목할 점은 "승공통일이 무엇보다도 중대한 민족의 사명(使命)이요, 역사의 명령"이라고 주장하는 대목이다. 1민족 2국가의 분단 체제에서 반공주의는 기본적으로 남한의 국가주의를 대변하고 있었음에도 불구하고 민족주의의 언술로 작동하고 있었음을 알 수 있다. '반공용사'를 '조국을 지키는 파수병'으로 규정하는 것 역시 반공이 '조국'이라는 민족의 언술을 타고 실천되고 있음을 말해준다. '반공주의=민족', '공산주의=반민족'이라는 도식적 이해틀 속에서 반공주의는 민족주의로 정당화되었다. 반공을 실천한 이승복의 죽음은 곧 "민족의 울분"이었고, 민족과 함께 영원히 "우리의 마음속에 살아 있"는 것이 되어야 했다.

여러분! 우리는 영원히 죽지 않고 살아 있는 자가 되어야겠습니다. 승복이의 거룩한 반공정신과 3·1 독립운동에 참가했던 선열들의 애국정신은 죽지 않고 영원히 살아남아 우리들을 바른 길로 이끄는 기수(旗手)가 되었습니다. …… 선열들의 투철한 애국정신과 승복이의 반공정신은 어느 특정인만의 것이 아니라고 외치고 싶습니다.

…… 우리는 조국을 위하여 나 하나의 조그만 희생을 감수할 줄 아는 국민이 되어야겠습니다. 오늘 나의 작은 희생이

이승복

내일의 번영된 조국의 한 계기가 된다면 삶을 초월하여 보람을 맛볼 수 있을 것입니다.
— 〈사생(死生)〉, 이용희, 한국반공연맹 주최 전국웅변대회 고등부 1등[23]

이승복의 영원성은 '반공주의'만으로 달성될 수 없었다. 반공의 가치는 공산주의라는 눈에 보이는 적이 있을 때만 의미 있는 것일 뿐, 승공으로 적이 사라진 뒤에는 지속될 수 없는 네거티브의 가치였기 때문이다. 따라서 이승복의 영원불멸함은 '반공주의'와 함께 '애국정신' 같은 민족주의가 수반될 때 성립할 수 있었다. 이승복의 영원불멸함이 설파되는 것은 곧 이승복이 영웅의 반열에 올라섰음을 증명하는 것이었다. 이승복의 영웅성은 대중의 모범이 되는 것이었고, 그 영웅성의 근간인 '반공정신'은 대중들이 따라 배워야 할 것으로 상정되었다.

이승복이 주는 교훈은 어느덧 조국과 개인의 관계로까지 나아간다. 조국을 위해서라면 개인의 희생은 "조그만" 것에 불과하고, 개인의 희생 위에서 "내일의 번영된 조국"이 약속될 수 있다는 식의 인식은 파시즘적 민족주의에 다름 아니었다.

여러분! 우리는 무참히 쓰러져간 승복이의 반공고발정신을 똑똑히 보지 않았습니까? 우리는 분명히 들었습니다. 그 피맺힌 울분의 소리를 말입니다. ……우리 다같이 십자군으로서 이 두 주먹으로 공산당을 쳐부술 것을 맹세합시다! 그리고 규탄합시다! 꼭두각시 김일성아, 붉은 이리 떼 공산당아, 보라! 우리의 이 반공 행렬을 보고 꺼져라. 너희들은 이 강토에서 소리도 없이 꺼져라!
— 〈공산당이 싫어요〉, 배원배, 대통령기 쟁탈 안정과 번영의 길 전국웅변대회 초등부 내무부장관상 수상작[24]

여러분! 오늘날 이 땅에는 이야기 속의 늑대가 아닌 인간 늑대가 살고 있으니 아름다운 이 강토를 두 동강이로 만들어 놓고, 죄 없는 우리 형제의 목숨을 수없이 앗아가고도 아직도 자신의 배를 채우지 못해 온갖 트집을 잡으며 틈만 있으면 쳐내려오는 북괴 김일성이가 어찌 사람으로 둔갑한 앙큼한 늑대가 아니냐고 이 소년 소리 높여 묻습니다.
— 〈늑대와 새끼양〉, 이재하, 문교부장관기 쟁탈 제3회 전국 웅변대회 초등부 우수상[25]

어린이들에게 북한 공산당은 '늑대·이리·승냥이'의 이미지로 각인되어 있다. 그러한 인식은 초등학교 저학년 교과서에 실린 북한 공산당을 늑대로 대입시켜 꾸며낸 우화 등에 의해 만들어진 것이다. 북한 공산당을 야비하고 탐욕스러운 동물로 표상시키는 재현기법은 1978년에 제작된 애니메이션 〈똘이 장군〉(감독 김청기)에서 절정에 달한다. 이 작품에서 북한군은 늑대 등의 각종 동물로 등장하며, 북한의 수령은 가면을 쓰고 있는데 결말에서는 똘이 장군의 활약으로 그가 돼지였다는 사실이 드러난다. 선과 악의 이분법으로 구성된 이

이승복

애니메이션을 본 어린이들은 선을 표상하는 남한의 똘이 장군이 늑대와 같은 북한군을 물리치고 돼지 수령의 가면을 벗겨내는 것을 보며 카타르시스를 느꼈다.

분에 넘치는 사치한 옷차림과 남녀의 구별을 할 수 없는 장발족, 그리고 나라야 어찌되었든 자기만을 위하여 사는 정신 빠진 사람들이 너무도 많은 것 같다고 날카롭게 지적한 공탁호 씨(인용자 : 귀순자)의 말을 들을 때 공산당과 싸우고 있는 우리의 자세가 이래서야 되겠느냐고 이 소년은 울분에 찬 호소를 드립니다.
…… 여러분! 민족 반역자 김일성이 이와 같이 틈만 있으면 처참한 전쟁을 하려고 땅굴까지 파고 있는 이 긴박한 마당에 군것질이나 하며 만화가게에서 시간을 보내는 어린이가 있어야 되겠습니까? …… 우리 어린이들도 새마을운동을 성공시키기 위해 단돈 1원이라도 아끼는 저축심과 종이 한 장이라도 아껴쓰는 마음을 길러야 하며 일선에서 공산군을 막고 계시는 군인 아저씨들에게 정성 어린 위문편지라도 자주 보냅시다.
— 〈똑똑히 기억하자〉, 정택구, 안정과 번영의 길 전국웅변대회, 초등부 우수상 수상작

이제 우리 어린이들은 이승복 어린이와 같이 투철한 반공정신으로 열심히 공부하며 내 고장을 깨끗이 청소하는 것이

이승복

1978년에 제작된 애니메이션 〈똘이장군〉 3의 포스터. 〈똘이장군〉에 담긴 극단의 선악 이분법은 1970~1980년대 어린이 세대의 남북 인식 형성에 엄청난 영향을 끼쳤다.

승공의 길이요, 어른들은 사치와 낭비를 버리고 한 푼 두 푼 저축하며 공장이나 직장에서 부지런히 일하는 길이 늑대를 때려잡고 순한 양들이 마음껏 뛰놀 수 있는 아름다운 내 조국을 만드는 통일의 지름길이라고 마지막으로 힘차게 외칩니다.

― 〈늑대와 새끼양〉, 이재하, 문교부장관기 쟁탈 제3회 전국 웅변대회 초등부 우수상[26]

이승복

　어린이들에게 '애국'은 너무도 거창한 가치였고, 이승복처럼 공비 앞에서 항거하는 상황은 쉽게 접할 수 없는 것이었기에 교훈의 실천 영역은 모호해질 수도 있었다. 따라서 '반공애국의 길'은 어린이들의 일상생활 영역에서 실천되어야 함이 어린이들의 입으로 계몽되어야 했다. 어린이들은 "내 고장을 깨끗이 청소하는 것이 승공의 길"임을 깨달아야 한다고 외친다. 사치와 낭비는 배격되어야 하고, 군것질 대신에 저축과 근검절약을 실천하며, 열심히 공부해야 한다는 이야기들이 애국의 실천 도덕률로 제시되었다.

　백일장 원고나 웅변 원고에 나타난 학생들의 태도를 살펴보면, 이승복은 '작은 영웅'이자 죽어도 죽지 않는 '불멸의 생명'을 가진 존재로 추앙되기도 했지만, 그의 영웅성이란 '공산당이 싫어요'라는 말을 했다는 용기밖에 없었다. 따라서 이승복에 관한 대중의 태도는 '그의 용기를 본받아 나도 그처럼 행동하겠다'는 반공의 다짐과 불행히도 어린 나이에 숨을 거두었다는 데 대한 연민에 집중되었다. 이러한 연민은 북에 대한 적개심 고취와 '멸공통일'의 완수를 위한 승공 태세 확립, 실력 양성 촉구로 연결되었다.

> 　이승복 어린이가 당대 최고의 우상이었고, 공산당은 머리에 뿔이 난 괴물이며 도깨비였다. 낯선 사람을 만나면 간첩인지 살펴야 하는 경계와 긴장 속에서 허우적댔다. 언제든지 "나는 공산당이 싫어요."라고 외칠 준비가 된 확실한 '애국' 어린이였다.
> 　　　― '줌마클럽 : 애국소녀의 추억', 〈조선일보〉 2004년 2월 13일자

위의 회고에서 엿볼 수 있듯이 이승복 영웅 만들기는 학생들에게 강한 영향을 주었다. 반공을 실천해야 하는 이유는 이승복의 경우처럼 북한 공산집단이 '우리'를 해치려는 괴물과 같은 존재들이었기 때문으로, 반공은 곧 애국이라는 식으로 반공주의와 국가주의가 긴밀히 얽혀 있었다. 실제로 어린아이들이 이승복 추모미술대회 등에서 그린 그림들 속에는 태극기가 자주 등장한다. 그리고 이승복을 학살한 무장공비들은 험상궂은 악마적 얼굴로 그려진 경우가 많았다.

하지만 이승복 영웅 만들기가 대중들에게 항상 매끄럽게 다가갔던 것만은 아니었다. 대중에게 이승복은 숭배의 대상이기보다는 연민의 대상이었고, 반공주의의 모범일 따름이었다. 이승복의 영웅성의 자원이란 반공주의를 실천한 용기밖에 없었기 때문에 반공주의의 철옹성에 틈새라도 생기게 되면 영웅으로서의 이승복의 위치는 언제든 위협받을 수밖에 없었다.

> 초등학교(내가 다닐 때는 국민학교) 시절에는 반공정신이 투철한 어린이로 인식되었고, 고등학교 시절에는 이승복이 죽은 이유가 첫째, 버릇이 없어서(어른에게 반항해서), 둘째, 간이 부어서 죽었다고 우스갯소리를 했었고, 대학 때는 공비가 콩사탕을 주었는데 이승이가 혀가 짧아 공산당으로 잘못 발음하였다고도 하였다. 이제 이승복기념관은 어쩌면 설립 목적인 반공교육이 아닌 시대의 뒤안길에서 사람들의 잊혀진 기억으로 전락되지 않았나 생각된다.
> ― 정명령, 〈조경문화답사 동인지 제1호 다랑쉬〉, 2000년

이승복

이승복기념관 주최 승공미술대회에서 입상한 포스터들. 이승복은 태극기와 함께 자주 나타나며, 어린이들에게 숭배되는 모습으로 그려지거나 눈꼬리를 치켜 뜬 무장공비의 총칼 앞에 의연히 항거하는 모습으로 재현된다.

이승복

　대중들, 특히 어린 학생들은 자신과 비슷한 또래의, 혹은 자기 동생뻘되는 산골소년을 처참히 살해한 북한에 대한 적개심을 쉽게 가질 수 있었고, 이승복의 용감한 행동에서 반공주의적 실천을 쉽게 자극받을 수 있었다. 대중은 역사적 영웅과 달리 대중영웅을 통해 좀더 쉽게 영웅과의 자기 동일화를 꾀할 수 있었으며, 그러한 대중영웅의 친밀성은 대중들이 그가 표상하는 지배담론이나 체제의 규범을 좀더 손쉽게 자신의 것으로 내면화시키는 효과를 발휘했다. 그러나 이승복 같은 대중영웅은 전통영웅에 비견될 만한 초월성을 갖지는 못하기 때문에 본격적인 숭배의 대상이 되지는 못했다.
　'나는 콩사탕이 싫어요', '나는 공 상당히 싫어요'와 같은 말장난으로 이승복의 죽음이 유머의 소재가 되고, 그의 순교자적 죽음에 이르기까지의 영웅 서사 구조가 대중들 사이에서 희화화되었다는 사실은 이승복의 영웅적 위상이 그만큼 취약했음을 반증하는 것이다. 〈조선일보〉 논설위원은 사설에서 이렇게 "듣기에도 참담한" 유머에 대해 "좌파세력의 꾸준한 공작의 결과"라고 분석하고 있지만, 과민성 만성좌파증후군 탓에 유머조차 음모론으로 해석하는 〈조선일보〉 논설위원은 유머를 웃음으로 소비해버리는 다수의 대중을 놓치고 있다.[27]
　대중의 유머는 권위주의 정권 아래서 이승복에 대한 영웅성이 과도하게 포장되었고 반공주의의 분위기가 너무 엄숙하고 무거웠던 정치사회적 환경 속에서 번져나갈 수 있었던 것이다. 독재권력이 이승복을 영웅으로 만들려고 하면 할수록 대중들은 그들의 의도와는 다르게 이승복을 끌어내리곤 했다. 어떤 면에서 유머는 정치적 냉소였다.

　또 이승복 살해의 잔인함이 너무 자극적인 재현으로 반복해서 노출되다 보니 '폭력'에 대한 대중의 감수성이 그만큼 무뎌지게 되었고, 그에 따라 처참한 살해극에 대해 낄낄대며 웃어넘기는 상황이 연출되었으며, 점차 더 강한 자극을 가해야만 대중의 반공주의가 활성화되는 상황을 초래한 측면도 없지 않았다. 돌과 몽둥이, 총과 칼로 이승복 가족을 내리찍는 학살 장면을 재현한 기록화나 가마니 거적 위에 놓인 이승복 가족의 처참한 시신을 전시관 한가운데 걸어둔 사이에, 이승복 가족이 겪은 폭력의 고통과 기억은 증발되어 버렸다. 유가족은 영웅집안의 가족으로 대접받으며 국가와 사회의 지원도 받았지만, 이승복의 아버지는 미치지 않고는 살 수 없었고, 형은 그런 아버지를 부여잡고 "차라리 같이 죽자."며 눈물을 삼켜야만 했다.

　이승복을 소재로 한 대중의 유머는 양면성을 갖고 있었다. 유머는 사소한 것이었지만 독재 체제도 막을 수 없는 일종의 '작은 저항'이었다. '나는 공산당이 싫어요'라는 반공영웅 이승복 이야기의 클라이맥스를 대중들이 언어유희로 전환시키는 가운데 이승복의 영웅성은 미끄러져 소멸되어버렸다. 다른 한편으로 유머는 '폭력이 남긴 고통'을 성찰할 여지를 앗아가버리고, 폭력의 피해자들에게 치유할 수 없는 상처를 덧입히는 또 다른 폭력이기도 했다. 폭력의 감수성만 놓고 보자면 대중은 독재 체제를 닮아 있었다.

이승복

VI. 영혼의 자유를 위하여

얼마 전 '민주노동당 연수원—이승복 동상 '어린 전태일'로 변신하게 된 사연'이라는 제목의 신문기사가 화제가 되었던 적이 있다. 폐교된 초등학교를 활용하여 만든 민주노동당 남원연수원에 있는 이승복 동상에는 '이승복'이라는 글씨 대신 '전태일'이라는 글씨가 씌어져 있었던 것이다. 사연인즉, 폐교를 인수할 당시 한 당직자가 그 동상 아래에 새겨진 이름을 바꾸었다는 것이다. 민주노동자 관계자들은 이승복의 이름 대신 전태일을 써넣으면 당의 정체성에 걸맞는 상징물을 가진 연수원을 만들 수 있다고 생각했던 것일까? 아니면 그저 오가는 사람들이 한번 웃고 지나가라고 장난 삼아 써넣은 것일 수도 있겠다.

내부 사정이야 어떻든 간에 이 작은 사건은 한국의 좌파진영이 이승복을 어떻게 인식하고 있는지를 매우 상징적으로 말해준다. 전태일의 이름을 써넣은 민주노동당 당직자의 행동 이면에는 이승복은 독재자가 만들어낸 영웅이므로 사라져야 할 대상이고, 전태일은 노동운동을 일으킨 영웅이므로 당의 상징으로 자리 잡아야 한다는 인식이 있었음에 틀림없다. 그에게 문제가 되었던 것은 이승복이라는 이름과 반공영웅으로서의 이미지이지, 박정희 정권의 이승복 영웅 만들기 그 자체는 아니었던 것이다.

동상과 같은 영웅 숭배의 기제를 파괴하지 않고 그 기제를 활용하면서 영웅의 자리만 바꾸는 태도는 '영웅 만들기'에 대한 좌파진영의 문화적 감수성과 문제의식 수준을 단적으로 드러낸다. 이승복이나 전태일이냐 이름만 다를 뿐이지 문화상징적 측면에서 보면 박정희의 태도나 민주노동당의 태도가 조금도 다르지 않다.

이승복은 폭력의 희생자였다. 그 폭력에 대한 책임은 분명 무고한 민간인들을 처참히 학살한 무장간첩과 그들을 남파한 북한 정권에게 있다. 박정희·전두환 정권은 그 폭력의 책임문제에 집착했다. 하지만 남한 정권이 폭력의 책임문제에 대해 요란스럽게 떠들어댔던 것은 엄밀히 말해 대북용(對北用)이 아닌 대남용(對南用)이었다. 남한 독재정권은 이승복이 당한 폭력을 대중들이 공산주의에 대한 혐오감과 적개심을 불러일으키도록 만드는 소재로 활용했다. 북한의 폭력에 분노한 남한의 대중들은 비판의 칼날을 체제 내로 향하기보다는 밖(북한)으로 겨누기 일쑤였다.

남북 체제 경쟁에서 승리하기 위해서는 남한 내부의 분열이나 체제 비판이 용납될 수 없다는 총화단결론이 작동할 수 있었던 것도 이런 맥락에서였다. 남한 정권이 '승복이의 원수를 갚자'며 복수심을 고취시켜서 만들어낸 대중의 반공의식과 대북 혐오감은 분단 체제의 긴장을 더욱 증폭시키는 방향으로 작동했고, 폭력의 연쇄고리

이승복

철거된 이승복 동상. 2000년대 반공주의의 퇴조와 더불어 이승복은 반공영웅으로서의 생명력을 잃게 되었다. 영웅의 자리에서 끌려 내려온 이승복을 이제는 분단폭력의 이중적 희생자로 기억해야 한다.

이승복

만 재생산했다.

 2004년 6월 김선일이라는 청년이 이라크에서 반미무장단체에 의해 살해당했을 때, 국내 여론은 일시적이기는 하지만 파병 찬성 쪽으로 기울었다. 일종의 복수심리가 발동했던 것이다. 아예 노골적으로 이라크에 공수부대를 파견하자는 식의 의견들도 있었다. 반면 당시 파병 반대의 목소리를 높였던 이들은 복수가 복수를 낳고 폭력이 또 다른 폭력을 부르는 이 폭력의 연쇄 고리를 파병 반대로 끊어야 한다는 입장이었다.

 김훈의 말처럼 '죽은 이승복은 폭력이 싫었을 것'이다. 어머니와 동생들, 그리고 자신을 죽음으로 몰아간 그 폭력이 싫었을 것이다. 어쩌면 그는 동상의 자리에서 비극의 한 원인이었던 맹목적 반공교육의 폐해가 사후에 '공산당을 두려워하지 않은 용기'로 미화되며 반공주의의 확대·재생산으로 이어지고, 대중의 대북 적개심이 분단의 폭력으로 구조화되는 것을 내내 불편해했을지도 모른다. 이제 반공주의는 과거에 비해 쇠락해졌고, 이승복 동상은 독재시대의 낡은 조형물로 치부되며 사라져가는 중이다. 이승복에 관한 진실 게임 논란을 뒤로하며 대중의 집단기억에서 이승복의 존재는 서서히 망각되어가고 있다. 그러나 우리는 동상의 자리에서 내려온 이승복을 분단이 낳은 폭력의 희생자로서 기억해야 한다. 폭력의 사슬을 끊기 위하여.

이승복

■이승복 미주

1) 보수신문인 〈동아일보〉의 독자 발언란에 "어린이들은 이승복 동상을 보며 얼마나 혼란스러워 할까."를 염려하며 "지금은 '이승복 이데올로기'를 부지불식간에 강요해 어린이들을 혼란스럽게 할 시점이 아니다."라는 주장의 글이 실린 것은 남북정상회담 이후 반공교육의 위상을 상징적으로 말해준다(김기경, '발언대 : 초등교 '이승복 동상' 검토 필요', 〈동아일보〉 2000년 12월 12일자).
2) 〈한국일보〉 2004년 10월 28일자.
3) 〈조선일보〉 2004년 10월 29일자, 2004년 11월 5일자.
4) 김형민, '이쪽의 억지', 〈썸데이서울〉, 아웃사이더, 2003년.
5) '법원, '이승복 작문사건' 조선일보 손 들어줘', 〈프레시안〉 2004년 10월 28일자.
6) 당시 신문들 중에서 이승복이 "공산당이 싫어요."라는 말을 했다는 내용은 〈조선일보〉와 〈서울신문〉 기사에만 나타난다.
7) 이 프로그램에서 이승권은 "우리는 공산당은 싫다고 말했다고. 그러니 무장간첩이 …….."라고 재연하고 있다. 이 대목에서 이승권이 재연하고 있는 어조는 혼잣말에 가까운, 낮고 차분한 어조였다.
8) 하일, 〈그날을 회상하며〉, 《이승복기념사업 25년사》, 이승복기념관, 1993년, 235쪽.
9) 진중권, '반공소년 '이승복 신화' 창조한 〈조선일보〉 기자들에게 묻는다', 〈오마이뉴스〉 2002년 9월 4일자.
10) '본보 반공 어린이 이승복 군 특집 추가 신청 10만 부 넘어서', 〈소년조선일보〉 1969년 4월 22일자 ; '반공 어린이 이승복 군 기념사업기금 모으기에 앞장', 〈소년조선일보〉 1969년 4월 26일자 ; '강원도서만 1,763,000원, 5일 현재 이승복 기념사업비', 〈소년조선일보〉, 1969년 6월 7일자.
11) 김병옥, 〈"실기와 노래" 이렇게 펴냈다〉, 《이승복기념사업 25년사》, 이승복기념관, 1993년, 62쪽.
12) '반공 어린이 이승복 군 기념비 제막', 〈소년조선일보〉 1970년 6월 11일자.
13) 〈소년조선일보〉 1969년 6월 7일자.
14) 이승복기념관, 《이승복기념사업 25주년사》, 1993년, 69~70쪽.
15) '학교 뜰에 이승복 군 동상 세워', 〈소년조선일보〉, 1970년 6월 25일자.
16) 김훈, '9살 때 죽은 이승복 '폭력'이 싫었을 것', 〈문화일보〉 2004년 4월 20일자.
17) 이승복기념관, 《이승복기념사업 25년사》, 1993년, 91~123쪽.
18) '이승복기념관 방문객 러시', 〈강원일보〉 1983년 6월 25일자 ; 이승복기념관, 위의 책, 125쪽 ; 이승복기념관 홈페이지(http://www.leesb-memorial.or.kr/) 기념관 소식 게시판, 관람객 현황.
19) 정순일, 〈반공 드라마의 현주소〉, 《북한》 통권 제70호, 1977년, 246쪽.
20) 진중권, 위의 기사.
21) 〈한국승공문제연구원 주최 고 이승복 어린이 제8주기 추도식 거행〉, 《승공생활》 제2권 제2호, 1977년 2월호, 98~99쪽.

22) 이종식 편저, 《불타는 함성―전국각변웅변대회 최신입상원고선집》, 계림출판사, 1974년, 198~199쪽.
23) 이종식 편저, 위의 책, 220~221쪽.
24) 전국웅변협회 편저, 《백만인의 웅변》, 1975년, 85쪽.
25) 이종식 편저, 위의 책, 124~125쪽.
26) 이종식 편저, 위의 책, 124~125쪽.
27) '사설: 이승복의 진실, 세상에 다시 알려져야', 〈조선일보〉 2004년 10월 29일자.

Horst Wessel

雷鋒, 길확실

이승복

모로조프, 스타하노프, 슈미트

스탈린 시대의 영웅들

호르스트 베셀
레이펑, 길확실
이승복

이종훈(비교역사문화연구소, 한양대 연구 교수)

　스탈린 시대, 특히 '사회주의 건설' 시대로 불리는 1930년대는 무수한 영웅들이 만들어지고 선망되던 독특한 시대였다. 또한 대부분의 영웅이 일반 대중으로부터 출현했다는 점에서 전형적인 대중영웅의 시대였다. 지배 권력은 대중으로부터 영웅을 만들어나가며 대중 동원이라는 권력의 욕망을 투영시켰다. 그런가 하면 대중도 영웅 속에서 자신의 욕망을 보았다. '누구나 영웅이 될 수 있다'는 사회적 에토스가 팽배한 시대였던 것이다. 따라서 영웅은 권력의 욕망과 대중의 욕망이 만나는 의미심장한 상징이었다.
　이 시대는 어린 소년들도 영웅이 되던 시대였다. 소비에트 지배 권력의 욕망은 사회주의 건설을 위한 장기적이고 미래 지향적인 성격을 강하게 띠고 있었다. 특히 사회주의 이데올로기적 가치를 최우선시하여 전통적 가치를 희생시킬 수 있는 인간 모형을 염원하였다. 파블릭 모로조프가 대표적인 경우이다. 당시 소년·소녀들은 모두 파블릭을 동경하고 예찬하며 성장하였다.
　사회주의 건설 시대에 지배 권력은 야심에 찬 근대화 프로젝트를 추진하고 있었다. 신속한 공업화, 생산력의 비약적 증대, 과학기술의 혁신과 미지 세계의 개척 등이 여기에 속했다. 현실 생활의 역경을 헤쳐나가야 했던 소비에트 대중도 여기에서 미래의 꿈과 욕망을 보았다. 스타하노프를 비롯한 경이적인 생산의 영웅들이 속출하였고, 북극 탐험과 장거리 비행에서 슈미트와 츠칼로프와 같은 영웅들이 쏟아져나왔다. 이러한 영웅 시대는 1930년대 말에서 1940년대 초에 전환을 맞는다. 전환 시대의 영웅들 중에는 과거 역사로부터 호출된 전통적 영웅들이 있다.

# I. 모스크바 조각공원에서

　몇십 년 만의 기록적인 적설량으로 북국의 정취를 만끽하게 된 금년 2월의 모스크바. 다소 설레는 마음으로 트레티야코프 국립미술관 신관의 뒷마당 격인 조각공원을 찾아나섰다. 기계 앞에서는 타고난 소심증이 증폭되기 일쑤지만 이날따라 허리춤에는 소형 사진기도 휴대한 상태였다. 무엇인가 짚이는 데가 있었다.
　6~7년 전 이 조각공원에 처음 들렀을 때의 묘한 기억이 아직도 뇌리에 선명했다. 중심 도로나 여느 공원에서 보기 어려웠던 스탈린 동상들이 바로 이곳에 모여 있었던 것이다. 혁명 초기 볼셰비키 당 지도부의 한 사람이었던 스베르들로프의 동상도 눈에 들어왔다. 알고 보니 이 공원은 퇴출(?)당한 동상들의 마지막 안식처였던 것이다. 인민 위에 군림하던 드높은 좌대에서 내려와 지면 가까이 낮은 곳에 자리한 모습이 이제 격동의 역사를 뒤로한 채 조용히 휴식을 취하는 듯했다.
　그러한 느낌을 더 증폭시킨 것은 레닌의 좌상이었다. 그 표정은 사회주의 국가의 미래에 대하여 상념에 잠긴 듯했다. 1990년대 관광 안내 책자만 하더라도 크렘린 궁 경내의 볼거리 중 하나로 소개했지만 정작 그곳에 입장해서는 볼 수 없어 그 소재에 대하여 늘 궁금증을 자아내던 레닌 좌상. 어느새 이곳으로 조용히 자리를 옮긴 것이다(새 러시아의 대통령 옐친은 그와 동거하기를 거부한 것 같다). 그렇다면 이곳은 후세들의 역사적 교훈을 위하여, 세계를 뒤흔든 사회주의 혁명의 주역과 건국 원훈들에게 배려(?)된 집단 유배지란 말인가? 이런 느낌을 떨칠 수 없었다. 그리고 이 공원 벤치에서 동상 못지않게 고요히 휴식하며 조각의 주인공들과 함께했던 격동의 세월을 반추하는 노년 세대를 바라볼 때 만감이 교차하였다.

1. 집단 유배지?

주변의 경관을 따라 움직이던 시선을 멈추게 한 또 하나의 동상이 있었다. 펠릭스 제르진스키. 그는 이 공원의 의미를 가장 극적으로 드러내고 있었다. 구소련 붕괴의 직접적 도화선이 된 1991년 8월 공산당 보수파의 쿠데타. 그 핵심 인물의 하나가 바로 KGB(КГБ, 국가보안위원회) 의장 크류치코프였다. 그러나 보수파의 위세가 삼일천하로 끝나는 대반전이 일어났고, 분노한 모스크바 시민들은 KGB 본부 앞 루뱐카 광장으로 몰려가 복판에 서 있던 제르진스키 동상을 쇠사슬로 감아 쓰러뜨렸다. KGB의 전신인 체카(ЧК, 정식 명칭은 대반혁명-태업-투기 투쟁 비상위원회)의 창시자 제르진스키는 바로 인민 탄압의 원조였던 것이다. 그래서일까? 군중의 환호 속에 제르진스키 상이 대형 트레일러에 엎어진 채로 실려 나가는 모습은 자유의 승리를 상징하는 것으로 기억되었다. 이 장면은 그 후 러시아 TV에서 해마다 방영되었다. 당시에는 개인적으로 철거 동상의 행선지가 궁금했는데 대부분의 사람들에게는 관심 밖의 일이었다. 그런데 뜻밖에 제르진스키도 이곳 조각공원에서 옛 혁명동지들과 다시 만나고 있었다.

몇 년 만에 다시 이 공원을 찾으며 마음에 둔 또 하나의 동상이 있었다. 그것은 다름 아닌 파블릭 모로조프 동상이었다. 그 동상도 제르진스키 동상과 거의 같은 시기에 인민의 증오의 표적이 되어 퇴출되었던 것이다. 아버지를 고발한 후 친족의 손에 살해되어 영웅이 된 소년, 그 파블릭이 제르진스키와 함께 폐기되었다는 사실을 알게 된 것은 이 연구에 착수하여 관련 문헌을 검토하면서였다. 이것도 모르고 있었다니……. 연구자로서 자괴감과 아쉬움이 밀려왔다. 왜 생각 없이 지나쳤을까? 그렇다면 혹시 파블릭도 그 조각공원에? 생각이 여기에 이르자 출국 전부터 마음속으로 벼르게 되었다. 이번에는 놓치지 않을 것이다!

그러나 어찌된 일인지 다시 찾은 공원 구석구석을 샅샅이 뒤져도 파블릭은 숨바꼭질하듯 나타나지 않았다. 역사의 상처를 모두 덮어 버리듯, 역사적 진실을 직시하려는 눈길에 경고라도 하듯 조각공원의 두터운 백설만이 겨울 햇빛에 눈부셨다. "글쎄……. 파블릭은 여기서 못 본 것 같은데……." 무덤덤한 표정을 한 공원 관리인의 말에 허탈해진 마음으로 발길을 돌려야 했다.

파블릭 모로조프 동상

모스크바 시 크라스나야 페레센스카야 지역 공원에 있다가, 1991년 8월 보수파 쿠데타 직후 철거되었다.

2. 비운의 소년은 어디에

파블릭은 어디에? 빠듯한 모스크바 체류 일정과 추적 능력의 한계로 파블릭 동상의 행방은 숙제로 남게 되었지만, 숙소에 돌아와서도 의문은 가시지 않는다. 빗나간 예측을 스스로 달래고 싶은 탓인지 머릿속에는 온갖 공상이 물결처럼 일어났다. 혹시 그에게는 유배지조차 허락될 수 없다는 뜻인가? 공산당 지도자들의 흔적을 역사에서 지워낼 수는 없겠지만, 권력에 의해 영웅으로 만들어진 비운의 한 소년은 이제 더 이상 내보이고 싶지 않다는 것일까?

그러다 재작년 가을에 났던 인터넷 〈프라브다〉지의 기사 하나가 떠올랐다. 국제증권금융가의 큰손 조지 소로스가 거의 문 닫게 된 파블릭 출생지의 기념관을 지원하기 위해 7,000달러를 내놓기로 했다는 기사였다.[1] 예사롭지 않은 내용이 눈길을 끌었던 것이 기억났다. 파블릭이 유명을 달리했던 것과 거의 같은 나이에 국적을 달리하고자 고향을 등져야 했던 소로스. 제2차 세계 대전 직후 소련군 점령 상태의 부다페스트를 벗어나 재력가로 성장하였지만, 국제 투기 자본의 수괴라는 곱지 않은 시선을 의식해서인지 한편으로 '열린 사회'의 기치를 내걸고 동구권 국가를 비롯한 30개국에서 이른바 '민주화'를 지원하는 소로스. 그도 꺼져만 가는 역사적 교훈의 불씨를 되살리려 한 것일까?

'파블릭 숨기기' 또는 '파블릭에 대한 침묵'은 1980년대 후반의 '파블릭 옹호'와 견주어보면 일견 상전벽해의 변화이다. 그러나 정말 변한 것일까?

1980년대 후반이면 글라스노스트 시대였다. 은폐된 과거의 진실과 함께 권력의 추악한 모습을 들추어내는 열기 속에서 이 어린 영웅에 대해서도 의문이 제기되었다. 그러나 의문에 대한 반박도 만만치 않았다. "파블릭 모로조프의 삶과 죽음을 둘러싼 모든 것을 자세히 검토한 결과 그를 존경할 수밖에 없게 되었다."[2] 〈피오네리스카야 프라브다〉지는 이것이 '교양인들'의 자유 토론에서 나온 '학문적' 결론이라고 소개했다. "파블릭 모로조프의 이름을 명예의 책에 등재하기로 한 결정은 타당한 것으로 간주되어야 한다."[3] 소비에트 사회의 소년단인 피오네리 조직의 중앙위원회 사무국이 내놓은 공식 성명이었다. 소련 검찰의 입장을 대변하는 한 법조인은 단 한 줄의 자료 인용이나 단 한 명의 증인도 거명하지 않은 채 '파블릭 모로조프 살해에 관한 수사 및 재판에 관한 문서보관서 자료'를 분석한 결과 의문의 여지가 전혀 없다고 강변하였다.[4]

'자료' 접근은 예나 지금이나 권력에 의해 극도로 제한된 실정이다. 소련이 붕괴된 후 KGB 기능의 상당 부분을 계승한 러시아 연방 보안국은 관련 자료의 공개를 거부하고 있다. 한편 스탈린 대숙청의 희생자들과 마찬가지로 파블릭에 대한 살인 혐의자들을 복권시켜달라는 한 인권 단체의 탄원서에 대하여 1999년 4월 러시아 연방 대법원은 유죄 선고에 아무런 하자가 없다고 밝혔다.[5] 비록 소련은 해체되었으나 영웅 창출의 지배 권력은 건재하다고 한다면 지나친 억측일까?

그러나 영웅이 오로지 권력의 욕망에서만 비롯된다고 할 수 있을까? 권력의 필요 못지않게 영웅에게서 대중의 욕망을 읽을 수는 없을까? 파블릭 모로조프 기념관의 큐레이터인 타티야나 쿠즈네초바는 서방 언론의 취재에 응하면서 시사적인 발언을 했다. "아마 그는 영웅이 아니라 단지 자그마한 어린애였을지도 모르죠. 그러나 그 시대에 우리는 영웅들이 필요했어요."[6] 영웅이 필요했고, 그래서 헤아릴 수 없이 많은 영웅들이 만들어지고 넘쳐났던 1930년대, 이른바 '사회주의 건설' 시대의 소비에트 사회! 그 흥미로운 역사적 해역으로 여러분의 순항(巡航)을 권한다.

II. 영웅 시대, 1930년대 소비에트 사회

> 우리 모두 쟁취하고, 장악하고, 개척하려는 것은
> 살을 에는 추위의 북극과 저 푸른 하늘!
> 나라에서 영웅이 될 것을 명령한다면
> 우리 중에서 그 어느 누구라도 영웅이 되는 거야.[7]
> ―1934년 12월에 상연된 뮤지컬 코미디 영화 〈즐거운 녀석들〉에서

1930년대의 소비에트 사회는 진실로 영웅들의 시대였다. 본격적인 '사회주의 건설'의 대변혁 속에서 다양한 유형의 영웅들이 출현하거나 '인위적으로' 창출되어 보통 사람들이 선망하는 대상이 되었다. 기록 경신의 항공기 조종사는 물론이고 과학자와 상당수의 정치 지도자들, 노동자, 농민과 심지어 어린 소년들도 영웅이 되었다. 영화나 노랫말에 나오듯이 일반인들도 영웅이 되는 것을 꿈꾸는 시대였다. 지배 권력은 여러 가지 방식으로 이러한 사회 분위기를 조

너도 영웅이 될 수 있어!

사회주의 근로영웅인 한 영농 지도자가 집단농장의 소녀에게 영웅의 꿈을 심어주고 있다. 전후 경제 복구 시대인 1948년, 다시 1930년대의 영웅주의적인 사회 정서와 기풍이 고취되었다.

장하고 고취하여 적극적으로 대중의 동의를 생산하고 강화하려고 하였다.

당시 '영웅'이라는 단어의 사용이 홍수를 이루었다. 1934년에는 연방 최고 소비에트 간부회의가 국가 공로자에 대한 상훈제도의 하나로서 '소비에트 연방 영웅'이라는 공식 칭호를 제정하였으며, 이어서 1938년에는 경제 · 과학 · 기술 · 생산 분야 공로자를 대상으로 '사회주의 근로영웅' 칭호를 제정하였다. 심지어 각 업무 분야에서 최소 35년 이상 근속한 사람들이 퇴직하고 급료의 4분의 3에 해당하는 연금 혜택을 받는 경우에도 '근로영웅' 칭호를 받았다.[8] 그리고 1930년대에 시작되어 1940년대까지 지속된 출산 장려 정책으로 열 명 이상의 자녀를 양육한 여성도 '어머니 영웅'의 칭호를 받았다.

1. 사회주의 건설을 위한 비사회주의적 에토스

어떻게 사상 최초의 사회주의 국가에서 공식 이념으로 표방하는 마르크스주의의 역사관·사회관과 대척점에 있다고 할 개인 중심적이고 영웅 숭배적인 사회기풍을 고취하고 그 신화 창출에 앞장선 것일까?[9)] 사회주의 건설을 위해 동원된 비사회주의적 에토스라는 역설은 어떻게 설명할 수 있을까?

1930년대 영웅 시대의 이상주의와 낙관주의의 사회적 기조와 함께 동전의 또 다른 한 면을 이루는 것은 흥망의 갈림길에 처한 절박한 생존의식이었다. 자본주의 세력에 의해 포위·고립된 사회주의 성채인 소비에트 연방이 살아남는 길은 오로지 선진 자본주의 세계를 '좇아가 따라잡는' 사회주의의 건설뿐이었다. 사회주의 건설은 공업화와 그 이론적 전제조건인 농업 집단화로 요약되었다.

농업 집단화 추진에 대한 농민층의 격심한 저항은 1932년에 이르러 부유 농민층인 쿨락 박멸 투쟁의 이름으로 거의 분쇄된 상태였지만, 권력은 인민의 자발적인 협력을 유발시켜 그 기반을 좀더 공고하게 해줄 상징이 필요했다. 이 과정에서 '만들어진' 영웅이 바로 '쿨락을 도운' 친아버지를 고발하여 이에 분개한 친족들에 의해서 살해된 소년 파블릭(파벨의 애칭) 모로조프(Павлик Морозов, 1918?~1932년)였다. 그는 혁명이념의 순교자로, 더 나아가 혁명의 미래를 담당할 신세대 소년·아동에게 귀감이 되는 영웅으로 신비화되었다.

한편 1932년부터 제2차 5개년계획에 돌입한 소비에트 연방에게 공업 생산력의 비약적 성장은 절체절명의 과제였다. 특히 오르조니키제 휘하의 중공업 인민위원부에서는 생산 설비와 비숙련 노동력의 막대한 투입으로 인하여 제1차 5개년계획 기간에 이룬 성장에도 불구하고 그 한계를 절감하고 고도의 생산성을 상징하는 표본으로서의 증산왕을 발굴하는 일에 혈안이 되어 있었다. 이 과정에서 창출된 영웅이 도네츠 탄전 지대의 광부 알렉세이 그리고리예비치 스타하노프(Алексей Григорьевич Стаханов, 1905~1977년)였다. 그의 '탁월한' 작업방식이 대대적으로 선전되면서 스타하노프 운동이 전개되고 그의 정신과 행동을 본받아 경공업이나 농업 분야는 물론, 심지어 상업·운송·금융 조직 같은 비생산 분야나 교육기관, 군 조직 같은 비경제 부문에서조차 이른바 '스타하노프 일꾼'이 등장하였다.

가장 모범적인 '스타하노프 일꾼'들은 권력으로부터 안락한 주거시설과 각종 가재도구를 우선적으로 지급받아 품격 있는 소비 생활을 향유하였다. 그리하여 사회 전반적으로 열악한 소비 환경 속에서 생산의 영웅들은 소비의 영웅으로 전환되어 나타나기도 하였다. 그러나 이들은 여기서 그친 것이 아니라 교육을 통해 글을 익히고 고전문학 작품을 읽으며 발레와 연극 공연을 관람하는 교양인으로 거듭나게 되었다. 노동자가 주인이라고 선전되는 사회주의 체제의 살아 있는 자기 증명이었다.

2. 소비에트 사회, 현실과 이상의 간극

또한 1930년대는 이상 사회를 꿈꾸던 시대였다. 당시 소비에트 사회 현실과 이상 사회의 간극은 엄청났지만, 역설적으로 힘겨운 현실과 찬연한 미래 사이의 극명한 대조로 인하여 이상 사회에 대한 꿈은 오히려 더욱 증폭될 수 있었다. 이 당시의 유토피아적 비전이란 사회주의 건설의 바탕을 이루는 공업화와 근대적 기술로 일신된 세계였다. 항공기와 쇄빙선은 이러한 공업기술의 정화(精華)를 상징하였다. 또한 이를 조종하여 꿈의 공간인 창공과 극지로 내닫는 모험심 강한 인물들은 문명에 의한 자연 정복이라는 근대성의 상징이었으며, 그 성취와 기록의 면에서 종종 서방 세계를 능가하여 소비에트 국가와 인민대중의 자랑이 되는 진정한 영웅이었다. 그렇기 때문에 1930년대의 언론도 이러한 영웅들에 대하여, 앞의 두 유형

소비에트 항공기 설계가들
왼쪽부터 라보치킨, 투폴레프, 야코블레프, 미코얀, 일류신. 설계가의 머리글자를 따서 소비에트 항공기 모델은 La, Tu, Yak, MIG, IL 등으로 구분된다. 이들은 모두 사회주의 근로영웅 칭호를 두 번 이상씩 받았다.

의 경우보다 더 많은 보도 지면과 시간을 할애하였던 것이다. 그 중에서도 집중 조명을 받은 영웅은 극지 탐험의 대부 오토 율예비치 슈미트(Отто Юльевич Шмндт, 1891~1956년)와 전설적 조종사 발레리 파블로비치 츠칼로프(Валерий Павлович Чкалов, 1904~1938년)였다.

이 글에서는 1930년대 소비에트 사회에 나타난 세 가지 유형의 영웅들에 관한 신화가 대중의 동참·소비·동의를 유발하는 구조로 지배 권력에 의해 어떻게 생산되었는지에 관하여 살펴보고자 한다. 1930년대가 영웅 시대로 규정될 만한 시기임에도 불구하고 이 시대의 영웅 만들기 전반에 대해서는 아직 본격적인 연구가 이루어지지 못하고 있다. 단지 각 분야 및 한 가지 유형에 대한 연구만이 나와 있는 실정에서 대표적인 세 유형을 묶어서 규명하는 일은 나름대로 시대상을 조망하는 종합적 의미를 지닌다고 본다.[10] 아울러 대내외적인 정세 변화로 야기되는 1930년대 말에서 1940년대까지의 전환 시대 속에서 영웅 숭배 유형에 어떠한 변화가 감지되는지 짚어보고자 한다.

Ⅲ. 소년 영웅, 파블릭 모로조프

여기서 피오네리 파블릭 모로조프의 공훈을 상기하는 것이 적절하다. 그는 가까운 혈육이 쉽사리 사상의 적이 될 수 있음을 이해한 소년이었다.[11]

― 막심 고리키

파블릭 모로조프의 동상을 세울 필요가 있다는 고리키 선생님의 말씀은 옳아요. 이건 반드시 이루어야 해요. 그리고 우리 피오네리는 이 일이 완수될 때까지 결코 쉬지 않을 거예요. 온 나라가 우리를 지원할 것이라고 확신해요. 세계 어디에서 어린이 동상을 세운 나라를 찾을 수 있나요? 해외 어딘가에 딱 하나 있다고 들었어요. 분수대에 서 있는 벌거벗은 소년이지요. 전쟁 중에 누군가 그 동상에 장군의 군복을 입혔다는군요. 이 동상이 우리에게 무얼 말해줄 수 있나요? 아무것도 없어요. 그러나 우리의 동상은 어린이들 모두에게 영웅주의를 불러일으킬 거예요. (박수~) 의장 동무! 이 일을 조직해요! 동상을 세워요! (더 큰 박수~)[12]

— 시베리아 지역 피오네리 소녀 알라 칸시나(1934년 8월 모스크바에서 개최된 제1차 소비에트 작가대회에 참관하여 동상 건립을 위한 모금운동을 발의하며)

1. 벽촌의 인민재판, 영웅 공작소가 되다

파블릭 모로조프 영웅 만들기의 신호탄은 우랄 지역 동북부의 한 농촌(스베르들로프스크 주 타브다 시 인근 게라시모프카 마을)에서 1932년 11월 25일부터 나흘 간 지속된 파블릭 형제 살해 용의자들에 대한 재판이었다. 같은 날 모스크바에서는 공산주의 청년동맹인 콤소몰 중앙위원회 총회가 개최되어 청년들이 당에 이념적으로 헌신할 수 있도록 준비 태세를 강조하였다. 그 후 소비에트 사회의 소년단 조직인 피오네리 중앙사무국 총재 바실리 아르히포프는 "파블릭이 모든 소비에트 아동의 찬연한 모범이 되어야 함"을 선언하였다.[13] 이미 1930년대 초에, 세료자(세르게이의 애칭) 파데예프, 니키타 세닌의 경우에서 나타나듯이, 농촌 각지에서 이웃과 친족에 대한 아동들의 고발 행위가 최절정에 이르고 있었다.[14] 즉 전통적 인간관계보다 이른바 새로운 사회윤리의 가치를 상위에 두는 선구적인 사례가 나타나고 있었던 것이다. 살해된 파블릭은 구사회의 악폐에 물들지 않은 순수성을 지닌 공산주의 이념의 '순교 성인'으로 만들어

신문에 나온 파블릭의 첫 모습, 〈피오네리스카야 프라브다〉 지, 1932년 10월 15일자

'피오네리 모로조프 형제에 대한 야수적 살인', '쿨락의 급습에 학습투쟁으로 일격을 가하자!' 등의 어구가 표제로 자리 잡고 있다. 사진 아래 설명은 '쿨락에게 살해된 피오네르 파블릭 모로조프'로 되어 있고, 왼쪽 하단에는 '쿨락에 대한 프롤레타리아의 반격', 오른쪽에는 '우리의 대응―농촌에 보낼 위문품 모집', '살해된 동무들을 대신하자', '피오네리 살해범들에 대한 최고형을!' 등의 중간 글씨가 보인다.

져 이미 '부활'의 문턱에 와 있는 상태였다.

재판의 진행은 이러한 상황 전개와 맞물려 있었다. 1932년 9월 초 (정확한 날짜는 알 수 없음. 방치된 시신을 수습하고 매장한 날짜는 9월 7일이다) 파블릭이 게라시모프카 촌락의 숲에서 동생과 함께 칼에 찔려 죽은 상태로 발견된 직후 파블릭의 조부모(각각 여든한 살, 여든 살)와 사촌형을 포함한 친족 다섯 명이 살인 용의자로 체포되었다. 불타버린 목조건물로 마을회관이었던 '스탈린 클럽' 자리에 재판정으로 쓰일 회관을 서둘러 새로 짓기 위하여 외지에서 온 목수들이 며칠 간 철야 작업을 계속하였다.

재판이 열리기 여러 날 전부터 노동자들의 시위가 조직되어 피고인들에 대한 사형 선고를 촉구하는 포스터와 전단이 살포되었다. 인근 지역에서 동원된 1천여 명의 아동들이 재판정 밖에서 '살해범' 총살을 요구하는 궐기대회를 가졌으며, 군 통신부대는 500대의 확성기를 옥외에 설치하여 재판정 밖에 운집한 군중이 재판 실황을 청취할 수 있도록 조치하였다. 갑자기 몰려든 사람들을 배려하는 임시 식당이 설치되기도 하였다. 그리고 식대를 지불할 여유가 없는 사람들을 위한 무료 급식소가 가설될 정도였다.

지역신문도 재판의 진행 상황을 연일 상세히 보도하였다. 피고들에 대하여 총살형이 선고되자마자 방청석 뒤에 있던 외지인들이 기립하여 〈인터내셔널 가(歌)〉를 선창하며 참관인 모두의 합창을 유도하였으나 지역 농민들은 가사를 이해하지 못하여 어리둥절해하였다. 거의 모든 방청객이 곧바로 형 집행장으로 이동하여 피고인들의 처형 장면을 목격하여야 했다.[15]

2. 고리키, 파블릭을 사회주의 리얼리즘의 표상으로

이처럼 파블릭의 살해범에 대한 재판이 광풍처럼 휩쓸고 간 뒤, 파블릭에 대한 영웅 만들기 작업과 아울러 제2, 제3의 파블릭을 발굴해내는 추가 재생산 작업이 본격화되었다. 이 과정을 피오네리 및 콤소몰 조직이 주도하였으며, 막심 고리키는 필요할 경우 이론적 토

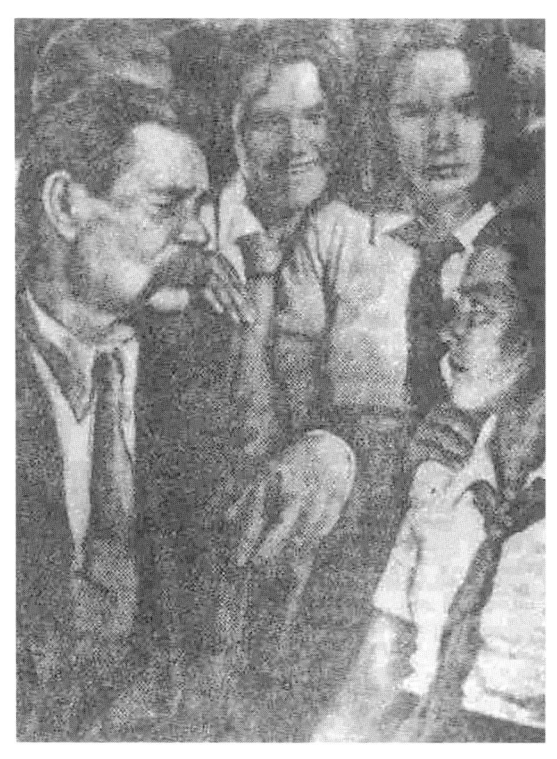

작가대회에 참관한 시베리아 지역 피오네리 소녀들을 접견하는 고리키

대를 제시하거나 모금운동을 지원하는 후원자 역할을 담당하였다. 고리키에 의해서 파블릭 모로조프는 '프롤레타리아 대의를 위한 불요불굴의 투사'로 규정되었다. 피오네리 조직의 기관지 〈피오네리스카야 프라브다〉에 따르면, '파블릭 모로조프' 호로 명명될 비행기 제작을 위하여 수만 루블이 모금되었다. 그의 이름을 딴 탱크 제작을 위한 모금운동도 제안되었다. 특히 고리키가 직접 발의하여 1934

년 8월 모스크바에서 개최된 제1차 소비에트 작가대회에서는 시베리아에서 온 한 피오네리 소녀단원이 혜성처럼 나타나 극적으로 파블릭 동상 건립을 위한 모금운동을 제안하였다. 이에 작가들이 뜨겁게 호응하는 장면이 연출되었다.[16] 그러자 고리키가 500루블의 거금을 쾌척하겠다고 선서하고, 폐막 연설에서 작가들의 발의에 의한 파블릭 동상 건립을 허락해줄 것을 정부에 공식 요청하였다. 당국의 허락이 있은 후 동상 제작자를 공모하였는데, 소비에트 국가의 상징으로 떠오른 영웅상을 자기 손으로 만들고 싶어하는 무수히 많은 조각가들이 쇄도하였다.[17]

고리키를 비롯한 소비에트 문인들이 이처럼 파블릭 동상 건립에 열의를 보인 것은 바로 그가 사회주의 리얼리즘이 표현해야 하는 이상적 인간 유형을 대변한다고 보았기 때문이다. 신구 가치 체계의 충돌에서 혈연이라는 구시대적 유대에 얽매이지 않는 혁명 이념과 윤리의 신봉자! 이것이야말로 당시 지배 권력이 혁명 제3세대, 즉 소년·아동층에서 발견하고자 하는 이상적 인간형과 정확히 일치하였다. 고리키는 자신이 부분적으로 참여하던 지배 권력이 예술 창작활동에 요구하는 것이 무엇인지를 간파하고 작가들에게 사회주의 리얼리즘의 화두를 던진 것이었다. 고리키는 파블릭을 다루는 모든 작품에서 견지되어야 할 주인공의 인간상과 관련된 지침을 작가대회에서 제시하였다. 그에 따르면 해당 작품들이 "우리 어린이들의 가장 좋은 특성과 가장 전형적인 특성"을 보여주어야 하며, "소비에트 아동 세대가 모방할 수 있는 피오네리 이미지"를 창출해야 한다는 것이었다.[18] 이러한 점을 작품에서 충분히 부각시키지 못한 경

 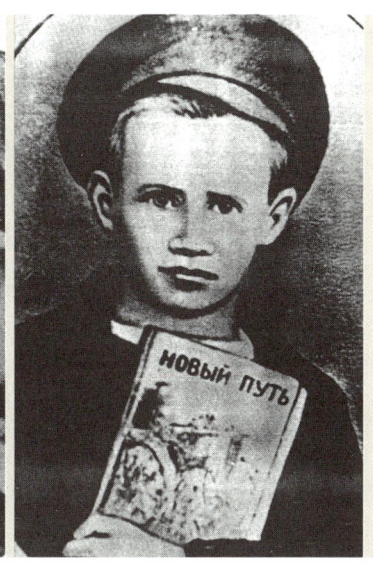

유일한 실물 사진.   수정된 초상(1932년).

우, 파벨 솔로메인 같은 몇몇 전기 작가들은 고리키의 질타를 받아야 했다.

그러나 실제로 일부 작가들이 파블릭 모로조프에 관하여 수집한 자료에 따르면, 그는 피오네리도 아니었던 것 같고 더더욱 그 제복은 입어본 적도 없는 시골 소년으로서, 글도 제대로 읽지 못했을 뿐만 아니라 품행방정의 모범생과는 거리가 멀었다. 더욱이 아버지를 고발한 심리적 동기도 혁명정신에서 비롯된 것이 아니라 어머니와 자기 형제를 버리고 다른 여성과 함께 사는 아버지에 대한 미움 때문이었다. 특히 파블릭의 어머니는 남편이 동거 여인을 떠나 자신에게 돌아오도록 압박을 가하기 위하여 아들을 부추긴 것이었다.[19] 그러나 이 모든 사실은 파블릭의 영웅신화에서 제거되어야 하는 요소들이었다.

이처럼 실재의 시골 소년 파블릭과 영웅화된 파블릭 사이의 인격적 측면에는 상당한 간격이 있었다. 그리고 해가 거듭될수록 실존했던 파블릭과는 전혀 다른 모습의 영정이 제작된 점은 이러한 괴리를 오히려 상징하는 것인지도 모른다. 파블릭에 대한 급우나 교사들의 실제 기억과 소비에트 작가들의 작위적 기억(?) 사이에도 상당한 거리가 있었다. 그러한 면에서 나중에 피오네리의 참배성지가 된 게라시모프카 소재 파블릭 생가 터의 오벨리스크 식 비석에 새겨진 고리키의 말, 즉 "그에 관한 기억이 사라져서는 안 된다."는 매우 역설적

"그에 관한 기억이 사라져서는 안 된다"(막심 고리키)
게라시모프카 소재 파블릭 생가 터에 세워진 오벨리스크. 파블릭은 뒤편 숲 속에서 숨진 채 발견되었다.

이고도 상징적이다.

고리키의 해석에 따라 파블릭에 대한 영웅화 작업은 예술 부문에서도 다양하게 시도되었다. 그에 관한 찬양시, 노래, 영화 등이 이어졌다. 발라시킨은 '파블릭 모로조프'라는 제목으로 교향시를, 크라세프는 오페라를 창작하였다. 농업 집단화 과정에서 신구 세대의 갈등과 파블릭 같은 어린 소년의 결연한 투쟁을 소재로 한 영화 〈베진초원〉은 르제세브스키가 시나리오를 쓰고, 에이젠슈테인이 제작·감독하였다. 그러나 무엇보다 주목할 만한 점은 훗날의 소련 국가(國歌)의 작사자와 작곡자가 각각 파블릭 찬가 제작에 참여하였다는 점에서 상징적이다(소련 붕괴 후 새로운 러시아 연방 국가의 작사자와 작곡자도 동일인들이라는 점은 더욱 상징적이다). 세르게이 미할코프에게 있어서 소련작가동맹 서기로서의 첫 경력이 된 것은 바로 파블릭 모로조프에 관한 최초의 찬가 〈파블릭 모로조프의 노래〉의 작사였다.[20] 알렉산드르 알렉산드로프는 알리모프가 아래와 같이 작시한 〈피오네리 영웅의 노래〉에 가락을 붙여 소비에트 소년·소녀들의 애창곡을 만들었다.[21]

> 우랄 산맥 위 이어지는 삼림
> 수백 년 간직한 아름다움
> 일 년 내 무성한 녹음
> 정상 바위 위로
> 독수리 날고
> 다시 독수리 위로는 비행기 나네.

산 아래 집단농장
우리 동무 자란 곳
그 이름 파벨 모로조프
우리 동무는 영웅
인민 재산 훔치는 아비
용서치 않았네.

칠흑 같은 어둠 속
복수하는 무리
흉탄에 뚫린 가슴
인적 없는 길
숨어 노린 원수
피오네리여 귀대하지 않는구나.

우리는 어린 독수리 지대(支隊)
영용 충일(充溢)
모든 대원의 귀감 모로조프
우리는 영웅 대오(隊伍)
우리 형제 모로조프
피오네리는 그대를 잊지 않으리.

우랄 산맥 숲 속
이슬 걷는 바람

> 귀대하지 않는 영용한 파블릭
> 영웅 되어 떠나가는구나
> 높은 산 아래
> 그대 기리는 우리 노래 울려퍼지네.

　노래는 피오네리가 친근감을 갖는 자연경관으로 시작하여 오래도록 지속된 삼림의 아름다움에 주목하면서 이를 통해 은연중에 '불변'과 '영속'의 가치를 부각시키는 한편, 산의 정상, 비상하는 독수리와 비행기 등의 은유를 통하여 드높은 이상을 강조한다. 실제로 파블릭이 살던 곳은 우랄 산맥에서 동쪽으로 300킬로미터 정도 떨어진 평지이지만, 소년 영웅의 높은 이상을 연상시켜 감동을 주기에는 산악 지형에 대한 묘사가 편리했을 것이다. 영웅을 만드는 이상화 작업에서 사실은 얼마든지 희생될 수 있는 부분이다. 실제 칼에 찔린 파블릭이 노래에서는 총탄에 장렬히 숨을 거두는 것으로 묘사되는 것도 같은 맥락이다. 미래의 강고한 청년조직으로의 발전을 암시하는 '어린 독수리' 지대, 그 일원인 작은 영웅의 죽음에서 난자당하는 처참함을 제거하고 적당한 아우라가 우러나오게 해야 한다. 노래에서는 영웅 만들기의 작위성이 곳곳에 묻어난다. 이것은 작은 영웅들의 재생산을 위해서 불가피한 일이었는지도 모른다.

3. 보라! 달려라! 일러라!

한편으로 영웅적 고발정신을 드높이기 위한 제2, 제3의 파블릭 만들기 작업도 진행되었다. 공식적으로 파블릭이 고발영웅 001호였으나, 이미 유사한 사례가 최소 여덟 건이 있은 뒤였다. 다만 파블릭이 피살된 시점이, 대대적 테러를 강화하려는 공안 당국이 소년 영웅을 만들어낼 수 있었던 최적기였으리라고 생각된다. 파블릭 살해 사건에 대한 재판이 진행되던 바로 그 시기에 쿠르간 주의 콜레스니코보 마을에서 콜랴(니콜라이 애칭) 먀고틴이라는 아동이 동네 주정뱅이를 고발한 것에 대한 보복으로 피살되었다. 그는 콤소몰 중앙위원회 피오네리 명예 인명집에 파블릭 다음으로 고발영웅 002호로 기록되었다.[22] 같은 해 다른 아동 두 명이 더 보복 살해되었다. 이후 해마다 유사한 이유로 아동들이 피살되었다(1933년 6명, 1934년 6명, 1935년 9명). 고리키는 1935년 문인 - 작곡가 - 영화감독 연석회의에서 "이미 많은 피오네리가 살해되었다."고 비감하게 언급하였다.[23]

고발영웅 재생산 작업의 가장 상징적 예는 알래스카와 마주한 추코트 주 출신의 소년 야트이르긴이다. 그는 자신이 고발한 사람의 동조집단에 의해 구타당하고 도끼로 찍힌 후 구덩이에 던져졌다. 가해자들은 썰매를 이용하여 알래스카 방면으로 도주하였다. 야트이르긴은 죽지 않고 구덩이에서 기어나왔다. 피오네리 총재는 야트이르긴을 '파블릭 모로조프'로 개명하도록 하고 새 이름의 신분증을 받도록 주선하였다. 이후 야트이르긴은 '살아 있는' 파블릭 모로조프가 되어 모스크바에서 교사 및 당원 생활을 하였다.[24]

스탈린 시대에 고발 행위에 대한 보복으로 피살된 아동은 확인된 경우만 56명에 이른다.[25] 이들은 파블릭의 뒤를 이어 전원 피오네리 영웅이 되었다. 지역별로 이들에 관한 책, 이들의 이름을 딴 거리, 공원, 도서관, 피오네리 궁전이 등장하였다. 피오네리 근위대의 슬로건은 '보라! 달려라! 일러라!'였다.[26] 피오네리에게 강조된 덕목은 경계심(이른바 혁명적 민감성)과 고발정신, 그리고 희생정신 등이었다. 이러한 덕목의 강조와 영웅화 작업은 당시 확충일로에 있는 피오네리 조직에 매우 긴요한 일이었다. 1934년에 670만 명이었던 피오네리 조직은 1939년 1,100만 명으로 급성장하였다.[27] 지배 권력은 사회주의 건설 과정에서 기성 세대(혁명 1, 2세대 : 1917년 혁명 당시 성년, 미성년 세대)를 압박하고 더 나아가 미래의 주역이 될 아동세대(혁명 3, 4세대 : 1917년 혁명 이후 출생한 세대)의 광범한 동의를 확보하기 위한 차원에서 파블릭 모로조프에 관한 영웅신화를 창조하고 지속적 형태로 이를 재생산하였던 것이다.

왜 스탈린 체제의 지배 권력은 각별히 소년·아동들을 지목하여 권력의 지지 집단으로 묶어두려고 그토록 집착했던 것일까? 그것은 아마도 예민한 감수성을 지닌 그들이야말로 권력이 요구하는 새로운 가치체계를 내면화하여 미래에 자신들의 욕망과 결부시킬 수 있으며, 그리하여 체제의 호소에 확고한 동의로 호응할 가능성이 가장 높은 집단이었기 때문일 것이다. 여기서 우리는 이러한 목표를 위하여 가족관계 같은 사적 영역에서조차 새로운 가치를 내걸고 침투하려는 권력의 욕망을 읽을 수 있다.

IV. 교양화된 노동영웅, 스타하노프

나는 혁명 이전의 노동자들, 즉 바쿠 사람들, 페테르부르크 사람들을 압니다. …… 이런 사람들은 이제 우리에게 없습니다. 여러분이 마음에 두고 있는 사람들은 스타하노프, 부스이긴, 스메타닌, 두샤 비노그라도바, 마루샤 비노그라도바 등입니다. …… 이들은 어디에서 나타난 것일까요? 하늘에서 천사들이 내려온 것입니까? 예, 만일 신에게 이러한 천사들이 있었다면, 정말 이들과 함께 세계를 창조할 수 있었을 것입니다. …… 오로지 혁명만이 이들을 탄생시킬 수 있었습니다. 오직 혁명만이 노동자의 모습을 근본적으로 바꿀 수 있었습니다. …… 대체 사회주의가 무엇입니까? 어떤 사람들은 사회주의란 무쇠와 강철이라고 생각합니다. …… 사회주의란 사람들입니다. 스타하노프, 구도프, 비노그라도바 자매, 이들이 사회주의입니다. 책에 나오는 사회주의가 아니라 진정한 사회주의입니다.[28]

— 오르조니키제의 1935년 11월 18일 기자 간담회 발언

1935년 8월 30일에서 31일에 이르는 밤에 채탄 세계 기록을 수립한 후, 내게는 여러 도시의 이런저런 사람들에게서 많은 편지들이 오고 있다. 그 동무들은 나의 생애에 관하여 물어보며 내가 어떤 인간인지에 대하여 관심을 갖고 있다. 정확한 주소를 모르는 탓에 많은 편지들의 겉봉에는 그저 '도네츠의 스타하노프에게'라고만 적혀 있다. 그러나 우체국은 이미 나를 알고 있다.[29]

― 스타하노프의 자서전 중에서

채탄부 스타하노프의 기록 9월 1일 스탈리노 발(프라브다 통신원). 카디예프카 시 중부 이르미노 광업소 소속 채탄부 스타하노프 동무는 제21주년 국제청년의 날을 기념하여 채굴기 작업 노동생산성 전국 신기록을 수립하였다. 여섯 시간 동안의 조별 작업에서 스타하노프는 광업소의 일주야 산출량의 10퍼센트에 해당하는 102톤의 석탄을 채굴하고 200루블의 소득을 올렸다. 단번에 스타하노프 동무는 이제껏 채탄의 달인으로 알려진 그리신, 스비리도프, 무라시코를 모두 능가하였다.[30]

― 1935년 9월 2일자 〈프라브다〉 지

스타하노프

유화, 레오니드 코틀랴로프 작, 1938년.

1. 생산현장의 영웅들, 기록으로 말하다

1932년 제1차 5개년계획이 완수된 시점에서 기계(생산설비)와 인간(노동) 사이의 관계는 순수한 경제적 측면에서뿐만 아니라 문화적·미학적 측면에서 문제점을 지니고 있었다. 우선 후자의 측면에서 볼 때 제1차 5개년계획 시기의 문화적 에토스는 아이러니컬하게도 생산현장에서 영웅의 역할을 최소화하거나 심지어 소멸시키는 경향을 띠었다. 이 시대의 문화는 기계 자체를 '굴종적으로' 이상화하면서 영웅을 기술로 대체하였다. 영화와 소설에서 거대한 용광로나 트랙터는 이를 운용하는 인간보다 더 영웅적으로 다루어졌다. 미학적 의미에서 소비에트 사회는 힘이 넘치는 거대한 기계가 되었으며, 그 속에서 개개의 인간은 하찮은 부품 정도로 축소되었다.[31] 물론 1920년대 신경제정책 시대에도 노동자와 농민이 언론에서 찬미된 것은 사실이나, 그것은 집단적 존재로서의 노동자와 농민을 의미하는 것이지 영웅적 존재로서의 개인을 염두에 둔 것은 아니었다. 1932년의 제2차 5개년계획과 더불어 이 모든 것에 대한 반작용이 일어나면서 왕성한 영웅 숭배의 사회 기풍을 조성하였다.

경제적 측면에서 제1차 5개년계획 시기에 노동력 및 생산 설비의 엄청난 투입으로 공업 산출량이 증대한 것은 사실이었다. 하지만 장비 운영에 서툰 미숙련 노동의 비중이 커서 기계 손상과 안전 사고가 속출하였다. 1932년에 봉착한 커다란 문제는 제2차 5개년계획의 목표를 달성하기 위해서는 추가적인 800만의 노동력이 필요하였는데, 이는 일순간에 노동 인구를 배로 늘려야 한다는 비현실성을 드러내는 것이었다. 중앙 정부도 이를 인식하고 생산성을 높이기 위한 방안을 모색하고 있었다.[32] 생산 설비에 대한 효과적인 운용과 함께 작업 시간의 합리적인 이용으로 비약적인 증산을 달성하는 노동 현장의 영웅 모델이 필요했고, 이것이 없다면 '만들어내어야' 하는 상황이었다.

1935년 8월 30일 밤부터 다음 날 새벽까지 우크라이나 도네츠 지역 탄광에서 스타하노프라는 이름의 광부가 102톤의 석탄을 채굴하여 작업 할당량의 열네 배를 초과했다는 소식이 전해졌다. 스타하노프의 업적은 9월 8일에 중앙 일간지인 〈프라브다〉에 '개별 경쟁에서 집단 경쟁으로'라는 표제와 함께 보도되었고, 다음 날에는 스타하노프의 사진이 게재되었다. 9월 11일부터는 '스타하노프 운동'이라는 용어가 등장하여 스타하노프에 대한 영웅화 작업과 아울러 그가 보여준 작업 원리의 확대 적용이 본격적으로 시작되었다.

스타하노프 운동의 초기 국면을 견인한 것은 각 부문에서 쏟아져 나온 기록들이었다. 1935년 9월 10일 고리키 시 소재 몰로토프 자동차 공장에서 알렉산드르 부스이긴은 675개의 크랭크 축 주조로 규정된 표준 작업량을 초과하여 966개를 주조하는 대기록을 수립하였다. 그는 자신의 작업 과정을 좀더 합리적으로 조직하여 9월 11일부터 17일까지 매일 1,000개 이상의 크랭크 축을 주조해냈다. 9월 13일 모스크바 소재 오르조니키제 기계 공작소에서 이반 구도프는 적용 기술을 바꾸고 절단 속도를 높여 표준 작업량을 410퍼센트 달성한 후, 계속적인 기술 혁신을 통해 표준 작업량의 9,000퍼센트를 달성하는 기염을 토했다. 9월 21일 레닌그라드 소재 스코로호트 제화 공장에서 니콜라이 스메타닌은 1,400짝의 구두를 제작하여 그때까지 세계 기록인 체코슬로바키아 바티 공장의 1,125짝을 돌파하였으며, 10월 6일에는 1,860짝으로 자신의 기록마저 경신하였다. 기관사 표트르 크리보노스는 기관 가열을 증대시켜 증기압을 높임으로써 슬라반스크–로조바야 간 기차 운행에서 표준 속도인 시속 24킬로미터를 초과하여 시속 40킬로미터 이상의 속도를 낼 수 있었다. 아르한겔스크 소재 제재소의 바실리 무신스키는 효과적인 톱질 기법을 숙고한 끝에 표준 작업량인 95세제곱미터를 초과하여 221세제곱

미터의 기록을 달성함으로써 이 방면의 선진국인 스웨덴의 수준을 능가하였다.

여성 근로자들의 기록도 경이로움의 대상이 되었다. 마리야 뎀첸코는 사탕무 재배에서 두각을 나타냈다. 그녀는 자신이 지도하는 협동농장원들로 하여금 경작지 곳곳에 모닥불을 피워올리게 해 연기로 냉해를 극복해나갔다. 당시 일반적인 작황은 헥타르당 5,000 킬로그램 정도였는데, 그녀는 이미 1934년에 2만 3,450킬로그램의 수확을 달성하였고, 1935년에는 헥타르당 2만 6,150킬로그램의 수확으로 신기록을 수립하였다. 〈프라브다〉지는 특집기사를 실어 "마리야 뎀첸코는 스타하노프가 도네츠에서 이룩한 것과 똑같은 것을 사탕무 재배 집단농장에서 이룩하였다. 마리야 뎀첸코의 방법은 스타하노프의 방법과 마찬가지로 널리 알려져야 한다."라고 평가하였다.

파샤 안겔리나는 트랙터 운용에서 역량을 보였다. 당시 여성 트랙터 운전자는 상대적으로 소수였는데, 안겔리나는 여성 기사들로 이루어진 트랙터 작업반을 7개 집단농장에서 운용하면서 각 대원이 농사철마다 800헥타르에 육박하는 면적의 밭을 갈 수 있도록 지도하였다. 안겔리나 자신의 밭갈이 면적은 1,000헥타르에 육박했다. 그 후 트랙터 운용 및 정비 방식에 대한 지속적인 개선에 힘입어 안겔리나 작업반의 각 대원은 1935년에 이르러 평균 1,225헥타르의 밭을 갈게 되었다. 이바노프 주 비추가 시 소재 노긴 방직공장에서 방직공 예브도키야 비노그라도바와 마리야 비노그라도바는 처음에는 각각 16대의 자동 방직기를 운용하다가 1935년 5월에 이르러 70

대를 운용함으로써 전국 기록을 수립하였고, 10월 1일에는 100대를 운용함으로써 사실상의 세계 기록을 수립하게 되었다.[33]

이렇게 동시다발적으로 나타난 생산의 신기록은 근로자들 사이에 선의의 경쟁으로 나타나 이른바 '사회주의적 경쟁'의 새로운 단계를 열었다. 크랭크 축, 휠캡, 피니온 톱니바퀴 생산에서 파우스토프, 벨리크자닌은 부스이긴과 더불어 서로의 기록을 무너뜨려가며 경쟁하였다. 모스크바 소재 부레베스트니크 제화 공장의 필립포프는 스메타닌의 기록을 경신하였다. 다시 그 기록을 돌파한 것은 시도로프였으며, 스메타닌 자신이 또 다시 신기록을 수립하였다. 오딘초바는 방직기 운용 대 수에서 두 명의 비노그라도바를 능가하였다.[34]

그러나 무엇보다도 가장 상징적 의미를 지닌 것은 스타하노프 자신이 신기록을 수립하였던 광업소에서 나타난 연속적인 기록 경신이었다. 스타하노프의 기록 수립(102톤) 이후 불과 며칠 만인 9월 3일 듀카노프는 115톤으로 신기록을 세웠고, 9월 5일에는 콘체달로프가 125톤을 채탄하였다. 며칠 후 스타하노프 자신이 175톤을 채탄하였고, 그 후 227톤까지 자신의 기록을 끌어올렸다.[35]

이러한 연속적인 기록 수립의 의미는 바로 스타하노프가 고안한 합리적 작업 방식과 원리를 숙련된 기술의 동료들이 그대로 적용하였기에 가능했다. 이들이 처음에 연속인 기록 도전에 나선 한 가지 이유는 광업소의 채탄부 대부분이 스타하노프의 작업 결과를 도무지 믿으려 하지 않았기 때문에 새로운 작업 방식의 효율성을 입증하기 위해서였다. 스타하노프는 채굴 단층의 수를 줄이고 각 단층의 공간을 더욱 길게 확보해야 하는 점을 역설하였고, 무엇보다도 작업의 연속성을 강조하였다. 막장꾼마다 채탄 작업과 갱도 버팀목 설치 작업을 병행하는 종래의 방법을 개선하여, 채굴기를 연속적으로 가동할 수 있도록 두 작업을 세 사람에게 분담시켜 가장 숙련된 광부 한 명이 채탄 작업에 전념하고 나머지 두 명은 분쇄된 석탄 덩어리를 뒤쪽으로 운반하며 한편으로 갱도에 버팀목을 설치하는 치목 작업을 담당하였다.[36] 따라서 이 당시 채탄부의 기록은 정확히 말해서 세 사람의 협동작업의 결과라고 할 수 있다. 스타하노프는 이 사실을 숨긴 적도 없고 공공연히 언급하였음에도 불구하고, 당시 언론 보도에서는 채탄부 한 사람의 업적처럼 취급되었고 그 결과 점차 그릇된 통념이 형성되었다. 즉 학생들마다 1935년 8월 30일에서 31일의 기록을 스타하노프의 단독 업적으로 수치와 함께 앵무새처럼 되뇌게 되었던 것이다.[37]

영웅신화의 형성 과정에서 전형적으로 나타나는 현상이었다. 스타하노프와 그의 일꾼들은 스탈린의 치하를 받고 전국의 생산현장을 순회하며 노동자들을 대상으로 혁신적 작업방식에 대한 강연 활동을 벌였다. 1935년 11월 14일 제1차 전국 스타하노프 일꾼 대회에서 스타하노프가 행한 강연의 제목은 바로 '나의 방법'이었다.

노동영웅으로서의 스타하노프 또는 그의 작업 방식과 원리를 실천하는 스타하노프 일꾼과 결부된 이미지는 작업 계획 및 실행에서의 합리성과 그 결과로서 즐겁고 격조 있는 휴식과 소비와 여가를 누리는 교양 내지는 품격이어야 했다. 이 점에서 증산운동의 선구라고 할 수 있는 '돌격대'가 지닌 이미지와는 달랐다. 돌격대의 작업은

능률적인 작업방식에 대하여 순회 강연 중인 스타하노프.

생사를 건 전투처럼 또는 그러한 심성으로 진행되는 것을 이상으로 삼았다. 돌격대원들이 누리는 영예는 큰 것이었지만, 그 물질적 혜택은 대단치 않았다. 이러한 노동영웅상의 변화는 이미 스타하노프의 등장 1년 전부터 기업 경영자들의 요구 속에 나타나고 있었다. 탈진하도록 미친 듯이 일하는 것은 공산주의적 열정이 아니라 '낙후성'의 증좌로 간주되었다. 리드미컬하게 일하고 작업 시간을 초과하지 않으면서도 작업 과제를 완수하고, 작업하지 않을 때는 주기적으로 영화를 감상하고 스포츠를 즐길 줄 아는 것이 이상적이고 모범적인 노동영웅의 이미지가 되었다.[38] 스탈린은 스타하노프 운동이 무엇보다도 제2차 5개년계획의 성과인 '즐거워진 삶'을 반영하는 것이라고 다음과 같이 강조하였다.

> 동무들! 삶은 더 나아졌습니다. 삶은 더 즐거워졌습니다! (중략) 삶이 즐거울 때 일도 빨리 진행됩니다. 규정 생산량이 높아집니다. 따라서 남녀 노동영웅들이 나옵니다. 무엇보다 이것이 스타하노프 운동의 뿌리인 것입니다.[39]

여기에는 스타하노프 운동을 바라보는 서방 측의 부정적 시각을 의식해서 운동의 합리적이고 선진적인(?) 성격을 강조하려는 소비에트 권력의 의도가 드러난다. 1935년 말에 스타하노프 가정을 방문한 미국의 한 여성 언론인은 "기록 수립 후 몸이 힘들지 않은가?" 또는 "건강이 악화된 것은 아닌가?"를 집요하게 물어보기도 하였다. 스타하노프는 외국 노동자 대표들과 만나는 자리에서 자신의 작업은 체력이나 근력의 문제가 아니라 합리적인 사전 작업 계획의 문제임을 다음과 같이 강조한 바 있다.

> 국외에서는 모두 내 기록이 내 자신의 강한 체력 탓이라고 멋대로 얘기하고 있다는 것을 안다. …… 체력 때문이 아니다. …… 요즘에는 100톤을 채탄하는데 예전에 14톤을 채탄할 때보다 덜 피곤하다. 오히려 요즘 일이 더 쉽고 더 단순하다. 나는 석탄을 분쇄·채굴하고 치목공은 버팀목을 설치해서 일은 막힘 없이 진행된다.[40]

2. 소비와 교양의 영웅으로

이러한 작업원리에 입각한 스타하노프 일꾼들은 생산 부문에서처럼 문화와 교양 부문에서도 모범이 되어야 할 의무가 있었다. 이에 따라 스타하노프를 비롯하여 부스이긴, 듀카노프, 이조토프, 크리보노스, 마자이, 예브도키야 비노그라도바, 마리야 비노그라도바와 같은 노동영웅들에게는 이러한 품격이 유지되도록 당국으로부터 고급 아파트와 축음기, 재봉틀 등을 지급 받는 등 물질적 혜택이 보장되었다. 나아가 이것이 다른 노동자들에게는 선망의 대상이 되어 작업에서 동기 유발 효과를 낳기도 하였다.

그러나 동시에 시기와 불만의 대상이 되기도 해서 구타를 당하거나 작업기계를 파손당하는 경우가 없지 않았다.[41] 당국은 이러한 행태의 원인이 '소수' 가해자들의 '낙후성'에 기인하는 것으로 매도하였다. '다수' 노동자의 경우, 예를 들어 1938년 1월에 발표된 조사 결과에 의하면 전체 노동자의 75퍼센트가 스스로를 스타하노프 일꾼으로 생각한다고 나타났다.

이러한 수치가 고급한 소비에 대한 열망을 의미하는 것은 아닐까? 실제 스타하노프 일꾼 속에서도 차츰 여러 등급이 존재하여 물질적 혜택과 관련하여볼 때 거의 유명무실한 경우도 적지 않았다.[42] 이러한 상황에서 오히려 이들의 불만을 무마하고 '가까운 미래에 실현 가능할 것이라는' 희망을 심어주기 위하여, 가장 탁월한 스타하노프 일꾼들의 소비 실태와 안락한 주거 환경이 노동자 잡지에 빈번히 등장하였다.

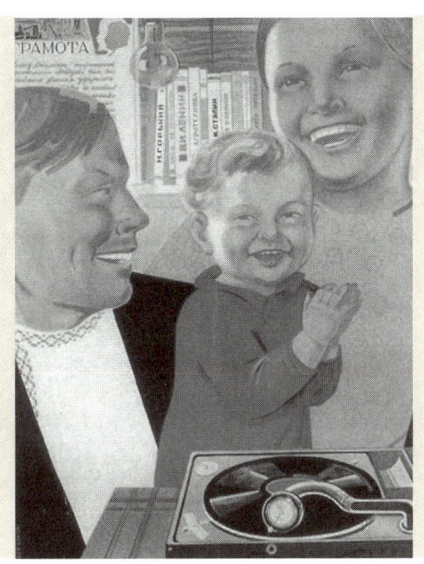

생산영웅에서 소비영웅으로!
스타하노프 일꾼들의 안락한 생활을 예고하는 포스터. 트랙터 운전 돌격대원에 대한 표창장, 농촌의 모습을 일신한 전등, 무엇보다도 모범 일꾼들에게 수여된 상징적 물품인 축음기, 이를 둘러싼 행복한 가족, 그리고 서가에는 영농 서적뿐만 아니라 교양을 상징하는 이념 서적과 고리키의 작품 등이 보인다.

알렉산드르 부스이긴은 회고록에서 자신의 쾌적한 아파트와 교양 있는 문화 생활을 묘사하였다.

> 나는 지금 공산당사를 공부하고 있다. 밤의 정적 속에서, 차분하게 한 줄 한 줄, 한 단락 한 단락 읽어 내려간다. 수십 개의 질문이 새로운 생각과 더불어 떠오른다. 나는 그것을 적는다. 내가 책을 갖고 공부하면서 이런 방법을 실행하기 시작한 것은 극히 최근의 일이다. 당신이 책을 갖고 스스로 공부할 때, 당신이 한 줄마다 생각할 때, 당신은 볼셰비키적 사고방식을 배운다고 느낄 것이다.[43]

대중영웅의 시대

"사회주의 나라에서 누가 명망 있고 존귀한가"라는 표제 하에 최고 소비에트 대의원으로 선출된 스타하노프, 츠칼로프, 구도프, 그리고 예브도키아 비노그라도바 같은 대중영웅들이 전면에 부각된다. 대조적으로 하단에 한때 존귀하다고 생각했던 구지배 계급의 왜소한 모습들이 보인다. 중앙에는 다음과 같은 스탈린 어록이 인용되어 있다. "재산이나 출신 민족이나 남녀 성별이나 근무 환경이 아니라, 각 시민의 개인적 능력과 노동이 자신의 사회적 위치를 규정한다."

부스이긴의 회고는 자기 사생활의 두 측면을 말해준다. 하나는 좀더 높은 소비 생활의 수준이고, 다른 하나는 자의식과 관련된 고상한 정신 생활이다. 한편 부스이긴의 아내는 글을 읽을 수 없었지만 남편의 위상에 걸맞는 교양 있는 생활을 유지하기 위하여 당국이 배정해준 가정교사와 경험이 풍부한 육아학 박사의 주기적인 방문 교육을 통해 어떻게 자녀를 교양 있게 키울 것인지에 대하여 조언을 구하였다. 그리고 이것은 노동자 신문에 소개되었다. 교양 있는 문화 생활을 위한 부스이긴 부부의 노력은 당사자들의 입장에서는 오히려 대단히 고생스러운 것이었는지도 모른다. 또 보기에 따라서는 가식적인 것이었는지도 모른다.

이런 영웅들에게는 구술을 받아적어 회고록으로 만들어주는 전속 작가도 배정되어 있었다. 부스이긴처럼 스타하노프도 두 권의 회고록을 출판했다. 적어도 후자의 경우, 집필 과정에 도움을 준 작가를 밝히고 있음에도 불구하고, 직접 집필했을 가능성에 대하여 의심하는 시각도 존재한다.[44]

이처럼 육체노동자 출신의 영웅이나 스타하노프 일꾼에 관해서는 그들의 합리적인 작업시간 배분을 포함한 계획 실행과 그로 인한 산출 결과에 대한 내용 못지않게, 회고록 형식이나 신문 보도를 통하여 얼마나 쾌적한 소비 생활과 전 인격적인 문화 생활을 지배 권력이 보장해주는가 하는 점이 강조되었다. 다시 말하면, 영웅이 누리는 물질적·정신적 소비 생활의 묘사를 권력은 영웅신화의 주요 부분으로 생산하여 부단히 유통시켰던 것이다.

대중 속에서 일어나는 영웅신화의 소비 현상은 한 평범한 노동자가 스타하노프에게 보낸 다음과 같은 편지 속에도 잘 나타난다.

> 평범한 광부의 이름이 전 세계적으로 영예롭게 된 것이 무척 기쁩니다. 또한 그가 우리 인민의 위대한 지도자들과 만나고, 경애하는 스탈린 동무와 스스럼없이 이야기 나누는 것이 너무 기쁩니다. 당신이 스탈린 동무와 담소할 때면 나 자신이 그분과 대화하는 것 같습니다. 그리고 그분이 더 가까

이 계신 것 같습니다. 비록 그분을 초상화에서만 볼 수 있고, 그분에게서 수천 킬로미터 떨어져 있지만.[45]

무엇보다도 스타하노프 일꾼들은 1930년대의 공업화-도시화에 수반된 사회 신분의 상향적 이동이라는 구조와 함께 평범한 사람들 속에서 대두하는 이른바 대중영웅이라는 점에서 대중의 욕망을 상징하고 있었다. 이러한 영웅화 작업을 통해서 지배 권력은 지도자 숭배에 이르는 중요한 통로를 확보하기도 하였다.

V. 극지와 창공의 영웅, 슈미트, 츠칼로프

북극 밤의 칠흑 같은 어둠 속에 이제 인간 지성의 태양이 밝게 빛난다.[46)]
— 막심 고리키

슈미트 동무, 제발 북극에서 일할 수 있도록 저도 데려가 주십시오. 북극 근무는 제 필생의 꿈이었습니다. 전 이미 열아홉 살입니다![47)]
— 슈미트에게 보낸 한 학생의 편지

우리는 그를 사랑하였다.
그가 우리 각자의 삶의 일부인 것처럼,
마치 우리 각자가 개인적으로 그와 친구였던 것처럼,
마치 우리 각자가 그와 함께
술잔을 기울이며

밥상에 같이 앉아

거침없는 이야기를 나누었던 것처럼.[48]

— 츠칼로프의 죽음을 애도하는 알렉산드르 트바르도프스키의 시

"당신은 돈이 많습니까?"
"그렇소, 나는 매우 부유합니다!"
"몇백만이나 갖고 계시죠?"
"1억 7천만입니다!"
"1억 7천만 루블? 아니면 달러?"
"1억 7천만 인민입니다!"

그들 모두는 나를 위해 일하고, 나 또한 그들을 위해 일합니다.[49]

— 런던 기자회견에서 한 미국 기자와 츠칼로프의 대화

1. 승리에서 승리로

1930년대 소비에트 언론과 대중적 열망의 중심에 자리한 것은 바로 북극을 탐험하고 창공에 도전한 영웅들이었다. 무엇보다도 이 분야에서 지배 권력은 영웅신화를 대량 생산하고 유통시켰고, 대중은 열광하며 이를 적극 소비함으로써 또한 재생산하였다. 이 분야에서 극지 탐험의 대부 오토 슈미트와 전설적 조종사 발레리 츠칼로프가

"소비에트 나라의 선장은 우리를 승리에서 승리로 인도한다!" (1933년)

전면에 있었지만, 1930년대는 이러한 주연에 못지않은 빛나는 조연들로 가득한 영웅열전의 시대였다. 또한 여러 영웅에 의한 새로운 성취와 기록 경신이 쉼 없이 이어지는 영광과 승리의 시대였다. 이 시대를 상징하는 표어는 '승리에서 승리로', 즉 한 번으로 끝나는 승리가 아니라 연속되는 승리였다.

극지 탐험과 항공은 모두 나름대로의 근대적 함의를 지닌 경우로, 사회주의적 미래의 찬연한 이상향으로 전진하는 소비에트 연방의 이미지를 풍요롭게 창출할 수 있는 분야였다. 우선 극지 탐험에서는 자연 정복과 자원 개발의 대의와 염원이 서려 있었다. 소비에트 인민대중에게도 존경받았던 노르웨이의 탐험가 난센(Fridtjof

Nansen)은 북극 탐험을 '인류의 천재들'이 전개하는 '미신과 암흑에 대한 가장 숭고한 투쟁'으로 규정하였다. 그러나 정작 그 자신이 이토록 신성화한 북극 탐사의 꽃인 극점 정복을 이루지 못하였고, 더욱이 경제 대공황의 늪에서 허덕이는 서방 세계에서는 꿈도 꾸지 못할 상황이었다. 자본주의 세계를 '추격하고 추월'하여 상대적 우위를 증명하려는 소비에트 권력과 대중에게 북극점 정복은 커다란 상징성을 지녔다. 극지 탐험가인 이반 드미트리예비치 파파닌(Иван Дмитриевич Папанин)은 1939년 3월에 열린 제18차 당 대회에서 소비에트 연방을 쇄빙선에 비유하였다. 그리고 이 쇄빙선의 선장은 강철 같은 의지로 온갖 난관을 극복하고 항진하는 스탈린이라고 하였다.[50]

또한 여러 번에 걸친 탐사 결과 북극권 안팎의 툰드라 지대와 북부 시베리아 지역에는 화석 연료나 고가의 광물자원이 풍부하게 매장되어 있다는 것이 밝혀져, 그 개발이 경제 발전에 긴요하다는 인식이 증대하였다. 그러나 광물 매장지까지의 육상 통로 개척은 말할 것도 없고, 혹한과 악천후로 인하여 접근조차 쉽지 않은 상태여서 장차 채굴 장비와 채취 광물의 대량 운송을 가능케 할 북빙양 항로 개척이 시급한 과제로 떠올랐다. 요컨대 북극 탐사는 국위 선양과 경제 개발의 차원에서 모두 중요한 국가적 의제에 포함되어 있었던 것이다. 이러한 점을 명백히 인식한 스탈린의 적극적인 예산 및 장비의 지원을 받아 이 업무를 총괄한 것이 슈미트였다.

비행과 항공 분야가 지닌 함의 역시 복합적이었다. 하늘을 난다는 것은 인류사의 오랜 비원이었다. 그러나 본격적인 항공의 역사가 시

투쉬노 비행장 에어쇼를 참관하는 스탈린과 정치국원들
소비에트 지도부의 항공에 대한 비상한 관심과 대중의 열광, 창공에서 펼쳐질 모험과 과학기술의 꿈 등의 메시지를 전달한다.

작된 것은 극히 최근의 일이었다. 항공기를 생산한다는 것이야말로 선진국 경제와 최첨단 기술 수준을 상징하는 것이었고, 사회주의 조국을 수호해야 하는 과제에 직면한 소비에트 연방에게는 우월한 국방 잠재력을 극명하게 보여주는 일로 국민적 자부심과 직결돼 있었다. 더하여 비행기를 조종한다는 것은 인간의 모험심과 의지력, 그리고 판단력의 정수를 의미하였다. 여기에 비행 무대인 하늘은 무한한 꿈의 공간과 미래라는 상징적 이미지를 지녔다. 이러한 점은 이 당시 예술과 문학에도 풍부한 소재를 제공하였다. 이처럼 비행과 항공은 근대와 이상주의가 절묘하게 어우러진 분야로서, 시대 상황과 관련하여 소비에트 인민대중에게는 매우 의미심장하게 다가왔다.

당시 사회의 에토스가 이를 반영한다. 미술과 포스터의 핵심 주제가 하늘이나 비행과 관련된 것이었다. 학생들 사이에서는 모형 항공기 제작의 열풍이 일었고, 일반인들 사이에서는 글라이더나 기구 비행을 위한 동호인 클럽이 결성되었을 정도였다. 무엇보다도 이 당시 각 도시마다 건설된 문화-휴식 공원의 빠뜨릴 수 없는 시설이 낙하산 점프대였다. 세계 최대 항공기 '막심 고리키' 호가 제작되고 정기적으로 모스크바 상공을 선회하는 유료 시승회가 소비에트 대중의 인기를 끌었다. 스탈린과 지도부는 항공 분야에 비상한 관심과 지원의 열정을 보여주었다. 비행 및 낙하 시범대회에는 늘 스탈린을 비롯한 정치국원들이 참석하여 조종사들과 함께 대중의 환호를 받았다. 츠칼로프가 신형 전투기를 시험 비행하다가 사망하자 소비에트 정부는 국장을 선포하고 스탈린 자신이 직접 시신과 동행하는 장송위원이 되었다. 전국적으로 깊은 애도의 물결이 넘쳤다. 요컨대 비행과 항공은, 그리고 그 꽃인 조종사 영웅들은 소비에트 인민대중의 사고와 생활의 중심에 있었다. 이것이 바로 1930년대 영웅신화가 창조되고 소비되는 비옥한 토양이었다.

2. 소비에트 연방 영웅들의 탄생

이러한 비행·항공 부문과 북극 탐험 부문이 1934년 '첼류스킨'

극지 탐험가 오토 슈미트

호 탑승자 구출작전에서 극적으로 결합됨으로써 대중이 열광하는 폭발적 상승작용을 일으켰다. 이러한 사회 분위기 속에서 최초로 공식적 호칭을 갖는 소비에트 연방 영웅들이 탄생하였다. 이후 슈미트의 각종 프로젝트 개발로 북극 탐험은 항공 부문과 더욱 긴밀히 결합되었다. 예를 들면 항공기를 이용한 탐험대의 북극점 도달이나 극점 상공을 통과하는 북극 횡단 비행 등이었다. 이러한 야심 찬 계획은 스탈린의 절대적 신임과 '북방항로-개발운항처' 업무를 총괄하는 슈미트에게 엄청난 재정 지원이 있었기 때문에 가능하였다.

슈미트는 과학자이자 탐험가로서 행동하는 지식인이었다. 그는 공식적으로 소비에트 연방 영웅 칭호를 받게 된 일(1937년)을 접어두고라도, 실제적으로 츠칼로프와 더불어 1930년대 가장 대중적 인기를 누린 진정한 영웅이었다. 괄괄한 성격과 키가 2미터에 육박하는 장대한 기골, 그리고 장려한 턱수염은 대중의 별이 될 만하였다. 그가 탐사 과정에서 보여준 비상한 두뇌 회전과 탁월한 위기 대처 능력이 대중에게 알려질 때마다 그의 영웅신화는 단계를 높혀갔다. 슈미트는 1932년 7월 쇄빙선 '시비랴코프' 호를 지휘하여 아르한겔스크 항을 떠났다. 이 원정에서 항로 탐사 이외에 부수적으로 달성하려고 한 목표는 배가 북극해의 결빙에 갇히는 일 없이 순항하는 세계 최초의 북극해 항해 기록을 달성하는 것이었다. 이 목표 달성은 이전의 모든 외국 탐험가가 실패한 상태였으므로 상징적 의미를 갖게 돼 있었다.

하지만 슈미트의 쇄빙선은 출항 후 스크루가 유빙과 충돌하여 절단되는 사고를 당하였다. 따라서 항해를 계속하기 위해서는 스크루의 교체가 반드시 필요했다. 그러나 극한 수온 속에서 수중 작업은 불가능하였다. 슈미트는 모든 승선 인원에게 적재한 석탄을 뱃머리 쪽으로 옮기도록 하였고, 무게가 앞으로 쏠린 배는 이윽고 스크루가 수면 위로 드러났다. 그래서 교체 작업은 순조롭게 이루어졌고 항진을 계속할 수 있었다. 그러나 10월 베링 해협을 진입하기 전에 다시 스크루가 완전히 파손되어 쇄빙선은 앞으로 나아갈 수 없는 상황이

최초의 소비에트 연방 영웅 7인

발생하였다. 그러자 이번에는 방수포를 모두 모아 대형 돛을 만들어서는 마스트에 내걸고 바람의 힘을 이용하여 베링 해협을 통과하여 11월에 일본에 도착하였다. 열렬한 환영을 받으며 귀국한 슈미트는 이전의 유명무실했던 '북방항로-개발운항 위원회'를 조직과 인력 면에서 대폭적으로 확대·개편한 '북방항로-개발운항처'를 책임지게 되었다.

　다음으로 추진된 야심적인 대규모 프로젝트가 100명이 넘는 탐사 인원이 참가한 '첼류스킨' 호 항해였다. 그런데 슈미트는 업무를 추진하면서 몇 가지 실수를 범하였다. 많은 인원을 승선시킬 수 있는 대형 선박을 물색하다가 결국 쇄빙 기능을 갖추지 못한 배를 고집하게 된 것이었다. 또한 1933년 7월에 레닌그라드 항을 출항하여 북부 유럽 각지에 기항해서는 탐사 프로젝트를 홍보하는 등 북극해 항해에 적합한 하절기를 낭비하였다. 그럼에도 불구하고 이후의 극적인

첼류스킨 대원 개선 환영 모터케이드.

사건 전개 속에 슈미트의 귀책 사유는 묻히고 말았다. 쇄빙선이 아닌 첼류스킨 호는 결국 유빙과 충돌하여 선체에 손상을 입고 11월에 구조 요청을 할 수밖에 없게 되었다. 드디어 1934년 2월 배는 베링 해협 인근에서 침몰하였다. 침몰 전에 슈미트는 빙원 위에 탐사기지 건설을 겸한 소개 작전을 지휘하였다. 탐사대는 세계의 이목을 집중시킨 가운데 구조를 기다리며 탐사 활동을 전개하였다. 거대한 유빙 위에 건설된 탐사기지는 '슈미트 캠프'로 명명되었는데, 대원들이

붉은광장 크렘린 성벽 앞에 도열한 영웅들. 오른쪽 끝이 오토 슈미트이다.

여기에서도 당 세포를 조직하고 이타적인 협력 공동체의 모범을 과시함으로써 귀환 후 전원이 표창을 받는 사유를 갖추었다. 슈미트 대원들을 구출하기 위해 제안된 여러 대안 중에서 결국 공수작전이 채택되자 대원들은 빙원 위에 13개의 활주로를 건설하였다. 정예 조종사 일곱 명이 구출작전에 최종 선발되어 악천후를 극복하고 4월에 구조 작업을 완료하였다. 알렉산드르 랴피데프스키, 시기스문트 레바네프스키, 이반 도로닌, 마브리키 슬레프네프, 미하일 보도피야노프, 니콜라이 카마닌, 바실리 몰로코프, 바로 이 조종사들을 위하여 처음으로 소비에트 연방 영웅 칭호가 제정되었다.[51] 이 드라마는 '첼류스킨 대서사'로 부르게 되었는데, 이로부터 전대미문의 장대한 규모와 풍부한 내용을 지닌 영웅열전의 신화가 창출될 수 있었다.

첼류스킨 호 승선자 구출작전을 계기로 이후 북극 탐험과 항공 분야의 환상적인 만남이 이루어졌다. 슈미트는 세계 최초의 항공기 북극점 착륙을 통한 북극기지 '에스 페 아진 СП-1(북극을 뜻하는 러시아어 Северный Полюс의 머리글자)' 건설 프로젝트와 역시 세계 최초로 북극점을 통과하는 북극 횡단 비행 프로젝트를 입안하고 실행 승인을 받았다.

북극점 기지건설 프로젝트에는 항공 수송을 담당하는 비행사를 포함하여 44명이 참여하였다. 이 중 35명이 북극점까지 진출하는 탐사 대원들이었다. 그 중에서도 핵심 요원은 북극 기지에 9개월 가까이 잔류하게 될 네 명의 대원, 이반 파파닌, 에른스트 크렌켈, 표트르 슈르쇼프, 예브게니 표도로프였다. 이들은 팀의 리더 이름에 따라 '파파닌 대원'으로 불렸다. 1937년 3월 22일 모스크바를 출발한 탐사대는 북극해 연안으로 진출한 후 악천후가 사라지기를 기다리다가 마침내 5월 21일 '세계 최초로' 북극점에 비행기로 착륙하였다. 탐사 작업의 총지휘자인 슈미트와 파파닌 대원이 탑승한 비행기를 조종하여 북극점 착륙에 성공한 조종사는 '첼류스킨' 호 대원 구출작전의 주역 보도피야노프였다. 이후 며칠 간 잔여 인원이 비행기 편으로 속속 합류하여 선발대가 착수한 기지건설 작업을 마무리하였다. 6월 6일 공식적인 북극기지 개소식이 있었다. 소비에트 연

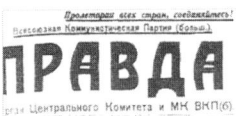

북극점 정복 탐험대의 개선 환영식

〈프라브다〉지 1937년 6월 26일자. 북극점 정복의 영웅 오토 슈미트가 스탈린과 입맞춤하고 있다(왼쪽). 탐험대의 첫 비행기를 조종하여 극점에 착륙한 보도피야노프가 스탈린과 당·정 요인들이 지켜보는 가운데 환영 인파에게 연설하고 있다(오른쪽). 사진 아래 기사 표제는 각각 '스탈린 과업은 눈부시게 달성되었다!' '북극정복자들, 크레믈린에서 영접' '중앙공항에서의 집회' 등이다.

방 국기, 북방항로-운항개발처 깃발, 스탈린 초상이 그려진 깃발을 북극점에 게양한 가운데 탐사 대원들은 당시 국가(國歌)에 해당하는 '인터내셔널 가'를 '우렁차게' 합창하였다.

    파파닌 대원들을 잔류시킨 채 슈미트는 탐사대와 함께 6월 25일 모스크바로 개선하였다. 모스크바 중앙공항에서 스탈린을 위시한 당·정 지도부와 수천 명의 시민이 함께한 환영식이 거행되었다. 역시 슈미트가 입안했던 츠칼로프 팀의 북극점 통과 북극 횡단 비행

파파닌 대원 기념우표(1938년).

프로젝트가 6월 18일에서 6월 23일에 걸쳐 성공적으로 이루어진 직후였기 때문에 이와 맞물려 탐사대의 귀환은 상승효과를 일으켰다. 모스크바는 물론 전 소비에트 연방이 축제 분위기에 젖었다. 슈미트는 공로를 인정받아 공식적으로 소비에트 연방 영웅 칭호를 받았다. 그 외 일곱 명이 같은 칭호를 받는 영예를 안았다. 소비에트 인민들은 전 세계가 선망하는 영웅들을 줄지어 배출하는 자신들의 사회주의 조국에 대한 자부심으로 한껏 고양돼 있었다.

한편 북극기지에 잔류한 4인조 파파닌 대원들은 각종 탐사 및 계측 업무에 종사하였다. 특히 1천 미터에 달하는 수심측정 케이블을

"우리 조국의 자랑스러운 보라매들, 소비에트 조종사들 만세!"

1939년. 오른쪽부터 그로모프, 코키나키, 여성 조종사 라스코바. 그로모프는 첼류스킨 대원 구출 조종사 일곱 명 이후 처음으로 소비에트 연방 영웅 칭호를 받았다.

반복적으로 풀고 감는 작업은 엄청난 노역이었다. 대원 중 크렌켈은 츠칼로프 팀과 그로모프 팀의 연이은 북극 횡단 비행에 항법 정보를 중계함으로써 양대 프로젝트 사이의 긴밀성을 보여주었다. 더 나아가 크렌켈은 소비에트 인민에게 보내는 안부인사를 전파로 송신하고 전 세계 아마추어 무선 동호인들과 교류함으로써, 선진기술로 미지 세계를 정복하여 인류 문명의 발전에 기여하는 소비에트 체제에 대하여 대내외적으로 은근한 홍보 효과를 톡톡히 발휘하였다.

그러나 거대한 유빙 위에 건설된 북극기지는 해류에 따라 그린란드 방면으로 점차 남하하여 1937년 말에 이르면 북극권을 벗어나게

소비에트 항공의 눈부신 승리

〈프라브다〉지 1937년 6월 21일자 제목. "모스크바 시간으로 어제 19시 30분 워싱턴 주 포틀랜드 근교 바라스 비행장에 ANT-25 비행기가 착륙하였다. 성공적으로 완수된 영웅적 무착륙 비행의 경로는 모스크바 - 북극 - 아메리카 합중국이었다. 우리 조국의 과감하고 용맹한 스탈린적 조종사들인 츠칼로프, 바이두코프, 벨랴코프 동무에게 따뜻한 인사를 보낸다." 그림은 5월 25일 크렘린을 방문하여 스탈린을 위시한 당·정 요인들에게 비행 계획을 설명하는 츠칼로프.

츠칼로프 가족

북극점 횡단 비행 후 미국에서 귀국하여 대중의 환영을 받으며 아내와 아들과 함께 즐거워하는 모습이다.

무착륙 장거리 비행 여성 신기록을 세우고 폭격기 로디나 호 앞에선 여성 조종사들(1938년). 폴리나 오시펜코(왼쪽), 발렌티나 그리조두보바(가운데), 마리나 라스코바(오른쪽).

되고, 그에 따라 빙원이 점점 녹아서 축소되는 위기에 처하게 되었다. 이에 슈미트는 쇄빙선 한 척과, 기선 두 척, 잠수함 세 척과 비행선을 동원하여 입체적인 구출작전을 지휘하였다. 1938년 2월 19일 계속되는 해빙으로 수십 미터밖에 남지 않은 빙원에 남아 있던 대원들이 구출되어 275일(북극 체류는 247일) 간의 대탐사는 막을 내리게 되었다. 슈미트는 파파닌 대원들을 인솔하고 레닌그라드를 거쳐 모스크바에 이르는 동안 열렬한 환영을 받았다. 네 명의 파파닌 대원은 소비에트 연방 영웅의 공식 칭호를 받았다. 이리하여 북극 정복 프로젝트는 일단 장려하게 마무리되었다.

한편 북극 횡단 비행 프로젝트의 경우는 조종사들의 장거리 비행 능력과 결부된 문제였다. 이 당시 세계 각국의 조종사들은 무착륙 장거리 비행 기록 경신에 매진하고 있었다. 당시는 이미 이탈리아의 두에, 영국의 트렌차드, 미국의 미첼을 비롯한 선각자적인 공군 전략 이론가들이 여타 군사 전문가들의 외면 속에서도 미래 전쟁에서 전략 폭격이 차지하게 될 중요성을 일관되게 강조하던 시기이도 하였다. 이러한 주장의 직접적 영향이 있었는지 여부는 확인하기 어려우나 아무튼 소비에트 국가의 정책 담당자들도 장거리 비행 능력을 중요한 문제로 여기게 되었다.

이에 따라 미하일 그로모프는 1934년 9월에 1만 2천 킬로미터가 넘는 무착륙 장거리 비행 세계 기록을 수립하여 소비에트 연방 영웅이 되었으며, 츠칼로프는 1936년 7월에 9,374킬로미터의 기록으로 소비에트 연방 영웅 칭호를 얻었다. 소비에트 정부는 이들의 비행 기록에 대한 자신감을 바탕으로 국제항공연맹(FAI)에 가입하여 차

후 수립될 기록에 대한 국제적 공인을 받으려고 하였다. 이런 상황에서 부조종사와 항법사를 포함한 츠칼로프 팀과 그로모프 팀이 1937년 6월과 7월에 연달아 모스크바-북극점-밴쿠버, 그리고 모스크바-북극점-샌저신토 등지로 이어지는 북극 횡단 항공로를 개척하여 세계를 놀라게 하였다. 1938년에는 여성 전투기 조종사인 발렌티나 그리조두보바, 폴리나 오시펜코, 마리나 라스코바가 팀을 이루어 폭격기 로디나 호에 탑승하여 모스크바에서 하바로프스크 주까지 비행함으로써 여성 최장거리 비행 세계 기록을 수립하였다.

3. 역경·불안의 유일한 출구, 영웅신화

이러한 풍성한 기록으로 인해 영웅신화는 그 소재 면에서 더욱 풍성해졌고, 라디오 방송, 도서, 영화, 연극, 시, 포스터, 화폐 및 우표 도안, 교과서, 거리 이름 등 여러 형태로 끊임없이 생산되고 소비되었다. 대대적인 영웅 개선 환영식, 영웅들의 전국 순회 강연회 역시 신화 생산의 주요 방식으로 정착한 지 오래였다.

1930년대의 소비에트 사회는 신화 없이 살 수 없는 시대였다. 개인마다 겪는 온갖 역경과 불안, 이러한 것들과 화해할 수 있는 유일한 출구는 바로 신화, 특히 영웅신화였다. 이를 통해 대중에게는 원대한 꿈과 이른바 '불가능의 미학'이 주입되었다. 특히 현존하지 않는 당위를 현존의 언어로 풀어내는 사회주의적 리얼리즘이 이러한 기능을 충실히 수행해주었다. 여러 작품에서 환상 세계와 사실 세계

북극점 정복 장도를 앞둔 파파닌(왼쪽), 슈미트(가운데), 보도피야노프(오른쪽).

의 일체화가 시도되었다. 그리고 이러한 일체화는 작품 내부에서뿐만 아니라 심지어 작품 외적 상황과도 결부되어 교묘하게 시도되는 일까지 있었다.

예를 들어 당시 멜로드라마 〈조종사의 꿈(Мечта Пилота)〉에서 순진한 주인공은 늘 북극점에 비행기로 착륙할 꿈을 꾼다. 주인공은 작가의 분신일 수도 있다. 그런데 그 작가가 바로 소비에트 연방 영웅인 조종사 미하일 바실예비치 보도피야노프(Михаил Васильевич Водопьянов)이다. 또한 그가 바로 1937년 5월 21일 저녁 북극 탐사 선발대의 비행기를 조종하여 실제로 극점에 착륙한 그 조종

영웅과 영도자의 친밀한 관계

츠칼로프와 스탈린. 츠칼로프는 스탈린을 주저없이 '아버지'라고 불렀다. 영도자는 영웅의 아버지가 됨으로써 영웅을 선망하는 대중으로부터 존경심을 유발하게 한다.

사였다. 이 작품을 전에 읽은 바 있는 슈미트는 보도피야노프가 '그 꿈을 이룰 수 있도록' 배려했다. 작가에게 꿈은 실현된 것이다. 그 꿈이 이루어진 바로 그날, 1937년 5월 21일 저녁 모스크바 한 극장에서는 〈조종사의 꿈〉이 공연되었다.[52] 논픽션과 픽션의 세계가 동시에 진행되며 통일되는 것이었다. 극 중에서 조종사가 되어 북극점에 착륙하려는 꿈 때문에 주위의 조롱을 받는 순진한 주인공에 대하여 이루어지는 관객의 감정이입은, 소비에트 사회의 현실에서 벌어지는 영웅적인 상황의 '실재로 인하여 꿈을 실현하려는 강력한 의지로 전환되어 심리적 카타르시스를 겪게 되는 것이다.

영웅신화의 주인공들은 모두 스탈린과의 친밀한 유대관계를 과시한다. 특히 고가 장비인 신형 비행기를 어떠한 극한 상황에서도 결코 포기할 수 없다는 의지를 과시하기 위해서 낙하산을 휴대하지 않고 비행기에 탑승하려는 츠칼로프에게 "신예기보다 나에게, 그리고 우리 인민에게는 당신의 생명이 더 소중하다."[53]고 강조하는 스탈린의 훈계나, 대중 앞에서 스탈린을 상대로 행하는 슈미트와 츠칼로프의 뜨거운 입맞춤과 포옹은 새로운 가족간의 또는 부자간의 친밀감과 유대를 보여준다. 이러한 신화가 의도하는 중요한 측면은 새로운 인간형의 창출이다. 그것도 이 지구상에서 가장 선진적이고 진보적인 인간의 종(種)인 '스탈린족(族)'의 창조를 목표로 한다. 사회주의 건설은 인류역사상 최대의 모험으로 최정예 인간을 요구하는 것이다. 따라서 공장이나 집단농장 같은 작업 현장에서도, 교실에서도 과업에 동참해야 한다는 메시지를 전달한다. 이를 통하여 인민대중이 세계와 역사 속에서 자신의 위치, 그리고 자기 주변의 영웅적 사건들에 대한 인식을 통하여 세계관을 형성하게 하는 것이었다.

VI. 영웅 시대의 전환과 전환 시대의 영웅

영웅열전의 시대인 1930년대에는 대내외적으로 시대적 전환의 조짐이 감지되고 있었다. 우선 대외적으로 독일 바이마르 공화국과 관계 개선에 상당히 노력하였고, 쌍방간 우호관계로 군사 협력과 항공기 개발 등 여러 부문에서 성과를 거두었던 소비에트 국가에게 1933년 히틀러의 집권은 경계심과 위기감이 서서히 확산되는 계기가 되었다. 1930년대 후반에 들어서 긴장은 더욱 고조되었다. 스페인에서는 소비에트 군사고문단이 파시스트 이탈리아 군대와 대치하고 있었고, 나치 독일 공군의 가공할 전술 폭격을 목도하였다. 만주와 인접한 극동의 하산 지역에 뒤이어 외몽골 노몬한 지역에서는 일본군과 대규모 무력 충돌이 있었다. 영국, 프랑스 양국이 견지해온 대 히틀러 유화정책의 절정을 보여준 뮌헨 회담에서, 그동안 소비에트 국가가 사회주의 건설 기간에 외국과의 충돌을 피하며 추구했던 집단 안전 보장 노선은 의미를 상실하게 되었다. 바야흐로 소비에트 연방은 암암리에 나치 독일과의 한시적인 관계 개선을 시급히 모색

영웅이 되어라!
1941년, 아들과 어머니 관계로 코드 전환된 대중과 권력 관계를 보여준다.

하면서도, 다른 한편으로는 전쟁에 대비해야 하는 장단기 과제를 안게 되었다.

　지배 권력에게는 이제 고발영웅보다는 전장에서 사회주의 조국과 인민의 대의를 위하여 죽을 각오가 되어 있는 열혈청년이 새로운 영웅으로 필요한 상황이 다가오고 있었다.[54] 고발영웅과 함께 성장한 혁명 제3세대가 이제 청년층이 되어 각 조직에서 왕성한 활동에 돌입한 시점에, 똑같이 고발영웅을 배우고 예찬하며 뒤따라오게 될 혁명 제4세대의 번득이는 시선과 견제도 여간 부담스러운 것이 아니었다. 뿐만 아니라 1937년의 대숙청을 고비로 탄압은 감소하는 추세였으나, 당시 소비에트 사회에 풍토병처럼 만연한 고발 행태는 공안기관의 일상 업무마저 마비시킬 정도였다.[55] 따라서 한껏 달아오른 고발 열기를 서서히 식혀서 국면을 전환시킬 필요가 있었다. 전국의 피오네리뿐만 아니라 고리키를 비롯한 소비에트 작가들이 그토록 열망했던 파블릭 모로조프 동상 건립은 오랫동안 지연되다가 전쟁 후 3년 이상이 지나서야 비로소 이루어졌다(1948년 12월). 건립 사업의 지연과 그 과정은 고발영웅 신화에 대한 소비의 열기 및 속도 조절과 관련하여 시사하는 바가 적지 않은 상징적 사건이다.

　세 차례의 5개년계획 마지막 단계에서 전쟁에 대비한 물자와 생산 체제의 재편성이 요구되는 시점에서 스타하노프식 영웅과 탐험·비행 영웅은 그 신화 유지를 위한 비용이 상당히 부담스러운 단계에 왔다고 보인다. 특히 일부 스타하노프 일꾼들에 대한 특별한 물질적 혜택은 노동 계급의 내부 결속에 저해 요인으로 작용하였다.

과거 역사로부터 호출된 영웅들

"우리 선조들의 용맹한 모범이 이 전쟁에서 여러분들에게 감동을 주리라! 그 이름은 알렉산드르 네프스키, 드미트리 돈스코이, 쿠지마 미닌, 드미트리 포자르스키, 알렉산드르 수보로프, 미하일 쿠트조프" —스탈린 발언(1941년 11월 7일). 스탈린은 혁명 17주년을 맞아 크렘린 앞 붉은광장에서 전선으로 출동하는 병사들에게 옛 러시아의 영웅들을 본받으라고 역설하였다.

1938~1939년부터 북방항로-개발운항처의 탐사 프로젝트는 번번이 계류되었다. 탐험·비행 영웅은 노동영웅보다 대중의 열광적인 사랑을 받았지만, 그 신화를 유지·재생산하는 비용은 이제 감당하기 힘겨운 상황이 된 것이다.

1930년대 내내 감지된 또 하나의 변화는 러시아의 국수주의적 민족주의의 강화와 차르 시대의 과거사를 재해석하려는 움직임이었다. 러시아어 교육과 러시아 작가들의 예술적 우수성이 강조되는 한편, 인민을 억압하는 차르 체제에 대하여 부정적 역사 해석을 주도하던 포크로프스키 학파의 역사 해석이 거부되기 시작하였다. 이제 국난과 국가 건설의 과거사 속에서 13세기 스웨덴 군대와 독일 기사단을 물리친 알렉산드르 네프스키, 14세기 말 타타르 군대를 궤멸시킨 드미트리 돈스코이, 17세기 초 폴란드 침공군으로부터 모스크바를 해방시킨 쿠지마 미닌과 드미트리 포자르스키, 18세기 말 유럽 원정에서 프랑스 군대를 제압한 알렉산드르 수보로프, 19세기 초 나폴레옹의 침입을 격퇴한 미하일 쿠트조프, 그리고 온갖 반대 세력의 저항을 무릅쓰고 국가 발전의 신기원을 이룩한 이반 뇌제와 표트르 대제가 새로운 영웅으로 부상하기에 이르렀다.[56] 이렇듯 소비에트 사회의 1930년대는 영웅상의 전환을 겪으며, 전환 시대의 새로운 영웅들이 러시아의 과거 역사로부터 등장한다.

■ 모로조프, 스타하노프, 슈미트 미주

1) "Soviet Hero Pavlik Morozov Still Mysterious" (Filed: 09/23/2003 18:40) in http://english. pravda.ru/main/18/90/363/10951_morozov.html
2) Пионерская правда, от 9 июня 1988 г.
3) Комсомолская правда, от 5 апреля 1989 г.
4) И. Титов, "Человек и символ," Аргументы и Факты 22, 1988.
5) "Squalid truth of Stalin's little martyr killed for informing on his father"(Filed: 27/12/2003) in http://news.telegraph.co.uk/news/main.jhtml?xml=/news/200.../ wstal27.xm См. же Сергея Авцеев, Александр Брагерский, "Павлик Морозов" в http://www.peoples.ru/state/citizen/morozov/
6) "Squalid truth of Stalin's little martyr killed for informing on his father" (Filed: 27/12/2003) in http://news.telegraph.co.uk/news/main.jhtml?xml=/news/200... /wstal27.xm
7) Русская-советская поэзия: сборник стихов 1917~1953, Москва: Художественная литература, 1954, с. 380~381.
8) В.А. Дуров, Русские и советские боевые награды, Москва: Государственный исторический музей имени Ленина, 1990, с. 66; 76~77; История Советской Конституции. Сборник Документов, Москва, 1957, с. 340~341; 373; Сборник важнейших и остановлений по труду, под редакцией Я.Л. Киселева, С.Е. Малкина, Москва, 1938, с. 239~245. 붉은 리본에 금빛 별이 달린 '소비에트 연방 영웅' 기장은 1939년 8월 1일에 제정되었으며, 거의 같은 디자인으로 금빛 별에 망치와 낫을 새겨넣은 '사회주의 근로영웅' 기장은 1940년 5월 22일 제정되었다. http://www.soviet-awards.com/titles1.htm
9) 예를 들어, 스탈린 격하 운동이 벌어지던 1950년대 중반에 '스타하노프주의'라는 용어가 '개인숭배'와 밀접한 관계가 있다고 하여 사용되지 않았던 점을 생각해보라. Lewis H. Siegelbaum, *Stakhanovism and the Politics of Productivity in the USSR, 1935~1941*, Cambridge: Cambridge University Press, 1988, pp. 306~307을 참조하라.
10) 고발 행위자를 영웅화하는 사례에 대한 연구로는 Юрий Дружников, *Вознесение Павлика Морозова*, Лондон [London]: Overseas Publications, 1988이 있다. 구소련에서 서방으로 이주한 저자의 이 연구서는 몇몇 언어들로 번역되어 출판되었다. 대조적으로 스타하노프 운동에 대한 사례별·지역별 연구는 풍부한 편이다. 구소련에서는 운동 출범 50주년을 회고하는 차원에서 자료집이나 논문집 발간, 연구사 정리 등이 이루어진 바 있다. Семен Гершберг, *Стаханов и становцы*, Издание второе, Москва: Издательство политической литературы, 1985 및 А.В. Митрофанова, Л.С. Рогачевская, "Стахановское Движение: История и историография," *Вопросы истории*, номер 6 (1985), с. 3~20을 참조하라. 비교적 최근에 이루어진 서방 측의 비판적 연구로는 Lewis H. Siegelbaum, *Stakhanovism*을 참조하라. 이에 관한 국내 학자의 연구로는 비교역사문화연구소(RICH) 주최

제2차 대중독재 국제학술대회에서 발표된 Won Yong Park, "Making of Stakhanovists: Bilateral Interaction between the State and People," Mass Dictatorship and Consensus-Building. The 2nd 'Mass Dictatorship' International Conference, Seoul: RICH, 2004, p. 101~117, 그리고 차문석, 〈반노동의 유토피아: 산업주의에 굴복한 20세기 사회주의〉, 서울: 박종철 출판사, 2001에서 중국 및 북한의 노동영웅과 비교 분석한 5장 '생산성의 십자군' 등이 있다. 극지 탐험 및 항공-비행 분야의 영웅 만들기에 관한 서방 측 연구는 상대적으로 빈약한데 John McCannon, *Red Arctic. Polar Exploration and the Myth of the North in the Soviet Union, 1932-1939*, Oxford: Oxford University Press, 1998이 거의 독보적인 경우에 해당한다.

11) Правда, от 29 октября 1933 г.
12) Пионерская правда, от 24 августа 1934 г.
13) Пионерская правда, от 17 декабря 1932 г.
14) Sheila Fitzpatrick, *Stalin's Peasants. Resistance and Survival in the Russian Village after Collectivization*, Oxford: Oxford University Press, 1994, p. 256.
15) Юрий Дружников, *Вознесение Павлика Морозова*, Лондон [London]: Overseas Publications, 1988, с. 15~16; 28~29.
16) Пионерская правда, от 24 августа 1934 г.
17) Юрий Дружников, *Вознесение Павлика Морозова*, Лондон [London]: Overseas Publications, 1988, с. 139~140; 151~152.
18) Там же, с. 152.
19) Там же, с. 38; 63~67; 74. "Squalid truth of Stalin's little martyr killed for informing on his father" (Filed: 27/12/2003) in http://news.telegraph.co.uk/news/main.jhtml?xml=/news/200.../wstal27.xm
20) Юрий Дружников, *Вознесение Павлика Морозова*, Лондон [London]: Overseas Publications, 1988, с. 179~186; 195~197.
21) *Пионерский песенник*, под. ред. Горнистенна, Москва: Издательство ЦК ВЛКСМ Молодая Гвардия. 1938, с. 185~186.
22) Юрий Дружников, *Вознесение Павлика Морозова*, Лондон [London]: Overseas Publications, 1988, с. 198~199.
23) Там же, с. 202; 203.
24) Там же, с. 204.
25) Там же, с. 203.
26) Там же, с. 194.
27) David L. Hoffmann, *Stalinist Values. The Cultural Norms of Soviet Modernity, 1917~1941*, Ithaca: Cornell University Press, 2003, p. 202 n 176.
28) Семен Гершберг, *Стаханов и стахановцы*, Издание второе, Москва: Издательство политической литературы, 1985, с. 6~7.
29) Алексей Стаханов, *Рассказ о моей жизни*, Москва: ОГИЗ Государственное социально

- экономическое издательство, 1937, с. 3.
30) *Правда*, от 2 сентября 1935 г.
31) John McCannon, *Red Arctic*, p. 98.
32) Lewis H. Siegelbaum, *Stakhanovism*, pp. 294~295.
33) Семен Гершберг, *Стаханов и стахановцы*, Издание второе, Москва : Издательство политической литературы, 1985, с. 48~84.
34) Lewis H. Siegelbaum, *Stakhanovism and the Politics of Productivity in the USSR, 1935~1941*, Cambridge : Cambridge University Press, 1988, p. 76.
35) Алексей Стаханов, *Мой метод. Речь 14 ноября 1935 г.*, Москва : Партиздат ЦК ВКП(б), 1935, с. 8.
36) Там же, с. 5~6.
37) http://www.rosugol.ru/ps/arhiv/centr/08.00/31.html
38) Lewis H. Siegelbaum, *Stakhanovism*, p. 225.
39) *Правда*, от 22 ноября 1935 г.
40) Алексей Стаханов, *Рассказ о моей жизни*, Москва: ОГИЗ Государственное социально-экономическое издательство, 1937, с. 121~122; 123.
41) Lewis H. Siegelbaum, *Stakhanovism*, pp. 190~204; Sheila Fitzpatrick, *Everday Stalinism. Ordinary Life in Extraordinary Times: Soviet Russia in 1930s*, Oxford: Oxford University Press, p. 106; 186. See also Mary Buckley, "Categorizing Resistance to Rural Stakhanovism," in Kevin McDermott and John Morison, eds, *Politcs and Society under Bolsheviks: Selected Papers from the Fifth World Congress of Central and Easter European Studies*, New York, 1991.
42) Lewis H. Siegelbaum, *Stakhanovism*, pp. 183~189; 299.
43) Александр Вусыгин, *Жизнь моя и моих друзей*, Москва: Профиздат, 1939, с. 70.
44) Константин А. Залесский, *Империя Сталина. Биографический энциклопедический словарь*, Москва: Вече, 2000, с. 428.
45) Алексей Стаханов, *Рассказ о моей жизни*, Москва: ОГИЗ Государственное социально-экономическое издательство, 1937, с. 3.
46) John McCannon, *Red Arctic*, p. 81에서 재인용.
47) *Комсомольская правда*, от 27 апреля 1935 г.
48) Л. А. Кудреватых, *С Валерим Чкаловым*, Москва: Правда, 1958, с. 3.
49) *Великий летчик нашего времени*, Москва: ОГИЗ, с. 145~146.
50) John McCannon, *Red Arctic*, pp. 81; 106.
51) Маск Зингер, *Герой Советского Союза*, Москва: Журнально-газетное объединение, 1934, с. 42.
52) John McCannon, *Red Arctic*, pp. 105; 110.
53) В. П. Чкалов, Г. Ф. Байдуков, А. В. Беляков, *Два перелета*, Москва: Воениздат, 1938, с. 10~11.

54) '소비에트 연방 영웅' 칭호가 1934년 4월 16일에 제정된 이래 소련의 체제 붕괴에 이르는 1991년 12월까지 이 칭호를 받은 1만 2,500명 중 대다수(1만 1,635명)가 나치 독일을 상대로 한 '대조국 전쟁' 기간인 1941~1945년에 집중돼 있다. http://en.wikipedia.org/wiki/Hero_of_the_Soviet_Union
55) Юрий Дружников, *Вознесение Павлика Морозова*, Лондон [London]: Overseas Publications, 1988, с. 223.
56) cf. Maureen Perrie, *The Cult of Ivan the Terrible in Stalin's Russia*, Basingstoke : Palgrave, 2001.

| 2부 |

역사영웅이 새롭게 거듭나다

Bismarck

Pétain

Teresa

이순신

'민족의 수호신' 만들기와
박정희 체제의 대중 규율화

비스마르크

페탱

테레사

이상록(비교역사문화연구소, 한양대 강사)

이순신을 '만들어진 영웅'이라고 하면 많은 사람들이 수긍하지 않거나 불편해할지도 모른다. 많은 사람들이 이순신은 살아 있을 당시에 삶 자체, 말 한 마디나 행동 하나하나에 영웅성이 담겨 있었다고 생각하기 때문이다. 실제로 이순신은 '영웅'이라고 불릴 만한 다양한 면모를 갖춘 인물인데다 임진왜란 직후 백성들 사이에서도 그를 전쟁영웅으로 받드는 분위기가 있었던 것은 사실이다. 그렇다면 이순신은 '만들어진 영웅'이 아니라 '타고난 영웅'일까?

조선시대 이순신이 영웅으로 받들어진 것은, 어려운 전쟁에서 뛰어난 전략·전술로 승리를 이끌어낸 명장이자, 도탄에 빠진 백성들을 구하고 지켜준 관리이자, 왜적에 의해 허물어진 종묘사직을 보존할 수 있도록 하고 왕명에 충직한 신하였기 때문이다. 특히 임진왜란 이후 군주와 신하들이 이순신을 기리고 예찬했던 것은 철저히 유교적 질서나 소중화주의적 화이관에 입각한 맥락에서였다.

이순신이 이른바 '민족의 영웅', '민족의 수호신'으로 자리매김되기 시작한 것은 구한말 조선이 일본의 식민지로 전락할 위기의 상황에서 민족주의 지식인들이 이순신을 재발견·재해석하면서부터이다. 신채호·박은식·이광수 같은 민족주의 지식인들이 민족 보존과 민족 구원의 열망을 이순신이라는 과거의 위인에게 투영시키면서, 이순신은 민족의 영웅으로 만들어졌다. 그리고 이순신 민족영웅 만들기 프로젝트는 박정희 정권기에 이르러 그 절정에 달한다.

이순신

I. 총성 없는 전쟁

하늘의 태양과도 같이 만고에 빛나는 충무공 같은 위대한 조상을 가진 것은 영광스런 일이 아닐 수 없습니다. 우리의 가슴에는 공의 정신이 들어 있고 혈관에는 공의 피가 흐르고 있을 것입니다. 공이 가신 지 400여 년이 지난 오늘날 우리는 위대한 조상의 이름을 더럽히지 않도록 공의 유덕과 정신을 거울 삼아 더욱 분발해야겠습니다.
—박정희 대통령

2005년 3월 한국에서는 총성 없는 전쟁이 평화로운 일상 속에서 전개되고 있었다. 3월 16일 일본 시마네 현 의회가 '다케시마의 날' 제정 조례안을 가결했다는 소식이 전해지자 한국 사회는 분노의 격랑에 휩싸였다. 파고가 높아질수록 '망국병'이라는 국론 분열증은 '언제 우리가 분열되었던 적이 있느냐'는 듯 사라져버렸다. 진보와 보수의 이념 대립도, 기성세대와 젊은 세대 간의 갈등도, 전라도와

이순신

독도 위에 광화문 이순신 동상을 옮겨놓은 듯한 어느 네티즌의 합성사진. '독도에 이순신 동상을 세우자'는 주장과 함께 유포된 이 사진은 '민족의 수호신'으로 자리매김된 이순신의 위상과 대중적 이미지를 아주 잘 보여준다.

경상도 사이의 지역주의도 일본이라는 '가상 적' 덕분에 잠시나마 말끔히 봉합되었다. 범국민적 차원의 독도수호운동을 통해 온 국민이 한목소리로 똘똘 뭉쳐 있다는 가상의 공동체를 재구성하며 분열

이순신

네티즌의 호응을 얻은 독도 관련 패러디들. 이 사진들을 보면 독도문제에 대응하는 한국 대중의 민족주의 내부에 '남벌'류의 공세적이고 침략적인 성격이 숨어 있음을 알 수 있다. 이는 단호한 '응징'이라는 이름으로 나타나는 집단적 복수 심리와 맞물려 있다.

의 틈새들이 봉합될 수 있었던 것이다.

개개인들을 이 총성 없는 전장의 병사로 기꺼이 떨쳐나서게 만드는 주술은 다름 아닌 민족주의였다. 대중은 반일감정의 폐쇄회로를 타며 '독도 수호'라는 표상 아래 결집할 수 있었고, 그 결집의 에네르기 이면에는 다가올지도 모를 영토 상실과 피침략의 공포, 그로 인해 히스테릭해진 대중의 광기가 놓여 있었다. 구한말 개화 지식인들이 그러했듯이, 대중은 피침략의 공포가 커질수록 역사에서 영웅을 찾아 불러오고 그의 영웅성에 기대어 공포를 극복하고자 했다.

이순신

 시마네 현의 '다케시마의 날' 조례 제정에 관한 소식이 전해지자 곧바로 한국의 네티즌들이 이순신을 언급하며 독도 수호 의지를 불태웠던 것이 바로 그것이다.
 민족 최고의 영웅, 민족의 수호신으로서 이순신의 지위는 확고부동해 보인다. 최근에 나온 책과 드라마, 오페라, 영화 등의 작가나 기획자들은 한결같이 자신들이 이순신을 범접할 수 없는 영웅신화로서가 아니라 '인간'으로서 재현했다고 말한다.[1] 이러한 '인간 이순신' 그리기를 두고 어떤 사람들은 "영웅에 대한 왜곡이자 모독"이라고 비난하고, 어떤 사람들은 "독재자에 의해 부풀려진 영웅의 거품을 거두고 비로소 진정으로 이순신과 대면할 수 있게 된 것"이라고 극찬한다.[2] 비난하는 측이든 극찬하는 측이든 간에 '인간 이순신'의 출현을 '영웅 이순신'과의 단절로 이해하는 측면이 강하다. 과연 그럴까? 혹시 '인간 이순신'의 출현이 이순신 영웅 만들기의 긴 과정 중 하나의 국면에 해당하는 것은 아닐까? '인간 이순신'은 '영웅 이순신'의 이미지를 오히려 세련되고 현실감 있게 재구성한 것은 아닐까?
 한 인간이 영웅이 될 수 있는 이유는 그 인간의 삶 전체가 실제로 영웅적 면모로 구성되어 있기 때문이 아니다. 그것은 그 인간에게서 발견되는 특정한 영웅적 면모를 제삼자가 탈맥락화시켜 그의 삶 전체를 영웅적 면모로 채워넣으면서 재현하기 때문이다. 즉 영웅은 영웅으로서 그 자리에 존재한다고 해서 영웅이 되는 것이 아니라 타자들에 의해 끊임없이 영웅으로 추앙되고 이야기되어져야만 영웅이 될 수 있는 것이다. 따라서 영웅 숭배를 가능하도록 만드는 영웅 이야기는 분명 하나의 담론적 구성물이며, 영웅 만들기는 일종의 정치

이순신

행위이다. 영웅의 영웅성은 특정 시대의 시대성과 맞닿지 않는다면 퇴색되어 무의미해진다. 그렇기 때문에 임진왜란 무렵의 이순신과 오늘날의 이순신은 영웅성의 의미가 각각 다를 수밖에 없는 것이다.

한국 사회에서 영웅 이야기가 어떻게 구성되고, 영웅담론이 어떻게 유통되며, 영웅 만들기의 정치성이 무엇인지에 대한 논의와 연구는 아직 일천한 수준이다. 특히 '개발독재' 체제였던 박정희 체제가 만들어낸 영웅들에 대해서는 주로 영웅들이 특정한 정치적 의도 하에 만들어졌음을 폭로하는 차원에서만 논의와 연구가 이루어져왔다.[3] 그나마도 박정희 체제에 비판적인 몇몇 연구자들과 저널리스트들에 의해서나 박정희 체제의 영웅 만들기에 대한 폭로와 비판이 이루어져왔을 뿐이고, 주류적 흐름에서는 여전히 박정희 체제 하에서 만들어진 영웅들에 대한 숭배적 태도를 견지하고 있는 편이다.

"계몽의 제물이 된 신화 자체도 이미 계몽의 산물"이었으며, "계몽은 과격해진 신화적 불안"이라는 아도르노와 호르크하이머의 지적을 염두에 둔다면, 근대 사회에 만들어진 영웅 숭배의 신화는 근대적 계몽의 다른 얼굴이다.[4] 또한 근대 사회의 영웅 만들기는 지배자와 영웅의 동일시화를 통해 대중이 지배자를 숭배하도록 만드는 효과만을 목표로 했다기보다는, 영웅의 영웅성을 모방하고 따라 배우면서 그것을 사회적 규범으로 만들어가는 효과까지도 노린 것으로 파악할 필요가 있다. 그것은 대중이 갖고 있는 인간 본연의 유한성과 나약함, 그리고 공포심 등이 정치권력에 의해 근대를 향한 대중의 집단적 욕망으로 전화되는 일련의 과정 가운데 하나로서 이해되어야 한다.

이순신

II. 충군(忠君)의 영웅에서 민족(民族)의 영웅으로

1. 민족영웅의 발견, 신채호

이순신(1545~1598년)의 영웅적 면모는 이미 임진왜란 직후부터 여러 지식인에 의해 추앙의 대상이 되어왔다. 지봉(芝峰) 이수광(李睟光)을 비롯한 여러 유학자가 그의 죽음을 애도하거나 그의 용맹과 충성을 추앙하는 내용의 시문을 지어 바치곤 했다. 조선의 왕들 또한 이순신을 진정한 충신으로 칭송했다. 선조는 이순신 사후 제문에서 "나는 경을 버렸지만, 경은 나를 버리지 않았소."라고 애도했으며, 숙종은 현충사 제문에 "절개에 죽는단 말은 예부터 있었지만, 제 몸 죽고 나라 살린 것은 이 사람에게서 처음 보네."라며 그의 충성을 높이 기리기도 했다.[5]

조선시대에 남겨진 이순신에 대한 논평들은 대부분 조선 왕조에 바친 그의 충성심과 장수로서 죽음을 두려워하지 않고 싸운 그의 용맹과 절개에 초점이 맞춰져 있었다. 정조가 충무공 신도비를 건립하

이순신

고 충무공 전서 편찬 사업을 벌인 것도 조선 왕조의 중흥을 위한 토대로써 군신관계를 제고시키는 데 이순신이 더없이 좋은 사례였기 때문이다. 조선 왕조 절멸의 위기에서 결코 배신하지 않고 왕조를 위해 목숨을 바친 충신이자 최악의 상황에서도 승리를 이끌어냈던 불패의 장수였기에, 이순신은 조선시대에 영웅으로 추앙될 수 있었다. 특히 숙종 중반 이후에 나타난 이순신 현창(顯彰)사업은 임진왜란 기간 동안 명나라군과 함께 중화문화를 수호했던 조선중화주의의 상징적 인물이라는 측면에서 이루어졌다.[6] 조선시대에 이순신은 성리학적 질서에 부합하는 충군(忠君)의 신하이자 중화 체제의 수호자로서 추앙된 것이지 민족의 영웅으로 추앙된 것은 아니었다.

이순신이 민족 정체성의 상징이자 민족 수호의 영웅으로 발견되기 시작한 것은 조선이 일본에 식민지화되기 직전인 한말 근대 계몽기에 이르러서이다. 개항 이후 풍전등화와 같은 조선 왕조의 운명을 지켜보면서 개화 지식인들은 조선 왕조를 하루빨리 부국강병의 근대 민족(nation)으로 변화시켜야 한다는 강박관념을 갖게 되었다. 근대 민족을 구성하기 위해서 지식인들은 사회 구성원들이 '국민'으로서의 자각을 느끼게 할 필요가 있었으며, '국민'으로서의 자각, 즉 '우리'라는 단일한 정체성을 갖게 하기 위해서는 우선 왕조 사회의 수직적 신분질서를 해체시키고 예속화된 신분의식을 망각시켜야 했다. 그리고 그 망각의 터전 위에 새롭게 구축되어야 할 기억은 바로 민족이 살아온 역사적 경험의 이야기, 즉 민족서사였다.

개화 지식인들이 민족서사를 재구성하는 데서 중요한 점은 그 서사가 얼마나 객관적이고 정확한 사실에 기반하느냐에 놓여 있다기보다는, 사회 구성원들이 그 민족서사를 자기 공동체의 역사로 쉽게 받아들이고 빨리 감화될 수 있느냐의 여부에 있었다. 이 무렵 사회 구성원들이 쉽게 이해하고 감화될 수 있도록 만드는 민족서사의 유용한 수단은 바로 전쟁영웅의 전기소설이었다.[7] 소설은 당시 사람들에게 가장 깊은 감화력을 발휘할 수 있는 수단이자 가장 효과적인 '교과서'로 인식되었다.

이러한 소설의 형식 위에 전쟁은 '제국주의의 시대'였던 20세기 초반의 치열한 국제 정세를 표상하고 있었고, 영웅은 치열한 전쟁터에서 '민족'을 구원해낸 민족 정체성의 상징으로서 민족 구성원들을 하나의 집단으로 묶어주는 매개자의 역할을 할 수 있었다.[8]

신채호는 1908년 〈대한매일신보〉에 금협산인(錦頰山人)이라는 필명으로 '슈군의뎨일거룩흔인물이순신젼(水軍第一偉人李舜臣)'이라는 소설을 연재하였다.[9] 이 소설에서 이순신은 더 이상 충군의 신하가 아니라 국가를 중심에 놓고 사유하는 국민됨의 완벽한 모범으로서의 애국영웅이 된다. 그리고 이제 이순신의 '애국'에서 국왕에 대한 충성이나 종묘사직의 수호자적 이미지는 축소·삭제되고, 근대적 민족 개념에 근거한 국가에 대한 헌신이나 근대적 영토인 국토의 수호자적 이미지가 확대·재생된다. 신채호는 이순신을 민족을 살린 영웅으로 자리매김하고 추앙하였던 것이다.

신채호는 이순신의 탄생을 "단군 신령께서 우리나라에 인물이 없음을 한탄하시어 큰 적에 대항할 간성(干城)과도 같은 인재를 내려 보내셨"기에 가능했다며, 단군이라는 민족신화의 기원이 되는 상징적 인물을 탄생의 주체/의지자로 설정하여 허구적으로 설명하였다.[10]

이순신

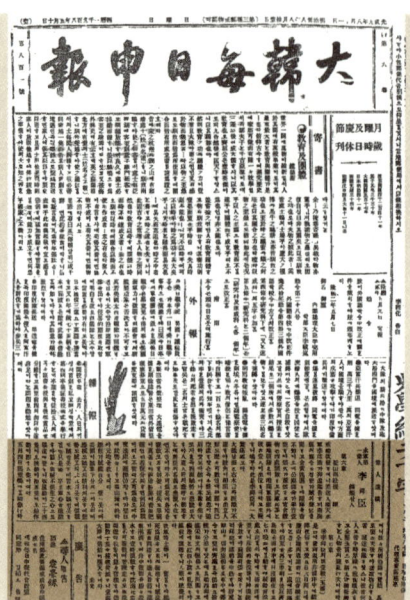

민족을 살린 민족영웅으로 이순신을 추앙한 신채호의 소설 〈수군제일위인 이순신〉. 신채호는 충군(忠君)이라는 왕조적 개념을 애국·민족이라는 국가적 개념으로 바꾸어 놓았다.
아래쪽 ■ 부분이 신채호가 〈대한매일신보〉에 '금협산인'이라는 필명으로 연재한 이순신 소설이다.

또 그는 이순신의 군사적 영웅성이 너무도 대단하여 "중국 길림(吉林)·봉천(奉天)의 옛 강토를 회복하여 고구려 광개토왕에 못지않은 공적비를 다시 세우게끔 할 만도 하였"으나, "비열한 무리들이 조정에 가득 찬" 시대적 한계로 말미암아 "동정서벌(東征西伐)할 굳센 대장부를 좁디좁은 강산에 오래도록 가두어두었"다며 이순신의 영웅성을 소재로 고토 회복, 영토 확장의 공세적 민족주의를 상상하기도 하였다.[11] 뿐만 아니라 그는 〈이순신전〉에서 근대 이후에 국민국가의 상징물로 발명된 국기(國旗)를 임진왜란 기간에도 사용했던 것처럼 표현한다든지, "국가에 의지해서 울타리를 삼는다."는 식의

1932년에 이상범이 그린 〈충무공〉.　　1950년에 제작된 김은호의 〈충무공상(像)〉.

근대 국민국가적 국경 개념을 임진왜란의 역사물에 투영시키는 등 20세기의 관점으로 16세기 전쟁을 재현하였다.[12]

2. 식민지와 민족영웅, 이광수

　　조선이 식민지 상태로 빠져든 이후 식민지 민족주의자들은 민족국가의 회복과 건설을 더욱 강렬하게 열망하였다. 특히 조선의 영토와 주권을 빼앗은 주체가 다름 아닌 일본이라는 사실은 조선의 민족

> 이순신

주의자들이 왜구의 침략을 이겨낸 이순신의 영웅담을 희망으로서 마음속 깊이 품고 상상하게끔 만들었다.

1930년대 민족주의 우파 계열이 주도한 '신문화운동'은 대중들이 민족을 상상하고 '민족정신(얼/혼)'을 느낄 수 있도록 하기 위해 '민족문화'에 관심을 기울인 운동이었다. 1930년대 전반기에 신문화운동의 일환으로 전개된 '고적보존운동'은 민족 형성의 정통성을 상징하는 단군이나 민족을 위기에서 구해낸 이순신·권율과 같은 '민족적 위인'의 유적을 대상으로 전개되었다.[13] 고적보존운동은 1931년 5월 충남 아산군에 있는 이순신 묘소 위토가 동일은행에 2천 원에 저당 잡혀 경매에 붙여지게 된 후 〈동아일보〉에서 민족적 선열·위인을 추모하자는 보도와 계몽을 전개하면서 불이 붙었다. 〈동아일보〉의 이순신 위토 문제 이슈화에 힘입어 1931년 5월 23일에는 이충무공유적보존회가 창립되었다. 윤치호를 위원장으로 송진우·안재홍·정인보 등이 위원으로 참여한 이충무공유적보존회는 이순신 위토의 저당권 해제, 아산 현충사 중건, 한산도 제승당 중건을 위한 사업을 전개하였다.

〈동아일보〉에서는 1931년 5월 17일부터 이순신 위토 저당권 해제를 위한 성금 답지 기사를 수록했는데, 학생·직공·운전기사·소작농·작부·기생 등이 눈물겹게 성금을 보낸 감동적인 사연들이 연일 소개되곤 했다. 어느 운전기사는 "리충무공 묘소 문제에 대하야 우리 동포로서는 누구나 눈물을 흘리지 아니치 못할 줄 압니다."라며 2원 20전을 보냈고, 경북 상주에 사는 어느 가난한 소작농은 "금일은 요행 돈이 생겨 쌀을 사려고 나갔다가 그 집에서 〈동아일보〉

최우석(崔禹錫) 화백이 그린 이 충무공 초상화와 함께 게재된 성금 답지 기사. 최 화백의 이 초상화에 대해 미술 사학계에서는 일본의 무사 초상화, 특히 후쿠다 게이이치의 도요토미상을 모본으로 삼은 것이라고 분석하였다.14) 〈동아일보〉 1931년 5월 22일자.

'이 정성(精誠)! 이 심정(心情)! 성금(誠金)에 싸인 눈물겨운 소식(消息)'. 〈동아일보〉 1931년 5월 27일자.

> 이순신

에 난 충무공 기사를 읽는 소리를 들으니 청춘의 몸에 피가 끓으며 눈물이 앞을 가리웁니다. 그 은혜를 생각할 때는 밥을 안 먹어도 배가 고프지 않습니다."라며 쌀을 살 돈 1원을 송금하였다.[15] 밥을 굶어가면서까지 하층민들이 이순신 묘소를 지키기 위해 송금을 한 사연들은 이미 1930년대에 이르면 이순신이 지식인뿐만 아니라 대중들 사이에서도 민족의 상징으로 인식되고 있음을 반증하는 것이자 식민지에서 잃어버린 민족에 대한 열망이 강렬했음을 보여주는 것이다. 5월 23일부터는 신문 한 면 전체를 빼곡히 성금 모금자 명단으로 채워야 할 정도로 이순신 위토 저당 문제에 대한 식민지 대중의 관심은 뜨거웠다.

당시 〈동아일보〉 편집국장인 이광수는 성금 모금이 시작되자 이순신의 유적지로 특파되어 그의 역사적 행적을 더듬어보는 기행문을 14회에 걸쳐 연재했으며, 6월 26일부터는 역사소설 〈이순신〉을 〈동아일보〉에 연재하기 시작했다. 이 무렵 이광수는 식민지 조선의 대중을 이끌 지도자(영웅)가 없다는 점과 대중이 지도자에 복종할 자세가 도무지 되어 있지 않다는 점을 탄식하곤 했다.[16] 이광수가 이순신에 대해서 역사소설을 쓴 이유도 그와 같은 민족 지도자(영웅)의 출현과 대중의 영웅 숭배적 태도를 더욱 촉구하기 위해서였던 것으로 보인다.

이광수는 이순신을 "충의(忠義)의 권화(權化)인 무인(武人)으로 우리 조선민족(朝鮮民族)의 전형(典型)이요 숭앙(崇仰)의 표적(標的)"으로 그려내겠다는 포부를 '작가의 말'에서 밝혔다.[17] 이광수의 〈이순신〉에서 왕은 서사의 중심 인물이 아니라 주변 인물로 배치된

이순신

〈동아일보〉에 춘원 이광수가 연재한 역사소설 〈이순신〉 첫 회. 〈동아일보〉 1931년 6월 26일자.

다. 힘없고 무능한 선조는 이순신과 극명하게 대비되는 인물 중 하나이며, 이순신의 충성은 국왕을 향한 것이 아니라 명백히 국가/민족을 향한 것으로 규정된다. 조선의 관료들은 비겁한 사대주의자들이나 분열과 반목만을 일삼는 당파주의자들로 묘사되며, 이순신은 자주적인 애국주의자로 사대주의자들과 뚜렷하게 대비된다.

많은 연구자들이 언급하듯이 이광수가 재현하는 임란 전후의 조선 왕조에 관한 역사상은 일본 제국주의자들이 식민지 조선 경영을 정당화·합리화시키기 위해 만든 식민주의 사학의 그것과 유사하였다. 백성들을 비겁하고 나약하며 어리석은 존재들로 그리고, 조선 왕조 및 관료 사회를 무능하고 부패한 퇴락의 이미지로 묘사했던 것은 이순신의 영웅성을 더욱 극적으로 보이게 하려는 의도로, 민족

이순신

　　부활의 희망을 이순신이라는 영웅에서 찾아보려는 이광수의 의지에서 비롯된 것이었다. 하지만 그 결과는 역설적이게도 식민주의자들이 조선의 역사를 해석하는 것과 유사한 방식으로 나타났다. 다만 무능하고 나약한 조선을 이끌어줄 어버이와 같은 존재로서 일제는 천황을 정점으로 하는 제국주의 국가 일본 자신을 설정했고, 이광수는 이순신(과 같은 현실의 영웅들)을 설정했다는 점이 달랐다. 이 차이도 일제 말 전시 체제기에 접어들면 제국의 힘에 의해 소멸되고 만다.
　　이광수는 민족을 "영원한 실재"로 설정하고 "민족이란 말을 욕하는 자는 마땅히 민족의 죄인이라고 단언"할 정도로 구성원들이 민족의 목표와 이해 아래 복속되어야 한다고 생각하는 유기체적 민족주의자였다.[18] 그의 유기체적 민족주의는 인격수양론과 결합되어 나타났다. 이순신은 민족을 상징하는 영웅인 동시에 청년들이 모범으로 삼아 따라 배워야 할 뛰어난 인격의 원천이어야 했다. 이광수는 "내가 이순신을 존경하는 것은 공적이나 거북선의 발명자로서가 아닌 자기희생적, 초훼예적(超毁譽的), 그리고 끝없는 충의(애국심)입니다."라고 하며 이순신의 인격적 특징을 예찬하였다. 또한 이광수는 청년들이 이순신의 인격을 모범으로 삼아 그를 본받아서 실력을 양성한다면 조선 민족의 독립은 궁극적으로 달성 가능하다고 판단하였다.
　　식민지 말기로 치달을수록 인격 수양에 입각한 실력 양성론적 독립운동 노선이 그 한계를 드러내자, 이광수는 독립이라는 목표 자체를 유보 내지 포기하게 되고, 일본이라는 제국의 틀 내부에서만 민족을 상상하게 되었다. 결국 일제 말기 민족영웅으로서 이순신의 표상은 여전히 대중의 의식 속에 잠재되어 있었지만, 공적 영역에서 이순신의 전선은 희미해지며 숨겨지게 되었다. 이렇게 이순신을 민족의 영웅이자 남성화된 민족정신의 상징으로 만들어낸 신채호의 기본적인 틀과 문제의식은 이광수를 거쳐 박정희에게까지 계승되었다.[19]

이순신

Ⅲ. 박정희 체제의 '성웅(聖雄)' 만들기

1. 의례와 기념물

　민족영웅으로서의 이순신 이야기와 그를 기념하는 각종 사업은 해방 직후부터 꾸준히 등장했다. 일본 제국주의로부터의 독립과 신생 국민국가 대한민국의 수립이라는 정치적 상황은 '왜적을 몰아낸 민족의 수호자' 이순신을 탈식민의 표상으로 만들게 했고, 한국전쟁의 발발은 전쟁영웅 이순신을 다시 한 번 환기시키게 했다. 탈식민이라는 표상은 반일민족주의와 연결되었고, 전쟁영웅으로서의 표상은 극우반공주의와 연결되어 이순신은 반일민족주의와 극우반공주의라는 두 칼을 동시에 쥐고 휘둘러야 했다. 이승만 정권은 자신의 지배 이데올로기인 반일민족주의와 극우반공주의를 공고히 하는 데 이순신을 활용했던 것이다.

　1948년 4월 16일 진해 해양경비대에서는 노량항에 충무공 동상을 건립하였고, 목포에서는 충무공비건립위원회 주최로 충무공비

1952년 4월 진해에 세워진 이순신 동상(윤효중 작). 한국전쟁 중에 세워진 이 동상에는 결사항전에 임하는 장군의 비장미가 표현되어 있다.

(碑)를 만들었다.[20] 1948년 12월 19일 충무공 서거 350주년 기념일을 맞아 초대 문교부장관이었던 안호상은 충무공 정신을 '민족적 자주독립의 정신, 과학정신, 경제적 자주정신'으로 집약하며 "우리 민족의 은인 충무공의 정신을 본받자."는 요지의 성명을 발표하였다. 1950년 3월 충무공기념사업회가 법인 조직으로 단일화된 후

이순신

충무공기념사업회는 충무공 탄신기념식 등 이순신 관련 각종 기념사업을 주도하였다. 한국전쟁의 와중에서도 진해에서 이순신 동상 제막식은 성대하게 치러졌고, 동상과 기념비 제작은 1950년대 내내 지속되었다. 1959년에는 정부에서 《난중일기》를 국보 76호로 지정하기도 하였다.[21] 또한 초등학교(당시 국민학교) 교과서 속에서도 이순신을 주인공으로 한 민족서사가 나타나고 있다. 초대 대통령 이승만은 1956년 7월 해군 도크 준공식에서 일본을 규탄하는 취지 아래 "이순신 장군의 정신을 받들어 침략 방위의 기지를 만들자."는 요지의 연설을, 이듬해 10월에는 학도호국단원들 앞에서 "학생들이 공부 많이 하여 이순신 같은 분이 나오기를 바란다."는 연설을 하는 등 이순신을 민족의 상징이자 모범으로 자리매김하려는 취지의 발언을 하곤 했다.[22] 1950년대에 이순신 기념사업들은 적지 않았으나 국가적 프로젝트 차원에서 이순신 영웅 만들기가 실천되었다고 보기는 어렵다.

국가적 프로젝트 차원의 이순신 영웅 만들기는 박정희 정권기에 접어들어 본격화된다. 박정희 정권의 이순신 영웅화 작업은 양적으로나 질적으로나 그 이전과 확연히 구분되는 특징을 보인다. 박정희가 개인적으로 가장 존경하는 인물이 이순신임은 널리 알려진 사실이다. 실제로 박정희는 18년 집권 기간 중 14번에 걸쳐 이충무공탄신일 행사에 참석했으며, 현충사 성역화 공사 관계관 회의에 참석하고 공사현장을 여러 번 방문하여 일일이 지시를 내리는 등 이순신 관련 사업에 많은 관심과 애착을 보였다.[23]

박정희 정권의 이순신 영웅 만들기 사업은 이순신에 대한 박정희

이순신

제417회 탄신 제전에 처음으로 참석한 당시 박정희 국가재건최고회의 의장, 1962년.

이순신

현충사 성역화 사업 착수 당시의 현충사 주위 전경, 1966년.

의 개인적 관심과 밀접한 관련을 갖기도 했지만, 더 중요한 추진 배경에는 1965년 한일국교정상화가 가로놓여 있었던 것으로 보인다. 주지하듯이 박정희 정권은 한일협정을 통해 식민지 역사와 식민지 민중의 피해를 '조국 근대화 과업'을 위해 쓸 차관으로 팔아넘겼다. 이는 반일민족주의적 감성이 강한 청년학생과 대중들을 자극하였고, 곧바로 격렬한 '굴욕외교반대투쟁'에 직면하게 되었다. 박정희 정권은 이에 위수령 발동 등의 강제력으로 시위를 진압하는 한편, 대중들의 반일민족주의 정서라는 원심력을 체제 내의 구심력으로 전환시킬 필요가 있었다. 이러한 전환에 이순신은 더할 나위 없이 적합한 인물이었다.

박정희 정권이 집행한 가장 대표적인 이순신 영웅 만들기 사업은 현충사 성역화 사업이었다. 현충사는 1706년에 숙종이 아산 유생들의 상소를 받아들여 세운 이순신 사당으로 근대 이후 퇴락을 거듭하

이순신

현충사 성역화 사업 이후의 현충사 주위 전경, 1975년.

다가 충무공유적보존회와 동아일보사 주도의 성금모금운동으로 1932년 6월에 재건되었다. 1962년 초에는 박정희 국가재건최고회의 의장의 지시를 받아 충청남도에서 현충사 경내 면적의 확장 및 유물관·사무실·담 등을 건립하는 공사를 시행하였다. 이에 소요된 총 공사비는 376만 원이었다.

1966년 4월 17일 대통령 박정희는 문교부 문화재관리국 주관으로 현충사 성역화 사업을 수립할 것을 지시하였다. 이에 따라 1966년부터 1975년까지 4차에 걸쳐 현충사 성역화 사업이 시행되었다. 경내 구역을 대대적으로 확장하여 사적지로 지정하고, 사당 본전과 정문을 웅장하게 신축하며, 진입 도로를 확장 및 포장하고, 대대적인 조경공사를 하는 등 현충사 성역화를 본격적으로 추진하는 내용이었다. 문교부·건설부·농림부 등이 함께 종합 계획을 입안하였고, 집행 과정에는 충청남도와 아산군이 가담하였다. 이은상·박종

이순신

국가의 주도로 시작된 충무공 탄신 제전 광경, 1973년.

화·이병도 등의 문학가와 역사학자가 이 사업에 자문 역을 맡았으며, 1966년 3월부터 1967년 5월 사이의 기간에만 1억 2,314만 1,197원이 사업비로 소요되었다.[24]

  박정희 정권은 이순신의 탄신일인 4월 28일을 국경일로 법제화하고자 하였으나, 자문기관 등의 조심스러운 반대에 부딪쳐 1967년 11월 6일에 문교부령 179호로 충무공탄신기념일을 제정하여 거국적 행사를 거행하기로 결정하였다. 충무공탄신기념일의 탄신 기념 행사를 국가 행사로 법제화하기로 하여 그에 걸맞는 의식(儀式)이 창출되었다. 박정희의 지시로 1966년 5월 24일 의식제정위원회가 구성되었다. 의식제정위원회가 만든 기념식 의식은 유교식 제례와 국

이순신

충무공 탄신 기념 다례를 마치고 나오는 박정희, 1973년.

민의례를 결합시킨 것이었다. 현충사 사당 안에서 유교식 제례를 올리는 동안 경내에서는 대중들을 모아놓고 국민의례에 입각한 기념식을 동시에 진행했다.

지방 유생들에 의해 집행되던 제사에서 국가원수가 임석하는 제례로 바뀌면서 문묘제전의 준례에 따라 초헌례·아헌례·종헌례·분향례로 구성된 복잡한 제사가 행해졌다. 초헌관은 문교부장관이나 국방부장관으로 선정되었고, 감제(監祭)는 충무공 종손이 맡았으며, 대통령·국회의장·대법원장 등은 분향례 때 분향을 하고 기념식전에 참석했다.[25]

1968년 4월 28일 충무공탄신일 기념식에 참가한 박정희는 다음

이순신

날 문교부장관 앞으로 친서를 보내 "제례 절차를 공식화하고 규정화하여 좀더 경건하고 엄숙하고 절도 있는 행사가 되게끔 연구할 것" 등을 다시 지시하였다. 이에 정부에서는 의식제정위원회를 재구성하여 의식 내용을 대폭 수정하였다. 수정된 내용은 '종전의 유교식 제례를 다례(茶禮)로 대체한다는 점, 다례와 기념식을 구분하여 거행한다는 점, 제관을 현충사 관리소 직원이 담당한다는 점, 감제를 현충사 관리소 의전담당관이 맡는다는 점, 형식을 간소화시킨 점' 등이다.26) 이에 따라 유교적 형식은 유지되었지만 대폭 간소화되었고, 제례에서 유생이나 종손이 맡던 역할이 모두 현충사 관리사무소 직원에게 넘겨짐으로써 의식의 국가 주도성이 더욱 명확해지게 되었다. 다례 때 읽는 축문의 내용은 이순신이 민족의 수호신으로서 숭배되기 때문에 그의 탄신일이 국가에 의해 매년 기념되고 있음을 보여준다.

오늘 우리 민족의 태양이신 이 충무공의 제 ○○○회 탄신을 맞이하여 삼가 공의 영전에 아뢰옵니다. 일생을 충의에 살고 나라를 구하신 높은 덕과 은공을 추모하여 온 겨레의 정성을 바치오니 영령께서는 굽어 살피시고 길이 이 나라를 빛나게 하여주시옵소서.

TV · 신문 · 문화영화 · 교과서 등을 통해 대중들이 현충사를 참배하도록 독려하였고, 이러한 매체들에는 현충사 참배 후 대중이 갖게 될 느낌이나 마음가짐까지도 미리 제시되었다. 초등학교 3 · 4학년용 국민교육헌장 독본에는 현충사를 참배한 어린이가 "장군님, 나라를 지켜주서서 감사합니다. 저도 훌륭한 사람이 되겠습니다."라고 다짐하는 내용이 나오며, 문화영화 〈현충사〉에서도 주인공 소녀가 이순신의 조국 수호와 나라 사랑에 감격하고 감동받는 내용의 내레이션이 반복되어 나온다. 이러한 내용들은 전형적인 교훈성을 갖고 있지만 대중들의 일상 곳곳에서 반복적으로 주입되기 때문에 대체로 이순신에 대한 대중의 영웅 숭배를 강화시키는 방향으로 작용하였다.

1968년 4월 27일 서울 광화문 네거리에서는 전신 17.4미터의 이순신 동상이 박정희 대통령 부처와 이효상 국회의장의 손으로 제막되었다. 국가가 수도 서울 한복판에 이순신의 동상을 세운 목적은 "민족의 위인 영웅의 이미지를 조형적으로 구현하여 민중(대중)의 생활 속에 일상화"하는 데 있었다. 그것은 "정신 내부에 살고 있는 정신적 상징을 모든 사람이 늘 대할 수 있게 하여 생활의 거울로 삼자는 것"이었다.[27] 적군의 길목을 가로막고 서서 압도하듯 응시하고 있는 이 광화문 충무공 동상은 이순신을 '민족 최고의 지도자', '민족의 수호신'으로 자리매김하는 데 결정적인 역할을 한 상징 조형물이었다. 당시 서울 한복판에 이순신 동상을 세운다는 것 자체에 대해서는 거의 이견이 없었다. 진보적 언론을 표방한 《사상계》에서도 "오히려 늦은 감이 있으나 참으로 의의 깊은 경사"라며 거들고 나섰다.[28]

광화문 네거리에 세워진 이순신 동상은 고증 문제를 둘러싸고 건립 초기부터 많은 논란을 불러일으켰다. 1977년에는 이 문제가 크

이순신

이순신 장군 동상 건립 기공식.
1967년 9월 19일.

게 확대되어 문화공보부 선현동상심의위원회의 심의를 거쳐 광화문에 있는 이순신 동상을 철거하고 다시 제작하는 것이 추진되기도 하였다. 동상을 철거해야 하는 이유로는 얼굴 모습이 현충사 표준 영정과 다르다는 점, 칼집에 든 칼을 오른손에 잡고 있는 것은 항장(降將)을 뜻한다는 점, 갑옷 길이가 너무 길다는 점, 동상 앞에 놓인 거북선과 북의 규모나 위치가 잘못되었다는 점 등이 거론되었다. 그러나 이 동상은 결국 철거되지 않았는데, 그것은 고증에 문제가 있다 해도 광화문 동상이 이순신의 민족 수호자적 영웅 이미지를 잘 재현하였다는 평가가 우세했기 때문이다. 당시 문화예술계 인사들이나

이순신

이순신 동상 제막식.
1968년 4월 27일.

이순신 동상 제막식에 참석하여 동상을 올려다보는 박정희. 1968년 4월 27일.

이순신

　학자들은 이순신 동상이 "온 국민에게 추앙을 받을 만한 감동을 주고", "국민교육적으로도 큰 효과를 주어온 기념물"이라고 평가했다.29) 이순신 동상은 서울 광화문 네거리뿐 아니라 전국의 공원과 초등학교에도 세워졌다.
　이순신의 영정은 조선시대에 순천과 여수 충민사에 화상이 있었다고 전해지지만, 남겨진 것은 하나도 없었다. 1932년 민족주의 계열의 고적보존운동으로 현충사 재건이 이루어질 때 이상범 화백이 이순신의 영정을 그려서 현충사에 놓았다. 그러나 그 작품은 고증이 부족하다는 평을 받았다. 그 후 고증에 기반한 영정작품이 몇몇 화백들에 의해 그려졌고, 각 작품마다 영정의 얼굴이나 분위기가 많이 달랐다. 박정희 정권은 영정의 모습이 제각기 다른 것을 참지 못하고 1973년 5월 8일에 선현영정심의위원회(국무총리훈령 제6호)를 구성하여 각종 영정과 동상의 모양을 통일시키도록 하였다. 그리하여 현충사에 봉안되어 있는 월전 장우성 화백이 그린 영정을 표준영정으로 지정하는 한편, 이를 사진판으로 복제하여 전국에 배포하도록 조치를 취하였다.30) 1930년대에 그려진 이순신 영정이 칼을 들고 우락부락한 무장의 이미지를 하고 있는데 반해, 현충사 표준영정은 무장의 이미지가 탈색되어 덕망 있고 인자한 이미지로 구현되어 있다. 이는 통치자로서 박정희가 원하는 자신의 이미지를 이순신의 영정에 투영시킨 결과라고 볼 수 있다.
　그 밖에도 이순신의 위인전과 《난중일기》 등의 출판이 정부에 의해 적극 장려되었고, 문화공보부에서는 1969년 3월에 〈충무공의 노래〉를 제정해 학교에서 부르도록 하였다.31) 지폐·우표·담배 등도 이순신과 관련된 것들이 나왔다. 또 이순신의 일대기를 다룬 연극 〈성웅 이순신〉, 영화 〈이순신〉·〈난중일기〉 등이 제작되어 많은 대중이 관람하기도 하였다. 영화 관람 때 매번 의무적으로 상영되었던 대한뉴스에서는 이순신과 관련된 뉴스가 매년 빠짐없이 나오곤 했다. 특히 1973년에는 〈충무공 유적 따라〉라는 제목의 기획물을 연속적으로 상영하면서 문화재 보호정신과 이순신의 애국정신을 대중들에게 계몽하였다.

2. 민족영웅의 서사, 이은상

왕조국가의 무관으로서 발휘되었던 이순신의 '충군애국'이 철저하게 근대 국민국가의 민족주의로 해석되는 경향은 박정희 정권의 이순신 영웅 만들기의 가장 대표적인 이데올로그였던 이은상의 역사 서술에 이르러 절정에 달한다. 이은상은 조선 왕조의 무관으로서 전쟁 상황에서 민(民)을 통제하고 보호하였던 이순신의 행적들을 '국민과 같이 가는 정신'이자 '동포애'라고 칭송하였다. 임진왜란기의 조선에는 신분제와 신분의식을 뛰어넘는 '국민애'나 '동포애'가 존재하지도 않았지만, 근대의 역사가들은 민(民)을 국민으로, 백성을 동포로 교묘하게 바꾸어 전근대 사회의 역사성을 탈각시켜 버렸다.[32)]

영토에 대한 해석 역시 마찬가지였다. 이순신이 전라도와 경상도를 넘나들며 싸웠던 것은 조선 왕조의 어명을 받들었기 때문일 뿐인

이순신

〈태양이 비치는 길로〉(상) 표지. 이 책은 이은상이 전국에 있는 이순신 유적지를 기행하며 이순신의 일대기를 회고하는 형식으로 구성되어 있다. 이 책을 위해 대통령 박정희가 친필 휘호를 써주었고, 이은상의 유적 답사에 해군 함정이 투입되었을 만큼 이은상은 정권의 전폭적인 지원을 받았다.

데, 이은상은 이를 마치 지역주의를 뛰어넘은 '국토 사랑'의 발현인 양 기술하였다.[33] 전근대 사회에서 이족의 침략에 대해 공동체를 방어하고 변경 밖으로 이족을 몰아낼 의무를 진 장수의 입장에서는 자신의 영토를 지키려는 의식이 당연히 나타날 수 있다. 그런데 이를 마치 이순신이 근대적 국경 개념에 기반한 단일 공간으로서의 국토를 상상하면서 그 국토에 대한 애착심의 발현으로써 전쟁을 수행했던 것처럼 서술하는 것은 과거에 존재했던 사실로서의 역사와 역사가에 의해 이루어진 역사 서술 사이의 깊은 괴리를 드러내는 것에 다름 아니다.

"임금이 지금 의주에 계신데, 만일 압록강을 건너가게 된다면 나는 마땅히 배를 가지고 서해로 올라가 임금의 수레를 맞아서 나라를

충무공 유적 답사를 마치고 해군 함정 승무원에게 인사하는 이은상.

회복해보도록 꾀할 것이요, 비록 혹여 불행하게 되어 임금과 신하가 우리나라 땅(我國之地)에서 함께 죽어도 좋다."라는 구절의 사료에 대해 이은상은 '임금'이란 국권을 말하는 것이기 때문에 이는 이순신이 "주권을 안고 내 국토 안에서 죽겠다는 서릿발 같은 결심의 선언"이라고 그의 국토애를 찬미하는 방향으로 해석하였다.[34] 그러나 이 사료의 전체적인 맥락은 이순신의 '국토애'에 놓여 있는 것이 아니라, 이순신이 신하된 자로서 임금에게 다할 도리를 밝히고 다짐하는 데 놓여 있다.

더 나아가 이은상은 이순신이 운주당(運籌堂)이란 곳에 참모본부를 설치해놓고 장병들의 의견을 수렴했던 것을 '민주주의 방식'이라며, "민주라는 말은 비록 현대에 와서 생긴 말이지만 그 정신만은

| 이순신 |

충무공에게서 찾을 수 있"다고 하였다.[35] 근대 이후에 서구로부터 수입된 개념이자 제도인 민주주의를 전근대 한국의 역사에서 찾으려는 이 같은 시도는 서구적 근대에 대한 열등의식의 발로인 동시에 전형적인 전통의 창조라고 볼 수 있다.

> 현대란 것이 '인간'을 말살해버렸고, 민주란 것이 '민족'을 눌러버렸고, 시민이란 것이 '국민'을 밟아버렸다. 인간이 현대를 구사하는 것이요, 민족이 민주를 행하는 것이요, 국민이 시민 노릇을 하는 것인데, 근본이 뒤집혀버렸다…….
> 충무공은 인간과 국민, 두 가지를 다 가졌다. 그 두 가지를 다 가르쳐주었다. 그는 인간으로서의 대인격 완성자요, 국민으로서의 대이상 구현체였다. 그래서 나는 이제 그가 가신 길을 밟아가려는 것이다. 거기서 인간과 국민을 찾고 싶어서이다.[36]

이은상은 현대·민주·시민에 의해 파괴된 인간·민족·국민을 되찾는 것이 시대적 과제라고 진단하고 이순신을 통해서 그 과제를 해결할 수 있을 것으로 기대하였다. 이은상은 이순신의 인간적 면모를 꾸준히 강조하며 '인간'의 회복을 역설하였지만, 그가 회복하려는 '인간'이란 철저히 민족과 국가의 이해 아래 예속된 존재였다.[37] '나라 있고 내가 있다'는 식의 국가관을 체현하지 못하면 '인간다운 인간'은 될 수 없었다. 이순신의 곧은 절개와 어진 덕망, 지극한 효성과 끝없는 성실성도 '멸사봉공의 애국심'이 없었다면 모두 무의미한 가치에 지나지 않았을 것이다. 결국 이은상의 이순신 서사도 민족/국민의 복원과 완성이 궁극의 목표였던 것이다. 현재의 상황은 민족의 위기 상황이기에 이순신의 영웅성을 대중들이 체현하여 돌파해나간다면 머지않은 미래에 민족의 부활과 번영이 달성 가능할 것이라는 환상을 끊임없이 대중들에게 주입시키는 것이 이은상의 역할이었고, 이순신에 대한 역사적 서사 또한 그러한 현실적 과제를 그대로 투영시킨 결과로서 나타났다.

이순신

IV. 총력안보 체제와 충무공 정신의 생활화

1. 충무공 정신

　박정희 정권은 왜 현충사를 세우고, 광화문 앞 네거리에 이순신 동상을 세우는 등의 영웅 만들기 사업을 전개했던 것일까? 기존 연구자들의 지적처럼, 이순신이라는 호국무인 영웅을 부활시킨 역사적 배경에는 박정희가 구국의 장군 이순신의 이미지를 덮어씀으로써 자신의 친일 경력을 희석시키고 5 · 16 군사 쿠데타가 '구국을 위해 불가피한 결단'이었음을 정당화하려는 의도가 있었음이 분명해 보인다. 그것은 단순히 박정희 자신의 과거를 이순신의 이미지로 감추거나 정당화시키는 소극성에 머무는 것이 아니다. 이순신의 일사불란한 지휘 아래 승전을 거두고 '민족을 구원'하였듯이, 대통령 박정희의 지도 아래 대중들이 믿고 따라야만 '조국의 위기를 극복하고 찬란한 미래를 보장받을 수 있을 것'이라는 식의 적극적인 지도자 숭배로 연결시키려는 의도가 깔려 있었던 것이다.

그러나 이순신 영웅 만들기가 이순신의 이미지를 박정희 이미지 위에 덮어씌우려고만 의도한 것은 아니었다. 이순신 영웅 만들기는 국가가 대중들을 근대화 프로젝트를 수행해나갈 근대적 주체로 만들어내기 위한 일련의 장치들 가운데 하나로서 이해될 필요가 있다. 박정희 체제의 이순신 영웅 만들기는 대중들이 그저 멀찍이서 이순신을 우러러보고 숭배하기만을 목적으로 하지 않았으며, 대중이 이순신의 정신을 직접 본받아 그 영웅성을 체제의 요구에 맞게 대중 스스로 체현해나가도록 만드는 데 더 치중하고 있었다. 박정희가 "충무공과 우리를 연결시켜야 합니다."라고 충무공과 대중의 접속을 강조한 것도 그런 이유에서였다.[38]

박정희 정권은 끊임없이 위기의식과 공포감을 조장하면서 체제를 유지해나갔고 대중들을 동원했다.[39] 박정희는 "조국이 처한 현실이 임진왜란 때와 흡사한 점이 많다."며 현실을 계속 위기상황으로 몰고 갔다.[40] 북한이라는 가상 적의 존재는 대중의 위기의식과 공포감을 실체화시키고 체제 경쟁을 부추겨 대중의 동원을 손쉽게 만드는 현실적 조건으로 기능했다. 이러한 박정희 정권의 체제 유지 및 대중 동원 전략은 박정희가 '일면건설, 일면국방'을 주장하기 시작한 1968년부터 본격화되었다. 그리고 총력안보 체제를 역설하면서 유신헌법을 제정했던 1972년 이후 절정에 달하게 된다.

1975년에 발표된 박정희 대통령 특별담화를 살펴보면, 박정희는 "현재 북한은 전쟁을 준비 중"이라고 단언한 후 "전방은 국군이, 서울은 서울 시민들이, 후방은 각자가 내 고장, 내 가정을 사수해야" 한다면서 남한을 총력전 체제로 구성하려는 의도를 드러낸다. 그는

이순신

그림으로 재구성된 이순신의 일생. 1. 소년 시절의 전쟁놀이.

이순신

그림으로 재구성된 이순신의 일생.
2. 전라 좌수사에 부임하여 거북선을 만듦.

그림으로 재구성된 이순신의 일생.
3. 해전의 대승첩—부산해전.

이순신

이러한 총력전 체제 아래에서 '국론 분열'은 자멸을 초래할 수 있기 때문에 정부 여당과 다른 목소리를 내는 것은 위험한 행위라고 엄포를 놓는다. 또한 다른 한편으로 총력전 체제에 임하는 대중은 "필생즉사(必生卽死), 필사즉생(必死卽生)"의 자세로 명량해전에 임한 이순신 장군처럼 죽기를 각오하고 싸울 준비를 해야 한다고 말하였다. 이처럼 유신 체제기에 이순신의 말과 행동들이 총력안보 이데올로기와 접합되었으며, 이순신은 유신 체제가 창출해내려는 인간형의 전형으로서 표상되었다. 임진왜란이라는 국난(國難) 상황은 북괴 남침도발이라는 조장된 가상 국난에 대입되었고, 국난 극복을 가능하게 했던 이순신의 항전 자세는 유신 총력전 체제의 국민 생활 자세로 대입되었다.

이러한 유신 이데올로기로서 이순신의 정신이 국가에 의해 정형화되는 것의 결정판은 1972년 4월 문화공보부에서 발간한 〈충무공 정신의 생활화〉라는 홍보자료에서 찾아볼 수 있다. 이 책자에는 "총력안보 태세 확립과 새마을운동을 추진함에 있어 국민에게 교양을 주고 국민적 각성을 촉구하며, 또한 충무공의 숭고한 정신을 국민 모두가 체득하여 이를 우리 생활 속에서 다시 구현하는 데 도움이 되기를" 발간 목적으로 삼고 있다고 밝히고 있다.[41] 이순신은 그저 과거의 위대한 영웅으로 머물러 있어서는 안 되기에 국가는 이순신이라는 역사 속 인물의 특정한 면모를 선택적으로 추출하여 '충무공 정신'으로 정형화시킨 뒤 대중들이 이순신이라는 거울에 자신을 비춰 '충무공 정신'을 따라 배워야만 한다고 강요하였다. 이제 충무공 정신은 국민된 덕목이자 상식이며 기본 교양이 되었다.

이순신

국가에 의해 선택된 충무공 정신이란 무엇인가? 우선 충무공 정신은 이성적으로 분석된 덕목이기 이전에 가슴으로 감동하여 느끼고 받아들여야 할 무엇이어야 했다.[42] 충무공 정신의 핵심인 애국심이 냉철한 이성에서 솟아오르기보다는 낭만적 감성에서 쉽게 증폭된다는 점을 생각해볼 때, 대중들이 이순신의 비극적 최후에 관한 이야기를 듣고 가슴 깊이 감동받는 일은 충무공 정신을 일일이 풀어헤쳐 설명을 듣는 것보다 더 중요한 일이 아닐 수 없었다.

〈충무공 정신의 생활화〉에는 충무공 정신을 ①멸사봉공(滅私奉公)의 애국·구국 정신, ②조국애, ③민족애, ④자주(自主)·자립(自立)·자위(自衛)의 정신, ⑤창의와 개척 정신, ⑥유비무환(有備無患)의 정신, ⑦정의(正義)에 사는 정신'으로 정리하고 있다. 이 일곱 가지 정신은 대체로 개인의 민족/국가에 대한 절대적·자발적 복종과 새마을운동 등 국가의 발전주의적 동원에 대한 대중의 능동적 참여, '북괴의 기습적 남침'에 대비한 총력안보 태세의 확립, '유신과업 완수' 등을 유도하기 위한 덕목들로 구성되어 있다. 유신 체제가 요구하는 개인의 삶이란 이제 더 이상 개인 자신의 것이 아니라 국가와 민족의 것이 되어야만 했다. 이에 따라 '멸사봉공의 이순신'을 개개인이 철저히 따라 배우라는 식의 '충무공 정신 생활화'가 유신 정권에 의해 강조되었다.

그러나 대중과 이순신 사이에는 커다란 간극이 있었다. 평범한 대중들이 모두 이순신처럼 장군이 되어 불패의 신화를 창조하면서 전쟁터에서 장렬하게 최후를 마칠 수는 없는 노릇이었기 때문이다. 신문 사설에서도 "충무공을 성웅으로 우러러 드높이 모시는 나머지

이순신

아예 따를 수 없는 분으로 쳐서 자기는 현대적 세속인으로 주저앉는" 태도를 경계하곤 했다.[43] 이러한 간극을 줄이기 위해 국가는 "과거에는 잃어버린 조국을 되찾는 것만이 지상목표였으나, 오늘날의 나라 사랑하는 방식은 각자의 위치에서 자신의 맡은 바 임무를 충실히 다하는 것"이라고 애국의 실천방식을 다르게 설정하였다.[44] 이제 애국의 실천은 일상에서 이루어지는 것으로 설명되었다. 국가는 대중을 향해 이순신의 '국토애'를 "거리에 쓰레기를 버리지 않고 나무를 심는 것과 북괴의 침략으로부터 이 땅을 지키는 것으로 실천"하라고 말하고, 이순신의 '애민애족(愛民愛族) 정신'을 "동포를 사랑하기에 부정식품과 불량상품을 팔지 않고 동포를 사랑하기에 북괴의 침략으로부터 동족상잔의 비극을 막으려" 노력하는 것으로 실천하라고 말한다.[45]

국가가 대중들에게 따라 배우도록 강요했던 충무공 정신은 초등학교 《도덕》 교과서에도 집약적으로 나타나 있다. 박정희 정권기 초등학교 《도덕》 교과서의 핵심목표는 국가와 민족을 거부할 수 없는 절대적 운명공동체로서 어린이들에게 인식시키는 것과, 북한 공산당을 부도덕한 남침 야욕 세력으로 인식시키는 데 있었다. 민족의 수호자, 애국의 화신으로서 이순신의 영웅 이야기는 어린이(개인)와 국가/민족 사이의 떼려야 뗄 수 없는 관계를 설명하는 데 활용되었다. 또한 국가와 민족을 위해 나는 무엇을 할 것인가를 떠올리도록 강제시키는 역할도 했다. 《도덕》 교과서에 나타난 이순신 영웅 숭배는 곧 민족 숭배이자 국가 숭배인 셈이다. 이 민족 숭배는 반공 반북주의와 별다른 충돌 없이 이어져 "이 충무공의 피를 받은 우리

겨레는 공산 침략자를 무찌르고 국토를 통일해야겠다."는 정언명령으로 귀결되곤 했다.[46]

2. 대중 속의 이순신

대중이 이순신을 민족의 영웅으로 숭배하는 태도는 이미 일제시대나 1950년대에도 널리 존재했다. 박정희 정권의 이순신 성웅 만들기는 이러한 기존의 대중 인식을 자원으로 삼아서 손쉽게 이루어질 수 있었다. 그러나 모든 대중이 전면적으로 이순신 영웅 만들기를 바람직한 것으로 생각하였던 것은 아니다. 특히 대학생을 중심으로 한 청년층에서 영웅 숭배에 대해 냉소적인 입장을 취하는 경향이 있었다.

> 이순신은 영웅이다. 그러나 단순한 명장(名將)에 불과하며 워털루 대전의 웰링턴이나 《삼국지》의 관운장에 해당하는 가치밖에 없는 인물이다. 그에게 물려받을 것은 《삼국지》를 읽는 정도의 통쾌한 무용담이지 모든 문학적 수식을 분(粉)하여 얻을 정신의 가치는 하나도 없다. 이런 인물을 전 국민적 존경을 받도록 교육하는 것은 전제국가주의(專制國家主義)의 사고방식이다.[47]

위의 글은 비록 박정희 정권의 이순신 영웅 만들기 사업이 본격

이순신

화되기 이전에 씌어진 것이지만, 국가에 의해 만들어지는 영웅 숭배에 대해 비판적인 입장을 취하고 있음을 읽을 수 있다.

　1970년대 대학가 연극무대에서 상연된 〈구리 이순신〉에서 작가 김지하는 "어려운 백성을 돕는 본래의 얼굴"을 잃고 "허세나 부리는 껍데기 속에 갇혀서 꼼짝 못하는" 이순신 구리 동상의 처량한 신세를 의인화하여 풍자했다. 그의 풍자는 박정희에 의해 '만들어진 영웅'의 구성성에 대해 구리 이순신의 입으로 공격하고 있다는 점에서 날카롭고도 과격한 것이었다. 구리 이순신은 자신의 처지를 '감옥'에 빗대어 가난한 엿장수에게 자신의 구리 껍질을 벗겨달라고 호소한다. 구리 동상이라는 영웅의 틀에 갇힌 이순신을 진정 자유롭게 해줘야 한다는 김지하의 문제의식이 번뜩이는 대목이다. 구리 동상에 갇힌 이순신에게 낮은 자세로 대화에 임하는 엿장수의 태도는 영웅에 대한 대중의 숭배를, 동상 앞에서 "가난하고 불쌍한 놈들 겁주지 말란 말이야!"라고 술주정을 하며 구리 이순신을 비난하는 거지 시인의 모습은 '만들어진 영웅'에 대한 대중의 탈숭배를 머금고 있다. 구리 이순신의 부탁으로 투구와 갑주, 그리고 칼을 받아든 엿장수가 순경에게 걸려서 끌려가며 극은 마무리된다. 순경은 '국가, 제도화된 공적 폭력' 등을 상징하며, 엿장수의 체포는 국가에 의해 실현되는 '영웅 만들기'의 강한 규정력을 암시하기도 한다.

　일부 청년과 대학생, 그리고 지식인층의 비판적인 정서에도 불구하고, 자라나는 새로운 세대나 당시의 기성세대들은 대체로 이순신 영웅 숭배나 영웅 만들기 사업에 호의적인 입장이었던 것으로 보인다.[48] 초·중·고등학생들은 현충사로 수학여행을 가거나 현충사

이순신

충무연수원에서 단체생활 등을 하면서 '충무공 정신'을 몸소 느끼고 배웠다.

약 다섯 시간 걸려서 충청남도 아산군 백암에 있는 충무공 이순신 장군을 모신 현충사에 들렀다. 경건한 마음가짐으로 애국의 상징인 장군의 영령 앞에 묵념을 드리고, 유물전시관에서 국보 76호인 《난중일기》, 보물 326호인 충무공의 장검, 무과 급제 교지 등 여러 가지를 보고 다시금 장군님의 높으신 세 가지 정신 멸사봉공 호국정신, 유비무한의 정신, 창의개척정신을 새기고, 오직 나라와 민족을 위해 희생하시다가 가신 장군님의 상이 선명해지면서 "너는 이 나라의 기둥이 되어 국조의 어떤 침략세력도 못 넘보도록 스스로 힘을 방대하게 해서 이 나라를 더욱 빛내라." 하시는 말씀이 귓전에 스쳐가는 것 같았다.[49]

지난 10월 24일부터 6일 동안 각 학교에서 선발된 학도호국단 간부학생들은 아산 현충사에 있는 충무수련원에 입소하였다. 우리 170명의 건아들은 혼연일치가 되어 나라 사랑하는 마음을 배우고, 또 내무 생활에서는 협동정신을, 조국순례대행진에서는 우리 민족이 걸어온 수많은 시련의 세월을 회상해볼 수 있는 소중한 시간들을 보내고 돌아왔다. ⋯⋯ 우리는 단정하고 씩씩하고 똑바른 인간 동량이 되어 충무정신을 본받고 충무공이 보여준 그 의와 조국애를 배우고 실천

| 이순신 |

할 수 있는 정신적 기틀을 만들어야 하겠다. …… 우리는 학생이면서도 어려서부터 남달리 애국정신이 뛰어난 이 충무공의 생애와 조국관을 배우고 본받는 데 어찌 일각인들 방심과 나태가 있을 수 있을 것인가? 우리는 학생이면서도 위기 촉발에 놓인 조국의 시련과 위협 하에서는 즉각 중무장하고 적을 무찔러 돌격할 수 있는 과감하고 결단성 있는 무인정신을 아울러 체득하지 않으면 안 되었다.[50]

현충사 충무연수원(수련원)은 총 1억 9,890만 원의 공사비가 투입되어 1974년 4월 28일에 개원되었다. 1974년 한 해 동안 초·중·고등학생 1천여 명과 교육공무원·교수·서장·새마을지도자 4천여 명이 충무연수원에서 연수 생활을 경험했다. 이곳에서는 연수자들이 새벽 5시 40분부터 밤 10시까지 군대 훈련소처럼 짜여진 생활을 하면서 이순신의 생애와 업적을 체득하는 활동을 하였다. 군대식 일과 속에서 남성 전쟁영웅인 이순신에 대해 학습하는 이러한 연수 생활은 일종의 병사 만들기로서, 여성보다 남성들이 더 쉽게 적응하고 감화될 수 있는 프로그램이었던 것으로 보인다.

대중들이 이순신을 어떻게 생각하고 충무공 정신을 일상에서 어떤 식으로 실천하려 했는지를 보여주는 사료로서 1960~1970년대 다양하게 펼쳐졌던 각종 웅변대회의 원고를 들 수 있다. 웅변 원고는 작가가 이미 타자들의 시선을 의식하고 자기 검열을 거친 자료라는 측면에서 대중의 의식을 들여다보는 데 많은 한계를 갖는다. 또한 웅변이 갖는 교훈성과 계몽성으로 인해 서사구조가 너무 전형적

> 이순신

> 싸우며 건설하자
> 1969년 1월 1일
> 대통령 박정희

'싸우며 건설하자'라는 구호에 함축되어 있듯이 박정희 정권의 경제 개발에는 강한 군사주의적 성격이 녹아들어 있다. '건설'(경제 개발)은 곧 전투이자 전쟁이어야 했다. 이러한 상황 아래서 전쟁영웅 이순신은 박정권의 경제 개발에 적합한 모범적인 인간형으로 부각되었다.

이라는 문제도 있다. 그러나 웅변은 대중 속의 개인이 다수 대중을 상대로 발화하는 가운데 지배담론을 체화하고 확산·유포시키는 기제로 작용했다는 점에서 주목을 요한다. 특히 대중이 지배담론을 어떻게 자신의 언어로 소화하려고 했는가 하는 단편을 웅변 원고 속에서 살펴볼 수 있다.

> 칠흑같이 캄캄한 밤 피로 얼룩진 고지 잠복초소에 파묻혀 녹슨 철책선을 지킬 때마다 내 국토의 땅은 단 한 치의 땅도 적에게 더럽힐 수 없다는 충무공의 거룩한 국토 사랑의 정신을 생각하노라면 어느덧 무서움도 두려움도 졸음도 달아나 버리고 적진을 향한 거총자세 더욱 굳세어지며…… 사상과 이념을 초월하여 평화통일의 길로 나가자고 나팔을 불면서 간계를 부리는 북한 공산당의 교묘한 술책에 일순간 마음이

이순신

동요될 때마다 갖은 모략과 시새움과 유혹 속에서도 불평불만 한 마디 없이 묵묵히 백의종군하시던 충무공의 거룩한 정의감을 생각하노라면 기어이 공산당을 물리치고야 말겠다는 정의의 신념이 더욱 확고해집니다.[51]

위의 글은 현역 사병의 웅변 원고 중 일부로서 충무공 정신들을 떠올리면 '조국과 민족을 위한' 국방의 의무에 임하는 자신의 마음가짐도 새로워진다는 내용이다. 이순신의 정의감은 당대의 역사적 맥락에서 완전히 벗어나서 "공산당을 물리치고야 말겠다는 정의의 신념"에 접합되어버렸다. 이순신이 표상하는 민족주의가 반공국가주의 속으로 흡인되어 나타남을 볼 수 있다.

살아생전에 효도 다하는 효성스러운 사람이 되어야겠으며 호시탐탐 적화통일의 기회만을 노리는 괴뢰도당에게 조국을 빼앗기고 월남 피난민들처럼 나라 없는 슬픔, 나라 없는 뼈저림을 맛보기 전에 총력안보의 역군이 됨으로써 나라에 충성하는 새 사람이 됩시다. 항상 충무공 이순신 장군의 일생을 돌이켜보며 《난중일기》 속의 충효사상을 거울 삼아 살아가는 남아가 됩시다.[52]

이순신 장군의 거룩한 충성심을 본받아 우리 다 같이 공산당을 무찌른다면 죽어도 한이 없겠다는 멸공의 기도를 매일같이 드리며 나라에 충성하자고 힘주어 외칩니다.[53]

박정희 체제는 '충효'를 강조하였고, 이순신은 '충효'의 진정한 실천자로서 추앙되었다. 국가가 충효라는 유교적 덕목을 재윤리화하는 목적은 자식이 부모에게 해야 할 도리인 효의 확대된 형태로서 개인이 국가에게 마땅히 충성을 다해야 한다는 도덕률을 내면화시키기 위해서였다. 즉 충과 효는 서로 연결된 것이었지만 핵심은 충(忠)에 놓여 있었다. 학생들은 이순신을 매개로 충효를 맹목적으로 윤리화했고, 이는 유기체적 민족주의 및 반공국가주의의 강화와 연결되었다.

> 저는 지난 일요일에 아버지를 따라 우리 고장에 있는 자산공원엘 갔었습니다. 그곳에는 '민족의 태양'이라 적힌 이순신 장군의 동상이 우뚝 세워져 남해 바다를 지키고 있었습니다. 아버지께서 저에게 하시는 말씀이 "유미야, 이 거룩한 이순신 장군은 …… 위대한 민족의 지도자이시다."라는 것이었습니다. 여러분! 우리는 민족의 태양이신 충무공의 정신을 이어받아야겠습니다.[54]

> 여러분! 오늘날 이러한 (충무공의) 얼이 우리의 가슴에 끊어지지 않고 이어져 계승되는 한, 우린 영원히 강하고 힘찬 국가 발전을 이룩할 수 있으리라고 봅니다. 이 충무공의 얼을 길이 계승하여 너도나도 오늘에 사는 우리의 정신과 신체를 바르게 키워나가야 할 것이며, 지난 12월 6일을 기해서 박정희 대통령 각하께서 선포하셨던 국가 비상 사태에 대비해

| 이순신 |

> 승공의 굳은 신념으로 내일을 위한 건설의 깃발 높이 휘날리도록 국민이여, 일합시다! 싸우면서 건설합시다!⁵⁵⁾[55]

이순신 동상은 그의 영웅성을 눈으로 직접 볼 수 있도록 재현하고 있기 때문에 어린이들이 이순신에 관한 이미지를 형성하는 데 큰 역할을 했다. 이순신의 영웅성은 그것이 당대적 맥락에 의해 재구성된 것임에도 쉽게 의심받지 않았으며, 학생들은 충무공 정신의 체현이 곧 국가의 발전과 직결될 것이라는 지배담론에 쉽게 포박당했다. 특히 웅변이나 백일장 등을 통해 대중(학생)들은 영웅의 영웅성을 지배담론과 연결지어 자기 삶에서의 바람직한 방향성, 올바른 규범으로 설정하고 확산시키려는 소비/재생산의 활동을 전개하였다. 그러나 그러한 규범과 도덕률의 내면화에도 불구하고 전체적으로 볼 때 이순신의 영웅성은 대중의 일상생활과 그리 잘 연결되지 않았다. 이순신은 대중이 항상 본받아야 할 위인이었지만, 이순신의 영웅서사 속에 나타나는 영웅성의 무게는 대중이 감당하기에 너무 무거웠다.

V. 인간의 얼굴로 다가온 '민족의 수호신'

이순신의 신화는 꺼지지 않았다. 김훈은 《칼의 노래》에서 자식의 죽음에 아파하고 성적인 욕망을 표출하기도 하는 살아 있는 인간으로 이순신을 그려냈다. 이순신의 복잡다단한 내면세계는 칼의 강직함을 매개로 펼쳐진다. 칼의 강직함은 초인으로서의 이순신을 은유하는 것이고, 내면세계에서 유동하는 이순신의 인간미는 칼의 강직함 속으로 흘러 들어간다. 《칼의 노래》는 일견 이순신의 영웅신화를 탈영토화하는 것처럼 보이지만, 실은 민족영웅으로서의 이순신을 재영토화하는 효과를 불러일으킨다. 이순신을 '인간'으로 그리려는 노력은 이미 박정희 정권기에도 시도되었다. 다만 1960~1970년대 '인간 이순신' 서사에서는 당위로서의 완벽한 인간성을 구현하는 이순신의 면모가 너무 강조되어서 대중들이 이순신을 저 높은 곳에 서 있는 대상으로 생각하게 했지, 실제로 이순신이 인간적인 존재라고 느끼게 하는 효과는 발휘될 수 없었다.

《칼의 노래》에서는 국왕보다도 더 국가와 민족을 걱정하는 이순

> 이순신

신, 자신의 일에 철두철미한 이순신의 영웅적 면모가 그대로 살아 있다. 그러면서도 작가가 그의 내면세계를 상상하여 인간적인 고뇌로 승화시켜 대중과 이순신 사이의 거리감을 좁혀놓았다. 그로 인해 민족영웅으로서 이순신의 생명력은 더욱 길어졌고 공고해졌다.

    KBS 드라마 〈불멸의 이순신〉에서도 이순신의 인간미는 유감없이 발휘된다. 전장에서 쓰러져간 장수를 보고 눈물을 흘리는 모습이나 아버지 생각에 눈물을 흘리는 모습도 이전에 이순신을 재현한 영화나 드라마 속 모습과는 분명 차별화되어 있다. 〈불멸의 이순신〉에 나타나는 이순신은 완전무결한 영웅이 아니라 인간적 결점도 갖고 있고, 힘들 때 힘들어할 줄도 아는 인간의 얼굴을 하고 있다.

    그러나 이순신의 눈물은 위기의 국가와 고통받는 민초들을 구해낼 개혁의 지도자로서의 이순신을 부각시키기 위한 하나의 극적 장치다. 원리원칙에 따라 일을 처리하며 불굴의 신념으로 나라를 구한 이순신이 "이 시대가 요구하는 진정한 지도자 상"이라는 기획팀의 기획의도에서도 이를 확인할 수 있다. KBS는 "낡은 정치를 청산하고 분열된 국론을 통일시켜 새로운 한국을 건설해야 할 벅찬 과제"를 수행하고, "21세기 무한 국가 경쟁 시대, 경제 전쟁 시대에 닥쳐올 경제 위기에 대응하기 위해" "이순신의 리더십과 긍정적 자세, 자신감을 귀감으로" 삼을 필요가 있기 때문에 〈불멸의 이순신〉을 제작하게 되었다고 기획의도에서 밝혔다. 박정희식 멸사봉공의 자세는 아니지만, 이광수가 가졌던 사회진화론적 국제질서 인식을 답습하는 것이나 '국론통일'을 이끌 리더십을 기대하는 것 등의 대목에서는 강대국을 따라잡지 못하면 추락하고 말 것이라는 식민지 민족주의 특유의 조급증이나 내부의 의견 차이를 용납하지 못하는 국론 통일론 특유의 편집증이 엿보이기도 한다.

이른바 '민주주의 시대'의 이순신 열풍은 공동체로부터 소속감을 느끼지 못하고 원자화된 개인들의 불안감의 다른 모습이다. 경제전쟁의 파고를 헤치고 '대한민국'을 경제대국으로 만들어줄 카리스마 넘치는 지도자의 출현을 희망하는 대중의 욕망, 그러한 지도자의 일사불란한 지도에 기꺼이 복종할 준비가 되어 있는 대중의 자세가 이순신 열풍 속에는 숨어 있다. 2005년 '인간 이순신'에 대한 대중의 열광은 여전히 위태로워 보인다.

■ 이순신 미주

1) 2004년 8월 11일 KBS 뉴스 '희망으로 돌아온 '인간 이순신'' ; 2004년 7월 25일 연합뉴스 '드라마·영화 여파, 출판가 이순신 붐 예고'.
2) 최근 이덕일이 쓴 〈일본 축출의 영웅에서 군사정권의 성웅으로, 다시 인간 이순신으로〉라는 글은 후자의 입장("21세기의 인간 이순신은 바람직한 현상이다")을 대변한다(《내일을 여는 역사》 2004년 겨울호).
3) 폭로 수준을 넘어선 연구 성과로는 전재호의 연구를 들 수 있다(전재호, 〈동원된 민족주의와 전통문화정책〉, 《박정희를 넘어서》, 푸른숲, 1997). 전재호는 역사적 인물의 신격화 작업이 박정희 체제가 추진한 민족주의 프로젝트의 일부라고 정확히 지적하고 있다. 하지만 그는 연구에서 이순신이라는 영웅 만들기의 효과를 박정희라는 개인이 이순신과 박정희 자신을 동일시하려는 의도의 관철, 즉 지도자 개인의 자기 합리화 과정으로서만 분석의 초점을 맞추고 있다. 박정희가 이순신의 구국영웅 이미지를 자신의 이미지에 투영시키려 했음은 맞는 말이지만, 박정희 체제의 이순신 영웅 만들기가 단지 그것만을 목표로 한 것은 아니었다. 더욱 중요한 점은 박정희라는 지도자뿐만 아니라 동원되는 대중 전체를 작은 이순신들의 집합으로 만들려는 의도가 동시에 놓여 있었다는 것이다. 전재호 연구의 문제점은 후자에 대한 고려가 부족하다는 데 있다.

이순신

4) 아도르노 · 호르크하이머, 《계몽의 변증법》, 문학과지성사, 2001년, 28쪽; 41쪽.
5) 이은상, 《태양이 비치는 길로》, 삼중당, 415~426쪽.
6) 노영구, 〈역사 속의 이순신 인식〉, 《역사비평》 2004년 겨울호, 344~346쪽.
7) 오선민, 〈전쟁 서사와 국민국가 프로젝트〉, 《국민국가의 정치적 상상력》, 소명출판, 2003년, 130~138쪽.
8) 오선민, 위의 글, 168~178쪽; 190~201쪽; 217쪽.
9) 이 시기 대표적 전쟁영웅 소설로는 신채호의 〈이순신전〉을 비롯하여 〈을지문덕〉·〈최도통전〉, 우기선의 〈강감찬전〉 등이 있다. 뿐만 아니라 마치니, 카부르, 가리발디, 비스마르크, 빌헬름 텔, 잔 다르크, 나폴레옹, 워싱턴 등 외국의 전쟁영웅을 다룬 전기소설도 많이 발표되었다. 위의 글, 134~135쪽에 수록된 표 참조.
10) 신채호, 〈이순신전〉, 《을지문덕/이순신전/최도통전》, 독립기념관 한국독립운동사연구소, 1989년, 72쪽.
11) 신채호, 위의 책, 76쪽.
12) 오선민, 위의 글, 222~223쪽.
13) 이지원, 〈1930년대 민족주의 계열의 고적보존운동〉, 《동방학지》 77·78·79 합집, 1993년, 759쪽.
14) 박계리, 〈충무공 동상과 국가 이데올로기〉, 《한국근대미술사학》, 12, 2004년, 145쪽.
15) 〈동아일보〉 1931년 5월 19일자; 5월 26일자.
16) 이광수 외, 〈동서고금 인물 좌담회〉, 《동광》 제29호, 1931년, 33~35쪽.
17) 이광수, '작가의 말', 〈동아일보〉 1931년 5월 23일자.
18) 이광수, 〈조선민족운동의 3기초사업〉, 《동광》 1932년 2월.
19) 공임순은 최근 그의 저작 《식민지의 적자들》(푸른역사, 2005)에서 이광수의 《이순신》과 김훈의 《칼의 노래》에 담긴 순결지상주의와 '남성성/여성성'의 문법 구조를 날카롭게 분석하였다.
20) 〈조선일보〉 1948년 4월 17일자.
21) 〈조선일보〉 1959년 8월 26일자.
22) 〈조선일보〉 1956년 7월 11일자; 1957년 10월 20일자.
23) 전재호, 위의 글, 249쪽.
24) 문화공보부, 《현충사연혁지》, 1975년, 81~85쪽.
25) 위의 책, 48~52쪽.
26) 위의 책, 52~60쪽.
27) '동상건립의 문제점', 〈조선일보〉 1968년 5월 30일자.
28) 최석남, 〈충무공동상건립의 의의와 문제점〉, 《사상계》, 1968년 8월호, 109쪽. 다만 이 글에서 최석남은 동상에 재현된 이순신의 이미지가 민활하지 못하고 비둔해 보인다는 점을 지적하는 등 재현과 고증에 대해서만 문제 제기를 했다.
29) '광화문의 충무공 동상 과연 헐어야 하나', 〈조선일보〉 1977년 6월 17일자.
30) 문화공보부, 위의 책, 43~44쪽.
31) 〈충무공의 노래〉(작사 : 이은상, 작곡 : 김동진) 1. 보라 우리 눈앞에 나타나는 그의 모습/거

북선 거느리고 호령하는 그의 위풍/일생을 오직 한 길 정의에 살던 그이시다./나라를 구하려고 피를 뿌리신 그이시다./(후렴) 충무공 오 충무공 민족의 태양이여/충무공 오 충무공 역사의 면류관이여/2. 그날 땅과 하늘을 울리시던 그의 맹서/저 언덕 저 바다에 배고 스민 그의 정신/외치는 저 목소리 그가 우리를 부르신다/겨레의 길잡이로 그가 우리를 부르신다.

32) 이은상, 《성웅 이순신》, 횃불사, 1969년, 211~213쪽.
33) 이은상, 위의 책, 207~209쪽.
34) 이은상, '충무공 정신의 진정한 파악', 〈조선일보〉 1962년 4월 28일자.
35) 이은상, 위의 책, 217쪽.
36) 이은상, 《태양이 비치는 길로》 (상), 삼중당, 1973년, 115쪽.
37) 이은상, 〈인간 충무공〉, 《시사》 1976년 4월호, 1976년, 17~21쪽.
38) 1970년 4월 28일 충무공 탄신일 기념사.
39) 김정훈은 이를 박정희의 분열-위기-단결담론이라고 규정하였다. 김정훈, 〈남북한 지배담론의 민족주의 비교연구〉, 연세대 사회학과 박사 학위 논문, 1999년, 99쪽.
40) '박 대통령 충무공 탄신제례 등서 연설', 〈조선일보〉 1968년 4월 30일자.
41) 문화공보부, '이 책자를 받으신 분에게', 〈충무공 정신의 생활화〉 1972년.
42) 문화공보부, 위의 책, 46쪽.
43) '사설: 충무공을 생각한다', 〈조선일보〉 1973년 5월 1일자.
44) 〈하루 한 번 나라 생각을〉, 대한뉴스, 1969년.
45) 문화공보부, 위의 책, 92쪽.
46) 문교부, 《도덕 6-1》, 1962년, 150쪽.
47) 원갑희, 〈우리의 사고·가치관에 대한 반성〉, 《고대문화》 제5호, 고려대학교, 1963년, 220쪽.
48) 1975년 5월 경상북도 군위고등학교 선생 송춘영이 전국 고등학생 2,700명을 대상으로 실시한 조사에 따르면 고교학생들이 가장 존경하는 인물은 이순신이었다. '고교생은 이순신을 가장 존경한다', 〈중앙일보〉, 1976년 1월 9일자.
49) 최영일, 〈강산따라 발전따라〉, 《光高》 제28호, 광주고등학교, 1978년, 218쪽.
50) 오희균, 〈충무수련원을 다녀와서〉, 《光高》 제26호, 광주고등학교, 1976년, 201쪽.
51) 임태백, 〈5대 정신〉, 《신념의 메아리》, 웅변문화사, 1978년, 56~57쪽.
52) 김영우, 〈흰머리털 뽑는 마음〉, 《신념의 메아리》, 웅변문화사, 1978년, 88~89쪽.
53) 김종섭, 〈기도〉, 《신념의 메아리》, 웅변문화사, 1978년, 98쪽.
54) 유미, 〈비상벨〉, 《불타는 함성—전국 각 웅변대회 최신입상 원고선집》, 계림출판사, 1974년, 150쪽.
55) 주재갑, 〈얼을 이어받아〉, 《불타는 함성—전국 각 웅변대회 최신입상 원고선집》, 계림출판사, 1974년, 255쪽.

이순신
Pétain
Teresa

비스마르크

히틀러가 재구성한 철혈재상의 기억

	이순신
	페탱
이진일(비교역사문화연구소, 한양대 연구 교수)	테레사

　역사상의 위인들 가운데 비스마르크처럼 후세의 평가에 양극을 달리는 인물도 드물 것이다. 이 글은 비스마르크의 업적에 관한 역사적 평가를 다루기 위함이 아니다. 그보다는 사후 후대인들에 의해 그가 민족의 영웅으로서 추앙되고, 정치적 상징으로서 신화화되는 배경과 과정을 논의 대상으로 다루고 있다.

　프리드리히 대제에서 비스마르크를 거쳐 힌덴부르크로 이어지는 프로이센 전통의 마지막 끝자리가 바로 자신의 자리임을 히틀러는 온 국민에게 보여주고 싶어했으며, 그의 이러한 작업의 끝은 아우슈비츠로 연결되었다.

　'비스마르크 신화'와 '지도자 숭배'. 이 글은 이처럼 위대하다고 일컬어진 인물에 대한 정치적 신화, 상징, 숭배의 의식들이 빚어낸 역사의 오용과 남용의 위험성에 대해 생각해보았다.

Bismarck

I. 공개되어서는 안 될 사진

    1898년 7월 30일 밤 11시경, 비스마르크(Otto von Bismarck)는 함부르크 교외, 프리드리히스루의 자신의 성에서 1년여의 고통스런 투병 끝에 어렵게 눈을 감는다. 사인은 동맥경화에 의한 마비. 그의 임종은 친족과 주치의만 지켜보는 가운데 이루어졌으며, 시체가 안치된 방에는 유족의 허락 없이는 누구도 들어갈 수 없도록 엄중한 지시가 내려졌다. 병상에서의 모습이 일반에 공개되기를 원치 않았던 비스마르크의 평소 뜻에 따른 결정이었다.
    이런 와중에 함부르크에서 온 전문 사진사 빌리 빌케와 막스 프리스터는 새벽 4시경 몰래 이 방에 잠입하여 곁에 놓인 시계까지 23시 20분으로 돌려놓고 이제 막 굳기 시작한 시신을 찍은 후 황급히 사라진다. 플래시를 사용하여 두 장의 사진을 찍는 데 걸린 시간은 불과 10분이 채 안 되었다. 역사상 최초의 파파라치가 등장하는 순간이었다.
    사흘 후, 베를린의 주요 일간지 하단에는 다음과 같은 광고가 일제히 실린다.

> 임종을 맞는 비스마르크의 현존하는 유일한 사진.
> 임종 몇 시간 후 찍었음.
> 명망 있는 출판사의 구매 요망.[1]

일확천금을 걸머쥘 기대와 초조감 속에서 이들은 베를린 최고의 호텔 데 롬에 머물며 광고를 보고 찾아오는 여러 사람과 흥정을 벌인다. 이윽고 한 출판사와 오늘날 가치로 약 20만 유로에 해당하는 금액과 매상의 20퍼센트를 추가로 받기로 하고 사진의 원본을 넘겨주는 계약을 체결한다. 단, 비스마르크 가족과 충돌하는 것을 원치 않았던 출판사 측의 요구에 따라 비스마르크 아들의 허락을 전제로. 이 조건으로 인해 그들이 돈도 못 받고 일생을 망쳐버리게 될 줄을 누가 상상이나 했겠는가.

출판사 사장에게서 전보로 이 소식을 전해들은 비스마르크의 두 아들 빌헬름과 헤르베르트는 지체 없이 이들을 경찰에 고발하였고, 이들은 재판정에서 무단침입죄로 각각 8개월과 5개월, 또 사진사들에게 매수되어 몰래 이들을 집 안으로 들인 정원사 슈푀르케는 5개월의 금고형을 언도받는다.

이들이 찍었던 두 장의 사진은 체포와 함께 압수되었다. 일반에 공개되는 일만은 어떻게든 막으려 했던 사진 속의 비스마르크는 흘러내리는 턱을 막기 위해 감싸두른 수건, 수척하게 말라 침대 중앙에 가라앉은 듯 눈을 감고 있는 모습, 시신 주변의 흐트러진 배경 등

Bismarck

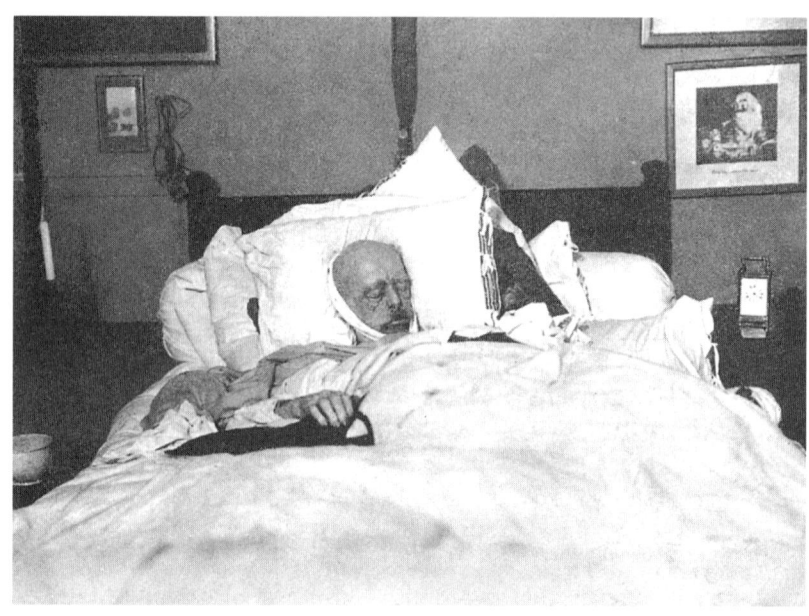

문제의 사진사가 찍은 비스마르크 사망 당시의 모습. 이것이 원본이다.

두 장 중 한 장의 사진이 이렇게 변형되었다.

Bismarck

그림엽서로 배포된 비스마르크의 죽은 모습에 대한 스케치.

화가 오토 폰 렌바흐(Otto von Lenbach)가 그린 비스마르크 사망 당시의 모습. 비스마르크의 죽음을 미화하여 그린 상상화이다. 렌바흐는 생전에 비스마르크의 초상화를 80점 이상 그렸으나, 그의 거듭된 청원에도 끝내 비스마르크의 사후 모습을 직접 대면하여 그릴 수 있는 허가를 받지 못했다. 그러나 그는 비스마르크가 죽기 불과 몇 시간 전 아직 살아 있는 모습을 볼 수 있었고, 당시의 모습을 상상하며 그림을 그리게 되었다.

비스마르크 | 365

Bismarck

과 함께 철의 재상에 걸맞는 의연하고 위엄 있는 주검이 전혀 아니었다. 이 사진은 비스마르크 사후 55년이 된 1953년에 처음으로 한 잡지에 공개되었다. 감옥에서 풀려나온 두 사진사는 자격증을 몰수당하여 사진사로서의 삶을 살 수 없었다. 프리스터는 그 후 더 이상 사회에 적응하지 못하고, 10여 년 후 마흔다섯 살의 나이에 정신병원에서 생을 마감한다.

Bismarck

II. 영웅의 부활

황제 빌헬름 2세는 이미 오래전부터 그의 장례를 웅장한 국민적 행사로 치러, 마침내 그가 국민에게서 완전히 떠나갔음을 분명하게 보여주려는 계획을 세우고 있었다. 제국의 설립자요, 40년을 수상으로 재직하며 독일을 유럽의 강대국으로 일으켜세운 국민적 영웅에 걸맞게 독일 전역은 국장이 선포되었고, 국민은 조기를 걸도록 계획되었다. 호위병들에 둘러싸인 그의 관은 베를린의 제국의회 광장으로부터 브란덴부르크 문을 통과하여 호엔촐레른 왕가의 무덤에 안치될 예정이었다. 빌헬름 2세는 스스로 비스마르크의 장례의식을 주도함으로써 자신의 손으로 그가 묻혔음을 국민 앞에 분명히 보여주려 하였다. 그는 장례식을 자신이 제국 설립자의 그늘에서 완전히 벗어날 수 있는 자연스러운 기회로 보았던 것이다. 비스마르크를 향하던 국민의 존경이 이제 젊은 황제에게로 돌려져야 하였다. 이 역사적 장례식을 그림으로 남기기 위하여 화가까지 이미 대기된 상태였다.

Bismarck

1. 산 자와 죽은 자의 충돌

하지만 웅장한 국민적 장례식을 계획했던 황제나 그와 같은 장례식이 거행되리라는 일반의 예상과는 달리, 비스마르크의 유족은 황제의 제안을 모두 거절하고 자신의 성 한구석의 작은 교회에서 30여 명이 채 안 되는 초대된 조문객만으로 조용히 치르기를 원하였다. 완강히 고집하는 유족 앞에서 황제도 어쩔 수 없었고, 자신의 계획이 모두 수포로 돌아갔음을 알고 낙망하여 프리드리히스루로 달려갔을 때는 이미 관 뚜껑은 못질이 끝난 상태였다. 황제는 마지막으로 시신의 얼굴을 볼 수 있는 기회조차 거부당한 것이다. 후일 비스마르크의 아들 헤르베르트는 "내가 내 아버지의 시신을 베를린까지 끌고 가, 황제가 죽은 이의 인기를 자기 쪽으로 끌어가는 일에 동조해야 했겠는가?"라고 토로하였다.

그러나 죽은 비스마르크와 산 빌헬름 2세 간의 충돌도, 또 죽은 국민적 영웅의 생생한 사후 모습을 사진으로나마 확인하고 싶은 호기심이나 이를 막으려는 유족 간의 충돌도 비스마르크를 떠나보내며 애도하는 전 국민적 물결을 막지는 못하였다. 국민이 보내온 화환과 조화들로 8월의 프리드리히스루 성은 백색의 바다를 이루었다. 국가적 인물을 떠나보내며 보인 이러한 국민의 반응은 일찍이 독일 역사에 없던 현상이었다.

갑작스럽게 시장에는 비스마르크의 얼굴이 새겨진 추모 메달과 추모 엽서, 그리고 그를 추모하는 시와 사진 모음집들이 쏟아져나왔다. 모든 신문은 제국의 설립자를 추모하는 추도사를 실었고, 베를

Bismarck

린에서는 유족이 빠진 공식적 추모 예배가 8월 4일 거행되었다. 이 외에도 많은 도시들에서는 시민들의 자발적 주도로 죽은 이에 대한 추도식이 거행되었다. **하지만 관도, 유족도, 장례 절차도 없는 추도 의식을 통하여 독일인들은 비스마르크를 죽은 이로 떠나보내지 못하고, 제국의 영원한 영웅으로 자신들의 가슴속에 묻게 된다.** 그리고 이는 생전의 비스마르크가 바라던 바로 그것이었다.

비스마르크에 대한 국민적 숭배는 이미 그가 프로이센의 재상으로 재직하던 1860년대부터 시작되었다. 그에 대한 국민의 큰 신뢰는 무엇보다 그가 덴마크(1864년), 오스트리아(1866년), 프랑스(1870~1871년) 등과의 전쟁을 통하여 40여 개의 작은 국가들과 도시들로 나뉘어 있던 독일연방을 하나의 통일된 제국으로 묶어놓은 일에서 기인하였다. 그리고 이후 20년 동안 신생 독일제국을 탁월한 외교술과 강권적 지배를 통하여 유럽 내의 강대국으로 발돋움시켜 놓은 일을 국민은 잊지 않고 있었다. 1871년 파리에 입성하여 프랑스와 강화조약을 맺은 비스마르크는 독일 국민에게 독일 신화 속의 영웅 지크프리트였다. 사람들은 이 불굴의 재상에게서 제국의 미래를 지키며 독일 국민에게 애국적 의무감을 주지시키고 귀감이 될 덕목들을 지켜나가는 여러 면모를 발견하였으며, 그를 영웅시하고 살아 있는 신화의 대상으로 삼음으로써 민족적 정체성을 확인하려 하였다.

하지만 1888년[2] 젊은 황제의 등극 이후 생겨나는 두 사람의 잦은 충돌은 마침내 1890년 그의 극적인 해임으로 이어진다. 그는 현실 정치에서 발을 빼고 베를린에서 말년의 거처인 프리드리히스루 성

Bismarck

비스마르크를 찾은 빌헬름 2세 황제, 그 옆에는 비스마르크의 충성스러운 개 티라스가 앉아 있다.

으로 돌아오지만, 오히려 국민은 그를 '관직 없는 수상'이라고 부르며 그에 대하여 지속적인 애정과 존경을 보낸다. 황제에 의한 해임이라는 방식이 그의 명성을 상하게 하기는커녕, 그 극적인 종말로 인하여 오히려 더욱 높은 인기를 얻었다. 거의 40년 간 제국에 드리워졌던 비스마르크의 그늘을 벗어나 '새로운 길'을 가고자 했던 빌헬름 2세는 국민에게 고마움을 모르는 정치적 아마추어로 비쳐졌다.

2. 비스마르크에 대한 기억들

　퇴임 이후에도 명성을 지속시키기 위하여 누구보다 상당한 노력을 기울인 이는 바로 비스마르크 자신이었다. 그는 자신의 여든 살 생일 축하연이나 자신에 관한 박물관의 설립 등을 직접 지휘하였고, 1890년부터는 회고록을 작성하며 지금까지의 자신의 행위들을 정당화시키는 작업을 한다. 또한 현실 정치에 직·간접적으로 개입하여 자신의 후계자들뿐 아니라, 빌헬름 2세에 대한 직접적인 비판도 마다하지 않음으로써 자신의 영향력을 유지시키기 위해 노력한다.

　다른 한편, 빌헬름 2세의 정치에 비판적이던 보수 민족주의 야당 세력은 그를 과거 비스마르크의 행적과 비교하면서 현실 정치 비판의 척도로 삼았다. 특히 대표적 보수단체인 '범독일연합회'나 농업 관세 하락에 반대하는 융커(Junker)와 같이, 독자적인 세력권을 형성한 압력단체들 사이에서 비스마르크는 이념적·정신적 지주였다. 프리드리히스루 성은 국민의 순례지가 되었고, 그의 말년의 휴식처는 빌헬름 2세의 실정에 불만을 표출하기 위하여 방문하는 다양한 사람들로 늘 북적였다. 자연히 비스마르크는 각종 단체의 요구에 따라 '대중적 지도자', '외교와 절제의 달인', '민족국가의 상징', '세계 권력을 지향하는 독일의 희망' 등등, 상충하는 여러 이미지로 둘러 싸이게 된다. 심지어 그 자신이 재직 시 극구 피하려 하였던 독일 식민지의 개척자로까지 숭앙되면서, 역사적 사실과는 무관하게 국민이 품고 있던 다양한 민족의 희망과 미래상을 한 몸에 안고 신화의 세계로 들어가게 된다.

| Bismarck |

여든 살 생일을 맞은 1895년, 그에게 명예시민권을 제공한 도시는 무려 450여 개에 달했으며, 그에게 보내진 축하 우편물은 전국에서 45만여 통에 달하였다. 비스마르크로 이름 붙여진 거리와 광장, 학교와 공공 건물의 수는 이루 다 헤아리기 힘들 정도였고, 그 밖에도 전국적으로 그를 기념하는 비스마르크 연합회가 주요 도시를 중심으로 약 300개 정도 생겨났다. 연합회의 회원들은 주로 학자나 고위 공무원, 사업가, 개인 사업자, 상인 등 고등 교육을 받고 지방 정치에 영향력이 있는 부유한 중상 시민계급이었다. 이에 반하여 노동자와 농민들은 이들 단체로부터 철저히 배제되었다.

비스마르크의 퇴임 이후 본격적으로 시작된 그를 기념하는 사업들은 1898년 그의 죽음을 계기로 최고점을 맞게 된다. 그의 사후에 약 700여 개의 비스마르크 기념물들(주로 그에 대한 입상이나 조상과 기념비, 횃불기둥 등)이 세워지는데, 이러한 숭배는 지금까지의 일반적 관례를 훨씬 뛰어넘는 것이었다. 사진뿐 아니라 판화, 컬러 인쇄, 메달, 그리고 무엇보다 그림엽서 등을 통하여 그의 다양한 생전의 모습들이 상품화되어 상점의 진열대에 전시되었다. 사람들은 비스마르크 상표가 붙은 청어나 과자를 먹고, 비스마르크 표 시가를 피우거나 비스마르크 표 모자를 썼으며, 그를 주인공으로 한 소설을 읽고, 비스마르크 재킷, 비스마르크 자전거 등을 구매하였다. 이제 비스마르크 신화는 거의 종교적 현상으로까지 발전된다. 대부분의 노동자와 사회민주주의자들의 가정에 노동운동 지도자인 라살의 초상화가 걸려 있었다면, 보수적 중산 시민계급의 가정에는 비스마르크의 초상화가 걸려 있었다. 그들은 이를 통해 자신들의 집단적 충

비스마르크 상표가 붙은 자전거의 1896년 판매 포스터. 이 자전거 공장은 1984년까지 유지되었다.

비스마르크 동상을 모티프로 만든 주머니칼 기념품.

Bismarck

성심을 과시하였다.

비스마르크 개인에 대한 숭배는 점차 전몰군인 추모 행사나 국가 기념일 등의 예식에 등장하면서 전형적인 민족의 상징으로 숭앙되었고, 자연스럽게 독일 민족에 대한 숭배로 연결되었다. 그의 입상이나 기념물들의 기반은 대부분 거대한 육각의 석재로 이루어졌으며, 가능한 한 자연과의 조화 속에 독일적 특성을 나타내도록 단순하고 반듯한 형태로 세워졌다. 대부분 금속이나 대리석의 현판을 달고, 그곳에 그의 사람됨과 특성을 미화시켜 새기면서 "철혈로 된 유연한 인간, 절벽과 대리석, 금속과 같이 단단하며 독일 나무의 상징인 떡갈나무와도 같은 인물" 등으로 표현하기도 하였다. 또한 그가 남긴 유명한 언명 "우리 독일인은 이 세상에서 하느님 이외에 그 누구도 두려워하지 않는다."를 새기면서 사람들은 그를 '전형적인 독일적 인간'에서 점차 순교자나 애국자, 제국의 수호신과 같은 모습으로 만들어간다.

시간이 흐름에 따라 입상의 모습도 변화의 과정을 밟게 된다. 이 제국의 건설자는 생전에 주로 산책하는 모습이나 자연과 개의 벗으로, 맥주와 파이프 담배를 즐기는 사람으로, 혹은 대장장이, 선장, 배의 조타수, 건설 노동자 등의 대중적 모습으로 표현되었음에 반하여, 사후에는 발밑에는 용을 밟고 중세적 창과 갑옷으로 무장한 기사의 모습으로 묘사되어 역사적 사실과 무관한 중세적 신화 속의 다양한 주인공으로 재등장하게 된다. 그는 이제 롤란트, 지크프리트, 에카르트 등과 함께 독일 민족을 구원한 불멸의 신화 속 주인공 중 하나로 남게 된 것이다.

독일 신화에 따르면 언젠가 성인이나 초인이 출현하여 민족의 오 랜 염원이던 세계의 지도적 국가로 독일을 일으켜세울 것이며, 세계는 그런 강력한 제국이 지배하는 새로운 시대로 들어서게 되리라는 것이었다. 9세기 토이토부르크 숲에서 라틴족의 침입을 막아냈던 자유의 투사 아르미니우스에서 시작된 독일의 영웅신화는 1755년 《니벨룽겐의 노래(Nibelungenlied)》가 발견된 것을 계기로 새로운 영웅을 찾아낸다. 이후 독일을 구원할 신화적 영웅으로서 지크프리트는 독일인들의 의식 속에 깊이 자리하게 되며, 20세기 초반 독일 민족주의는 역사로 귀환하고자 하는 지크프리트에 대한 국민적 믿음을 바탕으로 점점 더 구원론적인 길을 걷게 된다. 자신들이 신의 사명을 완수해야 하며, 독일은 섭리에 의해 선택받았다고 믿는 이들에게 '민족과 조국', '독일어', '피', '토지' 등은 절대적으로 신성한 대상이 되며, 이 과정에서 '독일적 존재(deutsches Wesen)'는 세계를 치유할 세계사적 사명을 부여받게 된다.[3]

독일인들은 자신들을 '자유와 중단 없는 발전', (신화화된) '공동체적 삶을 추구하는 근원적 인종'이라고 믿었으며, 다른 한편 '우리'로 묶여지지 않는 이들과의 경계짓기를 통하여 인종주의적 이데올로기와 혈연적 유대감에 바탕을 둔 국수주의적 공격성을 드러냈다. 이러한 과도한 민족주의 신화에 대한 집착은 히틀러의 민족사회주의에 의해 처음 만들어진 것이 아니었다. 이미 20세기 초반부터 독일 사회 내에는 이러한 민족신화를 만들어내고 국민에게 주입시키려는 정치 문화와 세력들이 폭넓게 형성되어 있었다. 궁극적으로 과거보다 현재를 정당화하기 위해 진행되는 이러한 신화화는 "정치적으로 탁월했던 지나간 시대의 인간을 초시대적이며 동시에 강력한 호소력으로 대규모적 효과를 줄 수 있는 여러 상징을 동원하여 숭배하는 과정들"[4]이다.

그러나 이들의 이상화된 집단적 자기상과는 달리 현실은 교파와 지역, 계층으로 분열되어 있었기 때문에, 정치집단이나 이익집단 간의 대립과 분열이 첨예해질수록 민족을 하나로 아우를 수 있는 강력한 도구가 필요하였다. 독일인들은 한편으로 과거 지향적 이상향을 통하여 위안을 찾거나 이상화된 민족상과 스스로를 동일시함으로써 민족적 정체성을 구현해보고자 하였다. 다른 한편으로는 이를 구체적으로 보여줄 입상과 기념물, 기념비적 구조물들을 통하여 자신들의 의지를 확인하고자 하였다. 그리고 민족을 대표하는 상징이나 신화를 통하여 '우리' 의식과 민족 정체성을 확인하려는 시도는 비스마르크라는 '제국의 주조자'에게서 그 적절한 대표를 발견하게 된다. 이제까지 그 누구도 비스마르크만큼 독일적 존재를 성공적으로 체화시켜 드러낸 사람은 없어 보였다. 빌헬름 제국의 과장된 민족주의는 그에게서 게르만적 인간의 원형을 발견해낸 것이다.

3. 민족과 영웅의 결합

빌헬름 제국 시대에 행해진 비스마르크 숭배의 특징은 무엇보다 교수나 고위 공무원 등 교양 시민계급 이외에도 봉급생활자나 개인 사업자, 수공업자 등 중산 시민층의 참가가 주를 이룬다는 점이었다. 아울러 프로이센이나 중앙 정부가 중심이 되는 공식적 성격을 띠기보다는 지방의 자발적 모임의 성격이 강하였으며, 무엇보다 자발적인 청년운동의 일환으로 진행되었다.[5] 이들에게서 비스마르크는 유럽의 열강과 맞서 '말과 과반수'가 아니라 '피와 철'로 독일제국을 일으킨 초인이었다. 동시에 이러한 숭배현상의 뒤에는 물질화되고 근대화되어가는 세계와 이러한 변화 속에서 '민족 공동체'의 해체에 대한 두려움, 식민지 경쟁 속에 짙어져가는 전쟁에 대한 불안 등이 감추어져 있었다.

제국 시대의 대표적 보수 중산층 잡지인 〈탑지기(Der Türmer)〉의 편집인이었던 그로투스(Frhr. von Grotthuss)는 1905년 이러한 기대와 그것이 몰고 올 새로운 변화에 대한 두려움 사이에서 다음과 같이 쓴다.

> 어떤 이는 간절히 비스마르크의 부활을 갈망하며, 또 어떤 이는 우리의 감성을 깨우고 적절한 시간에 적절한 인물이 등장할 어떤 거대한 사건을 희망한다. 그러나 비스마르크는 들판에서 야생으로 성장하는 것이 아니며, 거대한 사건은 자칫 전쟁으로 격화되기 쉽다. 또 실제로 거대한 순간이 온다고 해도 위대한 인물이 나타날 수 있을지 대단히 의문스럽기 때문에, 우리는 그러한 일들이 차라리 시간의 흐름 속에 가라앉게 되기를 원한다.[6]

오히려 1914년 8월, 제1차 세계 대전의 발발은 독일 내 일부 지식

Bismarck

인뿐 아니라 전 국민에게 비스마르크 사후에 막연하게 떠돌던 불안감과 현실에 대한 불만을 일거에 뒤집고 새롭게 일어설 수 있는 해방과 같은 계기였다. 전쟁의 발발과 함께 지금까지 불분명하게 전해 내려오던 독일적 형이상학은 제국주의적 이데올로기와 결합한다. 전쟁은 지금까지의 비독일적 · 자유주의적 · 문화비판적 · 근대적 · 물질주의적 각종 이념을 털어버리고, 잃어버렸던 진정한 독일 정신을 되찾을 절호의 기회였다. 이 전쟁에서 독일의 승리는 이미 역사적으로 보장된 사실과도 같은 것이었다.

세계사적 사명감으로 무장된 전쟁은 독일 민족 자신만이 아니라 보편적 이념의 실현을 위한 수단으로까지 예찬된다. 나아가 자신들의 능력에 대한 비현실적일 만큼 강한 믿음은 집단 히스테리와도 같이 확산되면서 민족적 자결의 의지를 일깨웠고, 전쟁의 와중에서 독일 민족을 통합시킬 신화적 영웅으로 비스마르크는 국민 속에 거듭 새겨진다. 영웅과 민족은 다시 결합하며 예술가와 조각가, 작가, 시인들은 사랑하는 조국을 위한 희생의 아름다움을 전력을 다해 칭송한다. 열강 간의 전쟁이 발발하는 것만은 막기 위하여 전통적 적들과 타협하고 비밀조약도 체결하였던, 평화를 위한 비스마르크의 다양한 노력은 이미 잊혀진 지 오래였다. 전쟁 발발 다음 해인 1915년, 비스마르크의 100회 생일은 공식적으로 전국에 걸쳐 경축되면서 국민의 전의를 북돋운다. 과거 어느 때도 이미 죽은 정치가가 그처럼 국민적으로 찬양된 적은 없었다. 생일 특집호를 준비하며 〈탑지기〉는 비스마르크를 빌려 다음과 같이 전쟁에서의 승리를 국민에게 확신시킨다.

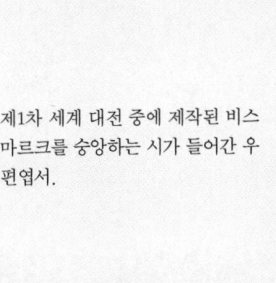

제1차 세계 대전 중에 제작된 비스마르크를 숭앙하는 시가 들어간 우편엽서.

    우리는 이 전쟁기에 우리의 〈탑지기〉를 루트비히 파렌크로크(Ludwig Fahrenkrog)의 비스마르크 초상으로 시작함으로써 놀랍고도 비밀스런 문제에 확실하게 답변한다. 그는 여전히 살아 있다! 오늘날 우리는 모두 이를 알고 있으며 자랑스러운 환희에 차 있다. 독일의 가장 비옥한 땅에서 솟아난 떡갈나무 숲처럼 그는 독일 영토의 일부분이 되었다. 이 숲처럼 독일의 승리는 영원하리라…….[7]

III. 바이마르 시대, 영웅을 기다리다

전쟁에서의 패배와 제국의 몰락은 독일의 민족적 자존심을 그 기초부터 흔들어놓았다. 베르사유 조약의 굴욕과 이에 따른 엄청난 전쟁 배상금의 부과, 국토의 상실, 의회 민주주의의 도입, 여기에 비스마르크에 의해 '제국의 적'으로 지목되었던 사회민주주의자들과 가톨릭 중앙당의 집권 등, 많은 중산 시민계층에게는 부정하고 싶은 현실뿐이었다. 빌헬름 제국 시대에 경제적 발전과 함께 부상한 시민계층은 제1차 세계 대전의 패배로 미래에 대한 확신을 상실하였다. 이제 의회에 참여한 보수 정당이나 범독일연합회뿐 아니라 전쟁에서 돌아와 지역별로 조직된 전우회, 각종 학생단체 등 다양한 보수 민족주의 야당 세력의 공통된 목표는 증오스러운 민주주의 체제를 몰락시키고, 권위주의적이고 국수주의적인 왕권국가로 회귀하는 일이었다. 이에 반대하는 모든 당과 국가 체제는 폭력을 통해서라도 제거되어야 했다. 패전에 대한 책임은 무능했던 호엔촐레른 왕가나 군부가 아니라 새로 정권을 획득한 사회민주주의자들이나 유대인들에게로 돌려졌다.

1. 제2의 비스마르크는 어디에?

구심점 없는 혼돈의 시기에서 과거로 도피하고 싶은 막연한 동경이 하나의 민족적 염원으로 떠돌았다. 새로 올 지도자는 만들어지는 것이 아니라 운명적으로 타고나는 것이며, 민족과 제국을 구원할 메시아였다. 초인에 대한 갈망은 이미 종교적 열정에 비견될 그런 것이었다. 그리고 이러한 정서들은 독일 국민을 다시 일으켜 강력한 미래로 이끌어갈 '비스마르크와 같은 정신을 지닌 지도자'의 출현을 열망하게 만드는 심정적 배경이 된다.[8] 전쟁의 패배와 1918~1919년의 정치적 변혁을 통해서도 비스마르크 신화는 상처받지 않고 건재할 수 있었고, 여전히 그는 전후의 참담한 현실 속에서 독일 국민이 돌아가야 할 하나의 지향점이었다. 1918년의 한 신문은 전후의 참담함을 호소하며 국민에게 비스마르크 정신으로 되돌아갈 것을 다음과 같이 역설한다.

민주주의의 분열적 음모가 가져온 독일의 깊은 굴욕의 상황으로부터 우리 역사의 위대한 유산을 되찾는 길은, 우리가 여전히 우리의 지도자로 여기는 비스마르크 정신으로 되돌아가는 것이라고 믿는다. …… 오늘날 독일의 정치적 쇠망의 원인은 다른 데 있는 것이 아니라 오직 우리 정부의 쇠약함에 있음이 분명하다. 독일의 고난은 1890년 비스마르크가 작센발트로 되돌아갔을 때부터 시작되었다. …… 무능한 정신, 존엄이 허물어진 허약, 추종의 정치, 그리고 독일 스스로의 굴종 등이 해마다 단계마다 독일을 점점 더 가파른 길을 따라 추락하도록 만들었다.[9]

사람들은 비스마르크에게서 새롭게 변화된 사회에 대처할 길을 찾고 싶어했다. 즉 죽은 비스마르크를 통하여 이 혼돈과 위기의 시대에 위안을 얻을 뿐 아니라, 철혈의 정신으로 무장한 강력한 지도자의 재림을 통하여 독일의 미래에 대하여 확실한 보장을 받고 싶어했다.

현실 정치에서 비스마르크를 이용한 전략은 이미 새 공화국의 첫 번째 선거에서부터 나타난다. 대농과 군 간부, 고위 공무원 등을 중심으로 1918년 결성된 '독일민족국민당(DNVP)'은 1919년 1월 바이마르 공화국의 국민회의 소집을 위한 대의원 선거에서 비스마르크의 초상을 선거 포스터에 등장시킨다. 그러면서 그들은 "그 누구보다도 우리에게 민족정신을 가르쳐준 독일인을 우리는 기억한다. 비스마르크를 기리는 독일민족국민당을 우리와 함께 만들자."고 호소한다. 비스마르크의 손자가 명예 단장으로 있는 '비스마르크-청소년단(Bismarck-Jugend)'은 약 4만 명의 회원을 보유한 DNVP의 청소년 조직으로서, '사회주의 노동자 청소년단(Sozialistische Arbeiterjugend)'에 이은 바이마르 청소년 단체 중에서 두 번째로 강력한 조직이었다.

비스마르크의 모습을 나폴레옹의 모습에 비견하여 표현하였다.

비스마르크에 대한 숭배가 바이마르 시대 후반에는 점차 노동자 계급에까지 퍼져나갔다는 것을 확인할 수 있다. 1929~1931년 프랑크푸르트 사회연구소에서 심리학자 에리히 프롬을 중심으로 실시한 설문 조사에 따르면, 독일의 노동자들이 생각하는 역사상의 가장 위대한 인물은 나폴레옹이었고, 비스마르크가 마르크스, 베벨 등과 함께 그 뒤를 이었다.[10]

물론 혼돈의 시대에 강력한 지도자의 출현을 갈망하는 현상은 비단 파시즘 체제로의 전환 앞에서만 발견되는 현상이 아닐 것이다. 하지만 독일의 경우는 몇 가지 그들만의 전통과 특성들이 복합적으

Bismarck

로 작용하면서 전형적인 '지도자 대망론'이 대두되는 환경이 조성되었다. 무엇보다 프랑스 혁명에 반발하여 형성된 낭만적이고 보수적인 이념은 국민이 독일 고유의 게르만 신화(적 정서)를 바탕으로 한 영웅적 민족 지도자를 희구하도록 하였다. 많은 이들은 바이마르 시대의 혼란을 겪으면서 오직 강력한 의지력과 천재적 정치가의 출현, 즉 새로운 비스마르크를 통하여 제1차 세계 대전의 패배로 모든 전쟁의 책임을 뒤집어쓴 굴욕과 그 이후의 경제·사회적 위기로부터 벗어날 수 있다고 믿었다. 여기에는 전통적으로 독일의 정치적·사회적 문제의 해결을 위인이나 정치적 거물과 같은 개인에게 의지해 왔던 독일적 정서와 역사가 그 배경에 있었다. 비스마르크가 점점 더 정치적 신념의 상징으로 굳어져갈수록 그에 대한 기억에서 실제의 역사적 사실들은 더 이상 중요한 요소들이 아니었다.

2. '지도자'의 등장

"바이마르 민주주의는 지도자 없는 민주주의였다."[11] 특히 바이마르 체제의 마지막 시기는 정당 간의 크고 작은 수많은 정쟁과 부패사건으로 점철되어 있었다. 그것이 의회제도 자체의 결함에서 연유된 것이 아니었음에도 불구하고, 보수적 시민 세력은 의회 민주주의에 적대적 반감을 드러내며 강력한 누군가가 나와 마침내 모든 것을 몰아내고 이러한 혼란을 정리해주길 고대하였다.

우리는 이 시대의 위대한 지도자의 임무에 대해서는 알고 있지만, 동시에 이 경박한 시대를 맞아 장기적인 정신적·정치적 위기에 그 종지부를 찍을, 그런 지도자의 부족 또한 명백히 목도하고 있다. 따라서 지도자나 독재자에 대한 갈망의 외침이나, 혹은 적어도 오직 그러한 지도자를 통해서만이 오랫동안 열망해오던 변혁을 이끌 수 있다는 그런 믿음의 확산은 우리 시대의 전형적 현상이다.[12]

그러나 어디에서 지도자를 구할 것인가?
이러한 민족 구원에 대한 열망을 일종의 시대정신으로 이해하고 이용한 사람은 누구보다도 히틀러였다. 그는 바이마르 체제의 혼란의 책임을 민주주의적 제도에 전가시키면서 이러한 무기력한 상황은 오로지 정치적 지도력과 권위의 부재에 기인한다고 주장하였다. 그리고 아무도 주목하지 않는 가운데 스스로를 '지도자'로 지칭한다.
히틀러가 자신을 '지도자'라고 지칭한 것은 1922년 무솔리니가 로마에서 성공적으로 행진을 마친 후 정권을 획득한 뒤, 히틀러가 그의 '두체(Duce)' 개념을 모방하면서부터였다.[13] 그러나 그것은 당 내에서만 통용되었고, 그의 존재가 국민에게 알려지기 시작한 것은 1930년 의회 선거로 나치당이 급부상한 이후였다. 이 선거에서 나치는 1928년의 의회 선거에서 불과 2.8퍼센트에 불과하였던 자신들의 지지율을 18퍼센트까지 끌어올림으로써 단숨에 107석의 자리를 차지하였다. 물론 이러한 극적인 히틀러의 등장 배경에는 대량 실업 사태나 경제적 위기 등 다양한 원인이 제시될 수 있지만, 동시

Bismarck

1932년 나치당의 제국 대통령 선거 포스터.

에 제1차 세계 대전과 바이마르 공화정 체제를 거치면서 수많은 비스마르크 숭배자들이 조성하고 발전시켜온 민족 지도자를 갈망하는 종교적 열정이 배경이 되었다.

짧은 시일 안에 고조된 히틀러에 대한 환호는 단지 탁월한 나치의 선전(宣傳, propaganda)만으로는 설명될 수 없는 사항이었다. 민족 공동체에 대한 약속, '제국의 적들'의 배제, 게르만 신화에 바탕한 민족 지도자의 출현, 고도의 카리스마, 이 모든 것은 이미 비스마르크 숭배가 지녔던 기본적인 구성 요소들이었다. 물론 보수 지배 계급이 일제히 히틀러에게서 비스마르크를 발견한 것은 아니었다.

하지만 그를 이용하여 바이마르 체제를 종식시키고, 독일을 다시 구체제로 되돌릴 수 있는 기회로 삼을 수 있겠다는 판단은 이들로 하여금 일단 히틀러를 받아들이도록 만들었다. 나치 시대에 활동했던 대표적 보수 역사가 요하네스 할러(Johannes Haller)는 독일의 젊은 이들이 어두운 좌절에 휩싸여 있으며 그들은 빵보다 희망과 강력한 지도력에 더 목말라한다고 지적하면서 히틀러의 등장을 다음과 같이 찬양하였다.

거의 무에서 시작한 나치당의 동화처럼 빠른 대두는 그들의 지도자와 그에게서 상징적으로 드러나는 민족적 사고에 기인한다. 아돌프 히틀러, 그는 민중으로부터 나왔고, 오스트리아 출신으로 독일군에 복무하였으며, 자신의 사람됨을 통하여 민족성과 민족적 통일을 상징적으로 드러내었다. 무명으로 오직 달변의 재능 이외에는 가진 것이 없어 보이는 그를 국가의 정상에 올려놓은 것은 독일에 대한 그의 믿음의 힘이며, 그의 부상은 민족적 사고의 승리이다. 주변에 대한 장악력, 지혜로운 결단, 본능적 감각의 확신, 적절한 순간을 포착하는 전례 없는 날카로운 시각 등과 같은 재능들이 그에게 숨겨져 있으며, 시간이 지나 마침내 공개적으로 드러났다.[14]

IV. 비스마르크의 그늘 속으로

1933년 이후 진행된 비스마르크를 포함한 나치의 영웅 숭배는 그 시작부터 과거와는 완전히 다른 전제와 목적을 갖고 진행되었다. 나치는 지난 시대와 단절된 새로운 영웅과 민족의 성지로서 기념될 새로운 국민적 기억의 터전들을 필요로 하였다. 바이마르 시대의 국민적 영웅 만들기 작업이 전적으로 제1차 세계 대전에서의 전사자들을 중심으로 진행되었다면, 나치 시대에는 1923년 11월 9일 뮌헨에서 실패한 나치 반란과 같이, 소위 나치 '투쟁기'에 싸우다 희생된 당원들이 주된 영웅적 숭배의 대상이었다.[15] 바이마르 공화국 하에서는 11월 9일을 바이마르 헌법이 선포된 국경일로 기념한 반면, 나치는 집권 이후 이날을 16명의 희생된 나치당원을 기념하는 '국민적 애도의 날'로 선포하였다. '희생적 죽음', '심판의 날', '부활' 등 예수의 죽음을 연상시키는 기독교적 용어들로 채워지는 추모 행사를 통해 이날은 나치를 승리로 이끈 역사적 전환점으로 재해석된다.

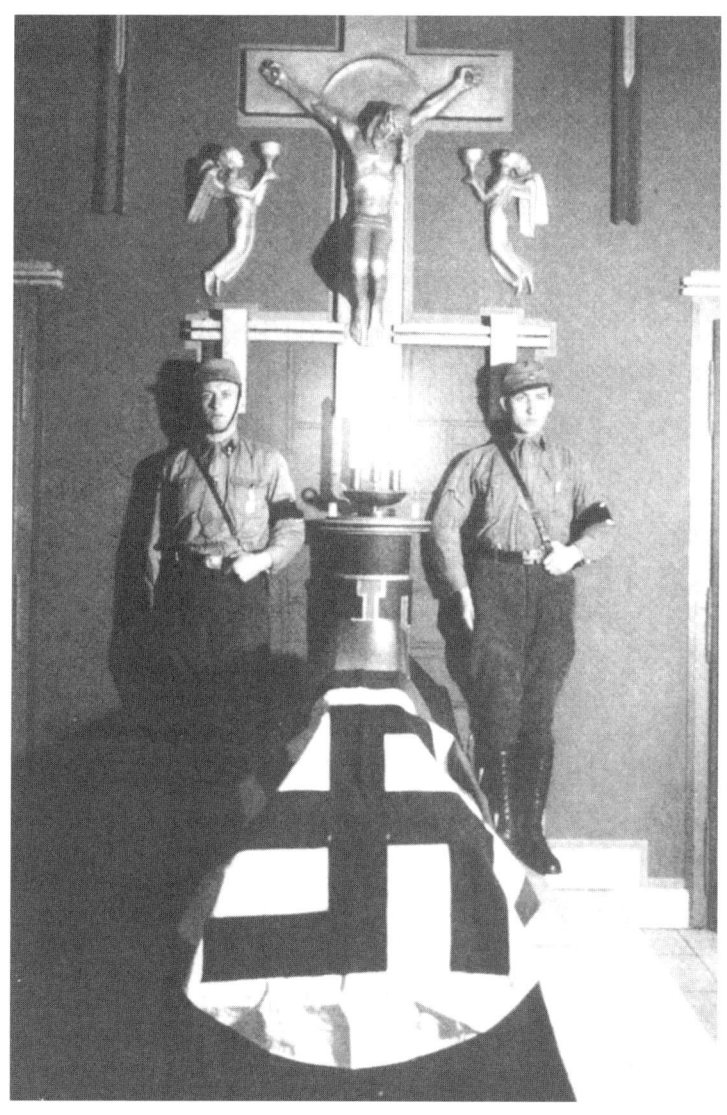

1930년 나치의 '거리투쟁' 과정에서 희생된 동료들의 주검을 지키는 나치 당원들.

Bismarck

그러나 나치는 이처럼 급조된 영웅들과는 별도로 독일 역사에 등장했던 전통적 영웅들도 필요하였다. 아직은 지도자로서의 정치적 기반도 카리스마도 없는 히틀러로서는 독일을 일으키고 주변의 적대적 환경 속에서 독일 민족을 이끌었던 민족의 상징으로서 카를대제, 프리드리히 2세, 비스마르크, 힌덴부르크 등이 갖는 역사적 연속성과 정통성에 기대야만 하였다. 이들이 민족의 영웅으로서 갖는 공통점은 프로이센 중심의 군국주의자들이요, 제국의 팽창을 위하여 전쟁이나 다른 민족에 대한 정복을 두려워하지 않는 호전적 전통의 계승자들이라는 점이었다. 그들이 보여준 영웅주의, 희생정신, 적군에 대한 불굴의 저항정신 등은 궁극적으로 히틀러의 정복전쟁을 정당화시켜주었고, 최후의 승리에 대한 확신을 국민에게 심어주었다.

1. 비스마르크, 새 제국의 상징

나치는 이들 민족영웅들이 지닌 신화적 요소들과 '제3제국'의 이념을 결합시켜 제국의 부활과 새 시대의 도래라는 새로운 신화를 만들어냈다. 그리고 이를 통하여 히틀러의 출현을 그동안 고대하던 민족 지도자의 역사적 재림으로 해석함으로써 국민 속에 잠재해 있던 구원에 대한 기대에 편승할 수 있었다. 이를 시각적으로 극대화시킨 나치의 영웅 숭배 의식은 자신들만의 고유한 것이라기보다는 시민적 전통과 기독교적 종교의식, 군사적 퍼레이드, 노동운동 진영의

Bismarck

대안적 행사예식 등 다양한 요소들이 합쳐진 잡동사니와 같은 것이었다. 하지만 그 자체로서 독특한 양식을 이루었다.

제국으로 회귀하고 싶어하는 갈망과 관련하여 국민에게 가장 이상화된 형태는 비스마르크 제국이었다. 권위, 질서, 강건, 군국주의적 교육, 체벌, 순응 등의 개념으로 연상되는 제국은 특히 보수세력에게 무질서와 혼란, 경제적 파산 등으로 점철된 바이마르 공화국과 대비되어 권력과 권위의 상징이었고, 그 중심에는 비스마르크가 자리하고 있었다. 특히 히틀러로서는 자신에게 여전히 의혹의 눈길을 보내는 여러 적대자, 특히 보수적 시민계급에게 자신을 프로이센 전통의 수호자로 연출함으로써 이들을 안심시킬 필요가 있었다.

하지만 히틀러 자신도 우선은 비스마르크의 강렬한 그늘에서 빠져나올 수 없음을 잘 인식하고 있었다. 히틀러 카리스마의 성공 비결은 결국 그가 정치적 신화와 상징의 마력을 인식하였고, 비스마르크를 포함하여 이러한 상징적 요소들을 자신의 정치를 연출하는 데 가장 효과적으로 이용하였다는 것이다. 1933년 3월, 그는 비록 정부의 수반이기는 하였지만 아직 적어도 독일 국민 3분의 2의 눈에는 '지도자'가 아니었다.[16] 1933년 3월 21일, 히틀러 집권 후 첫 제국의회가 소집된 이날은 1871년, 통일 후 비스마르크가 처음 독일의회를 소집한 날이기도 하였다. 히틀러는 바이마르 시대에는 없었던 새로우면서도 다른 정치를 실현시킬 것을 강조하며 국민에게 기회를 달라고 열렬히 호소한다.

제국의 선전상이 된 괴벨스는 이날을 위하여 프로이센과 비스마르크의 영광을 재현할 수 있는 모든 것을 동원하였다. 그는 민족의

Bismarck

새로운 각성과 도약을 기약하는 이날의 축연 장소로 프리드리히 대제가 묻혀 있는 포츠담의 병영 교회를 선택함으로써 민족사회주의와 프로이센의 연속성을 강조하였고, 히틀러는 프로이센 전통의 수호자로 연출되었다. 민족의 화합을 의미하는 이 국가적 행사에는 제국 군대의 고위 장성들, 통일전쟁의 참가자들, 나치 돌격대(SA), 친위대(SS), 철모단(Stahlhelm) 등의 대표들이 모두 초대되었다. 반면, 정치적 적대자들인 사회민주주의자들과 공산주의자들은 초청에서 제외되었다. 히틀러는 옛 프로이센의 사령관 복장으로 나타난 대통령 힌덴부르크 앞에 정중히 고개를 숙여 경의를 표하여 바이마르 역사와의 단절과 빌헬름 제국을 계승한 '제3제국'의 출범을 대외에 공표하였다. 프리드리히 대제와 비스마르크, 그리고 제1차 세계 대전의 국민적 영웅인 힌덴부르크로 이어지는 프로이센의 정통성을 이제 히틀러가 이어받았음을 극적으로 연출함으로써, 히틀러는 보수적 시민계층과 군을 자신의 영향력 아래로 끌어들일 계산이었다. 히틀러는 연설에서 "독일 민족의 문화적 노력을 통하여 국가의 통일을 완수한 장본인"으로서 비스마르크를 인용하였다.[17] 히틀러가 보여준 포츠담에서의 계획적 연출은 대성공이었다. 요아힘 페스트는 자신의 히틀러 전기에 이렇게 쓰고 있다.

3월 5일만 해도 히틀러에게 반대표를 찍었던 대부분의 사람들은 이제 자신의 판단을 매우 불확실하게 여겼다. 그때까지만 해도 철저히 냉정한 태도를 유지해왔던 국수주의 경향을 가진 시민계급의 수많은 관리들, 장교들, 법률가들은 국

1933년 3월 21일 '포츠담의 날'을 주제로 만든 한 주간지의 표지. 프리드리히 1세의 모습을 그려놓았다.

민적 감동의 기쁨을 히틀러가 보여주었을 때 나치 정권에 대한 불신을 지워버렸다.[18]

히틀러 정권은 처음부터 적극성과 힘을 과시하였다. 바이마르 시대의 무관심과 회의가 지배하던 국민 여론은 일단 두고 보자는 유보적 자세로 바뀌었으며, 1933년 3월 이후부터는 급속하게 긍정적인 기대감으로 바뀌어나갔다. 여론은 아직 새로운 정권의 지배자들이 그 어떤 신뢰가 가는 행위도 하지 않았지만 일단은 히틀러에게 기회를 주어보자는 쪽으로 기울어가고 있었다. 물론 이러한 배경에는

Bismarck

1932년 후반기부터 점차 안정되어가던 경제 상황이 중요한 역할을 한 것도 있겠으나, 그보다 더욱 중요했던 점은 1월 말 정권 인수 이후 그가 전임 수상들과는 달리 무기력으로부터 벗어나 젊고 활기 있게 일을 추진해갔기 때문이다. 사람들은 변화를 기대해왔고, 인기에 영합하는 그의 선동적·쇼비니즘적·제국주의적 언사와 행동은 이미 대부분의 국민이 고대해왔던 그런 견해들이었다. 더욱이 그의 탁월한 언변과 탁하고 거칠면서도 절규하는 듯 내지르는 선동적인 말투는 반드시 그의 견해에 동의하지는 않더라도, 귀 기울이게 만드는 낯설면서도 묘한 매력을 갖고 있었다. 포츠담의 연출 이틀 후인 3월 23일 히틀러는 '전권 위임법'을 통과시킴으로써 자신이 더 이상 바이마르 시대의 '비상조치법'에 종속된 수상이 아니라 모든 실제적 권한을 갖춘 명실상부한 지도자임을 국민에게 보여주었다.

2. 히틀러, 비스마르크를 전유하다

정권 초기, 만일 히틀러가 선전과 국민적 동원으로만 그치고 내정과 외치에서 실제로 구체적인 성과를 보여주지 못했다면, 아마도 그 이후 나치의 승전 가도는 지속되기 어려웠을 것이다. 마치 비스마르크가 사회주의자와 가톨릭 교인들을 '제국의 적'으로 몰아 탄압하였듯이, 히틀러도 공산당원과 사회주의자, 그리고 노조 간부들을 소위 '민족 공동체'에 속하지 않는 '국가의 적'으로 규정하고 테러와 폭력적 방법을 동원하여 사회에서 추방하였다. 하지만 이것이 히틀러를 향한 일반 국민의 기대를 꺾어놓기보다는 오히려 고무시켰으며, 짧은 시간 내에 내정의 혼란을 잠재우며 지배 체제를 공고히 하는 기반을 마련하게 하였다. 이 새로운 물결에 반대하는 목소리는 점차 고립되었고, 밀고와 테러의 위협 속에 급격히 소수로 남게 되었다. 주변과의 고립을 피하기 위해서라도 이들은 공적인 자리에서 정권에 대한 반대 의견을 자제해야만 하였다.[19]

언어학자이며 유대인인 빅토르 클렘페러(Victor Klemperer)는 이즈음의 사회적 변화를 다음과 같이 자신의 일기에 적어놓았다.

> 비히만 양이 우리를 방문하였다. 그녀는 자신의 학교 교사들이 모두 자리에서 쫓겨날까 봐 떨며 서로를 감시하고 불신한다고 전하였다. 한 어린 학생이 나치 깃발을 들고 〈호르스트 베셀〉 노래를 선창하면 반 아이들이 모두 따라 부른다고 하였다.

1933년 4월 1일은 나치가 집권한 이후 처음으로 맞는 비스마르크의 생일이었다. 나치는 모든 매체를 동원하여 이날을 경축하였고, 괴벨스는 라디오를 통하여 독일 민족의 놀라운 '재탄생'을 역설하면서 히틀러와 비스마르크를 동일한 반열에 올려놓았다.

> 비스마르크는 19세기의 가장 위대한 국정의 혁명가였고, 히틀러는 20세기의 가장 위대한 국정의 혁명가이다. 힌덴부르크와 히틀러에 의하여 제국은 다시금 단단한 기초를 얻게

Bismarck

되었다. …… 우리는 그의 위대한 죽음과 이름을 찬양한다. 이제 제국은 우리의 손에서 안전하게 되었다!²⁰⁾

짧은 시일 내에 히틀러가 이룩해낸 자신에 대한 개인 숭배는 1933년 4월 20일, 히틀러의 마흔네 살 생일을 맞아 이루어진 전국적인 축하 행렬에서 드러난다. 많은 도시들의 거리와 광장은 그에 대한 생일 축하 플래카드와 꽃, 화환 등으로 덮였으며, 국민은 이날을 마치 전통적 축제의 날처럼 축하하였다. 수많은 도시들에서는 그를 명예 시민으로 맞아들였다. 제1차 세계 대전에서 패배한 이후 국민이 오랫동안 고대해오던 강력한 지도자의 도래가 마침내 현실에서 이루어진 듯싶었다.

이처럼 히틀러에 대한 국민의 열광은 분명 한 국가의 수상에 대한 의례적인 축하의 도를 훨씬 넘어선 것이었고, 불과 몇 주 전만 해도 생각하지 못할 일이었다. 뮌헨의 한 신문은 이러한 현상을 "수상의 개인적 기념일을 맞아 국민이 열광하며 함께 축하한 일은 아돌프 히틀러가 민족의 지도자로서 우리의 의식 속에 인정을 받았으며, 그를 독일이 따듯이 맞아주고 있다는 증거이다."²¹⁾라고 설명하였다. 이러한 가운데 히틀러를 비스마르크와 비교하여 두 사람을 동렬에 위치시키려는 작업들이 다양하게 시도되었는데, 베를린의 한 신문은 "비스마르크의 업적이 아돌프 히틀러에 의해 완성되었다. 독일의 통일 국가는 현실이 되었다."고 적고 있다.²²⁾ 1933년 4월 12일 보훔 시 나치당에서 제안한 히틀러에 대한 보훔 시 명예 시민권 수여 제안서에는 다음과 같은 근거가 제시되었다.

비록 독일에서 다른 정치적 견해를 지닌 사람이라 할지라도, 현 수상이 비스마르크 시대 이후 독일의 그 어떤 수상에게도 붙일 수 없었던 민족의 수상으로 불려야 함을 인정해야 할 것이다. 왜냐하면 그는 실제로 신분과 계층을 넘어서 처음으로 민족을 하나로 묶어놓았으며, 비스마르크 업적의 대완성을 처음으로 가능하도록 이끌었기 때문이다. 비스마르크라는 한 영주가 제국을 한데 묶었다면, 아돌프 히틀러라는 한 인물은 국가를 하나의 통일된 민족으로 묶었다.[23]

물론 그들이 태어나고 자란 환경으로 보나 지금까지의 사회적 신분과 지위로 보나, 객관적으로 히틀러를 비스마르크와 비교할 만한 그 어떤 요소도 없음이 분명하다. 하지만 히틀러는 공식적인 자리에서 의식적으로 비스마르크와 비슷한 포즈를 취하였고, 자신을 그의 이미지와 유사하게 만들려고 노력하였다. 베를린 빌헬름 가에 있던 제국수상 관저는 과거 비스마르크의 집무실을 개조하여 만든 곳이었다. 그의 집무실에는 렌바흐가 그린 비스마르크의 초상이 그를 내려다보고 있었다.[24] 1924~1925년 란즈베르크 감옥에 있을 때, 그리고 그의 소년 시절 몇 권 되지 않는 아버지 서가에 꽂혀 있던 비스마르크 회고록을 탐독하면서 시작된 그의 비스마르크 숭배는 단지 정치적 전술에 의해 급조된 것만은 아닌 듯하다. 한 가지 분명한 것은 히틀러가 스스로를 철의 재상의 타고난 상속자로 위치시키려고 적극적으로 노력하였다는 것이다. 그의 비스마르크 숭배는 지금까지 주변적 인물에 불과하던 히틀러에게 정통성을 부여하였고, 독일

> Bismarck

중산계급이 그를 지지하도록 유도하였다. 비스마르크 숭배는 그에게 일종의 "정치적 우파와 민족주의적 시민계급을 유인하기 위한 미끼"였던 것이다.

1934년 대통령이던 힌덴부르크가 죽자, 히틀러는 죽기 전 그가 남긴 유언과는 달리 폴란드 국경 부근 타넨베르크에 거대한 기념비를 세우면서 그곳에 그를 안장한다. 군인들의 사열과 종교의식, 이교도적 숭배 등이 뒤섞인 이 예식은 라디오를 통하여 전국에 중계되었으며, 이는 히틀러에게는 바이마르 공화국으로부터 이어져 내려오던 마지막 상징적 인물에 대한 청산을 의미하는 것이기도 하였다.[25] 그 다음 해에 히틀러는 이곳을 '민족의 성지'로 선포하여 폴란드를 향한 동진의 의지를 상징적으로 드러냈다. 군사적 승리를 상징하는 힌덴부르크 신화의 배경에는 비스마르크 신화가 있었다. '철의 재상'으로부터 '철의 사령관'이 나왔고, 힌덴부르크의 근엄하면서 강인한 민족 구원자로서의 지도자상은 사람들이 이미 비스마르크에게서 보아온 익숙한 모습이었다.

이후에도 나치는 끊임없이 비스마르크의 이미지를 자신들의 선전에 끌어들인다. 수많은 나치 지도자들의 연설과 라디오나 신문을 통한 선전 등에 비스마르크나 그의 말이 인용된다. 물론 이들의 비스마르크는 전통적인 프로이센의 상과는 거리가 먼, 자신들의 필요에 따라 나치 이데올로기에 끼워맞추어진 상이었다.

V. 비스마르크를 넘어서

이미 히틀러는 자신의 저서인 《나의 투쟁(Mein Kampf)》 1장 첫 줄에서 오스트리아 출신인 자신에게 독일과 오스트리아의 통일은 "그 모든 수단을 동원해서라도 실현시켜야 할 인생의 과제"의 하나라고 적어놓은 바 있다.

1938년 3월 12일 열광하는 오스트리아 국민의 도열 속에 독일 군대는 국경을 넘어 빈으로 입성하였고, 다음 날 히틀러는 합스부르크 왕가의 중심인 영웅광장에서 수많은 오스트리아 군중들의 환호 속에 "독일 민족과 제국의 지도자 겸 수상으로서, 역사 앞에 이제 나의 고향이 독일 제국에 귀속되었음을 선포"하였다.[26] 대독일 제국의 완성이라는 19세기 이래의 독일의 꿈이 실현되는 순간이었다. 국민은 히틀러에 환호하였고, 히틀러는 스스로를 비스마르크의 완성자이자 동시에 그를 넘어선 인물로 연출하였다. 같은 해 4월 7일 그는 자신이 다섯 살 때부터 자란 오스트리아 린츠의 선거 연설에서, 철의 의지를 지녔던 비스마르크만이 위로부터의 소독일 제국의 통

Bismarck

히틀러의 《나의 투쟁》 초판본(Franz Eher Verlag, München, 1925) 표지.

일을 이룰 수 있었다면, 남부 출신인 자신만이 아래로부터의 대독일 제국을 완성할 수 있었다고 역설한다.[27] 이제 그는 비스마르크를 넘어서 오로지 자신만이 중심인 제국으로 나아가고 있었다.

1. '한 민족, 한 제국, 한 지도자'

성공적인 오스트리아 합병은 국내적으로나 국외적으로 히틀러의 위상을 안정된 위치에 올려놓는다. '한 민족, 한 제국, 한 지도자

오스트리아와의 합병 후 히틀러의 빈 방문을 기념해 곳곳에 설치된 나치의 선전 기둥. '한 민족, 한 제국, 한 지도자'라고 쓰여 있다.

(Ein Volk, ein Reich, ein Führer)'라는 구호가 명실상부하게 이루어졌으며, 이제 점차 강화되는 히틀러에 대한 절대화와 신격화는 비스마르크 신화를 이데올로기적으로든 실제 정치상에 있어서든 무의미하게 만들어나갔다. 나폴레옹에 의하여 강제로 해산된 신성 로마 제국과 비스마르크에 의해 건설된 제2제국에 이어, 오스트리아를 포함하여 독일어를 말하는 유럽의 모든 지역을 포괄할, 대독일의 거대한 민족 공동체, '제3제국'은 그러한 미래의 현실화인 동시에 곧 도래할 지상의 천년 왕국이었다.

비스마르크에 대한 히틀러의 마지막 공식적 숭배는 1939년 2월

Bismarck

14일 비스마르크의 저택과 묘소를 참배하고 함부르크에서 새 전함을 진수하는 행사를 통하여 이루어졌다. 새로 진수되는 전함은 '비스마르크'로 명명되었다.[28] 5만 명의 청중 앞에서 그는 민족사회주의 통일 국가의 기초와 대독일 제국 건설의 전제가 만들어졌음을 선포한다. 히틀러는 연설을 통하여, 제3제국의 기반을 마련한 수많은 인물들 가운데 특히 한 사람이 우뚝 솟아 있으며, 그가 바로 비스마르크임을 분명히 하였다.

> 그는 프로이센의 정치가에서 출발하여 독일 제국의 대장장이로서 제국을 주조해냈을 뿐만 아니라, 오늘날의 대독일을 세우는 전제를 창출해냈다. 이로써 그는 그 모든 방해에도 불구하고 민족사회주의적 통일 국가를 위한 초석을 놓았다.[29]

동시에 히틀러는 비스마르크에 대한 비판으로까지 나아가는데, 그는 비스마르크의 패배에 대해 언급하면서 투쟁을 최후까지 밀고 나갈 도구가 그에게 부족했기 때문이라고 설명한다. 무엇보다 선전의 측면에서 효과 있게 밀고 나갈 수 있는 여러 수단, 특히 장기적 안목에서 성공적으로 이끌어나갈 세계관에 바탕한 방책들이 비스마르크에게는 없었다. 비스마르크는 모든 국가적 문제를 자신의 천재적 재주와 탁월하고도 용감한 자세, 그리고 국가 기구들만을 사용하여 해결하려 하였다. 그래서 그는 초국가적 폭력에 국가적 수단만을 동원함으로써 실패할 수밖에 없었다는 것이다.[30] 히틀러에 따르면

Bismarck

전함 비스마르크 호의 진수식 장면.

비록 비스마르크가 제국의 통일은 이루어냈으나 사회적 통일로까지 나아가지는 못하여 민족국가로서의 진정한 정신적 기반을 세우지는 못하였다는 것이다.

히틀러는 독일이 겪는 불행의 원천이 베르사유 조약에서 시작된 것이 아니라 이미 빌헬름 제국에서 시작된 부르주아와 프롤레타리

Bismarck

아 간의 갈등, 즉 계급적 분열로 촉발된 독일 민족 공동체의 해체에 있다고 보았다. 그는 부르주아 민족주의자, 가톨릭 교도, 마르크시스트, 이윤 추구적 기업가들을 사회적 분열을 야기시킨 세력들로 지목하면서, 이에 대한 분명한 대안으로 '민족 공동체'를 제시하였다. 나치즘은 민족사회주의 운동과 독일 민족 공동체를 통하여 제국의 적들을 영원히 전멸시키기 위한 체제를 만들어냈다는 것이다.[31] 이 연설을 통하여 히틀러는 계급 간의 갈등이 근대화의 독소로서 사회적 반목의 근본적 원인임을 밝히면서 비스마르크가 썼던 전통적 통치 방식이 더 이상 이 사회의 문제를 치유할 수 없음을 분명히 하였다. 비스마르크는 유대인 문제의 심각성을 몰랐으며, 자유주의적 시민계급에게 너무도 많은 것을 양보하여 자신의 승리를 패배로 바꾸고 말았다는 것이다.

2. 대중에게 다가온 비스마르크

나치는 국민적 영웅 만들기 작업을 하면서 이에 필요한 근대적 기구들을 적극적으로 이용하였다. 영화·연극·라디오·다큐멘터리 등 다양한 대중 매체를 통한 신화 형성의 가능성이 실험되었다. 프리드리히 대제와 비스마르크는 프로이센의 유산을 강조해야만 하는 나치 정권의 좋은 정치적 선전 대상이었다. 나치의 선전정책이라는 측면에서 비스마르크 숭배가 갖는 정치적 함의는 처음부터 일관된 것이었다. 즉 프로이센을 중심으로 비스마르크에 의해 시작된 위대한 대독일 제국의 건설은 그의 계승자이기도 한 위대한 지도자 히틀러에 의해 완성된다는 것이다. 모든 국가적 선전은 이러한 의도를 전파하고 강화하는 데 집중되었다. 여러 가능성 중에서도 짧은 시간 안에 여러 사람에게 재미와 감동을 줄 수 있는 가장 직접적인 방법은 영화의 제작이었다. 이미 제1차 세계 대전 이전부터 독일의 대도시를 중심으로 상영된 극영화는 근대적 예술의 상징이었으며, 화석화된 비스마르크가 아닌 살아 움직이는 비스마르크를 일반 대중들에게 보여줄 수 있는 적절한 매체였다. 지금까지는 숭배자들이 비스마르크 기념물 앞에 다가가야 했으나, 이제 살아 움직이는 비스마르크가 극장에 앉아 있는 일반 대중에게 다가온 것이다.

 1940년 제작된 〈비스마르크〉는 그의 공적인 삶만을 조명한 영화였다. 개인적 생활과 그의 반민주적·반의회적 행태에 관해서는 침묵하고, 지도자로서의 타고난 천성과 독일 통일의 업적을 강조하는 일방적 찬양의 작품이었다. 필름이 의도하는 바도 분명하였다. 비스마르크가 절대적 권한을 갖고 모든 주변의 적과 때로는 전쟁으로 때로는 조약을 통하여 제국의 통일을 이루고 지켜나갔듯이, 히틀러 또한 소위 '지도자 원칙'을 갖고 제국을 지켜나가고 있으며, 비스마르크 통일을 위하여 왕에게 오스트리아와의 관계를 긍정적으로 다시 생각해보라고 역설하였던 것과 같이, 독일도 소련과의 관계를 전략적인 면에서 잘 이용해야 한다는 것이었다.

 영화는 성공적이었고, 열렬한 호응 속에 수백만의 국민이 관람하였다. 그리고 이에 고무된 감독은 2년 후 그 속편으로 빌헬름 2세와 주변 관료들의 정치적 술수에 의하여 수상직에서 강제로 축출되는

Bismarck

비스마르크를 다룬 〈해임〉을 제작한다.[32] 위대한 지도자의 정치적 패배를 그린 이 영화는 관료제에 대한 간접적 비판과 함께 제1차 세계 대전이 일어난 원인이 독일 외교의 실패에 있음을 의미할 수도 있는 줄거리로 되어 있었다. 나치 지도부 내에서도 이 영화의 상영 여부를 두고 논란이 야기되었다. 어렵게 상영 허가를 받은 이 영화는 관객들에게 대대적인 호응을 받으며 정부가 주는 여러 영화상까지 받게 된다. 해임 이후 마지막으로 자신의 집무실에서 이 철혈재상은 다음과 같이 혼자 중얼거린다. "나의 작업은 끝이 났다. 이는 단지 시작이었을 뿐이다. 누가 이 일을 완성시킬 것인가?" 즉 비스마르크의 업적은 불완전하게 끝났고, 그 유업은 오직 다음에 오는 지도자에 의해 완성에 이르게 될 것이었다. 히틀러 이외에 달리 누구를 생각할 수 있겠는가.[33]

역사가로서 비스마르크 전기를 서술하였고 영화의 고증을 위하여 제작에도 참여했던 에리히 마르크스(Erich Marcks)는 비스마르크에 대하여 다음과 같이 서술하였다.

> 우리를 여전히 지탱시키고 질서를 유지케 하는 힘은 모두 비스마르크의 세계에게 온 것이다. 그의 인간적인 행태는 우리에게 독일의 전형을 보여주었으며, 그의 위대함은 우리에게 그 모든 고난 속에서도 버팀목과 위안이 되어주었다.[34]

1933년 이후 많은 역사가들은 '비스마르크 신화'를 '지도자 신화'와 연결시켜 히틀러를 숭배의 대상으로 격상시키고 그 위에 민족적 이미지를 결합시키는 일에 적극적으로 참가하였다. 이들은 히틀러를 비스마르크가 제시했던 길을 이어받아 민족의 갈 길을 새롭게 열어놓은 인물로 예찬한다. 역사가 아돌프 바그너(Adolf Wagner)는 1933년의 한 연설에서 다음과 같이 그 연관성을 설명하였다.

> 독일의 신사, 숙녀 여러분, 비록 정치적으로 이념이 다르고 아직 민족사회주의적으로 동화되거나 접촉하지 못하였다 하더라도, 바로 이 수상이 비스마르크 시대 이래 독일에서 그 누구도 불리지 못하였던 민족의 수상임을 인정해야만 할 것입니다. 왜냐하면 그는 처음으로 계층과 신분을 넘어서 민족을 결속시켰으며, 비스마르크의 업적을 위대하게 완성시킬 수 있도록 독일 민족을 이끌었기 때문입니다. 비스마르크라는 제후가 제국을 하나로 묶어냈다면, 아돌프 히틀러는 민족을 통일된 국민으로 묶어냈습니다.[35]

이 시기 대부분의 역사가들은 히틀러의 집권을 비스마르크 숭배에 기반을 둔 정치문화의 논리적 귀결로 보았다. 요하네스 할러는 1933년 비스마르크의 118번째 생일을 맞아 쓴 글에서 다음과 같이 히틀러를 찬양한다.

> 민중 속의 오직 한 사람, 이 운동을 일으키고 그 갈 길을 제시하며 목적지로 이끈 진정한 혁명가, 오늘날 그(히틀러)가 비스마르크가 섰던 바로 그 자리에 그의 유업의 계승자로

Bismarck

서 있다. 그렇다, 신은 그가 비스마르크의 과업을 완성시킬 사람이기를 원한다.[36]

이들 역사가들에 의해 학문적 역사 서술은 나치의 집권을 정당화하고 변호하는 선전적 역사 서술로 변질된다. 그 속에서 독일의 역사는 궁극적으로 권력의 팽창과 외부로의 확장의 역사였고, 주로 동유럽을 향한 침공을 역사적으로 정당화시켜주는 변호였다. 보수 시민계층이나 민족주의적 환경 속에서 자라난 사람들에게는 히틀러가 주장하는 '생존 공간(Lebensraum)'을 위한 동유럽으로의 침략도 정치적 낭만과 같은 것이었고, 비스마르크의 권력국가의 형성 이래 잠시 길을 잘못 들었던 전통이 이제 다시 제 길을 찾아가는 것으로 인식되었다.

특히 나치로서는 오스트리아 합병 이후 비스마르크에 대하여 어떤 방식으로든 새롭게 평가를 내려야만 하였다. 비스마르크가 오스트리아를 굴복시켰듯이 히틀러 또한 빈으로 진격하였지만, 대독일주의에 대한 비스마르크의 부정적 시각은 히틀러가 추구하는 비스마르크 상과의 충돌을 내재하고 있었다. '대독일 제국'이라는 구호는 일반 국민뿐 아니라 이 시대 많은 역사가들에게도 독일사의 완성과 같은 사실로 받아들여졌다. 1941년 1월 30일 할레에서 역사가 베르너 프라우엔딘스트(Werner Frauendienst)는 '유럽 질서의 수호자 비스마르크'라는 기념 연설을 통하여 "오늘날 우리는 비스마르크 제국의 성립이 그 시대 질서를 확립한 역사상 가장 위대한 행위였음을 알 수 있다. 제국은 독일이라는 공간에 내부적 질서를 가져왔으며,

독일을 중심으로 유럽의 질서와 지배를 가져왔다. …… 오늘날 우리의 제국은 비스마르크 제국을 기반으로 하고 있다."[37]고 역설한다. 이제 와서 비스마르크를 대독일주의적 역사인식이 없었던 인물로 폄하할 수는 없지 않겠는가. 1871년 비스마르크가 이룬 소독일주의적 통일로의 해결이 잘못된 길을 간 것이 아니라 그 시대에 행할 수 있었던 유일한 길이었음을 강조하는 빌헬름 몸젠(Wilhelm Mommsen)의 1943년 글에서 이러한 역사가의 딜레마를 읽을 수 있다.

당연히 비스마르크의 업적은 자신의 시대의 주어진 바에 따라 그 한계가 지워졌다. 그는 오직 그렇게 함으로써 자신의 시대의 과업을 이행할 수 있었다. 그는 국가적이고 프로이센적 의지에서 시작하여, 오직 그 시대에만 가능했던 형태의 독일적 존재를 만들어냈고, 그것을 체화시켰다. 그는 중세 독일의 위대한 시대로부터 루터와 프리드리히, 그리고 비스마르크 자신을 거쳐 오늘날에 이르는 발전에서 거대한 중간 고리였다.[38]

Bismarck

VI. 신화의 침몰

 바이마르 시대의 비스마르크 상이 그에 대한 신화화된 이미지를 기반으로 폭넓은 국민적 동의를 얻어냈다면, 나치 체제 하에서 비스마르크 숭배는 처음부터 위에서 계획되고 연출되는 형태로 진행되었다. 바이마르 시대까지 이어오던 그에 대한 국민의 자발적 숭배는 모두 사라졌으며, 그 자리는 새로운 지도자에 관한 신화로 채워진다. 오로지 자신에게만 집중할 것을 요구하는 '지도자 신화' 앞에서 전통적 독일 민족주의의 상징으로서 비스마르크가 지녔던 아우라는 빠르게 소진되었다. 나치 정권이 기반을 다지게 되면서 비스마르크를 앞세운 히틀러의 통치는 더 이상 필요하지 않게 되며, 새로운 히틀러 신화의 권위 앞에 다른 모든 신화와 전통은 물러나야만 하였다. 민족적 지도자에 대한 존경과 숭배는 오직 히틀러에게만 향해야 할 것이었다.
 1938년 7월 30일 비스마르크 서거 40주년 기념일은 물론 공식적으로 엄숙하고 장엄하게 치러지기는 하였지만, 5년 전 비스마르크의 탄생 기념행사와는 그 열성도에서 많은 차이가 있었다. 1939년 2월 전함 비스마르크 호 진수식은 이러한 과정에서 공식적 비스마르크 숭배의 마지막 정점을 의미하였다. 이후 나치 정권의 선전에서 비스마르크는 점차 사라진다. 이미 전쟁 이전, 특히 오스트리아 합병 이후 히틀러가 대독일 제국의 완성자로서의 이미지를 강조하게 되면서 비스마르크는 더 이상 그에게 적절한 인물이 아니었다. 아니, 이제 더 이상 비스마르크에 기대지 않고도 히틀러는 스스로 '지도자 신화'를 만들어나갈 수 있을 만큼 정치적으로 안정된 기반 위에 서게 된 것이다.

1939년 여름 몇 주 동안 히틀러가 보여준 전쟁에서의 승리는 그가 내치나 외교 분야에서 탁월한 지도자일 뿐 아니라 군 전략가로서도 타고난 인물임을 국민에게 증명해 보이는 듯하였다. 물론 전쟁이라는 비상 상황이 국민으로 하여금 그를 전폭적으로 지지하도록 끌고 갔지만, 히틀러는 이제 제1차 세계 대전 이후 상실했던 독일의 영토를 되찾음으로써, 독일어를 사용하는 유럽 내의 거의 모든 지역이 통합된 거대한 독일 민족 공동체를 만들 위대한 지도자였다. 히틀러에 대한 국민의 추종은 거의 절대적인 것이 되어갔다. 1940년 6월 독일군이 파리에 입성할 때 그에 대한 인기와 그를 향한 숭배는 절정에 다다른다. 많은 국민이 프랑스에 대한 점령으로 유럽 내에서의 전쟁이 곧 승리로 귀결될 것을 기대하였다. 그러나 전쟁은 남동유럽으로 확전되었고, 마침내 1941년 6월, 소련으로의 진격 명령이 내려진다. 1943년 1월, 스탈린그라드에서 독일군이 패배하면서 독일 국민들의 히틀러에 대한 지금까지의 무조건적 추종에 결정적 타

Bismarck

격이 온다. 이제 공식 석상에서 그가 연설하는 모습은 점차 사라지기 시작한다.

히틀러에게 비판적이던 프로이센의 전통적 보수주의자들에게는 두 가지 선택만이 남아 있었다. "비스마르크라는 다리를 건너 나치 체제로 넘어가거나, 아니면 그를 방패 삼아 나치 체제를 에둘러 비판하는 길"[39]이었다. 이들 전통적 프로이센 보수주의자들에게 히틀러는 처음의 기대와 달리 프로이센의 전통과 비스마르크의 업적을 파괴한 민족적 범죄자였으며, 지금까지 히틀러에 대해 숨죽이고 있던 전통적 보수세력들에게 비스마르크는 여전히 그들이 지향해갈 지표와 같은 존재였다. 이들 보수주의자들에게 비스마르크로의 지향은 독일적 전통을 포기하지 않고 군주제적 입헌국가로 되돌아감을 의미하였다. 이러한 목표만이 '또 다른' 혹은 '더 나은' 독일을 향해 가는 길로 받아들여졌다. 독일이 겪었던 정치적·사회적 질서의 혼란이 이들에게는 모두 비스마르크의 퇴임에서 시작되었고, 히틀러는 그를 계승한 인물이 아니라 그가 남긴 유제들을 모두 망쳐버린 인물이었다.[40]

하노버의 고위 관료가문 출신으로 제1차 세계 대전 이후 DNVP 당원이기도 했으며, 히틀러 암살 계획의 주동자 중 한 사람이던 울리히 폰 하셀(Ulrich von Hassel)은 히틀러만 제거하면 유럽의 질서를 다시금 비스마르크 제국의 시대로 어느 정도 복귀시킬 수 있으리라고 생각하였다. 그는 1944년 7월, 히틀러에 대한 암살 계획을 일주일 남겨두고 마지막으로 프리드리히스루의 비스마르크 묘소를 참배하였고, 그가 자신에게 남긴 정신적 유산을 다음과 같이 회고

한다.

> 무너져버린 업적을 생각하면서 나는 흐르는 눈물을 멈추기 힘들었다. 유럽의 중심에 놓인 독일은 유럽의 심장이다. 건강하고 강력한 심장 없이 유럽은 살 수 없다. 지난 몇 년 동안 나는 비스마르크를 많이 다루었고, 외교관으로서 그는 내 속에서 계속 자라났다. 승마용 가죽장화를 신은 폭군을 독일을 다시 일으켜세울 누군가로 여겨 어린아이같이 기뻐하였고, 그에게 잘못된 비스마르크의 상을 만들어 붙인 것은 얼마나 안타까운 일인가. 비스마르크는, 오늘날과는 정반대로, 세상에 신뢰를 일깨워주는 유일한 방법을 이해했던 사람이다. 최고의 외교술과 자제력은 진실로 그의 가장 큰 재능이었다.[41]

1944년 7월 20일, 동프로이센의 라스텐부르크 사령관실에서 히틀러를 암살하려는 기도가 일어났으나 실패하였다. 히틀러는 처절하게 보복하였다. 이 사건을 계기로 히틀러는 극히 예외적인 경우를 제외하고는 더 이상 공식석상에 자신을 드러내지 않게 된다. 전쟁패배의 어두운 그림자와 함께 그를 향한 폭탄 테러는 이제 그의 지도력과 그에 대한 국민의 종교적 열정에 가까운 신뢰에 결정적 타격을 가하였다. 국민에게는 이제 그의 생명보다는 전쟁이 하루빨리 종식되는 것만이 중요한 일이었다. 1945년 4월 30일, 히틀러의 자살이 알려지고도 사람들은 그의 죽음을 슬퍼하기보다는 전쟁의 종식을

Bismarck

실패로 돌아간 1944년 7월 20일 동프로이센의 히틀러 암살 현장.

기뻐하였다.

 물론 1945년 독일의 패망이 1871년 비스마르크가 이뤄낸 통일의 결과는 아니었다. 따라서 1945년 파국의 책임이 근원적으로 비스마르크에 있다고 이야기할 수는 없을 것이다. 하지만 1933년 히틀러의 집권을 바이마르 공화국으로 인하여 끊어졌던 프로이센 제국의 역사적 전통으로의 회귀로 보고 열광했던 수많은 이들은 히틀러에게서 부활한 비스마르크를 보았다. 이전에 비스마르크 숭배가 없었다면 나치의 지도자 신화 또한 가능하였을까? 독일 민족 공동체에 대한 국민적 합의와 민족적 지도자에 대한 갈망, 권위와 명령 체계에 의지하는 군국주의적 사고방식 등, 그 모든 것이 이미 비스마르크 숭배 속에 독일적 구성 요소로 존재하고 있지 않았던가? 그래서 20세기 전반 독일 역사학의 대표적 인물인 마이네케는 생의 말년에 발표한 《독일의 파국(Die Deutsche Katastrophe)》에서 다음과 같이 스스로에게 문제를 제기한다.

> 이미 비스마르크 자신이 직접 성취해낸 것 자체 속에 구원과 재앙의 경계선에 놓인, 그리고 그것이 계속적으로 발전할 경우 점차 재앙 쪽으로 향해 갈 수밖에 없는 그런 어떤 것들이 있었다. …… 제1차 세계 대전의 불행한 결말이나 그보다 더욱 비참한 제2차 세계 대전은 우리에게 혹시 이 같은 후일의 재앙의 씨앗이 처음부터 그에게 존재의 구성 요소로 심어져 있었던 것이 아닌가 하는 의문을 제기하지 않을 수 없게 만든다.[42]

과연 히틀러로 귀결될 수밖에 없는 보이지 않는 내재적 강제성이 이미 비스마르크에서부터 시작된 것인지에 관한 해석의 문제는 독일 근현대사에 관한 논쟁에서 현재까지 언제나 중심에 위치해왔고, 역사가들 사이에서 여전히 현재 진행형이다. 비스마르크는 한편으로는 난폭하고 폭력적인 독재자였고, 다른 한편으로는 현실 정치에 바탕하여 밀고 나갈 때와 포기할 때를 아는 지혜로운 현실 정치가였다. 한편으로는 지금까지도 그는 '악마'라는 극단적인 배척을 받지만[43] 다른 한편으로 동독 마르크스주의 역사가의 대부 격인 에른스트 엥겔베르크(Ernst Engelberg)는 자신의 노작에서 그를 "자기 시

Bismarck

대의 보편적 발전의 폭풍우 속에서 움직였을 뿐인" 긍정적 인물로 평가하여 사람들을 놀라게 만들기도 하였다.[44)]

분명한 것은 나치 시대의 종말과 함께 독일 사회에서의 히틀러에 대한 추종과 히틀러 신화의 몰락이 다시금 비스마르크 숭배의 부활로 이어지지는 않았다는 것이다. 오히려 1945년 독일의 역사적 전환과 그 이후 독일 정치의 민주주의적 전개는 독일 국민이 비스마르크를 더 이상 국민적 숭배의 대상으로 보지 않음을 확인시켜준다. **나치의 파국적 경험을 겪고서야 비로소 독일인들은 민족의 영웅, 거대한 신화, 정치적 상징으로서의 비스마르크를 자신들의 가슴속에서 완전히 떠나보낼 수 있었다.**

■ 비스마르크 미주

1) *Tägliche Rundschau*, 1898년 8월 2일. 이하 비스마르크의 임종을 둘러싼 에피소드는 Lothar Machtan, *Bismarcks Tod und Deutschlands Tränen, Reportage einer Tragödie*(München, Goldmann, 1998)를 참조하였다.
2) 1888년은 소위 '세 명의 카이저의 해(Drei Kaiserjahr)'로서 3월에는 아흔한 살의 나이로 빌헬름 1세가 죽고, 뒤이어 왕위에 오른 프리드리히 3세가 6월에 병사한다. 이어 그의 아들 빌헬름 2세가 세 번째로 등극하게 되는데, 이때 그의 나이는 스물아홉 살이었고, 비스마르크는 일흔세 살이었다.
3) Bedrich Loewenstein, "Am deutschen Wesen……", E. Francois, H. Schulz, eds., *Deutsche Erinnerungsorte I*.(München, Beck, 2001), pp. 290~304.
4) Lothar Machtan, ed., *Bismarck-Kult und deutscher National-Mythos 1890 bis 1940*(Bremen, Temmen, 1994) p. 16.
5) Wolfgang Hardtwig, "Erinnerung, Wissenschaft, Mythos-Nationale Geschichtsbilder und politische Symbole in der Reichsgründungsära und im Kaiserreich", Wolfgang Hardtwig, *Geschichtskultur und Wissenschaft*(München, dtv, 1990), pp. 249~250.
6) *Der Türmer*, 1905년 9월, W. Wülfing, K. Bruns, R. Parr, *Historische Mythologie der Deutschen 1798~1918*(München, Fink, 1991), p. 192 인용.
7) Karl Stock, "Unsere Kriegsbilder", *Der Türmer*, Vol. 17, 1914~1915, Bd.1, p. 354, W. Wülfing, K. Bruns, R. Parr, 위의 책 p. 195 인용.
8) Ian Kershaw, *Der Hitler-Mythos, Führerkult und Volksmeinung*(Stuttgart, DVA, 1999) pp. 25~26.
9) Deutsche Zeitung Nr. 521, 1918년 10월 12일, *Ursachen und Folgen, Vom deutschen Zusammenbruch 1918 und 1945, Dokumentsammlung zur Zeitgeschichte II*(Berlin, Wendler, 1958), pp. 391~392.
10) Heinrich. A. Winkler, *Weimar, Die Geschichte der ersten deutschen Demokratie*(München, Beck, 1993), p. 286.
11) Kurt Sontheimer, *Antidemokratisches Denken in der Weimarer Republik*(München, dtv, 1978), p. 216.
12) Hans Bechly, *Die Führerfrage im neuen Deutschland*(Hambrug, 1928), Kurt Sontheimer, 위의 책 pp. 216~217 인용.
13) Ian Kershaw, 위의 책, pp. 27~28. 커셔에 따르면 나치당의 기관지인 〈민족의 관측자(Völkischer Beobachter)〉에서 1922년 12월 처음으로 명확하게 히틀러를 '독일이 기다리던 바로 그 지도자'라고 지칭하였다.
14) Johannes Haller, *Die Epochen der deutschen Geschichte*(Stuttgart, Cotta, 1940), p. 403.
15) 권형진의 본서의 글, 〈호르스트 베셀〉 참조.
16) I. Kershaw, 위의 책 p. 70.

Bismarck

17) L. Machtan, *Bismarck-Kult und deutscher National-Mythos 1890 bis 1940*, p. 48.
18) 요아힘 C. 페스트, 안인희 옮김,《히틀러 평전 Ⅱ》(푸른숲, 1998), p. 743.
19) 이러한 사회 분위기의 극적인 변화는 빅토르 클렘페러의 일기 *Ich will Zeugnis ablegen bis zum letzten, Tagebücher 1933~1941*(Berlin, Aufbau, 1995)의 전반부에 잘 드러나 있다. p. 14.
20) *Hamburger Nachrichten* 1933년 4월 2일(N. 157), L. Machtan, 위의 책 p. 49 인용.
21) *Münchener Neueste Nachrichten*, 1933년 4월 21일, I. Kershaw, 위의 책, p. 78 인용.
22) *Berliner Illustrierte Zeitung* 1933년 4월 23일(N. 16), p. 567, L. Machtan, 위의 책, p. 50 인용.
23) "Hitler, der Volkskanzler", Antrag der NSDAP-Fraktion auf Ernennung Hitlers zum Ehrenbürger der Stadt Bochum vom 12. April 1933, H. Mommsen, ed., *Herrschaftsalltag im Dritten Reich, Studien und Texte*(Düsseldorf, Schwann, 1988), p. 56.
24) 1935년 히틀러는 자신의 2인자 격인 헤르만 괴링(Hermann Göring)의 결혼식에서 기념으로 렌바흐의 대형 비스마르크 초상화를 선물할 만큼 그에게 의미를 부여하였다.
25) Frithjof. B. Schenk, Tannenberg/Grunwald, E. Francois, H. Schulze eds., *Deutsche Erinnerungsorte* I, (München, Beek, 2001), p. 438~454.
26) *Ursachen und Folgen, Vom deutschen Zusammenbruch 1918 und 1945*, XI, p. 674.
27) Max Domarus, *Hitler Reden 1932 bis 1945*, 1/2, (Wiesbaden, Schmidt, 1973) p. 847.
28) 히틀러는 배 이름을 널리 알려진 영웅들과 관련짓는 행위의 위험성에 대하여 인식하고 있었다. 그는 그 어떤 전함에도 나치의 주요 인물의 이름을 따서 붙이도록 허락하지 않았는데, 그 배가 침몰할 경우 대중들에게 훨씬 더 나쁜 효과를 가져올 것을 우려해서였다. 5만 2,600톤급의 전함 '비스마르크'는 대서양에서 1941년 5월 영국 함대와 비행기의 공격으로 2천 명이 넘는 승무원과 함께 침몰한다.
29) Domarus 위의 책, p. 1078.
30) Domarus 위의 책, p. 1079.
31) Domarus 위의 책, p. 1080.
32) 비스마르크의 삶과 업적을 주제로 한 영화는 1914년 처음 무성영화로 제작되었다(감독 : 빌리암 반크, 105분). 이어서 1925~1927년에 1, 2부에 걸쳐 만들어졌고, 나치의 집권 이후인 1940년의 비스마르크 필름은 그 세 번째 시도였다(감독 : 볼프강 리벤아이너). Maja Lobinski-Demedts, "Bismarck im Film, Die Bismarck-Filme von 1914 und 1915/27", L. Machtan, ed., *Bismarck und der deutsche Nationalmythos*, pp. 157~179 참조.
33) Davis Welch, *Propaganda and the German Cinema 1933~1945*(Oxford, Clarendon, 1983), pp. 167~174.
34) Erich Marcks, "Die Stimme Bismarcks", *Velhagen und Klasings Monatshefte*, 1921, p. 440, L. Machtan, ed., *Bismarck und der deutsche Nationalmythos*, p. 249 인용.
35) J. Wagner, Hakenkreuz über Bochum, 1933년 4월 12일, H. Mommsen, ed., 위의 책, p. 56.
36) Johannes Haller, "Zum 1. April 1933", Johannes Haller, *Reden und Aufsätze zur Geschichte und Politik*(Stuttgart, Cotta, 1934), pp. 380~381.
37) Hans Hübner, "Bismarck und die deutschen Universitäten", J. Dülffer, H. Hübner, eds., *Otto*

von Bismarck. Person-Politik-Mythos(Berlin, Akademie, 1993), pp. 234~235 인용.

38) Wilhelm Mommsen, "Bismarcks kleindeutscher Staat und das Großdeutsche Reich", *Historische Zeitschrift*, Vol. 167, 1943, p. 82.

39) H.-W. Hedinger, "Bismarck-Denkmäler und Bismarck-Verehrung", E. Mai, S. Waetzoldt, eds., *Kunstverwaltung, Bau- und Denkmal-Politik im Kaiserreich*(Berlin, Mann, 1981), p. 301.

40) Hans Mommsen, "Gesellschaftsbild und Verfassungspläne des deutschen Widerstandes", W. Schmitthenner, H. Mommsen, eds., *Der deutsche Widerstand gegen Hitler*(Köln, K & W, 1966), pp. 73~167.

41) Ulrich von Hassel, *Vom anderen Deutschland, Aus den nachgelassenen Tagebücher 1938~1944* (Zürich, Atlantis, 1946), pp. 363~364.

42) Friedrich Meinecke, *Die deutsche Katastrophe, Betrachtungen und Erinnerungen* (Wiesbaden, Brockhaus, 1949), p. 26.

43) Johannes Willms, *Bismarck-Dämon der Deutschen. Anmerkungen zu einer Legende* (München, Kindler, 1997).

44) Ernst Engelberg, *Bismarck*, 2 Bde (Berlin, Akademie, 1985/1990).

이순신
Bismarck
Teresa

페탱

비시 정권의 '르 마레샬' 신화 만들기

| | 이순신 |
| 비스마르크 |
| 테레사 |

이학수(비교역사문화연구소, 한양대 연구 교수)

    나는 조국 프랑스에 봉사하는 데 일생을 바쳤지만 아흔 살의 고령에 감옥에 수감되었다. 모두 기억하듯이, 나는 1918년 제1차 세계 대전에서 프랑스군을 승리로 이끌었다. 이후 나는 휴식을 원했지만 프랑스 국민의 부름을 받고 조국에 봉사해왔다. 나이와 피로를 무릅쓰고 국민의 부름에 응했던 것이다.
    프랑스 역사에서 가장 비극적인 그날, 프랑스는 다시 나에게 의지해왔다. 나는 비극을 요구하지도 원하지도 않았지만 프랑스 국민이 나에게 간청했던 것이다. 그래서 나는 내가 초래하지도 않은 재앙을 물려받게 되었다. 그런데 비극의 진정한 책임자들은 국민의 분노를 피하기 위해 나의 뒤에 숨어 있다.
    — 1945년 7월 23일 최고재판소 재판정에서 낭독된 페탱의 '프랑스 국민에게 보내는 성명서'에서

Pétain

I. 살아 있는 '과거'

　1981년 5월 대통령 선거 투표일을 눈앞에 두고 사회당 대통령 후보 프랑수아 미테랑은 예기치 못한 기사에 곤욕을 치렀다. 스물네 살 청년 시절 그가 비시 정부에 협조했다는 내용의 폭로 기사가 나오고, 레지스탕스협회 회원 일부가 '미테랑에 투표하지 말라'는 기자회견을 한 것이다.[1]

　미테랑은 청년 시절 비시 정권에 참여했고, 잠시 뒤에 레지스탕스 운동으로 옮겨간 것도 사실이었다. 우여곡절 끝에 우파 후보인 발레리 지스카르 데스탱을 간발의 차이로 물리치고 대통령에 당선되었지만, 재임 도중에 비시 전력으로 또 한 번 대가를 치른다. 이번에는 그가 페탱 원수와 함께 찍은 사진이 폭로된 것이다. 프랑스 여론은 다시 끓어올랐지만, 언론 플레이에 노련한 미테랑은 청년 시절 실수할 수도 있고, 중요한 것은 그 이후의 전력이며, 젊은 시절의 작은 일탈이 대통령 직무 수행에 차질을 빚을 만큼 영향을 주지 않는다는 의연한 태도를 취하여 불길을 끌 수 있었다.

페탱 원수를 추모하는 단체가 계속해서 발간하는 잡지 〈마레샬〉의 200호 표지.

    그런데 이 과정에서 페탱 원수를 잊지 못해 친목 단체를 만들고 〈마레샬〉이라는 잡지까지 발간하던 페탱 숭배자들은 쾌재를 불렀고 사회당 후보 미테랑을 지지하기까지 했다. 미테랑 대통령은 14년 재임 도중 페탱 원수의 묘지에 여덟 번이나 헌화하는 기이한 행보를 보여주었다. 물론 드골도 1968년에, 지스카르도 1978년에 각각 한 번씩 페탱의 묘지에 헌화한 적이 있다. 하지만 미테랑의 헌화는 우파 성향 국민의 점수를 따고, 나아가 우파 진영을 분열시키려는 고도의 전략적 계산이 숨어 있었던 것으로 평가된다.

    이처럼 프랑스 사회에서 페탱은 아직도 국론을 분열시킬 수 있는

Pétain

뜨거운 감자이다. 비시 정권의 공과에 대한 평가에서도 아직 일치된 견해가 없는 실정이다. 페탱은 죽었어도 그에 대한 기억은 생생하게 살아 있고, 그를 숭배하는 자들은 아직도 그의 묘지에 헌화하고 불명예스런 재판으로부터 페탱의 명예를 회복시키려고 노력하고 있다. 페탱 영웅신화가 오늘날에도 생생하게 살아 있는 것은 비시 정권기에 페탱을 프랑스의 영웅으로 만드는 체계적인 작업이 성공적으로 수행되었기 때문이다.

제2차 세계 대전에서 프랑스는 독일의 전격전 작전에 이렇다 할 저항 한번 해보지 못하고 속수무책으로 패배하고 말았다. 독일은 프랑스를 완전히 점령하는 대신 파리가 포함된 북부 프랑스 지역에만 독일 군대를 주둔시켜 직접 통치했고, 남부 프랑스에는 제1차 세계 대전의 영웅 페탱 원수에게 나치 정권을 지지하는 비시 정권을 수립하도록 했다. 페탱 정권은 프랑스 중부의 휴양도시 비시에 수도를 정함으로써 비시 정권이라 불리게 되었다. 문제는 이렇게 설립된 비시 정권과 페탱 원수가 정권 초기(1940~1942년)에 프랑스 국민에게 전폭적인 지지를 받았다는 사실이다.

하지만 제2차 세계 대전이 장기전에 돌입하고 프랑스에 대한 독일의 인적·물적 요구가 증대하자, 비시 정권을 지지하던 프랑스 국민은 처음의 호의적인 태도에서 점차 회의적 거부로 돌아서게 된다. 여기에는 국내에서 레지스탕스 운동이 거세게 전개되고 해외에서 드골의 자유 프랑스가 활약한 영향도 있었다. 비시 정권은 점차 인기를 잃어가다가 말기쯤에 이르면 '나치 정권'이라는 말을 들으며 노골적으로 비난을 받게 된다. 그런데도 페탱 원수는 여전히 프랑스 국민에게 존경과 지지를 받고 있었다.

　비시 정부와 페탱 원수를 구분하여 평가하던 프랑스인들의 이러한 방식은 프랑스가 나치 협력자 숙청 단계에 돌입했을 때도 계속되었다. 공산당원들과 일부 레지스탕스 운동가들을 제외한 프랑스 국민의 대다수가 페탱을 민족 반역자로 인정하지 않으려고 했던 것이다.

　오늘날에도 페탱 추종자들은 '페탱원수추모위원회'라는 단체를 결성하고 〈마레샬(원수)〉이라는 격월간 잡지를 간행하면서 그의 유골을 파리나 그의 고향으로 이전할 것을 주장하고 있다.[2] 페탱에 대한 식을 줄 모르는 관심은 우파신문 〈피가로〉의 자매지 〈피가로-마가진〉이 1971년 초에 페탱 사망 20주년을 기념하면서 표지인물로 페탱을 다룬 것에서도 증명되고 있다.[3] 뿐만 아니라 1990년 6월 17일 '페탱-베르됭 시민단체'는 '페탱 연설 50주년' 기념식을 파리에서 성대하게 거행하기도 했다.[4]

　이처럼 해방 직후 대독 협력자들을 비교적 제대로 청산했다는 프랑스에서 페탱주의자들은 페탱 원수 추모 행사를 계속하고 있다. 일부 프랑스인들에게 페탱은 이제 하나의 전설이 되고 신화가 되었다.[5] 극우파 정당 국민전선의 장-마리 르펜이 2002년 5월 대선에서 2차 투표까지 진출하여 전 세계를 놀라게 한 적이 있는데, 그 역시 비시 정권 이념의 계승자임을 공공연하게 자처하는 인물이다.

Pétain

II. 준비된 영웅에서 민족의 영웅으로

　제2차 세계 대전 후 프랑스인들은 비시 정권 시기를 재빨리 망각하고 레지스탕스라는 우산 밑으로 도피해버렸다. 드골 정부가 들어서면서 레지스탕스 신화가 자리 잡게 되었고, 역사가들도 프랑스 전역에 걸쳐 전개되었던 레지스탕스 운동 연구에만 주력하면 되었다. 비시 정권의 진정한 성격의 규명이나, 프랑스 대중들이 어떻게 비시 정권을 자발적이건 암묵적이건 간에 지지하고 동의했는가 하는 문제는 논의조차 되지 않은 채 지나가버렸기 때문이다.
　비시 정권에 대한 평가는 1970년대 후반기에 미국의 프랑스현대사 전공자들인 호프먼(Stanley Hoffmann)과 팩스턴(Robert O. Paxton)이 문제를 제기하면서 시작되었다. 호프먼은 비시 정권을 우파의 지지를 받은 독재 체제로 파악했다. 팩스턴은 프랑스인들 중 레지스탕스 운동에 참가한 사람은 전체 국민의 1퍼센트 미만이었고, 비시 정권 지도자들은 독일과의 협력을 일관되게 추구했으며, 비시 정권기의 프랑스인들 대다수가 비시 정권에 대해 체념적 지지를 했다는 주장을 했다.⁶⁾ 이러한 문제 제기에 프랑스인들은 패닉 상태에 빠졌고, 프랑스 역사학자와 정치학자들이 직접 연구에 뛰어들었다. 그들은 비시 정권 시기의 모든 자료를 뒤지면서 조사해보고 난 뒤, 호프먼과 팩스턴의 연구 성과에 대체적으로 동의할 수밖에 없었다. 비시 정권 50주년을 맞이한 최근에야 프랑스 사회는 비시 정권에 대해 본격적으로 언급하기 시작했고,⁷⁾ 페탱 정권과 라발 정권의 연속성, 드골 정권과 비시 정권의 유사성을 강조하는 등 프랑스 역사의 연속성을 수용하게 되었다.⁸⁾

프랑스의 비시 정권은 집권 정당성을 획득하기 위해 비시 정권을 대표하는 페탱 원수를 신화적인 인물로 만드는 전략에 의존했다. 즉 비시 정권의 선전 책임자들은 페탱 개인을 영웅으로 만들고, 프랑스의 국민영웅 잔 다르크와 페탱을 동일시했으며, '민족의 적'을 지정하여 이들로부터 프랑스와 프랑스 국민을 지키는 수호자 페탱을 만들면서 체제를 유지하려고 했다.

로버트 팩스턴은 1972년에 "프랑스인들이 페탱과 비시 정권을 지지했는가?"라는 물음을 제기한 뒤, 비시 정권 지도자들이 일관되게 대독협력을 추구했다는 사실을 밝혀냈다. 파국을 피하기 위해 독일에 협력했다는 비시 정권의 '방패막이'설을 뒤엎어버렸던 것이다.⁹⁾

팩스턴은 또 다른 질문을 던졌다. "그렇다면 비시 정권의 지도자였던 페탱이 국민 대중들에게 계속해서 지지를 받을 수 있었던 이유는 무엇인가?" 비시 정권 하의 프랑스 국민이 페탱을 지지하게 된 이유를 설명하기 위해 여러 논리가 동원되었다. 대표적인 이야기를 보면 첫째, 페탱이 히틀러에 대항하여 프랑스의 명예를 지켰고, 나

Pétain

비시 정부 시절 관공서에 배부한 페탱 원수의 공식 초상화. 민간인 복장을 했지만 베르됭의 영웅으로 국민에게 신념과 확신을 주기에 충분한 단호한 모습이다.

아가 드골은 해외에서 페탱은 국내에서 프랑스를 지켜내는 일을 했다는 것. 따라서 애국자 페탱은 당연히 국민에게 지지를 받았다는 주장이다. 둘째, 페탱이 지닌 개인적인 카리스마 때문에 국민의 존경을 받았다는 주장을 한다. 제1차 세계 대전 당시 페탱은 베르됭을 끝까지 사수한 영웅이었고, 다시 제2차 세계 대전 때도 전쟁을 조기

Pétain

에 끝내 프랑스를 파국에서 구한 위대한 지도자였다는 것이다. 셋째는 페탱이 독재 체제를 유지하면서 배타적이고 억압적인 정책을 표명했지만, 비시 정부의 치밀하고 탁월한 선전정책이 성공했기 때문이라는 견해가 있다.

그런데 비시 정권이 위로부터 강요한 선전(영웅 만들기)정책을 비시 정권기를 살았던 국민이 일방적으로 수용하기만 했을까?

1. 베르됭의 영웅

필리프 페탱(Philippe Pétain, 1856~1951년)은 프랑스 북부의 파드칼레 주 베튄 근교의 인구 400명인 조그만 마을 코시알라투르의 중농 가정에서 네 번째 아이로 출생했다. 어머니는 다섯째 아이의 출산 후유증으로 1857년 10월 사망한다. 1859년 4월 페탱의 아버지는 재혼했고, 여기서 다시 세 명의 자녀가 태어나 페탱의 형제는 모두 여덟 명이 되었다. 페탱은 어린 시절 할머니의 손에서 자랐고, 소년기에는 삼촌들의 영향을 많이 받으면서 성장했다. 페탱의 친삼촌은 고향 근처 성당의 본당 신부여서 자주 조카들을 만난 것으로 추측된다. 그의 외삼촌 역시 신부였지만 오랫동안 로마에서 귀족가문 자제들의 가정교사를 한 경험이 있는 다소 정치적인 인물이었다. 페탱이 학업을 계속하고 스무 살 때 육군사관학교에 진학할 수 있었던 것은 외삼촌의 지원과 영향 때문인 것으로 보인다.[10]

페탱은 생시르 육군사관학교에 412명 중 403등으로 입학했지만,

Pétain

재학 중에 성적이 다소 올라서 1878년에 229등으로 졸업한다. 1901~1910년까지 육군대학에서 보병학을 가르치다가 제1차 세계대전이 일어나자 대령으로 참전, 무공을 세워 급속하게 승진한다. 1916년 독일군이 베르됭 요새를 공격했을 때 이를 사수하자 '베르됭 사수자'란 명성을 얻었다. 그는 1917년 프랑스 육군총사령관에 취임했고, 1918년 11월 19일에는 원수로 승진했으며, 이어 최고의 명예직인 아카데미 프랑세즈 회원으로 선정되었다(1945년에 아카데미 회원 자격은 박탈당한다). 1925~1926년에는 모로코 리프족의 반란을 진압했고, 이후 전쟁성 장관(1934년), 스페인 대사(1939년)를 역임했다.

1940년 5월 독일군 공세가 한창일 때 폴 레노(Paul Reynaud) 내각에 부수상으로 입각했던 그는 보르도로 피신했던 레노가 1940년 6월 16일 수상직을 사임하자 그를 이어 수상이 되었다. 1940년 6월 22일 그가 이끄는 프랑스 측 대표들은 독일 대표단과 휴전협정을 체결한다. 그의 나이 여든네 살 때의 일이다.

이어 페탱은 7월 1일부터 프랑스 중부에 위치한 알리에 주의 온천으로 유명한 휴양도시 비시에 정착하여 '비시 정권'을 출범시키고, 7월 10일에 소집된 의회로부터 합법적인 절차를 밟아 모든 권한을 위임받고서[11] 이튿날에는 헌법에 따라 비시 정권의 수반이 된다. 부수상에는 피에르 라발(Pierre Laval)을 임명하였다. 패망 직전에 나치 정권은 대독협력 정책을 대폭 수용했던 그를 독일로 이송하려고 했다. 하지만 노(老) 정치가는 프랑스에 돌아가길 원했고, 결국 프랑스로 돌아왔다.

"영광의 날에도 저는 여러분과 함께 있었습니다. 어려운 때에도 저는 여러분 곁에 머물러 있습니다."

　페탱은 체포되어 재판을 받는다. 국가 반역죄(75조)와 '의회제도를 멸시하고 히틀러에 협조한 간첩죄(87조)'로 1945년 8월 최고재판소에서 사형을 선고받았으나, 드골에 의해 금고형으로 감형을 받는다. 페탱은 라로셸과 생라제르 중간에 위치한 대서양의 한적한 되섬에서 복역하다가 아흔다섯 살인 1951년 7월 23일 사망했다.[12]

　페탱 신화는 그가 베르됭 전투의 영웅이었다는 사실에서 시작된다. 1916년 초 독일군과 프랑스군은 프랑스 국경 근처의 베르됭 지역에서 상대 전력을 고갈시키는 소모전을 치르고 있었다. 베르됭 전투 초기에 독일군은 기대했던 공격 성과를 얻었다. 그들은 프랑스군

Pétain

의 주요 거점인 뫼즈 강 우안의 두오몽 요새와 좌안의 르 모르-옴므 언덕과 아보쿠르 숲에 별 희생 없이 도달할 수 있었다. 그러나 2월 25일 북부 및 북동군 사령관 조제프 조프르가 파견한 페탱 장군의 지휘 아래 방어선이 구축되어 독일군은 강한 저항을 받게 되었다.

독일군과 프랑스군은 두 달 이상 상대방의 거점을 탈환하기 위해 지루한 국지전을 전개했으나 이렇다 할 성과를 얻지 못했다. 독일군은 6월에 베르됭 대공세를 취했고, 6월 23일 베르됭을 방어하는 저항의 중심지인 수빌 요새가 한때 점령될 뻔했다. 하지만 이튿날 독일군은 수빌 공격을 중단한 채 퇴각하고 말았다. 프랑스 북동지역의 솜 강 전투가 예상되어 베르됭 전투에 투입한 군대 일부를 차출하여야만 했기 때문이다. 베르됭 전투에서 독일군이 입은 인명 피해는 약 24만 명이었고, 프랑스군은 27만 5천 명이었다.[13]

독일이 예상한 프랑스군 전력고갈작전은 실패하고 말았다. 독일군은 애초 자신의 피해가 프랑스군 피해의 5분의 2를 넘지 않을 것으로 예상했지만 실제 프랑스와 맞먹는 희생을 치렀기 때문이다. 엄밀히 말하자면 페탱이 승리자였던 것은 아니다. 독일군에 패배하지 않고 베르됭 요새를 방어했을 뿐이다. 하지만 당시 프랑스인들은 베르됭 사수를 일방적으로 밀리기만 하던 대전 초기와는 비교되는 선전으로 받아들였다. 더구나 아직도 잊혀지지 않는 1870년 프랑스-프로이센 전쟁 당시 스당의 굴욕적인 패배와 비교한다면, 페탱은 요새 방어만으로도 영웅 대접을 받을 만했다.

베르됭이 제1차 세계 대전 때 갑자기 등장한 도시 이름은 아니다. 베르됭은 프랑크 왕국이 현재의 프랑스·독일·이탈리아로 분열되는 843년 베르됭 조약으로 이미 역사적 의미를 지니고 있었고, 19세기에 와서는 요새가 삼중으로 강화된 국경 도시여서 프랑스 국민에게는 국경을 지키는 상징적 도시로 인식되고 있었다. 독일군이 베르됭 공략을 계획한 것은 우연이 아니었지만, 프랑스도 베르됭은 기필코 사수해야만 하는 도시였다.

페탱 원수에 의해 이 도시가 사수되자 이제 베르됭은 조국 방어와 관련된 중요한 도시로 자리 잡게 되었다. 베르됭 전투 당시 〈일뤼스트라시옹(L'Illustration)〉지를 비롯한 파리의 각 신문은 앞다투어 베르됭 사수를 알렸으며, 클레망소 대통령도 1916년 한 해에만 여섯 번이나 베르됭을 방문할 정도였다.[14] 1927년에는 베르됭 전투 때 치열한 접전을 벌였던 두오몽 요새에 위용을 자랑하는 전몰장병 기념탑이 세워졌다. 이제 베르됭은 프랑스인들에게 조국애와 용맹, 그리고 명예와 같은 가치들을 모두 합한 의미를 지닌 도시가 되었고,[15] 그 고귀함은 페탱이 고스란히 누리게 되었다.

베르됭의 영웅은 식민지 전쟁에서 다시 한 번 명성을 드높이게 된다. 스페인 식민지였던 모로코 북부에 거주하는 리프 부족이 아브드 엘크림의 지휘로 스페인에 대항하여 1921~1925년에 독립 전쟁을 전개했다. 이 전쟁이 모로코의 프랑스 점령지역으로 번지자 페탱 원수가 이끄는 약 16만 명의 프랑스 군대가 스페인군의 지원을 받아 1926년 5월 아브드 엘크림 독립군 부대를 진압했다. 페탱은 프랑스의 영광을 드높였고 개선장군으로 귀국했다. 이어 제2차 세계 대전 초기 마지노 방어선의 구축에도 불구하고 프랑스군은 독일군에게 허무하게 패배했다. 전쟁 패배의 직접적인 원인은 프랑스 군사령부의 무능 때문이었다. 이러한 역설적인 현상을 마르크 블로크는 일찍이 정확하게 지적한 바 있다.

> 우리 언론의 거의 전체, 그리고 근본적으로 관습적인 우리 문학이 여론으로 하여금 상투적인 것을 숭배하도록 만들었다. 장군은 원래 위대하다는 것이다. 설사 그가 군대를 패배로 이끌더라도 사람들은 그에게 레지옹 도뇌르 훈장을 수여하여 보상한다. 이와 같이 사람들은 최악의 잘못에 점잖게 베일을 쳐 가림으로써 국민의 신뢰를 유지할 수 있다고 생각하는 모양이다.[16]

그러나 프랑스 국민은 베르됭의 승자를 기억했고 그를 다시 한번 신뢰하기로 했다. 이렇게 하여 제2차 세계 대전 패배의 책임을 져야 할 사람 중 하나인 제1차 세계 대전의 영웅이 다시 한 번 더 프랑스 국민에게 희망의 등불이 되었다. 페탱은 '베르됭의 사수자'란 표상으로, 프랑스가 위기에 처했을 때마다 '조국을 구원할 수 있는 인물'이라는 이미지가 추가되었던 것이다. 이처럼 페탱은 비시 정권 출범 직전에 이미 '준비된' 프랑스의 영웅이 되어 있었다.

2. '공화국의 구원자'

페탱은 정치적으로는 우파 성향의 인물이었다. 인민전선 정부가

들어서기 직전에 실시되었던 1936년 5~6월 선거 도중에 라 로크 대령이 지도하는 우파 정치단체인 '불의 십자가'를 프랑스의 가장 건전한 요소들 중 하나로 칭찬하면서 이들이 주장하는 '민족연합'을 지지했다. 또 1936년 베르됭 승리기념식에서 유물론을 타락주의로 단죄하고 '지금 이 순간이야말로 프랑스인들이 들고 일어날 때'라고 강변한 적이 있다.

이처럼 페탱은 우파 성향의 정치적 입장을 공공연하게 드러내는 것을 주저하지 않았다. 추측컨대 그는 제1차 세계 대전 중인 1917년 프랑스 군대 내에서 발생했던 병사들의 반란과 1925~1926년의 리프 전쟁을 거치면서 좌파에 대해 혐오감을 지니게 되었던 것 같다. 제1차 세계 대전 당시 이미 사회주의가 병영 내에 전파되어 일부 군인들이 반전운동을 전개했고, 리프 전쟁 당시에는 프랑스 공산당이 반제국주의를 표명하면서 아브드 엘크림의 독립운동을 지지했으며, 또 제3인터내셔널도 리프족의 독립을 지지했기 때문이다.[17]

그는 또 1930년대 각료 생활의 체험에서 정치가들이 무익한 토론에 몰두하고 조국애보다 당리당략에만 골몰한다는 인상을 받아 반의회주의로 기울었을 가능성이 크다.[18] 또한 1939년 스페인 대사 시절 그는 프랑코를 내전에서 조국을 구한 인물로 평가하면서 사회주의에 대해 부정적인 시각을 굳혔을 것으로 추측된다. 따라서 그가 우파적인 시각을 지닌 인물이고, 우파 정치가들 사이에서 그가 자주 언급되었던 것은 지극히 당연한 결과라고 하겠다.

하지만 페탱은 당시 좌·우파 언론 양측으로부터 인기를 얻은 인물이었다. 우파 언론들은 1935년 2월, '1934년 2월 폭동' 1주년을

Pétain

기리면서 한결같이 '페탱은 우리에게 꼭 필요한 인물'이라며 그를 거듭 치켜세웠고, 1936년 4월 총선에서도 페탱의 이름은 '공화국의 장군'으로 자주 언급되었다. 뿐만 아니라 좌파 신문에서도 페탱은 정치 투쟁에서 멀리 떨어져 존재하는 인물이자 공화국의 수호자로, '공화주의자 마레샬'로 묘사되었다. 비시 정권 출범 이전에 페탱은 이미 좌·우파를 막론하고 프랑스인의 단결을 도모할 수 있는 정부 수반으로 적합하다는 주장이 광범위하게 유포되어 있었다. 우파를 지지하는 사람들이 페탱을 대안으로 내세우게 된 것은 좌파 정권인 인민전선 정부에 대한 실망 때문이었다. 그들은 도덕적 위기를 맞고 있는 제3공화국으로부터 프랑스를 구할 인물로 페탱을 상정하고 있었다. 더구나 우파들이 볼 때 레옹 블룸(Léon Blum)으로 대표되는 유대인 사회주의 정치 지도자들은 페탱으로 즉시 교체되어야만 했다. 반면 좌파는 페탱을 능력 있는 정치 지도자로 평가하여 그를 지지했다기보다는 국민에게 대중적 인기를 얻고 있는 그를 공격함으로써 입게 될 손실이 두려워 그에게 호의적인 입장을 취했을 가능성이 크다.

 프랑스 국민은 프랑스가 위기에 처하는 순간 조국의 구원자를 갈망했고, 이러한 갈망에 페탱의 이력은 잘 들어맞았다. 더욱이 우파 정치가들이 그를 적극 지지하자 여든네 살 고령의 베르됭 영웅은 폴 레노 수상으로부터 부수상으로 입각 제의를 받았고, 페탱은 순조롭게 권력의 중심으로 진입할 수 있었다. 페탱은 이제 전쟁 영웅의 이미지에다 우파 정치세력의 지지를 받는 정치적인 인물로 변모되어 있었기 때문이다.

3. 비시 정권의 '프랑스 호 선장' 만들기

휴전협정으로 프랑스와 독일이 전면전을 피하긴 했지만, 비시 정권 수립 이후 페탱과 비시 정권이 국민에게 호감만 얻기에는 무수한 장애 요인들이 도사리고 있었다. 패전 이후 프랑스는 크게는 독일 점령 지역과 자유 지역으로, 부분적인 것까지 포함하면 일곱 개 지역으로 나뉘었다. 파리를 포함한 프랑스 북부는 독일군 총사령관 빌헬름 카이텔 원수의 직접 지배를 받았고, 남부의 자유 지역은 비시 정권의 통치 지역이 되었다. 프랑스 주둔 독일군 총사령관은 군대와 함께 치안과 경제, 그리고 언론까지 장악했다. 비시 정권의 남부 통치 지역도 1942년 11월 이후에는 독일의 직접적인 지배를 받아 점령 지역과 자유 지대 사이의 구분도 사라지게 되었고, 알자스-로렌 지방은 독일에 합병되었다.[19]

비시 정권의 헌법이 통과되자 페탱은 일련의 법률들을 선포하여 프랑스가 대혁명 이후부터 확립한 '인간의 권리들'을 폐기했고, 공산당을 불법단체로 단죄했으며, 최대 노조인 노동총동맹(CGT)을 해산했다. 뿐만 아니라 제3공화정 요인들을 체포하고 재판했으며, 이때 49명의 도지사를 포함하여 고위 관료 2,800여 명이 공직을 박탈당했다. 독일과 체결한 휴전협정에 의해 비시 정권이 보유할 수 있는 병력 수는 10만 명으로 제한되었고, 군수품은 독일군에 인계되었으며, 프랑스 공군은 완전히 무장 해제되었다. 300만 명의 막강 군대를 자랑하던 프랑스군은 해체되었고, 150만 명의 프랑스 군인들이 독일의 포로 신분으로 남게 되었다. 또한 비시 정권은 매일 약

Pétain

900만 달러에 달하는 독일군 점령 비용을 부담해야만 했다. 독일 점령군은 민간 소유의 선박들을 징발했으며, 철강 재고의 3분의 1과 가솔린 재고와 군용식품을 접수했다. 프랑스는 이제 산업 생산에 필요한 원료를 독일로부터 공급받는 체제로 편입되고 말았다.

비시 정권 치하에서 프랑스인들은 앞에서 열거한 물질적인 피해 이외에도 부당한 박해를 비롯한 인적 피해를 감수해야만 했다. 13만 5천 명의 프랑스인들이 유죄로 판정을 받아 구속되었고, 그 중 절반이 강제 수용소에 수용되었으며, 비시 정권에 비협조적으로 보이는 공무원들은 '공직자추방법'에 의해 해직되었다.

프랑스 거주 유대인들을 강제 수용소에 보내는 일에는 비시 정권이 직접 관여했다. 독일군은 프랑스 유대인에 관한 구체적인 정보가 없었고 이들을 일일이 조사할 만한 행정력도 보유하지 못했다. 비시 정권은 7만 6천 명의 프랑스 유대인들과 외국 국적의 유대인들을 독일 수용소로 강제 이주시키는 데 적극 협력했다. 비시 정권 기간 동안 강제노동국(STO)의 징발로 약 65만 명의 프랑스 노동자들이 독일의 공장에서 일하기도 했다. 1941년 7월에는 볼셰비키 군대와 싸우기 위해 프랑스 지원병들이 처음으로 나치 군복을 입고 독일군과 함께 동부전선에 배치되기도 했다.[20]

레지스탕스 운동가를 비롯한 프랑스 애국자들을 처형하고 공포로 몰아넣었던 보안대의 존재는 비시 정권의 성격을 좀더 잘 나타내주고 있다. 1941년 봄에 창설된 보안대는 경찰과는 별도인 준(準)군사조직으로 레지스탕스 대원들과 공산당원들을 체포하고 탄압하는 업무를 담당했다. 나치의 SS나 SD로부터 훈련을 받고 무장한 이들

공산주의자들을 체포 · 타도하기 위해 창설된 보안대.

은 결국 나치의 하수인이었다고 할 수 있다.

전쟁의 패배와 독일의 징발, 그리고 비시 정권의 대독협력과 같은 장애 요인에도 불구하고, 비시 정권은 어떻게 페탱 신화 만들기 작업을 진행하여 정착시킬 수 있었을까?

비시 정권은 집권 직후부터 선전정책의 중요성을 인식하고 피에르 라발 부수상의 지도로 언론과 라디오, 그리고 영화 분야를 장악한 뒤 검열과 선전으로 정권의 합법성을 알리는 데 주력했다. 페탱 역시 민간인들로 구성된 비서실을 가동했다. 비서실에서는 악시옹

Pétain

프랑세즈 출신의 베르나르 메네트랄이 페탱 선전을 담당하였다. 그리고 가브리엘 장테를 발탁해 '프랑스협회'란 사조직을 만든 뒤, 그 산하에 '민족혁명선전센터'를 만들어 주로 자유 지역의 대도시를 대상으로 '민족혁명'의 정당성을 널리 알리고 페탱의 '훌륭한 인격과 그의 말씀들'을 선전하는 업무를 맡겼다.

이제 본격적인 '영웅 만들기'가 시작되었다. 1941년 3월 폴 마리옹(Paul Marion)이 공보처 차장이 되고 '선전특별부서'가 설치되면서부터 페탱 영웅화 정책은 본격적으로 가동된다.[21] 마리옹은 8월에 공보처장으로 승진했고 비시 정권이 몰락할 때까지 공보처 업무를 담당했다. 사실 마리옹이 비시 정권에 참여한 것은 의외의 일이다. 그는 원래 공산당 중앙위원 출신으로 〈뤼마니테〉 편집위원을 지내면서 소련의 국제 레닌 학교를 수료한 엘리트였다. 1929년 소련에서 귀국한 뒤 공산당을 탈당했고 자크 도리오의 프랑스 인민당(PPF)을 거쳐 비시 정권에 입각한 인물이다.[22] 마리오가 가장 먼저 착수한 일은 페탱의 이미지를 '대독협력자'에서 '전쟁의 소용돌이 속으로 치달을 뻔했던 조국을 파국에서 구한 구원자'의 이미지로 바꾸는 일이었다. 페탱을 '프랑스를 구하기 위해 자신의 몸을 바친 인물'로 부각시키려 했던 것이다.

'선전특별부'는 일반 국민의 일상생활 속에서 페탱을 친숙하게 만날 수 있게 하면서도 그를 숭배토록 만드는 작업을 진행했다. 페탱의 초상이 들어간 달력·포스터·우표·우편엽서 등을 제작했는데, 1941년 1월부터 판매하기 시작한 페탱의 초상화들은 점령 지역과 비점령 지역의 구분 없이 대량으로 팔려나갔다.[23] 또한 프랑스

공산주의자들을 체포·타도하기 위해 동부전선으로 파견되는 프랑스 청년들이 기차를 타기 직전 담소하고 있다. 기차 창문 옆에 "페탱 원수 만세!" "소비에트를 타도하라!"라는 낙서들이 보인다.

학교나 관공서에 걸려 있는 마리안 초상을 페탱의 초상으로 바꾸어 나갔다. 이렇게 하여 페탱의 초상화는 어느새 프랑스 공화국을 상징하던 마리안을 대신하는 상징물이 되었다.

여기에 페탱을 찬양하는 시와 노래들도 제작되어 유포되었는데, 대표적인 시로는 폴 클로델의 〈페탱 원수에게 바치는 시〉를,[24] 노래로는 몽타르가 작사·작곡한 〈원수님, 우리가 여기에 있습니다〉

를 꼽을 수 있다. 뿐만 아니라 페탱을 찬양하는 영화도 제작되었고, 페탱의 동정을 알리는 뉴스가 모든 극장에서 의무적으로 상영되었다. 1941년 9월에는 비시의 카지노에서 개최된 축제에서 페탱의 지팡이가 리옹의 어느 기업가에게 14만 4천 프랑에 팔리기도 했다. 1944년 6월에는 드디어 치오타 조선소에서 대형 여객선 페탱-마레샬 호가 진수식을 가진 뒤 운항에 들어갔다. 이처럼 선전 담당자들은 페탱의 초상을 포스터나 액세서리 등으로 대량 제작하여 그를 대중화시키고, 일상생활 속에서 그를 손쉽게 만날 수 있는 전략을 구사했던 것이다.

비시 정권 때 쏟아진 포스터들과 기타 선전물에 나타난 페탱은 다양한 모습을 띠고 있다.[25] 첫째, 군인으로서의 이미지다. 다소 경직된 모습에 정장 군복 차림을 한 모습은 영웅신화에 나오는 신들과 유사한 엄숙한 분위기였다. 하늘과 땅이 갈라진 곳에서 '프랑스호를 몰고 가는 선장', '전지전능한 모습', '수평선을 똑바로 쳐다보는 모습' 등은 바로 프랑스를 '지배하고 보호하는' 탁월한 지도자의 이미지를 유감없이 드러내고 있다. "패배한 프랑스 국민의 눈에 별과 훈장으로 빛나는 제복은 전장에서 치른 희생과 함께 과거의 영광을 상징할 뿐만 아니라 미래의 영광을 상징할 수도 있었기 때문이다."[26]

둘째는 통치자로서의 모습이다. 주먹을 불끈 쥐고 단정한 옷차림에 시선을 고정시킨 모습은 누구에게나 결단력에 찬 명령을 내리고 신뢰감을 주는 이미지를 보여준다. "프랑스 국민 여러분, 여러분은 팔리지도, 배신당하지도, 버려지지도 않았습니다. 믿고 저에게 오십

청년건설대 선전 포스터.

시오."라는 포스터의 문구는 통치자로서의 이미지를 가장 잘 드러 내주고 있다.

셋째는 민간인 페탱이다. 예복 차림의 우아하면서도 당당한 페탱을 국민 속에 삽입하는 것이다. 특히 주민들과 대화하는 모습 등은 행복과 고통을 프랑스인들과 함께한다는 인식을 심어주었고,[27] 아이를 가슴에 안고 있는 인자한 할아버지의 모습을, 노동자들에게는 친한 동료를 대하듯 하는 격의 없는 인물로 묘사했다. 여기에 페탱이 사용하는 낱말이나 어휘들은 우정 어린 대화로 구성되었고, 연설들은 정확한 사실에 근거하고 있어 진실한 인간의 이미지를 보여줄 수 있었다.

"프랑스 국민 여러분! 여러분은 팔리지도, 배신당하지도, 버려지지도 않았습니다. 믿고 저에게 오십시오."

Pétain

 이상의 초상화들 중에서 가장 강렬한 이미지를 던져준 것은 당연히 프랑스 호 군함을 몰고 가는 군인으로서의 페탱이다. 이 포스터를 보면서 프랑스인들은 일말의 의심 없이 그에게서 위기에 봉착한 프랑스를 이끌고 가는 지도자의 모습을 찾을 수 있었다.
 비시 정권 후반기(1942년 4월~1944년 5월)에도 페탱 원수는 존재하고 있었지만, 사실상 실권은 수상 피에르 라발에게 있었다. 피에르 라발은 사회당 국회의원(1914~1919년) 출신으로 제1차 세계대전이 끝날 때까지 평화주의자였으나 곧 급진당 출신의 클레망소 수상에게 접근하여 출세 가도를 달린 인물이다.
 그는 1936년 1월 권력의 중심에서 밀려났다가 1940년 프랑스가 독일에 패배하자 다시 권력의 핵심으로 돌아온다. 비시 정권에 협조한 좌파 정치가들 중에서는 자크 도리오와 함께 피에르 라발이 가장 유명하다.[28] 페탱 정부에서 그는 국무장관이 되어 의회로부터 헌법개정권을 획득한다. 이어 비시 정권의 부수상으로 대독협력을 적극 주장하면서 1940년 10월 투르 북쪽에 있는 소도시에서 페탱-히틀러 간의 몽투아르 회담을 주선한다. 이 회담 개최로 여타 장관들에게 적대감을 산 그는 한때 비시 정권에 의해 체포되기도 했지만, 파리 주재 독일 대사 아베츠의 개입으로 풀려난다. 독일 측의 요구로 1942년 4월 다시 비시 정권에 복귀한 그는 내무부와 공보부, 그리고 외무부 등 세 부서의 장관직을 겸하면서 막강한 권력을 휘두르기 시작한다. 이 시기부터 비시 정권을 '라발 정권기'라고 부른다. 그는 '독일의 승리'를 확신하고는 이를 공공연하게 선전했으며, 특히 제2차 세계 대전 말기에는 페탱을 대신하여 거의 전권을 휘둘렀다.[29]

Pétain

　라발이 정치에 복귀한 1942년 4월부터 비시 정권은 완전히 나치 체제로 변질되었다. 그러다가 연합군의 북아프리카 공격이 시작되자 나치 정권은 1942년 11월에 비시 정권이 통치하던 프랑스 남부 지역마저 독일 점령 지역으로 바꾸어버렸다. 이제 비시 정권은 나치 정권의 하수인으로 증명되어 비시 정권에 대한 국민의 신뢰도는 급락하고 대신 레지스탕스 운동이 국민에게 지지를 받았다. 당연히 비시 정권에 참여했던 일부 정치가들도 비시 정권을 떠나 레지스탕스 진영으로 이동해갔다. 대표적인 인물로는 비시 정권의 농업장관이었던 자크 르루아라뒤리(Jacques Le Roy Ladurie) 같은 인물을 들 수 있다.

　비시 정권 말기에도 페탱 신화 만들기 작업은 중단 없이 계속 진행되었고, 대중들은 피에르 라발을 공격하고 비시 정권에 대해서는 실망하면서도 자신들이 타고 있는 '프랑스 호의 선장'에 대해서는 변함없이 경배하고 있었다. 페탱은 비시 체제를 살아가는 대중들의 영웅이자 유일한 희망이고 마지막 보루였기 때문이다.

III. 마레샬과 성녀

페탱이 지닌 자질과 명성을 이용한 비시 정권의 신화 만들기 작업은, 한 개인이 지닌 카리스마를 정확히 파악하고 치밀하게 계산하여 대중들이 소비하기에 알맞게 가공한 뒤 제공해주었고 대중들이 이를 수용했기에 일단 성공한 것처럼 보인다. 그러나 체제를 유지하기 위해 한 개인의 능력만으로 영웅으로 만드는 일은 비시 정권의 경우 상당한 불안으로 작용했을 가능성이 크다. 실업자의 구제나 경제 호황과 같은 가시적인 성과가 없는 상황에서 개인의 카리스마와 이미지만으로는 미흡했기 때문이다. 비시 정권 담당자들은 프랑스의 국민영웅을 찾아 페탱을 그와 같은 반열에 올리는 작업을 진행시켰다. 이때 채택된 영웅이 바로 잔 다르크였다.

비시 정권이 잔 다르크 카드를 사용한 것은 무엇보다 국민영웅 잔 다르크의 이름 아래 국민 통합을 이루어내기 위해서였고, 그 다음은 가톨릭 세력의 지지를 얻어내기 위해서였다. 물론 가톨릭과의 제휴 정책은 페탱의 가톨릭적 배경 및 성향과도 맞아떨어지는 것이었다.

Pétain

1. 프랑스의 영원한 상징, 잔 다르크

프랑스 국민은 조국이 위기에 처할 때면 잔 다르크에 의존하면서 국민 통합을 이루어내곤 했는데, 제1차 세계 대전 때의 잔 다르크 열기가 그 증거이다. 전쟁으로 좌·우파가 신성동맹을 맺었을 때 잔 다르크에 대한 국민적 경배가 가능하게 되었다. 잔 다르크의 입을 빌린 참전에 대한 호소는 국민에게 전폭적인 지지를 얻어냈다. 1914년 9월 마른 전투에서 프랑스-영국 연합군이 독일군에 승리했을 때 프랑스인들은 그 공로를 잔 다르크에게 돌렸다. 제1차 세계 대전의 승리와 함께 잔 다르크에 대한 영광은 절정에 달했다. 전국 각지에 설립되었던 전몰장병기념비에는 잔 다르크의 초상이 새겨졌고, 악시옹 프랑세즈의 기관지는 "잔 다르크는 부활이고 전쟁 뒤의 평화이며 국민의 영원한 젊음"[30]이라고 치켜세웠다.

페탱을 제외하면 비시 정권 하에서 숭배의 대상이 된 인물은 잔 다르크가 유일하다. 이미 전간기에 악시옹 프랑세즈 주변에 포진했던 군국주의자들과 민족주의자들의 숭배 대상이던 잔 다르크는 1940~1944년에는 영국에 대항하는 프랑스의 영원한 상징이 되었다. 또한 비시 정권은 '민족혁명'과 대독협력을 추진하기 위해 잔 다르크의 이미지를 빌려오기도 했다. "대지의 딸이자 선량한 프랑스 농부의 딸인 잔 다르크는 돈과 이데올로기, 썩은 문명에 물든 유대인들에 맞서 전통과 농촌, 그리고 가톨릭의 가치를 구현하는 도덕적 재무장, 이른바 갱생한 인간의 귀감이었다. 잔 다르크는 대독협력을 독려하고 반유대주의와 반영 감정을 선동하는 엽서와 포스터의 모델로 등장하게 되었다".³¹⁾ 1941년부터 매년 5월이 되면 점령지와 비점령지의 구분 없이 프랑스의 모든 지방자치단체들은 앞다투어 잔 다르크 축제를 조직했다.

페탱 원수는 특히 아이들이 잔 다르크에게 묵주신공을 바치도록 했으며, 교회에 설치된 잔 다르크 조각상들을 꽃으로 수놓게 했다. 파리에서는 수많은 인파가 튈르리 공원 옆 피라미드 광장에 세워진 잔 다르크 동상을 방문했고, 점령 지역 담당 정무장관 페르낭 드 브리농은 비시 정권의 이름으로 잔 다르크 동상에 헌화했다. 또한 공화국방위군은 잔 다르크에게 '받들어총'으로 경의를 표했으며, 검은색 유니폼을 입은 헌병부대와 마르셀 데아가 이끄는 파시스트 정당 전국인민연합(RNP)도 잔 다르크에게 충성을 맹세했다.

1941년에 파리 추기경인 쉬아르는 노트르담 대성당에서 잔 다르크에게 장엄미사를 봉헌했다. 리모주의 지역사령관 윙칭제르 장군은 비시 정권의 상징인 도끼 문양의 프랑시스크 메달을 단 채 잔 다르크 동상 앞에서 사열을 받았으며, 재무장관 부틸리에도 리옹에서 개최된 잔 다르크 축제 행렬에 참가했다. 알제 지사도 잔 다르크 동상에 헌화했으며, 프랑스의 모든 도시와 식민지의 도시는 모두 이 프랑스의 성처녀를 기념하고 추모하고 경배해야 했다.³²⁾ 쥘 미슐레와 샤를르 페기, 폴 포르 같은 사람들의 잔 다르크 찬양문들이 라디오와 신문에 반복적으로 소개되었고, 때로는 코메디 프랑세즈에서 연극으로 공연되기도 했다. 비시 정권 출범과 동시에 잔 다르크 숭배 행사가 쏟아지게 된 것은 프랑스가 비록 외국군의 점령 하에 있지만, 비시 정부는 대독협력정부가 아니라 프랑스 국민과 함께하는

Pétain

애국정부라는 것을 주장하기 위해서였다.

페탱 신화를 위한 잔 다르크 숭배는 1941년 포스터에서 나타나기 시작하는데, 이때 잔 다르크는 무장한 모습으로 등장하고 있다. 갑옷과 함께 치마를 입은 애국소녀 잔 다르크가 전면에 있고, 그녀 뒤에는 군복을 입은 페탱과 청소년들이 서 있는 구도이다. 포스터는 페탱과 프랑스 청소년, 그리고 잔 다르크는 공동의 운명을 지니고 있으며, 청년들에게 애국소녀 잔 다르크를 따를 것을 은근히 주문하고 있다. 조국이 독일의 지배를 받는 상황이지만 비시 정권은 청소년들의 애국심을 고취하는 일에 게으르지 않다는 것을 보여주려는 의도였다. 물론 조국의 적은 독일이 아니라 영국이었다.

비시 정권의 잔 다르크 숭배는 1942년 5월에 다시 한 번 최고조에 달했다. 선전특별부서 책임자의 지시로 '청년, 신앙, 의지'라는 표어 아래 잔 다르크 기념식을 위한 시간과 조직, 그리고 텍스트들이 계획되었다. 기술국은 퐁티가 그린 특별 포스터를 제작하여 전국 각지에 배부했다. 여기에는 잔 다르크가 아름다운 모습을 한 상반신만 보이고 있다. 저항의 이미지가 축소된 애국소녀는 비시 정권을 재현하고 있을 뿐이다. 5월 10일 정오에 잔 다르크의 동상 앞에서, 동상이 없는 경우에는 전몰장병기념비 앞에서 잔 다르크 숭배 기념식이 거행되었다. 지방 당국은 청년들로 하여금 흰색·청색·적색 부케를 들고 참석케 하는 한편, 초등학생들과 가능하면 악대도 동원했다.

기념식은 두 가지 방식으로 진행되었는데, 하나는 주로 지방자치단체에 부과한 것으로 완벽하게 이행되지 않을 것을 우려한 단순화시킨 모델이었다. 좀더 장엄한 두 번째 방식은 잔 다르크의 위대성을 크게 강조한 것이었다. 상황에 따라 '잔 다르크와 타인의 삶', '잔 다르크 기념', '잔 다르크의 역사'와 같은 유인물들이 채택되기도 했다.

1941년에는 '민족혁명' 중앙본부, 청년 대표, 헌병대, 도지사들과 같은 개인이나 단체가 책임을 지고 잔 다르크 숭배에 필요한 포스터를 제작하였다. 이들은 대개 30×40센티미터 크기의 소형 포스터 약 30만 부씩을 제작하여 배부한 것으로 나타났다. 잔 다르크 포스터 전략은 배부부터 게시까지가 상당히 치밀하고 신중했던 것으로 보인다. 퐁티가 그린 포스터의 경우 주민 수가 500~1천 명인 코뮌에는 80×100센티미터 크기의 포스터를 다섯 장 배부했고, 1~2천 명은 여섯 장, 3~4천 명은 열 장, 5~6천 명은 14장, 7~8천 명은 18장, 9천~1만 명은 22장을 배부했으며, 게시 기간까지 결정되어 하달되었다.[33] 1942년이 되면 포스터 제작 업무는 더욱 강화되어 기술국의 전문가들에게 맡겨진다. 이렇게 제작된 포스터들은 인구 수에 따라 게시 기간에 차별을 두었다. 즉 인구 1만 명 이상의 대도시에는 포스터가 1개월 간 게시되었으며, 그 이하의 도시에서는 15일 동안 게시되었다.[34]

비시 정권은 잔 다르크 포스터 제작과 게시를 통한 효과를 드높이기 위해 1943년에는 르네 브뤼예즈(René Bruyez)에게 가톨릭 종교의 〈사도신경〉을 모방한 〈프랑스인의 신경〉을 짓게 한 뒤 이를 학교와 청소년 단체 등을 통해 널리 보급했다.

Pétain

천 년의 역사로 소멸되지 않는
영광으로 성장하고 역경으로 성스러워진
프랑스를 믿나이다.
(중략)
순진무구하고 언제나 충실하며
여러 세기에 걸쳐, 인간을 넘어
풍요로운 기사도 정신과 이념을 지니고
솔선과 관용으로
세계의 복음 전도자이신
프랑스의 영혼을 믿나이다.
지나치고 실수하며 죄를 범하고 때로는 배신당하기도 하지만
결코 비뚤어지지 않는
프랑스 인민을 믿나이다.
(중략)
완만하고 확실한 속죄를 위해
오로지 파국에 직면한 인민을
보시기를 허락하며
그의 이름이 승리로 기억되며
푸른 눈을 가진
지도자를 믿나이다.[35]

2. 푸른 눈을 가진 지도자

 푸른 눈을 가진 사람은 누구일까? 당연히 페탱이다. 독일에서도 '주기도문' 형식을 빌린 히틀러 기도문이 존재했다. "아돌프 히틀러, 당신은 우리의 위대한 지도자이시니, 당신의 이름은 적들을 두려워 떨게 하나이다. 당신의 왕국에 임하옵시고, 당신의 뜻만이 땅 위에서 법칙이 되게 하소서."로 시작되는 이 기도문은 지도자를 구세주 수준으로 승격시키고 있다.[36] 비시 정권은 잔 다르크 숭배에 의존함으로써 집권 기간 내내 가톨릭 종교 지도자들과 가톨릭 신자, 특히 여성 신자들에게 전폭적인 지지를 얻어낼 수 있었다. 〈프랑스인의 신경〉 기도문은 1942년과 1944년 두 차례 기술국에 의해 인쇄·배포되었는데, 이때 지출된 액수는 축제와 선전 조직 비용까지 모두 포함하여 각각 4,500만 프랑과 7,600만 프랑에 달했다.[37]

 잔 다르크 포스터가 프랑스인들을 정치적으로 동원하는 수단이 되고 프랑스인의 정체성을 형성하는 도구로 이용되면서 페탱 원수는 한 걸음 옆으로 비껴나 있는 경우도 있었다. 1944년 4월 연합군의 폭격 직후인 5월 13일 잔 다르크 축제에 즈음하여 루앙 시내에 나붙은 포스터에는 영국군의 폭격으로 불바다가 된 시가지에서 잔 다르크가 화염에 휩싸인 채 신음하는 모습이 담겨 있다.

 이 포스터는 500년 전 영국인에 의해 화형을 당한 잔 다르크의 기억을 상기시켜 프랑스인들의 애국심을 고취하고 영국인에 대한 적대감을 자극하려는 목적을 지닌 것이었다. 잔 다르크가 맞서 싸운 적은 언제나 영국이었고, 그를 죽인 장본인 역시 유대인 혈통의 코

Pétain

숑(Pierre Cauchon : 잔 다르크가 화형을 당할 당시 마녀 재판을 주재한 보베 교구의 주교)과 같은 영국인들이라는 메시지가 들어 있었다. 포스터 밑에는 "과거나 현재나 유일한 적은 영국인이다. 프랑스가 살기 위해서는 잔 다르크처럼 영국인을 유럽 바깥으로 내몰아야 한다."는 글귀가 보인다.[38]

이 축제 기간에 맞추어 수많은 기자들과 사진사들을 대동한 채 루앙을 방문한 페탱 원수는 프랑스 국민을 향해 "단결하라, 스스로 규율하라, 지도자에 대해 의심하기를 그만두어라."라고 호소했다. 연설의 목적은 프랑스인들의 고통이 '외부의 적' 때문이라는 사실을 명확히 하고, 또 페탱 자신을 계속해서 조국의 구원자 잔 다르크와 동일시하려는 데 있었다.[39]

비시 정권은 이제 프리지아 모자를 쓰고 젖가슴을 들어낸 '창녀' 마리안을 공공 의례와 학교 교실에서 몰아내고 대신 잔 다르크를 비시 정부의 이상적 여성으로 대체하기까지 했다. 프랑스의 군사적 패배를 도덕적 갱생의 구호로 전환시킨 비시 정권은 스커트나 드레스 차림의 좀더 부드러운 여성 잔 다르크를 선호했다. 포스터에서 잔 다르크는 살상을 싫어하고 칼보다 깃발을 더 선호한 연약한 여성으로, 고통과 굴욕을 순순히 감내하며 체념하고 희생하는 도덕적 순교자로 그려졌다.[40] 비시 정권은 잔 다르크를 빌려 독일 점령기를 살아가는 인내하는 모범적 여성의 모습을 보여주려고 했던 것이다. 비시 정권은 프랑스 역사에 존재했던 잔 다르크의 두 가지 이미지, 즉 남장한 투사로서의 잔 다르크와 가정을 지키는 잔 다르크 중에서 당연히 후자를 택했다. 투쟁하는 잔 다르크, 즉 조국을 구한 투사로서

강제노동국 포스터. "힘든 시절은 끝났다. 아빠가 독일에서 돈을 벌고 계신다." 이 포스터는 독일의 공장에서 노동할 것을 권장하는 그림이다.

의 이미지를 강조했을 경우 프랑스인들의 반독일 애국심을 자극할 우려가 있었기 때문이다. 그래서 그보다는 경건하고 조신하고 순종적인 착한 시골 출신의 성처녀, 인내하고 고통을 감수하는 어머니의 모습을 강조하는 것이 비시 정권에 더 유리하다고 판단했다.

잔 다르크 숭배는 비시 정권과 가톨릭 종교와의 제휴, 페탱과 잔 다르크의 동일시로 특징지워진다. 그렇다면 잔 다르크 숭배와 페탱 숭배가 자주 동일시되었다면, 특히 페탱 원수를 영웅으로 숭배하는 전략과 부딪히지는 않았을까? 이 질문은 '성(젠더)의 역할 분담으로 설명할 수 있다. 페탱 원수는 '프랑스 호'를 몰고 가는 선장으로,

Pétain

잔 다르크는 가정을 수호하고 지키는 어머니로서 서로 상호 보완적인 역할로 말이다. 페탱 원수의 가부장주의는 모성에 대한 전통적인 프랑스인들의 입장을 대변하고 있었다. '민족혁명'의 내용에도 있듯이 여성은 육아와 출산에 충실함으로써 '어머니가 가정을 만들고, 가정이 프랑스를 만들어야' 했기 때문이다.

IV. 영웅과 '프랑스의 적들'

비시 정권은 일부 집단을 '민족의 적'으로 몰아 페탱을 부각시키고 대중을 안도하게 만드는 네거티브 전략도 마다하지 않았다. '민족의 적'이란 바로 제3공화국 세력의 주축이자 인민전선 정부를 성립시키고 비시 정권을 공격하는 '위험한 세력들'인 공산주의자, 영미 세력, 프리메이슨 단원들이었다. 또 외국인들과 유대인들도 포함되었다.

페탱은 리프 전쟁(1925~1926년) 때 보여준 공산당의 태도 때문에 공산주의에 대해 혐오감을 가지고 있었다. 1924년 9월 10일 공산당 당수인 피에르 세마르와 공산당 청년단장 자크 도리오는 프리모 데 리베라 장군이 지휘하는 스페인군에 승리한 아브드 엘크림에게 축전을 보냈다. 이어 프랑스와 리프족 간에 분쟁이 발생하자, 도리오는 5월 27일 하원의 대정부 질문에서 프랑스 정부의 식민지 정책을 신랄하게 비판하여 여론을 벌집 쑤신듯 들끓게 만들었다. 7월에는 공산당 산하에 '모로코전쟁반대중앙위원회'란 단체가 결성되

Pétain

었는데, 위원장은 파드칼레 주 공산당 지구당위원장 모리스 토레즈(Maurice Thorez)였다. 토레즈는 프랑스 노동자가 그와 연대하고 있다는 것을 알리기 위해 아브드 엘크림에게 대표단을 파견하기로 결정했고, 이 대표단에 도리오가 포함되었다. 그 누구도 이 대표단이 알제리-모로코 국경을 무사히 넘을 수 있으리라고는 믿지 않았다. 하지만 도리오는 아랍인 복장으로 위장하여 프랑스 경찰들의 감시를 따돌리고 국경을 넘어 아브드 엘크림에게 가는 데 성공했다. 공산당에 호의적이었던 프랑스인들에게 도리오는 일약 스타가 되었다.[41] 반면 아브드 엘크림 군대의 진압을 책임지고 있던 페탱에게 도리오의 행동은 도저히 용서할 수 없는 반역 행위였음이 분명하다.

1. 공산주의에 대한 혐오

1939년 8월 23일 소련과 독일 간에 불가침조약이 체결되자 프랑스 공산당은 사면초가에 빠지게 되었고, 프랑스 우파 진영의 반공주의는 다시 한 번 들끓었다. '우리의 적(독일)의 친구(소련)와 연대하는 프랑스 공산주의자들'은 우파에게는 자연스럽게 '공공의 적'이 되었고, 용서할 수 없는 '민족의 배신자'였다. 독소조약이 체결된 며칠 뒤 〈뤼마니테〉 신문은 발행이 금지되었고 공산당과 그 외곽단체들도 해산되었다. 공산당 출신의 지방자치단체 시장들도 모두 해임되었으며, 공산당 출신 CGT 간부들도 모두 축출되었다. 공산당 중

볼셰비키 군대를 무찌르기 위해 프랑스 의용대 참가를 권유하는 비시 정권 포스터.

앙 조직과 은밀하게 접촉을 시도하던 일선 당원들은 경찰의 추적을 받았다. 공산당 국회의원 73명 중 28명은 독소조약을 부정하면서 당에서 탈당하여 '노농단체'란 이름으로 교섭단체를 구성해 살아남았지만, 나머지는 면책특권을 상실한 채 체포되어 군사법정에서 감옥형을 선고받았다. 27명은 재판에 따라 프랑스나 알제리의 감옥에

프랑스 삼색기의 주름진 곳에 숨어 프랑스 국민을 향해 총을 겨누고 있는 공산주의자들. 공산주의자들은 비시 정권 시절 '프랑스의 적'으로 지목되었다.

수감되었고, 나머지는 탄압을 피해 잠적을 선택했다.[42]

설상가상으로 공산당에 대한 여론이 더욱 나빠지게 된 것은 공산당 당수인 모리스 토레즈의 탈출사건 때문이었다. 1939년 10월 토레즈는 재판 출두명령을 받았으나 인터내셔널의 지령을 받고는 벨기에 국경을 경유하여 모스크바로 탈출해버렸다. 우파들에게 이는 '탈영'에 해당하는 사건이었고, 따라서 공산당에 불리한 부정적인 여론이 조성되었다. 〈뤼마니테〉 신문은 독소불가침조약이 발표된 지 사흘 만인 8월 26일 압수를 당하는데, 이날의 1면 머리기사가 '히틀러의 공격에 대항하는 프랑스 국민연합'이었다. 해산되기 직전

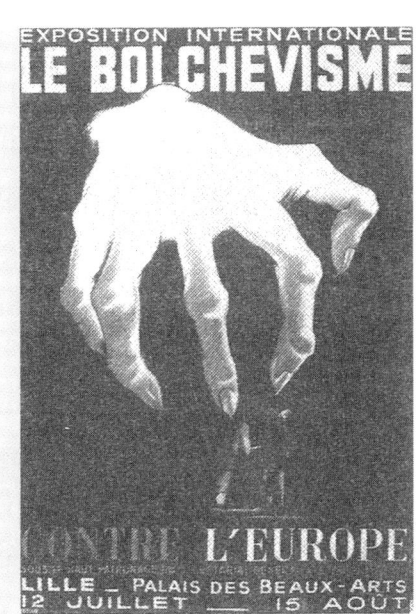

1942년 7월 파리에서 개최된 국제 전시회 포스터. '유럽의 적인 볼셰비즘'이라는 제목 아래 유럽 대륙을 움켜쥐려는 날카로운 손톱은 공산주의였다.

공산당 의원들도 7천만 프랑의 국방 추가예산에 찬성표를 던졌다. 〈뤼마니테〉 신문의 애국적 논조나 공산당 의원들의 긍정적인 의정 활동은 완전히 무시된 채, 이제 프랑스 공산당 당원들은 프랑스 공동체의 바깥에 머물러야 하는 신세로 전락하고 말았다.[43] 1939년 겨울이 끝나갈 무렵에야 공산당 지도부는 소수의 열성 당원들과 접촉할 수 있었고, 과거의 조직을 조금씩 회복하여 레지스탕스 운동을 전개할 수 있었다.

비시 정권 출범 이후 페탱은 레지스탕스 운동을 전개하면서 자신의 권위에 도전하고 '선량한 노동자들과 농민들'에게 점차 영향력을 확대해가는 공산당을 대중들에게서 차단할 결심을 하게 된다. 이것은 제3제국의 대공산주의 정책과도 일치하는 것이었다. 1940년 가을 비시 정권은 반공산주의 캠페인을 시작했고, 1년 뒤인 1941년 가을부터는 반공산주의 선전을 본격화하면서 포스터 선전에 돌입한다. 에릭 카스텔이 제작하고 공보부가 인쇄하여 배포한 대표적인 포스터가 바로 '그들은 우리의 국기가 접힌 부분에 숨어 살인을 자행하고 있다'이다. 이 포스터는 1941년 9월부터 프랑스 남부, 파리, 북부 지역 등에 일제히 게시되었을 뿐만 아니라, 비시 정권 기간 내내 전국에 걸쳐 게시되었다. 포스터를 자세히 보면 삼색기가 접힌 부분에 얼굴만 내놓은 채 (프랑스 국민에게) 권총을 겨누고 있는 남자의 모습이 그려져 있는데, 이는 공산주의자들이 프랑스 국적으로 신분을 보장받은 채 선량한 프랑스 국민을 사살하는 조국의 배신자들임을 노골적으로 드러내고 있다.

비시 정권은 후반기로 올수록 반공산주의(흔히 공산주의자는 유대인이라는 등식을 목격하게 된다)와 반유대주의 선전 공세를 한층 강화한다. 독일의 물적·인적 협조 요구가 강해지면서 대국민 통합이 필요했고, 비시 정권 내부의 비판자들을 단속할 필요가 있었기 때문이다.

1942년 6월 임시수도 비시와 그 주위에 게시되었던 '공산주의는 프랑스의 꿈이 아니다. 그것은 바로 외국제 악몽이다'와 '볼셰비키는 종양이다'는 공산주의가 외국에서 들어온 것으로, 그것도 '좋은 것이 아니라 나쁜 것'이라는 비교적 단순한 이미지를 담고 있다. 앞의 것은 공산당의 심벌인 '낫과 망치'를 커다랗고 힘센 손으로 움켜

'여기서 나가!' 반볼셰비키 행동위원회 포스터.

쥐는 그림이고, 뒤의 것은 지구본이 있고 모스크바로 짐작되는 곳에서 썩은 고름이 아래로 흘러내리는 그림이다.

'여기서 나가!'(1942년, 파리 지역 게시)는 미셸 자코가 제작하고 반볼셰비키행동위원회(CAA)가 배포한 것으로 시커먼 악마의 형상을 한 남자가 현관문을 억지로 밀고 들어오려는 것을 건장한 여성이

Pétain

힘차게 밀어내는 모습을 담고 있다. 정체불명의 사나이는 당연히 공산주의자로, 그는 강도이자 깡패이며 두 얼굴을 한 침입자이다. 카스텔이 제작한 또 다른 포스터 '그들이 범죄를 저지르고 있다'는 1944년까지 수십 번을 찍어 배포한 포스터이다.

반공 포스터들은 첫눈에 쉽게 이해할 수 있도록 선명하고 강렬한 이미지를 담고 있는 것이 특징이다. 비시 정권은 포스터에서 '프랑스 공산주의자'라는 용어를 한 번도 사용하지 않았다. 프랑스 공산주의자들의 존재를 공식적으로 인정하지 않는다는 의사 표현이었다. 대신 '조국이 소련인자들', '볼셰비키에 의해 조종되는 꼭두각시', '(어둠 속의) 살인자'라 부르면서 볼셰비즘의 '정체'를 간결하지만 강렬하게 고발하고 있을 뿐이다. 중요한 사실은 이러한 단순한 전략으로 비시 정권은 성공적으로 공산주의를 외국 이데올로기로, 또 불안과 공포를 가져다주는 사상으로 선전할 수 있었다는 점이다.

일부 대형 포스터에는 비시 정권의 문양인 프랑시스크 도장이 찍혀 있었는데, 이 포스터들은 비시 정권이 의도하는 목적을 좀더 명확하게 나타내고 있다. "당신은 어떤 군대를 선택하겠습니까? 강도의 기관총입니까, 아니면 노동자의 연장입니까?"라고 묻는 이 대형 포스터는 프랑스 남부 지역과 파리/북부 지역에서 독일로 노동자들을 송출하던 시기에 인쇄·배포되었는데, 공산당이 주도하는 불법적인 레지스탕스를 택하겠는가, 아니면 합법적이고 안정된 노동자의 본분에 충실할 것인가를 강압적으로 묻고 있다. 또 비시 정권은 정권 내의 비주류들을 비판할 때도 공산주의를 비난할 때와 동일한 방법을 사용했다. 1944년 4월 28일 비시 정권은 비주류 반대자들을

'공산주의로의 길을 준비하는 자들'이라고 몰아붙였다. '어둠 속의 건달이 정직한 노동자를 모욕하고 있다. 테러주의자 깡패인 공산주의자'라는 구호 바로 옆에 "불복종은 테러를 낳는다.", "이 둘은 동일한 재앙의 양면이다. 불복종의 테러주의자들은 조국의 깃발 뒤에 숨어 있지만 조국애는 전적인 충성으로 표현된다."는 글을 끼워놓았다.[44] 이는 비시 정권에 충실하지 않는 자들을 테러주의자이자 공산주의자로 몰아갔음을 보여준다.

비시 정권이 발간한 포스터의 선전 문구들을 주의 깊게 살펴보면 프랑스 공산주의자들은 세 가지 유형으로 구분되어 있었음을 알 수 있다. 첫째는 '살롱 볼셰비키주의자들'로 부르주아 아나키스트들이다. 어떠한 극단주의도 지지할 준비가 된 자들이지만 바리케이드에서 자신들의 목숨을 바칠 각오는 되어 있지 않은 비겁한 자들이다. 둘째 부류는 '선량한 볼셰비키들'이다. 이들은 소위 말하는 지식인들로 자신들의 실수를 때때로 인정하기도 하여 반볼셰비키로 변절하기도 하는 자들이다. 셋째 부류의 사람들은 가장 수가 많고 비시 정권이 호의를 가지고 있던 노동자들이다. 이들은 비록 지식인들과 소부르주아에 물들어 있지만 비시 정권이 구조할 수 있는 자들이다.

비시 정권은 포스터에서 자주 '우리 노동자들이 보고 읽고 판단한다'는 말을 하곤 했다. "공산주의는 위선적인 이론이다. 사유재산의 박탈, 수용소 군도, 여성과 아동의 대학살은 공포와 추방과 혐오를 가져다줄 것이다."라는 메시지를 반복하여 선전했다. 포스터의 내용들은 지시적이고 용어들도 애매하지 않아 노동자들에게서 설득력을 이끌어내어, 그들에게 미치는 공산주의의 영향을 차단하려고

Pétain

했다.

　비시 정권의 포스터 선전 문구에 나오는 볼셰비즘은 비참한 적군(붉은 군대), 동쪽에서 온 공포 이미지와 연관되어 있으며, 프랑스 공산주의자들은 비밀 요원들을 연상시키도록 제작되었다. 반볼셰비키 선전의 반복적인 주제는 '유혈과 살인'이었다. 누구든 포스터를 바라보기만 해도 포스터가 던지는 질문들을 이해한 뒤 스스로 '볼셰비즘 살인자' 도식에 자연스럽게 도달하도록 제작되어 있었다. 따라서 공산주의자들을 색출하여 고발하는 것이 프랑스 비시 정권 국민의 의무가 되었던 것이다.

　비시 정권은 프랑스 노동자들 속에 점차 확대되어가는 공산당의 선동을 우려하고 있었고, 점차 강화되는 공산당 레지스탕스 대원들을 색출하거나 이들을 일반 대중에게서 격리시키고자 했다. 이를 위한 구체적인 방안으로 비시 정권은 공산주의를 '외국에서 유입된 일종의 질병'으로 선전했다. 이처럼 공산주의를 프랑스 민족의 적으로 만드는 비시 정권의 작업은 상당히 성공한 것으로 보인다. 성공 요인으로는 물론 비시 정권 출범 이전인 제1차 세계 대전 직후부터 인민전선을 거치는 동안에 프랑스에는 이미 반공산주의 정서가 지속적으로 존재했음도 지적해야 할 것이다.

　볼셰비즘은 1919년에도 우파들에 의해 '입에 칼을 물고 있는 자들'로 일반 국민에게 널리 유포되어 있었다. 비시 정권은 리프 전쟁, 독소불가침조약, 토레즈의 탈주 등으로 형성되어 있던 공산주의에 대한 부정적인 정서를 정확히 간파했고, 이를 집권 기간 내내 반공 포스터를 통해 공산주의자들은 '민족의 적'이라는 낙인을 찍어 반공산주의 정서를 확산시킬 수 있었다. 비시 정권은 이상과 같은 네거티브 전략에 의존하여 대중들에게서 '공산주의의 공격으로부터 자신들을 막아주는 페탱에게 보호를 요청하자'는 동의를 이끌어낼 수 있었다.

2. 유대인은 위험한 종족이다

비시 정권의 반유대인 선전정책을 평가하는 데는 몇 가지 어려움이 따른다. 프랑스 일반 대중들은 비시 정권의 반유대인 정책에 대해 잘 모르고 있었던 것으로 보인다. 1945년 1월 러시아 군대가 아우슈비츠에 도착하면서 유대인 집단 수용소의 존재와 홀로코스트의 참상이 알려졌다. 프랑스에는 독일로 끌려갔다가 돌아온 군인들과 노동자들에 의해 이러한 소문들이 사실로 확인되었다.[45] 또 유대인 추방정책에는 여러 기관이 복잡하게 관여하고 있었다. 나치의 유대인 담당 부서, 이와 경쟁 관계에 있었던 프랑스 주둔 독일군 사령부, 비시 정부, 프랑스의 종교·정치 엘리트, 프랑스의 여론, 유대인 자신 등과 직접적인 관련이 있다. 따라서 책임 소재가 불분명하기도 하거니와 많은 서류들이 소실되어 증언에 의존해야 하는 난점도 있다.

프랑스 국민의 반유대인 정서와 외국인 혐오주의의 기원과 원인을 설명하는 이론들 중에는 "제국주의와 전체주의가 유대인을 잉여 인구로 만들었다."는 주장을 비롯하여[46] 여러 이론이 있다. 프랑스

Pétain

의 반유대주의는 잠복적이고 막연한 형태를 띠었을 뿐 비시 정권의 대두 이전에도 존재했던 것이 명백해 보인다.[47]

1934년 2월 우파 소요의 직접적인 원인이 바로 스타비스키 사건이었고, 이 사건으로 반유대인 감정은 크게 확산되었다. 알렉상드르 스타비스키(Alexandre Stavisky)는 우크라이나 출신으로 프랑스에 귀화한 유대인이었다. 1933년 12월 바욘 시의 신용금고에서 주가조작 사건이 발생했다. 약 200만 프랑의 위조증권이 발각되었던 것이다. 이 사건에 연루된 스타비스키는 유대인과 외국인 금융계를 대표하는 인물이었다.

그는 이 뇌물사건에 연루되어 의문의 죽음을 당했는데, 당시 언론은 이 죽음을 뇌물사건에 연루된 급진파 의원들을 보호하기 위해 자살로 가장된 타살로 믿고 있었다. 사건 발생 당시 급진파가 집권 세력이었는데, 급진파 정치 지도자 쇼탕이 수상이었고, 수상의 사위 프레사르도 스타비스키 사건과 관련되었으며, 더욱 운이 없었던 것은 두 사람 모두 프리메이슨단의 고위 간부였다는 사실이다. 따라서 이 사건은 한편으로는 반유대인 사건이었지만 다른 한편으로는 의회와 프리메이슨단의 부패와 연관된 사건이기도 했다. 우익 정당과 우익 언론들이 반유대주의 감정을 자극하여 스타비스키 부정사건을 공격하자, 이에 자극 받은 우익 정당 당원들과 파시스트 단체 회원들은 1934년 2월 6일 파리에서 시위를 벌였고, 시위 대열은 국회의사당까지 진출했다. 국회를 방어하던 경찰은 시위대와 충돌했고, 이 과정에서 17명이 사망하고 약 2,300명이 부상하는 사건이 발생했다.[48] 우파 언론들은 이 사건의 원인과 책임이 모두 유대인들과 유대인 금융자산, 유대인 좌파 정치가들에게 있다고 강하게 비난하여 일반 대중들이 지니고 있던 반유대인 감정에 불을 지피도록 만들었다.

한편 스페인 내전의 발발로 프랑스로 입국하는 스페인 공화주의자들의 수가 점차 늘어나자, 위기감을 느낀 우파 인사들은 외국인 혐오주의와 함께 다시 한 번 반유대주의를 전파할 필요를 느꼈을 가능성이 크다.[49] 1937년 루이 다르키에 드 펠레푸아에 의해 설립된 반유대연합은 악시옹 프랑세즈와 연대하여 유대인의 추방과 거주 제한, 재산 소유 금지 및 재산 압수 등을 공공연하게 언급했다. 이들은 '프랑스의 질서, 단일, 평화'란 구호와 함께 반유대주의 운동을 확산시켜나갔다. 이 단체의 기관지 〈라 프랑스 앙셰네〉와 기타 유인물들은 유대인들로부터의 '해방' 의지를 표명했고, 앙리 코스통이 하원에 유대인 격리 법안을 상정한 것은 이러한 분위기를 잘 대변해 준다고 하겠다. 이외에도 당시의 반유대주의 신문들로는 〈반유대인〉, 〈라리브르파롤〉 등이 있었고, 이들 못지않게 〈인민의 친구〉, 〈악시옹 프랑세즈〉, 〈즈 쉬 파르투〉, 〈그랭 고아르〉 같은 우파 전국지들도 경쟁적으로 반유대주의를 확산시키고 있었다.[50]

히틀러 등장 이후 독일의 공산주의자와 유대인, 외국인과 반체제 인사들 중 상당수가 프랑스로 피신했다. 독일 유대인들이 프랑스로 이주하는 시기에 맞추어 앙리 코스통은 《시온현자의정서》를 발표했다. 저자에 따르면, 1897년 스위스 바젤의 시온주의자 회합과는 별도로 유대인 원로회의의 내용을 기록한 의사록이 존재하는데, 여기에는 전 세계를 지배하기 위한 이스라엘의 헤게모니 음모전략이 담

Pétain

겨 있다는 것이다. 이 회의록은 물론 실재하지 않았던 것으로 밝혀졌지만, 애국 인사들과 가톨릭이 반유대인 운동에 개입할 수 있는 명분을 제공해주었으며, 코스통의 책자는 1940년까지 베스트셀러 자리를 차지하고 있었다.

유대인과 관련된 최초의 서류가 페탱의 사인을 받은 것은 1940년 8월 27일이다. 그것은 인종적 모욕을 범죄로 규정한 '1939년 법령'을 무효화하는 것이었다. 이어 유대인 추방에 길을 열어놓는 여러 조치가 뒤를 이었다. 최초로 발표된 '유대인조치법'(1940년 9월 27일)은 프랑스의 독일 점령지 거주 유대인들만 적용받게 되어 있었다. 여기에는 유대인을 규정하는 항목이 있었는데, "(본인이) 유대교 신자이거나 조부나 조모 중 한 명이 유대인일 경우 그는 유대인으로 정의"되었으며, 또 "(그의) 조부나 조모 중 한 명이라도 유대교 신자라면 그는 유대인"이었다. 이 조치는 독일 점령지에서 도주한 유대인들이 그곳으로 되돌아가는 것도 금지했으며, 모든 유대인은 1940년 10월 20일까지 거주지의 부지사에게 출두하여 신고할 것을 의무화하고 있다.[51] 비시 정권에서 유대인 관련 법령이나 칙령은 모두 168개나 나왔는데, 1940~1942년 3년 동안에만 157개가 공포되었다. 그리고 1942년부터는 유대인에 관한 입법 작업이 본격적으로 시작된다. 이는 유대인의 격리, 수색, 추방, 그리고 유대인 종족 절멸을 목적으로 한 것들이었다.

비시 정권은 집권 초기에 반유대인 정서를 조성하기 위해 반유대인 전시회를 개최하고 반유대인 서적과 유인물을 인쇄하여 배포했다. 1941년 9월 5일부터 1942년 1월 11일까지 파리 오페라 근처의

1941년 9월 파리에서 유대인 문제연구소의 지원으로 개최된 '유대인과 프랑스' 전시회 포스터. 유대인은 전 지구를 장악하려는 음모자로 나타난다.

'유대인과 프랑스' 전시회 포스터. 유대인이 매부리코에 코밑수염을 한 탐욕스러운 인상으로 묘사되었다.

Pétain

'이탈리아인 거리'에 있는 팔레 베를리츠에서 유대인문제연구소의 후원으로 '유대인과 프랑스' 전시회가 개최되었다. 전시회 선전 포스터를 보면 흡혈귀의 얼굴에다 매부리코와 두툼한 아랫입술, 길게 턱수염을 기른 한 유대인이 긴 손톱을 가진 양손으로 마치 먹이를 잡아채는 맹금처럼 지구본을 움켜지고 있다. 〈일뤼스트라시옹〉 신문은 이 전시회를 다음과 같이 전하고 있다.

'유대인과 프랑스' 전시회가 문을 열었다. 많은 군중들이 팔레 베를리츠 앞의 인도에 줄을 서 있다. 신문팔이 소년들이 신문과 유인물들을 팔고 있다. 닷새 만에 1만 8천 명이 넘는 관람객이 전시회를 다녀갔다. 유대인 문제는 프랑스인들에게 과거에는 결코 가져보지 못한 주요 관심사가 되었다.[52]

독일 대사 오토 아베츠는 파리 전시 직전 로마에서 개최되었던 '영원한 유대인' 전시회에 출품되었던 작품들과 뮌헨과 베를린의 '회고전람회' 작품들도 파리로 가져와 이 전람회에 전시하도록 지원했다. 이 전시회에 맞추어 학술대회도 개최되었다. 마르크-리비에르, 쇼메, 레뎅, 그림 신부, 페, 앙리 라브루 등이 강연자 명단에 들어 있었다. 비시 정권은 이 전시회 직후인 1942년 12월 유대주의 역사 강좌를 개설하도록 허용한다. 대독협력단과 프랑스 보급 지식인연구소(CIEF)와 반볼셰비즘행동위원회(CAA) 등에서도 이 전시회에 연사들을 파견하여 지원했다. 이어 전시장 내부와 전시장 부근에서는 반유대주의를 다룬 영화들이 상영되었다. 전 세계 유대인들의 활약상을 다룬 〈위험한 유대인〉(다큐멘터리), 〈부패자, 영원한 유대인〉, 〈탐욕가, 공적 넘버원〉 등과 같은 독일에서 제작된 영화들이 상영되었다.

이 전시회 기간 동안 동원한 인원은 무료 입장객을 포함하여 약 50만에서 70만에 달할 것으로 추정되었다.[53] 전시회는 파리 전시에 이어 한 달 동안 보르도에서 개최되었고, 그 뒤 릴과 기타 여덟 개 도시를 순회할 예정이었으나 7월 낭시 시청 박물관 전시를 끝으로 전시품들이 독일의 프랑크푸르트에 영구 전시되었다. 11월 11일 독일군이 전 프랑스 지역을 장악하게 되면서 유대인 관련 정책들은 추방과 수용소 감금, 그리고 절멸정책으로 선회되었기 때문이다.

선전국은 전시회 개최와 영화 상영과는 별도로 《유대인인가 프랑스인인가》, 《교회와 유대인들》, 《헤브라이 문》 같은 선전 책자들을 대대적으로 배포했다. 1942년 2월 민족혁명연구소의 지원으로 배포된 《유대인인가 프랑스인인가》는 '유대인은 언제나 외국인이지 결코 프랑스인일 수 없다'는 내용을 담고 있다. 표지에 새겨진 '유대(Juif)' 글씨는 나치가 대중화한 것으로, 이 글자만 봐도 유대인에 대해 적대감이 솟아나도록 교묘하게 디자인된 것임을 알 수 있다.

유대인문제위원회 소속의 크자비에 발라(Xavier Vallat)가 서문을 쓴 것으로 보아 비시 정권은 이 책자들을 상당히 비중 있게 다룬 것으로 보인다. 발라는 유대인들이 언제나 가톨릭 교회와 갈등 관계라는 사실, 유대인들은 외국인이라는 사실, 마지막으로 유대인은 착취자라는 사실을 간결하게 지적했다. 유대인들은 이스라엘 국적을 보유하면서 동시에 '임시로 천막을 친 곳'의 국적을 지닌 이중 국적자

Pétain

들이어서 그들에게 애국심을 기대할 수는 없으며, 국가 안에 국가를 만들고 국제주의를 주장하는 이들은 언제나 이러한 외국인일 뿐이라고 비난했다. 그리고 유대인들의 선민주의는 '선택된 민족'의 지배를 계속해서 자녀들에게 주입시키는 것으로 인종차별주의라고 공격했다. 이들은 유대인 탄압이 인종차별주의라는 비난을 피하기 위해 유대인을 인종차별주의자로 몰아간 것이다.

비시 정권의 반유대인 정책 및 선전은 독일의 영향을 많이 받은 것으로 보인다. 전시물의 내용이나 선전 책자들은 대부분 독일어로 작성된 것을 프랑스어로 옮긴 것들이다. 물론 프랑스 내에서도 독자적인 반유대인 정서와 이론이 있었지만, 비시 정권 기간 동안에는 주로 프랑스의 독일 기관들에서 정책 지원을 받아 반유대주의 선전이 이루어졌다.

이와 같은 반유대인 정서가 비시 프랑스 시기에 얼마나 널리 확산되었는지를 알아보는 일은 지난한 일이다. 하지만 1942년 2월 겨울, 어린이를 포함하여 약 1만 2천 명에 달하는 파리 거주 유대인들이 프랑스 경찰에 의해 일시에 검거되어 벨디브 동계 경륜장에 억류되었다가 독일군에게 넘겨진 사실이나, 비시 정권 정치 지도자들과 경찰, 그리고 보안대가 전국에 걸쳐 유대인 수색 체포 과정에서 나치 독일에 적극적 또는 자발적 협조를 했다는 사실로 미루어보아 비시 정권의 반유대인 정책은 구호로 끝난 것이 아님을 알 수 있다.

유대인에 대한 비시 정권의 선전들은 프랑스 대중들 속에 도사리고 있던 반유대주의 정서를 구체화하였고, 무의식 형태로 존재하던 감정을 논리적으로 체계화하는 결과를 가져오게 되었다. 비시 정권은 반유대 감정의 슬로건화·조직화·법령화를 통해 반유대 감정을 대중화하려고 했다. 특히 국가가 위기에 직면했을 때 대중들이 위기의 원인을 유대인에게서 찾도록 유도함으로써 불안의 정체를 명확히 해주고, 자신들은 국가 위기의 책임을 모면하는 전략을 사용했다. 비시 정권의 탁월한 반유대주의 선전 기법은 외국인 혐오감과 함께 반유대주의 정서를 급속하게 대중 속에 확산되도록 했다. 특히 이민이 증가하던 시기에 일부 보수반동주의자들의 선전으로 반유대주의는 대중들의 정서를 자극하여 유대인에게 폭력을 행사하도록 했고, 그 폭력은 종종 반인륜적 범죄 형태를 띠기까지했다.

반공산주의 또는 반유대주의 포스터에서는 페탱 원수의 영웅화 작업이 드러나지 않는다. 하지만 드러나지 않음으로 더욱더 잘 드러나게 하는 전략을 택했다. '민족의 적들'과 페탱 숭배의 결합은 간접적이고 우회적인 방식을 취한 것이다. 공산주의자들과 유대인들은 페탱 원수가 선장으로 있는 유토피아 호(실제 페탱-마레샬 호 진수식을 가진 것을 기억하기 바란다)에 극히 위험한 부류들이므로, 이들은 공동체에서 추방되어야만 했다. 따라서 조국의 적들에 대한 선전을 강화할수록 비시 체제는 더욱 공고히 되고 페탱 숭배도 강화될 것이었다. 즉 페탱 원수는 광분하는 위험한 적들로부터 국민을 보호하는 믿음직스런 지도자로 거듭 태어날 것이 분명했다. 하지만 페탱 원수는 신성한 영웅이기 때문에 적들을 물리치는 일에 직접 관련을 맺을 수는 없었을 것이다. 대신 비시 체제의 국민이 적들을 고발하고 추방하는 데 적극적으로 협조하는 것은 당연한 의무였다.

Pétain

V. 이중 전략

페탱은 비시 정권 출범 이전에 이미 프랑스에서 영웅의 위치에 있었고, 좌·우파를 막론하고 존경을 받는 인물이었다. 따라서 비시 정권이 대중들에게 그를 베르됭 전투의 승리자로, 또 위대한 정치 지도자로 신화화하는 작업은 전혀 어려운 일이 아니었다. 비시 정권의 선전특별부서가 전담한 페탱 영웅 숭배 작업은 초상화와 포스터, 기타 액세서리 등을 이용하고 페탱을 대중들과 일상 속에서 자주 만나게 함으로써 쉽게 성공할 수 있었다.

하지만 페탱을 더욱 단단한 영웅으로 만들기 위해서는 개인의 카리스마와 이미지를 강조하는 방법뿐만 아니라 외적 요소를 차용하는 방식이 추가되었다. 즉 잔 다르크라는 국민영웅을 이끌어내어 페탱과 잔 다르크를 동일시함으로써 페탱을 조국의 수호자로 만드는 작업이었다. 이 작업 또한 가톨릭 종교의 지원으로 무리 없이 진행될 수 있었다.

마지막으로 프랑스 '민족의 적들(공산주의자와 유대인)'을 지정하여 국민을 적으로부터 보호하는 지도자 페탱이라는 네거티브 전략을 채택했고, 이 또한 성공한 것으로 보인다.

이렇게 페탱의 신화화·영웅화 정책과 그 정책을 실천하는 과정에서 나타난 전략·전술들은 좌파 정권에게는 물론이요 우파 정치가들에게도 생소하고 독창적인 것이었다. 프랑스인들은 제2차 세계대전의 패배와 독일군의 점령으로 자신들을 구원해줄 수 있는 새로운 구원자를 필요로 했다. 민족을 구원할 영웅이 필요했고, 자신들을 지켜줄 수호자가 필요했으며, 조국을 위기로 몰아갈지 모르는 내부의 적으로부터 자신들을 보호해줄 인물이 필요했다.

비시 정권은 이러한 대중들의 감정을 읽어내고 대중들이 갈망하는 바를 정확히 포착했다. 따라서 비시 정권의 페탱 신화 정책은 매우 정교했으며, 그 결과 선전정책의 파급 효과는 컸던 것 같다. 특히 기존 신화의 차용과 네거티브 정서의 편승이라는 이중 전략은 대중들을 비시 정권 지지자로 만드는 데 주요한 역할을 한 것으로 보인다. 여기다가 선전을 위한 특별기구를 설치하고 패전으로 야기된 국민의 위기 감정을 교묘하게 이용하여 패전의 책임과 현재의 암울함에 대한 책임을 전가시킬 희생양을 지목해줌으로써 대중들을 페탱, 비시 정권 진영으로 이끌어올 수 있었다.

비시 정권의 페탱 신화 만들기 정책을 독일의 나치즘이나 이탈리아의 파시즘 선전정책들과 비교할 경우, 대중 동원 차원에서나 정치 종교 차원에서 대중들이 보인 자발성과 열광의 정도는 차이가 나는 것이 사실이다. 그렇지만 대다수의 대중들이 초기에는 비시 정권을 지지했고, 비시 정권 내내 페탱 원수를 숭배한 것은 사실이다. 물론

Pétain

비시 정권의 선전정책을 총체적으로 평가하기 위해서는 당시의 시대적 상황도 고려해야 할 것이다. 언제나 물자는 부족했고, 언제 전선이나 독일의 공장으로 동원될지 모르는 위기상황에서, 또 식량이 부족하여 배급제도가 실시되는 준전시 상황에서, 대다수의 대중들은 비시 정권을 적극적으로 지지하거나 수용했다. 일부 대중들은 자포자기하는 심정으로 비시 정권을 지지했을 것이다.

하지만 네거티브 전략이 프랑스에 남겨준 후유증은 쉽게 치유되지 않는 것들이었다. 이데올로기적 망상과 정치적 음모를 통해 프랑스인과 공산주의자, 프랑스인과 유대인들 간에 적대 관계가 형성되었고, 그 상처는 결코 쉽게 아물지 않았다. 왜냐하면 역사적 편견과 조작, 그리고 상상의 적에 대한 치밀한 공격 전략으로 한 국가의 내부 집단이 추상적 집단을 대상으로 적대감을 표출하다가 나중에는 대상을 구체화하여 이들에게 비인간적 폭력을 행사했기 때문이다.

■ 페탱 미주

1) *Le Monde*, 9 mai 1981.
2) *Le Maréchal*, n° 81, jan-fév 1971.
3) *Figaro-Magazine*, 17 mai 1980.
4) "Célébration du cinquantième anniversaire de l'appel de Pétain", *Le Monde*, 19 juin 1990.
5) Henri Rousso, *Le syndrome de Vichy de 1940 à nos jours*(Editions du Seuil, 1990), pp. 55~64.
6) Stanley Hoffmann, *Essai sur la France. Déclin ou Renouveau?*(Seuil, 1974); Robert Paxton, *La France de Vichy 1940~1944*(Seuil, 1972).
7) Jean-Pierre Azéma, "Vichy et la mémoire savante : quarante-cinq ans d'historiographie" in Jean-Pierre Azéma et François Bédarida(sous la direction de), *Vichy et les Français*(Fayard, 1991), pp. 23~44 ; Robert Paxton, Ibid., pp. 439~466 ; 신행선, 〈비시 프랑스-민족혁명의 이상과 현실〉, 《서양사론》 79호(2003. 12), pp, 183~207.
8) René Rémon(sous la direction de), *Le gouvernement de Vichy 1940~1942*(PFNSP, 2000); Henri Michel, *Pétain, Laval, Darlan trois politiques?*(Flammarion, 1972); Marc Ferro, *Pétain*(Fayard, 1987).
9) 신행선, 위의 글, p. 186.
10) Didier Fischer, *Le mythe Pétain*(Flammarion, 2002), pp. 33~37.
11) Jean-Pierre Azéma, *De Munich à la Libération 1938~1944*(Seuil, 1979), pp. 81~82.
12) 페탱의 일대기는 주로 Didier Fischer, Ibid.; Marc Ferro, Ibid.; Herbert Lottman, *Pétain*(Editions du Seuil, 1984)에 의존했다.
13) 피에르 르누뱅, 김용자 옮김,《제1차 세계 대전》(탐구당, 1985), p. 57.
14) Antoine Prost, "Verdun", Pierre Nora(sous la direction de), *Les lieux de mémoire, II. Nation, 3. La gloire/ Les mots*(Gallimard, 1986), pp. 111~141.
15) Gérard Canini, "*L'Illustration* et la bataille de Verdun", in *Verdun 1916, Actes du colloque international sur la bataille de Verdun*(Association nationale du souvenir de la bataille de Verdun, Université de Nancy II, 1976), pp. 175~185.
16) 마르크 블로크, 김용자 옮김,《이상한 패배》(까치, 2002), pp. 34~35.
17) Jean-Paul Brunet, *Histoire du PCF*(PUF, 1987), pp. 31~32.
18) Jean-Pierre Azéma, *De Munich à nos jours 1938~1944*(Editions du Seuil, 1979), p. 79.
19) Jean-Pierre Azéma, *De Munich à la Libération 1938~1944*, p. 159; Henri Michel, *La Seconde Guerre mondiale*, tome I(PUF, 1968), p. 190.
20) Henry Rousso, *Le syndrome de Vichy* (Editions du Seuil, 1990), pp. 15~16; Pierre Guiral, *Les Epurations administratives, XIXe-XXe siècles* (Genève: Droz, 1977), p. 103; Dominique Rossignol, *Vichy et les Francs-Maçons* (J.-C. Lattés), p. 214.
21) Claude Lévy et Dominique Villon, "Propagande et modelage des esprits" in Jean-Pierre Azéma

et François Bédarida, *Vichy et les Français*, pp. 185~186.
22) Philippe Robrieux, *Histoire intérieure du Parti communiste IV*(Fayard, 1990), pp. 410~411.
23) Henri Amouroux, *La vie des Français sous l'Occupation*(Fayard, 1990), pp. 482~483. 신행선, 위의 글, p. 189에서 재인용.
24) 피에르 아술린, 이기언 옮김, 《지식인의 죄와 벌》(두레, 2005), p, 203.
25) Dominique Rossignol, *Histoire de la propagande en France de 1940 à 1944. L'utopie Pétain*(PUF, 1991), p. 93.
26) 마르크 블로크, 위의 책, pp. 35~36.
27) Dominique Rossignol, Ibid., p. 39.
28) Robert Paxton, Ibid., pp. 325~332.
29) Alain Decaux, *Morts pour Vichy. Darlan. Pucheu. Pétain. Laval*(Perrin, 2003), pp. 293~425.
30) 성백용, 〈잔 다르크 - 프랑스의 열정과 기억의 전투〉, 《역사비평》 66호(2004년 봄), p. 380.
31) 성백용, 위의 글, p. 380.
32) Dominique Rossignol, Ibid., pp. 84~85.
33) Dominique Rossignol, Ibid., p. 86.
34) AN, F 41/273; F 41/308.
35) Dominique Rossignol, Ibid., p. 86.
36) 임지현 · 김용우 엮음, 《대중독재. 강제와 동의 사이에서》(책세상, 2004), p. 218.
37) Claude Lévy et Dominique Villon, "Propagande et modelage des esprits" in Jean-Pierre Azéma et François Bédarida(sous la direction de), Ibid., pp. 184~202.
38) 제2차 세계 대전 포스터(N° 217, 루앙 폭격 후 영국인의 희생자가 된 잔 다르크, Jeanne d'Arc. Victime des Anglais après le bombardement de Rouen). Michel Winock, "Jeanne d'Arc", in Pierre Nora(sous la direction de), *Les lieux de mémoire, III. Les Frances. 3. De l'Archive à l'enblème*(Gallimard, 1992), p. 721에서 재인용.
39) 성백용, 위의 글, pp. 380~381.
40) J. Quicherat, éd., *Procès de condamnation et de réhabilitation de Jeanne d'Arc, tome 1*(Paris, 1841~1849), p. 78; E. Jennings, "'Reinventing Jeanne': The Iconology of Joan of Arc in Vichy Schoolbooks, 1940~1944", *Journal of Contemporary History*(vol. 29, 1994), pp. 711~734. 성백용, 위의 글, p. 381에서 재인용.
41) Jean-Paul Brunet, Ibid., pp. 32~33.
42) Maurice Agulhon, *La République, II. 1932 à nos jours*(Hachette, 1997), p. 65.
43) Jean-Pierre Azéma, Ibid., p. 45.
44) Dominique Rossignol, Ibid., pp. 294~298.
45) 콜린 존스, 방문숙 · 이호영 옮김, 《케임브리지 프랑스사》(시공사, 2001), p. 328.
46) Hannah Arendt, *The Origin of Totalitarianism*(Harcourt Brace & World, 1960), pp. 14~15.
47) 이학수, 〈비난받는 지식인들, 프랑스의 반지식인 담론〉, 《역사와 문화》 7호(2003), pp. 226~228.

48) Dominique Borne et Henri Dubief, *La crise des années 30. 1929~1938* (Editions du Seuil, 1989), p. 109.
49) Ralph Schor, *L'Opinion française et les Etrangers en France 1919~1939* (Nice, 1980), pp. 212~214.
50) Michel Winock, *Nationalisme, antisémitisme et fascisme en France* (Editions du Seuil, 1990), p. 206.
51) R. R. Sarraute et P. Tager, *Les Juifs sous l'occupation. Recueils des textes officiels français et allemands*, 1940~1944. Annette Wieviorka, "L'occupation nazi, Vichy et les Juils," 《한양대학교 비교역사문화연구소 주최, 대중독재 제2차 국제학술발표회 발표문 요약집》(*Mass Dictatorship and Consensus-Building*, The 2nd 'Mass Dictatorship' International Conference, October 29~31th, 2004), pp. 192~193에서 재인용.
52) *L'Illustration*, 20 mai 1941.
53) Dominique Rossignol, Ibid., pp. 225~226.

이순신
Bismarck
Pétain

성녀 테레사

프랑코 체제가 전유한 가톨릭의 종교영웅

이순신
비스마르크
페탱

황보영조(경북대 교수, 서양현대사)

성녀 테레사는 20세기 들어 17세기의 바로크식 성물(聖物) 숭배가 재개되면서 집단의 기억 속에 되살아났다. 바로크 시대가 시작되는 17세기 초의 스페인인에게는 성물이 없는 세계를 상상하기 어려울 정도였다. 반종교 개혁 차원의 새로운 복음 전도가 절실히 요청되던 시대여서 대중의 신앙심을 고양시키기 위해 각종 유물과 행진, 제단의 조각과 조상(彫像)들이 직·간접적으로 동원되었다. 이러한 성물 숭배의 재현은 프랑코 체제에 들어와 스페인 국민의 뇌리에 프랑코가 성스러운 것이나 초자연적인 것과 모종의 관련이 있다는 인식을 심어주어 프랑코의 카리스마적인 권력을 강화시켜주는 데 이바지했다. 그 대표적인 것이 바로 성녀 테레사의 손 유골 숭배다.

테레사의 손은 프랑코의 집권 기간 동안 그의 '보이지 않는 동반자'였다. 프랑코 덕분에 테레사 손의 카리스마가 강화되었으며, 테레사의 손 덕분에 프랑코의 카리스마도 강화되었다는 얘기다. 이로써 프랑코 체제의 특징인 국가와 종교(교회)의 상호 지원이 자연스레 실현된 것이다. 테레사의 손은 그 후 파르도관(館)(Palacio de Pardo) 예배당에 보존되어 있다가 프랑코가 사망한 뒤 1976년 그의 미망인과 딸이 그것을 론다 수도원에 반환한 이후 현재까지 그곳에 보존되어 있다.

Teresa

I. '마법의 손'을 획득하다

　　국민군이 말라가에서 입수한 성녀 테레사 데 헤수스의 손이 총사령관 프랑코에게 전달되었다. …… 유골은 비얄바 장군 집무실의 한 가방 속에서 발견되었다. 가방 속에는 지폐 11만 페세타와 보석, 귀금속, 말라가 성당의 그리스도 수난상들, 밀랍으로 봉한 금 상자가 들어 있었다. 이 유골은 공산주의자들이 론다에서 탈취한 것으로, 비얄바 장군이 소유하고 있었다.

　　1937년 2월 18일 세비야의 한 일간지에 실린 기사이다. '공화군 장군이 소유하고 있던 성녀 테레사의 손이 프랑코에게 전달되었다'는 사건을 보도한 내용이다. 언뜻 보면 우연히 발견한 '성녀 테레사 데 헤수스의 손'이라 볼 수 있지만, 이 손은 보통 손이 아니었다. 스페인 사람들 마음속에 깊이 각인된 하나의 집단적 상징물이었다. 굉장한 의미가 담겨 있는 '물건'이었다.

팔마 데 마요르카에 도착한 성녀 테레사의 썩지 않은 팔.

이 '마법의 손'은 결국 불멸의 테레사가 프랑코의 국민군 편에서 내전에 개입하게 되었고, 곧 프랑코의 동반자가 되었다는 방식으로 사람들에게 전해지게 되었다. 이로 말미암아 프랑코의 카리스마는 매우 강화되었고, 이는 다시 '테레사 손'의 카리스마를 더욱 확고하게 하는 역할을 했다. 프랑코 체제와 스페인 가톨릭의 상호 지원이 새롭게 만들어진 것이다. 스페인의 프랑코 체제는 이런 방식을 통해, 과거의 성인들을 하나 둘 되살려내기 시작했다. 성녀 테레사는 그 대표적인 인물이라 할 수 있다.

신민들과 일정한 거리를 두고자 했던 전제 군주나 참주와는 달리 근대의 독재자들은 대중의 소망과 희망을 반영하고 심지어 인생에 대한 그들의 태도를 공유하고자 했다. 이는 대중을 수동적 구경꾼에서 적극적 참여자로 변화시키려는 지배 메커니즘의 일환이었다. 르봉(Gustave Le Bon)은 성공적인 권력은 인민의 신화를 공유해야 한다고 했다. 바로 이러한 차원에서 '정치종교'라는 생경한 용어가 등장했다.[1]

정치종교는 정치가 전통종교로부터 자율성을 획득할 때 나타나는 것으로 전통종교의 정치화와 혼동해서는 안 된다. 또 정치종교는 국가와 민족, 그리고 인종 같은 세속의 집단적 실재를 신성화하고 그 신성화된 실재를 숭배하는 정치적 의례에 대중이 집단적으로 참여할 때 생겨난다. 따라서 종교의 정치화나 신성한 것의 정치화와는 다른 차원이라고 볼 수 있다. 정치종교는 사회와 윤리의 세속화가 만들어낸 진공 상태를 파고들지만[2] 종교의 정치화는 그와 반대로 종교성이 강한 사회에서 더욱 그 위력을 발휘한다. 그리고 정치종교와 종교의 정치화는 한 개인에게 절대적 중재권을 허용한다는 점에서는 비슷하지만, 종교의 정치화가 그 근거를 신의 섭리에 따라 미리 예정된 무오류성에 둔다는 점에서는 커다란 차이가 있다.[3]

정치종교는 독일의 나치즘과 이탈리아의 파시즘에서 그 본색을 유감없이 드러낸 반면, 종교의 정치화는 스페인의 팔랑헤 에스파뇰라(Falange Española)와 벨기에의 렉시즘(Rexism), 핀란드의 라푸아 운동(Lapua Movement), 루마니아의 대천사미카엘군단(Legion of the Archangel Michael) 등의 운동에서 그 실체를 보여주었다는 차이도 있다. 후자의 경우들을 종교적 파시즘이라고 보는 이들도 있다. 여기서는 체제의 정체성을 이끌어가는 동력으로서 민족보다 종교가 더욱 강력하게 작용한다.[4]

II. 부활하는 성인들

　종교의 정치화를 보여준 대표적인 경우가 스페인의 프랑코 체제다. 스페인의 경우 종교의 정치화 경향이 프랑코 정권의 태동기부터 가톨릭과 프랑코 정권 간의 밀월 관계에 금이 가기 시작한 1960년대 중반까지 사회 전반에 걸친 주목할 만한 특징으로 나타났다. 이를 국가가톨릭주의(Nacional-catolicismo)라고 부른다.[5] 국가가톨릭주의는 프랑코 체제를 독일의 나치즘이나 이탈리아의 파시즘과 구별시켜주는 것으로, 1936년 7월 군사반란 이후 국민 진영 내에서 일반화되면서 그 견고성을 확보한 이후, 추축국의 패배로 프랑코 체제의 파시스트적 요소가 약화된 1945년부터 1953년 로마 교황청과의 종교협약을 거쳐 사회 변화의 가속화가 시작된 1957년까지 프랑코 체제와 동일시되면서 전성기를 구가했다.[6]

　국가가톨릭주의는 스페인의 본질을 가톨릭에서 찾고자 한 이데올로기로서 1939년에서 1975년까지 프랑코 체제의 정치 질서를 규정한 기본 토대였다. 하지만 이에 대한 적절한 정의는 없다. 구태여

정의하자면 스페인인의 정체성의 기초를 가톨릭 종교와 스페인 국가에 둔다는 것이다. 이 둘은 불가분의 관계지만 이론상으로는 후자가 전자에 종속된다. 왜냐하면 스페인 국가의 존재마저 가톨릭에서 비롯되었다고 보기 때문이다.[7] 따라서 스페인인이 훌륭한 스페인인이 되기 위해서는 반드시 가톨릭 신자가 되어야 했다.

이처럼 국가와 종교의 공생으로 이루어진 국가가톨릭주의는 이들 상호 간의 필요에 의해 더욱 견고해진다. 전통적 사고의 지배를 받는 교회는 기독교 재건을 위해 국가보다 더 나은 수단을 생각할 수 없었으며, 정치적 진실의 유일한 합법적 소유자를 자처하는 국가는 가톨릭 교리가 제공하는 엄격한 신념 체계보다 더 적합한 이념적 하부 구조를 발견하지 못했다. 특히 내전기의 박해와 죽음의 위협 속에서 수많은 성직자들의 목숨을 구출받은 가톨릭 교회는 프랑코 체제가 종교(혹은 신성한 것)를 정치적인 목적으로 활용하는 것에 이의를 제기할 수 없었을 뿐만 아니라 그렇게 하려고 들지도 않았다.

당시 정치적 목적으로 활용된 신성한 것, 곧 전통적인 상징과 종교의식들은 주로 성 야고보(Santiago)와 필라르의 성모(Virgen del Pilar), 예수의 성심(聖心), 성녀 테레사 데 헤수스(Teresa de Jesús, 이하에서는 성녀 테레사 혹은 테레사로 약칭)와 관련된 것이었다.[8]

이들을 왜 숭배의 대상으로 삼은 것일까? 우선 이 질문에 답하면서 이야기를 시작하는 게 좋을 듯하다. 성 야고보 숭배는 그가 이베리아 반도를 재정복할 당시 무어인들을 물리친 것으로 알려져왔는데, 빨갱이들을 몰아내는 또 다른 재정복 사업인 내전에서도 승리를 안겨줄 것을 바라면서 이루어졌다. 프랑코 진영은 그를 스페인의 수호성인으로 모시고 그에게 매년 헌물을 드렸다. 이는 우연의 산물이 아니라 프랑코군이 내전 중기에 있었던 브루네테 전투에서 성 야고보의 축일에 공화군의 공격을 물리치게 된 사건에서 비롯되었다.

필라르의 성모의 숭배는 언제나 강렬한 애국적·군사적 함의를 지니고 있었는데, 19세기 초 독립전쟁 당시 사라고사가 프랑스군의 포위에 맞서 항전을 개시한 이래로 특히 그러했다. 게다가 내전이 시작되자마자 공화군 항공기가 필라르의 성모를 모신 성전에 폭탄 한 발을 투척했는데, 그것이 끝까지 폭발하지 않은 사건이 있었다. 이 사건은 곧 신이 프랑코 총통의 편에 있음을 보여주는 새로운 증거로 인구에 회자되기 시작했다. 성모는 곧 스페인군의 사령관으로 칭송받게 되고 필라르는 국가의 전당이자 스페인인의 성전으로 불리게 되었다.

예수의 성심 숭배는 18세기에 베르나르도 데 오요스 신부가 바야돌리드에서 "내가 스페인을 다스리되 다른 어느 지역보다도 더욱 정성껏 다스릴 것이다."라고 기도하는 예언을 받으면서 스페인에 소개되었다. 그 후 다소 신권 정치의 세례를 받은 정치적 전통주의는 "내가 ~ 다스릴 것이다."라는 예수 성심 통치의 개념을 민주주의가 왕권을 위협해오던 시대에 왕권을 지지해주는 것으로 활용했다. 그 일환으로 20세기 초 마우라가 내각을 이끌던 보수정 시대에 국왕 알폰소 13세는 스페인을 예수 성심에 봉헌하고 천사들의 언덕에 그 동상을 세우기도 했다. 이 동상이 내전의 와중에 민병대의 손에 총살되고 초기의 마드리드 외곽전에서 파괴되기는 하지만 동상과 성심에 대한 숭배는 흔들림이 없었다.

이베리아 반도 정 중앙에 세워진 예수 그리스도의 동상과 내전 중 의식에 따라 그리스도를 처형하고 있는 공산주의 민병대원들.

성녀 테레사는 스페인 중에서 가장 스페인적이고 가장 제국적인 카스티야를 대표하는 여인일 뿐만 아니라 하급 귀족인 이달고로서 변함없는 스페인인의 전형이자 여성판 기사로 부각되었다. 뛰어난 지도력을 지닌 남성적인 여성, 용사, 창립자, 방랑자인 테레사는 가톨릭 여왕 이사벨이 국가에 대해 지니는 의미와 마찬가지의 의미를 스페인 교회에 대해 지니고 있었다. 성녀 테레사는 소위 '카르멜회의 관구장'으로서 군 지휘의 수호성인이 되었고, 회원들을 사랑하는 수도원장으로서 팔랑헤당 여성부의 수호성인이 되기도 했다. 요컨대 그녀는 '스페인인의 성녀(Santa de la Raza)'로 추대되었다.

종교의 정치화 혹은 신성한 것의 정치화는 이처럼 성인 모델을 중심으로 전개되었으며, 프랑코의 신국가는 이러한 성인 숭배의 재현을 통해 체제의 정당성을 획득하고자 했다. 특히 '스페인인의 성녀'라는 모델 속에 체제의 보증과 젠더 모델, 프랑코 개인의 카리스마의 공고화라는 다면적인 기능을 응축해넣었다.[9] 성녀 테레사 숭배는 내전기(1936~1939년)는 물론 1960년대에 이르기까지 프랑코를 특권적으로 보호해주고 카스티야의 문화적·이데올로기적·정신적 중심성을 부각시키는 데 크게 이용되었다. 이는 나아가 무신론자들과 무질서자들에 맞선 십자군 전쟁으로서의 내전[10]과 더불어 국가 가톨릭주의의 헤게모니를 구성하는 결정적 요인으로 작용하여 신국가의 합의를 이끌어내는 중요한 역할을 한 것으로 보인다.[11]

이런 맥락에서 성녀 테레사의 숭배에 초점을 맞춰 프랑코 체제의 성인 숭배를 살펴보고자 한다. 이를 위해서 먼저 성녀 테레사의 생애를 간략히 짚어보고, 이어서 프랑코가 전유한 테레사의 손, '스페인인의 성녀'로서의 테레사를 분석한 후 1962년 테레사의 '썩지 않은 팔' 유골의 전국 순례를 소개하고자 한다.[12]

Teresa

Ⅲ. 성녀 테레사의 생애

1. 미모의 소녀, 그리스도를 만나다

　소녀 시절 누구나 '넋을 잃을 정도의 미인'이었던 테레사가 어떻게 자신의 아름다움은 아랑곳하지 않고 죽음의 문턱을 넘나들며 개혁 카르멜회의 역사를 창조해냈을까? 그것은 바로 그리스도를 만나는 체험을 했기 때문이다.

　1515년 3월 28일 스페인의 마드리드에서 그리 멀지 않은 아빌라 시에서 아버지 돈 알폰소 산체스 데 세페다와 어머니 도냐 베아트리스 다빌라 아우메다 사이에서 열 명의 자녀들 중 셋째로 태어난 성녀 테레사는 어려서부터 하느님에 대한 순수한 사랑을 지녔었다.[13] 성인전을 즐겨 읽었으며 성인들과 같은 죽음을 열망하여 오빠 로드리고와 함께 순교를 위해 무어인의 나라에 가려는 시도를 하다가 숙부에게 발각되는 바람에 집으로 되돌아온 적이 있을 정도였다.

소녀 시절의 테레사.

　그러나 열세 살에 어머니를 여읜데다 점차 자신의 매력에 눈을 떠 몸치장에 많은 시간을 할애하기 시작하면서 어린 시절에 가졌던 하느님에 대한 사랑을 점차 잃어갔다. 이에 테레사의 아버지는 그녀를 세속적인 유혹으로부터 보호하기 위해 아빌라 시의 성 밖에 있는 아우구스티누스 수녀회가 운영하는 은총의 성모 수녀회의 기숙사로 보냈다. 당시는 여학교가 없었기 때문에 수녀들이 유복한 가정의 딸들을 맡아 학문보다는 종교적 의무나 여성으로서 갖추어야 할 교양을 닦게 했다. 이때는 가톨릭 교리를 알고, 읽고 쓸 줄 알며, 계산을 어느 정도 할 수 있고, 자수나 레이스 뜨개질과 길쌈에 익숙하며, 음악을 어느 정도 할 수 있으면 결혼 준비로서는 더 바랄 것이 없는 시대였다. 이런 내용의 교육을 받던 중 1535년 스무 살이 되던 해에 테레사는 완화된 카르멜 규칙을 따르는 카르멜회 강생수녀원에 입회하게 된다.

카르멜회는 《구약 성서》에 등장하는 선지자 엘리야의 직계임을 자랑하는 카르멜 산의 은둔자들로부터 시작되었다. 이 은둔자들은 몇 세기에 걸쳐 사막에서 거주했는데, 1200년경 예루살렘의 주교 알베르토가 이들에게 회칙과 회헌을 하사하면서 수도회의 기틀을 갖추었다. 이들은 13세기 말부터 십자군의 보호 아래 유럽에 많은 수도원들을 창립하였고, 1348년 페스트가 창궐할 때까지 회칙과 회헌에 따른 엄한 생활을 지속했다. 그러나 겨우 죽음을 모면한 일부 수도자들은 페스트가 지나간 후 쇠약해진 건강을 염려해 회칙을 완화했다. 그리고 교황 에우제니오 4세도 몸이 허약한 사람들이 선조들이 해온 엄한 생활을 견뎌낼 수 없을 것이라는 판단 하에 1432년 원시 회칙을 완화하기로 결정했다. 테레사가 입회한 수녀원은 바로 이 완화 회칙을 따르는 수녀원이었다.

세속적 명예와 쾌락이 묵인되던 당시의 카르멜회 강생수녀원에서 테레사는 세속적인 기쁨과 하느님에 대한 의무감 사이에서 갈등하기도 하고, 기도 생활의 어려움을 겪기도 했으며, 건강이 몹시 악화되는 시련을 당하기도 했다. 한때 3년 간 전신불수가 되어 병실 신세를 진 적도 있으며, 심지어 의식을 잃어 가족이 장례를 준비한 적도 있었다.

그러던 중 1553년 말 테레사의 삶을 결정적으로 변화시킨 중대한

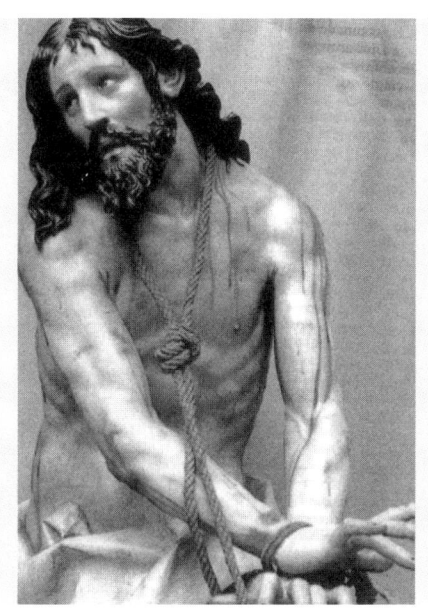

가대소(架臺所)의 그리스도 성상
(聖像). 테레사는 이 성상 앞에서
기도하곤 했다.

사건이 일어났다. 어느 날 무심코 가대소(架臺所)를 가로지르려던 테레사는 뜻밖에 상처투성이인 그리스도의 성상(聖像)을 보고 자신이 그동안 그리스도의 사랑에 배은망덕하였음을 깊이 통회한다. 당시의 상황을 테레사는 다음과 같이 기록하고 있다.

그것은 상처투성이이신 그리스도를 나타낸 것인데 우리를 위해 곤욕을 참아 견디신 주님의 모습이 아주 잘 나타나 있었습니다. 첫눈에 이미 내 넋은 송두리째 뒤흔들렸습니다. 이다지도 큰 상처를 외면한 배은망덕한 자신의 배신을 생각하고 회한의 정으로 마음은 산산이 부서졌습니다. 나는 주님 앞에 엎드려 폭포수 같은 눈물을 흘리며 제발 이제는 주님을 배반하지 않도록 나를 굳세게 해달라고 간청했습니다.

2. '위대한 아버지'가 되다

테레사는 이와 더불어 성 아우구스티누스의 《고백록》을 읽고 더욱 확고한 회심을 하게 된다. 이어서 그리스도를 만나는 체험을 통해 완전한 회심에 이른 후에는 자주 탈혼(脫魂) 상태에 빠지거나 환시(幻視)를 보는 등의 신비 체험을 하게 된다. 심지어 의식을 잃은 아이의 목숨을 돌려주시도록 하느님께 간청하여 아이가 살아난 일도 있었고, 젖먹이 아이의 영혼을 데려가시도록 간청하자 아이가 죽은 일도 있었다. 테레사가 "이 애기가 착한 사람이 안 될 것이라면 하느님께 청해요. 하느님을 거스르기 전에 데려가시라고요. 작은 천사로."라고 중얼거리면서 젖먹이 아이를 어른 적이 있었다. 그런데 3주가 지난 어느 날 실제로 아이가 죽고 말았다. 테레사는 자신의 이러한 영적인 신비 체험을 《완덕의 길》과 《영혼의 성》, 《천주 자비의 글》 등에 기록해 남겼다.

1560년에는 카르멜회의 원시 회칙을 지키는 새로운 수도회를 창립하자는 조카 마리아 데 오캄포를 비롯한 몇몇 친구들의 제의를 받고 그런 취지의 수도원을 창립하기로 결심한다. 그 결과 1562년 8월 24일 성 요셉 수도원의 창립을 시발점으로 하여 1582년 선종할 때

Teresa

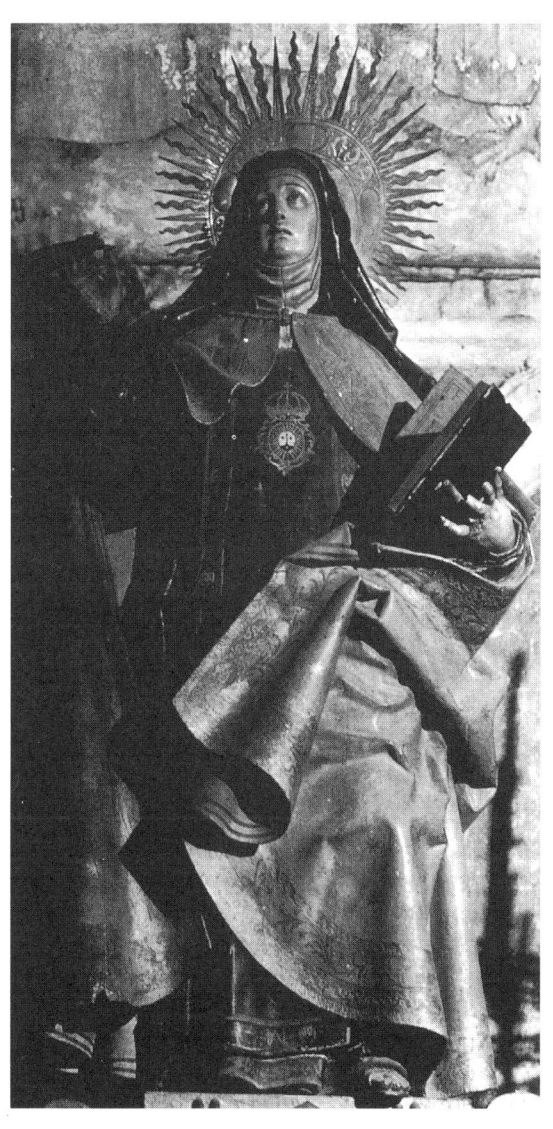

성녀 아빌라의 테레사. 테레사의 카르멜 수도회 개혁과 재정비, 로욜라의 예수회 설립은 가톨릭 개혁의 막강한 힘으로 작용했다.

까지 20여 년에 걸쳐 모두 17곳의 수도원을 창립했다. 수도원을 창립함에 있어 테레사의 결단력과 영적·물질적 온갖 사태에 직면해 그것을 처리해내는 용기는 가히 남성에 버금갈 뿐만 아니라 위대한 일을 성취해내는 비범한 인물임을 입증하고도 남았다. 특히 원시 회칙을 부활시키기 위한 시도가 완화 회칙을 따르고자 하는 완화파의 맹공격을 받았음에도 불구하고, 그녀는 그에 굴하지 않았다. 오히려 완화파의 장상(長上) 아래 있던 개혁 카르멜회를 독립관구로 승격시켜냈다. 1581년에는 개혁 카르멜회의 회칙과 회헌을 채택했으며, 교황 그레고리우스 7세로부터 독립관구의 승인을 받기에 이르렀다. 개혁 카르멜회는 이미 수도원 스물 셋에 수사 300명, 수녀 200명의 규모에 달했다.

가난하고 겸허하고 연약한 여인이던 테레사는 여성이 아무런 존엄도 누리지 못하고 아무런 힘도 갖지 못한 시대에 수많은 성모의 집들을 위해 자금을 마련하고 조직했으며 그것을 관리했다. 이는 그 시대의 수도 생활을 개혁할 것과 매일의 일을 드높은 관상(觀想)의 힘으로 충만케 할 것, 일 자체가 관상이 되게 하여 힘을 발휘하게 할 것, 사랑으로 모든 사회적 차별을 없애서 모든 사람을 평등하게 할 것, 하느님의 법을 인간의 법 위에 둘 것 등을 명하신 하느님의 명령을 힘써 따른 결과였다.

순명과 정결과 청빈의 생을 산 테레사는 마침내 알바 데 토르메스에서 1582년 10월 3일 마지막 고백성사를 마치고 영성체와 병자성사를 받은 뒤 10월 4일 밤 9시에 평생을 두고 그토록 그리워하던 하느님께 자신의 영혼을 돌려드렸다. 그 후 1614년에는 시복(諡福)

개혁 카르멜회 수도원을 창립한 테레사.

이 되었고, 1622년에는 시성(諡聖)이 되었다. 스페인의 위대한 사상가 미겔 데 우나무노는 뒷날 성녀 테레사를 역설적이게도 '위대한 아버지'라고 평한 바 있으며, 교황 바오로 6세는 1970년 그녀를 교회학자로 선포했다.

IV. 프랑코가 전유한 테레사의 손

　이런 생을 살다간 테레사가 20세기에 들어서서 17세기의 바로크식 성물(聖物) 숭배가 재개되면서 집단의 기억 속에 되살아났다. 바로크 시대가 시작되는 17세기 초의 스페인인에게는 성물이 없는 세계를 상상하기 어려울 정도였다. 당시는 반종교 개혁 차원의 새로운 복음 전도가 절실히 요청되던 시대여서 대중의 신앙심을 고양시키기 위해 각종 유물과 행진, 제단의 조각과 조상(彫像)들이 직·간접적으로 동원되었다.[14] 이러한 성물 숭배의 재현은 프랑코 체제에 들어와 스페인 국민의 뇌리에 프랑코가 성스러운 것이나 초자연적인 것과 모종의 관련이 있다는 인식을 심어주어 프랑코의 카리스마적인 권력을 강화시켜주는 데 이바지했다. 그 대표적인 것이 바로 성녀 테레사의 손 유골 숭배다.

1. 기적의 손, 내전을 뒤집다

테레사의 손 유골 숭배가 재개된 것은 1937년으로 거슬러 올라간다.[15] 당시 스페인은 프랑코가 이끄는 국민 진영과 인민전선 중심의 공화 진영으로 나뉘어 내전을 치르고 있었다. 그해 2월 18일자 세비야 일간지 〈아베세〉 지에 따르면, 프랑코군이 말라가 주에 대한 점령 작전을 펼치는 동안 한 병사가 손 형태의 은제 유골함에 보관된, 귀금속 반지를 착용한 카르멜회 성녀의 왼손을 발견했다고 한다. 신문은 공화군 장군의 집무실에서 테레사의 유골이 발견되어 이례적인 일이라며 사건의 특이함을 강조했고, 2월 20일에는 '용감무쌍한 유물'을 담은 두 장의 대형 사진도 공개했다.

이러한 유물 입수는 기적 코드를 통해 전쟁을 해석하는 데 즉각 활용된다. 다시 말해 프랑코군의 승리가 초자연적인 보호의 결과라는 것이다. 프랑코는 이런 식의 해석을 즐겨 사용하곤 했다. 그 가운데 가장 잘 알려진 것이 1942년 10월의 해석인데, 엘 에스코리알에서 팔랑헤 청년단을 대상으로 행한 연설에서 국민군의 승리들을 가넘비적인 축일들과 일치시킨 적이 있다. 즉 브루네테 전투의 승리는 성 야고보의 축일에 최고조에 달했고, 카세레스 공화군의 공세는 과달루페 수도원의 벽에서 제지되었으며, 아라곤의 공세는 필라르의 성모의 사당(祠堂, Santuario) 앞에서 제지되었다는 것이다.[16] 이러한 해석과 더불어 정복된 도시는 '성지'로 변했으며, 그것을 기념하기 위한 행진과 의례는 물론 감사 행위들이 이어졌다. 유골들은 성체(聖體)를 불러내는 힘을 지닌 것으로 초자연적인 보호를 해주는

실제적인 증거로 여겨졌다.[17]

유골을 포함한 성물(聖物)을 얻는 것은 대개 '유골의 기억'을 더듬어 신성 모독과 탈취, 섭리에 따른 발견, 초자연적인 힘으로 이어지는 일련의 과정을 복원해내는 것으로 연결된다. 세비야의 〈아베세〉지는 이러한 관례에 따라 손 유골의 발견을 다음과 같이 기록하고 있다.

> 국민군이 말라가에서 입수한 성녀 테레사 데 헤수스의 손이 총사령관 프랑코에게 전달되었다. …… 유골은 비알바 장군 집무실에 있던 한 가방 속에서 발견되었다. 그 속에는 지폐 11만 페세타와 보석, 귀금속, 말라가 성당의 그리스도 수난상들, 밀랍으로 봉한 금 상자가 들어 있었다. 이 유골은 공산주의자들이 론다에서 탈취한 것으로, 비알바 장군이 소유하고 있었다(2월 18일자).

이런 식의 사건 기록은 곧 공식화되어 각종 잡지와 일간지가 그것을 인용하게 된다. 그 결과 공화군 장군이 성물에 신성 모독을 가했고, '십자군'이 그것을 기적적으로 탈취했으며, 따라서 그 유물의 '자연스런' 수취인은 프랑코라는 공식이 만들어졌다. 이는 불멸의 테레사가 국민군을 위해 내전에 개입했다는 것을 암시하는 것이기도 했다.

유골이 발견된 며칠 후 살라망카에서는 그것에 가해진 신성 모독을 풀기 위한 행사가 거행되었다. 바로 이때 이전부터 내려오던 정

Teresa

1939년 국민군의 승리를 기념해 제작한 공식 포스터에 등장한 프랑코.

형들을 활용하여 성녀 테레사의 이미지가 만들어지는데, 그들 가운데 가장 의미심장한 것이 바로 1920년대에 만들어진 '스페인인의 성녀'라는 정형이다.[18] 이것을 당시 의례가 진행되는 가운데 선포된 성녀 테레사의 업적에 관한 설교를 통해 확인할 수 있다.

> 테레사가 종교인들의 어머니라면 '스페인인의 어머니'이기도 합니다. …… 재정복과 아메리카의 발견, 트렌토, 레판토에 흐르는 스페인의 영성과 테레사의 영성 활동은 완전히 일치합니다. …… 테레사 데 헤수스는 루터파 교도들이 유럽에서 교회를 방화하게 내버려둔 죄를 주님께 보속하는 차원

에서 첫 번째 카르멜회 개혁파 수도원인 아빌라의 성 요셉 수도원을 창립했습니다. …… 테레사는 하늘에서 스페인을 살피고 계십니다. 그러던 차에 신의 섭리에 따라 오늘날 스페인의 중심부이자 영성과 기독교 문명을 위해 투쟁 중인 총통이 거주하는 이 살라망카에 손의 형태로 당도하게 되었습니다.[19]

유골에 가해진 신성 모독을 풀기 위한 의례는 군중이 유골을 축복하는 것으로 끝이 났다. 테레사의 손은 그 후 군중이 경의를 표할 수 있도록 나흘 간이나 공개되었다.

2. '보이지 않는 동반자'

2개월 후에 개혁파 카르멜회의 총장 실베리오(Silverio de Santa Teresa)가 쓴 '볼셰비키의 속박에서 해방된 성녀의 손'이라는 제목의 기사가 잡지 〈엘 몬테 카르멜로〉에 실렸다. 이 글을 통해 1622년 시성(諡聖)식 당시 만들어진 테레사 성체의 기적에 대한 기억이 되살아났다. 카르멜회의 한 역사가는 시성식 당시의 증언들과 바야돌리드의 카르멜회 수도사 그라시안(Jerónimo Gracián)이 쓴 《어머니 테레사 데 헤수스의 죽음에 얽힌 이야기》를 근거로 유골의 여정을 다음과 같이 정리했다.

성체가 사망 후 2년 뒤에도 썩지 않은 채 발견되었는데, 그라시안이 왜 그랬는지는 아직까지 밝혀진 바 없지만 그 왼손을 절단하여 장지인 알바 데 토르메스에서 포르투갈로 이송했다. 유골은 1925년까지 리스본의 카르멜 수도원에 보존되다가 그 후 창립된 지 얼마 되지 않은 스페인 론다의 카르멜 수도원으로 이송되어 내전까지 그곳에 보존되었다. 그러다가 비얄바 장군의 수중에 들어간 다음 마침내 국민군의 손에 입수되었다.

유골 입수에 관한 이런 식의 이야기는 예나 다름없이 손이 스스로 탈출하여 프랑코 진영을 선택했다는 해석으로 귀결되었다. 실베리오는 이를 두고 "성녀는 유골을 훔치지 못하게 도둑의 눈을 멀게 하는 기적을 행하는 대신 비얄바를 쳐서 말라가의 방위를 포기하고 알메리아로 도망치게 하는 더욱 놀랍고도 매우 적절한 기적을 행했다. 그 결과 말라가는 순식간에 우리 병사들의 수중에 떨어졌다."[20]고 기술했다.

테레사의 손에는 이러한 '기적적인 능력' 외에도 손이 권위로 가득 찬 전능자의 안내를 의미한다는 성서의 상징이 덧붙여졌다. 그래서 테레사의 손이 '십자군' 군대를 승리의 길로 안내한 '성녀'로 변신하였다. 여기에다 마드리드 정복일이 테레사의 탄생일과 일치했다는 사실은 성녀의 손의 최종 수취인이 프랑코여야 한다는 요청의 주요 논거로 사용되었다. 프랑코의 비서가 말라가의 주교에게 보낸 1939년 10월 10일자의 서신에서 이러한 주장을 한 바 있다. 말라가 주교는 결국 유골을 론다 수도원에 반환하기로 한 선행 결정을 번복하고 그것을 프랑코에게 양도하는 데 동의했다. 그는 프랑코에게 보낸 서신에서 "스페인의 위대한 성녀의 손이 앞선 전쟁의 여정을 멋

지게 안내해주었듯이 총통의 걸음과 평화 사업을 계속해서 안내해 주기"를 바란다고 적었다.[21]

테레사의 손은 결국 국가 원수의 예배당에 안치되었고, 프랑코의 집권 기간 동안 그의 '보이지 않는 동반자'가 되었다. 성녀 테레사를 연구한 디 페보는 이로 말미암아 테레사의 손의 카리스마는 물론 프랑코의 카리스마도 상당히 강화되었다는 적절한 지적을 했다.[22] 프랑코 덕분에 테레사 손의 카리스마가 강화되었으며, 테레사의 손 덕분에 프랑코의 카리스마도 강화되었다는 얘기다. 이로써 프랑코 체제의 특징인 국가와 종교(교회)의 상호 지원이 자연스레 실현된 것이다. 테레사의 손은 그 후 파르도관(館) 예배당에 보존되어 있다가 프랑코가 사망한 뒤 1976년 그의 미망인과 딸이 그것을 론다 수도원에 반환한 이후 현재까지 그곳에 보존되어 있다.

V. 만들어진 '스페인인의 성녀'

　테레사는 사실 프랑코 체제 기간 동안 가장 많은 추앙을 받은 성녀였다. 당시 가장 널리 알려진 '스페인인의 성녀'라는 테레사의 별칭은 요컨대 수세기에 걸쳐 이루어진 은폐와 가공의 산물이다.[23] 이는 멀게는 1609~1610년의 시성 과정에까지 거슬러 올라간다. 당시 시성을 위한 필수조건은 무어인의 흠도 없고 유대인의 흠도 없이 모든 인종으로부터 깨끗해야 한다는 것이었다. 그래서 데 예페스나 데 리베라 같은 전기 작가들은 테레사를 이달고 가문 출신의 확실한 순혈(純血)을 자랑하는 '정통 기독교의 성녀'로 만들어냈다.[24] 여기서 정통 기독교 성녀라는 것은 테레사가 다른 종교에서 기독교로 개종한 신기독교도가 아니라는 사실을 강조한 표현이다. 사실 테레사가 개종한 기독교도의 후손임이 나중에 밝혀졌지만 이러한 진실은 별다른 힘을 발휘하지 못했다.

1. 19세기 이전의 테레사

최근 30년 간의 테레사 연구는 이러한 정형화 과정을 밝혀내는 데 커다란 기여를 했다. 그 결과를 종합해보면 19세기 이전에는 테레사의 인물과 업적을 주로 거칠고 과장된 남성 편향의 바로크식으로 재구성했다. 그리고 프랑코 시대에는 이 글에서 분석하고 있는 것처럼 뛰어난 지도력을 지닌 남성적인 여성이자 용사, 창립자, 수도원의 여성, 요리와 노동의 여성, 군 지휘의 수호신, 그리고 무엇보다도 '스페인인의 성녀'나 젠더 모델 등의 다중적인 이미지로 형상화했다. 그 사이의 시기인 19세기와 20세기 초는 전자에서 후자로 넘어가는 분수령에 해당한다.[25] 그 대강의 흐름을 간략하게 살펴보면 다음과 같다.

1810년 카디스에서 소집된 코르테스는 성 야고보와 테레사를 스페인의 수호성인으로 선언했다. 테레사를 수호성인으로 주장하고 나선 대표적인 저서는 카르멜회의 공식 역사가인 마누엘 데 산토 토마스(Manuel de Santo Tomás)가 쓴 《위대한 여인》이라는 전기다. 그는 여기서 테레사의 이미지를 '강하고 위대한, 남성보다도 더 용기 있고 영웅적인 여인'으로, 스페인의 성녀이자 보편적인 성녀로 묘사했다.[26] 카디스의 코르테스에서 수호성인의 문제가 뜨거운 감자로 떠올랐다. 자유주의자들은 성 야고보와 테레사의 공동 수호성인을 옹호한 반면에 보수주의자들은 성 야고보를 단독 수호성인으로 주장했다. 자유주의자들이 공동 수호성인을 주장한 것으로 보아 성인 모델 가운데서 테레사의 모델이 근대적인 종교성과 관련이 있

'스페인인의 성녀'로 만들어진 테레사.

Teresa

고, 보수주의자들이 단독 수호성인을 주장한 것으로 보아 성 야고보 모델이 재정복의 이상과 깊은 관련이 있는 것으로 보인다. 보수주의자들은 성 야고보가 첫째는 나폴레옹에 대한 성전(聖戰)을, 둘째는 자유주의자들에 대한 성전을 지원해줄 것으로 믿었다. 결국 1617년과 1626년에 선언된 성녀 테레사의 스페인 수호성인 됨을 재확인하는 것으로 결말이 났다. 그러나 이는 1820년에 페르난도 7세가 카디스 헌법을 무효화하면서 다시 취소되고 말았다.[27]

그럼에도 불구하고 테레사의 유골에 대한 관심은 19세기 내내 지속되었다. 1870년대와 1880년대에는 그 유골에 대한 이념적 체계화가 진행되었으며, 교통과 통신 수단이 발전하면서 그에 대한 순례와 기념제도 점차 홍행하기 시작했다. 그러다가 테레사가 스페인 주요 신화의 상징이 된 것은 1922년 시성 300주년 기념제를 통해서이다. 때는 바야흐로 '스페인성(Hispanidad)'과 '스페인인(Raza)' 신화가 유포되던 시기였다. 그래서인지는 모르겠지만 이 기념제를 맞이하여 열린 각종 토론회와 특집으로 꾸며진 잡지들은 테레사와 그녀의 활약에 스페인 통합의 기능을 부여하자는 주장을 제기했다. 테레사를 스페인 국민을 하나로 아우르는 구심점으로 삼겠다는 것이었다. 또한 '스페인 영웅들'을 모신 화랑이 있었는데, 그곳에 세르반테스와 가톨릭 여왕 이사벨, 이냐시오 데 로욜라가 모셔졌고, 테레사도 빠지지 않았다. '스페인인의 성녀'라는 정형이 만들어진 것은 바로 이런 분위기에서였다. 이 정형은 곧 스페인 전역과 라틴 아메리카로 확산되어나갔다.[28] 이렇게 하여 테레사가 실질적인 스페인의 수호성인으로 복귀하게 되었다.

2. 프랑코, 다중적인 이미지를 창조하다

시성 300주년 기념제 이후 10년 동안에는 '스페인성'과 '스페인인'을 거의 완전히 동일시하는 내용의 저작들이 등장했는데 그 이론적인 기틀을 만들기 위한 예로 자주 테레사가 거론되곤 했다. 고마(Gomá) 추기경은 1934년 부에노스아이레스에서 스페인인의 날을 기념하여 발표한 '스페인성에 대하여'라는 제목의 강연을 통해 '스페인성'과 '스페인인' 뿐만 아니라 '가톨릭'까지도 포함한 세 용어가 동일한 것이라면서 그 역사적·상징적 기원을 아메리카 정복 시대로 소급해 설명했다. '스페인성'이란 피정복민에게 투영된 스페인의 정신적 특질이기 때문에 '스페인인이 되게 한다(hacer raza)'거나 '스페인성을 지니게 하는(hacer hispanidad)' 것은 공동의 언어와 문화와 종교 유산을 확장시켜나가는 작업이라는 것이다.[29] 부언하면 '스페인성'은 스페인 특유의 언어와 문화와 종교를 의미하는 것으로서 아메리카를 정복한다는 것은 이 '스페인성'을 유포시켜 아메리카 인디오들을 스페인인으로 만드는 작업이라는 의미다. 이러한 작업을 추진하는 데 필요한 대표적인 모델이 바로 성녀 테레사라는 것이다.

테레사를 '스페인인의 성녀'로 규정하기 위한 작업은 1929년과 1933년 사이에 저술하여 《스페인인의 성녀. 성녀 테레사 데 헤수스의 생애》라는 제목으로 출간된 가브리엘 데 헤수스의 기념비적인 전기와 더불어 시작되었다. 이 작업은 내전 중인 1937년에 국민을 결집시켜 거대한 힘을 발휘하게 할 신화를 찾고 있던 프랑코 진영의

Teresa

환호를 받았으며, 그 결과 적어도 프랑코의 국민 진영 내에서는 '스페인인의 성녀'라는 정형이 확고한 자리를 잡게 되었다.

앞서 언급한 바 있는 실베리오 총장도 1939년에 《성녀 테레사 데 헤수스. 최고의 스페인인》을 출간했다. 그는 이 저서를 통해 테레사가 스페인에 없어서는 안 될 가치와 신앙과 도덕의 보증이며, 특히 반(反)루터 정신과 반(反)마르크스주의 정신의 구현자이자 정통 기독교도의 후손임을 강조했다. 테레사에게 이러한 다중적 이미지가 첨가되면 될수록 그녀는 '스페인성'을 이루는 주요 구성 요소들을 결합해내는 더욱 강력한 접착제가 되었다. 내전 직후의 혼란을 극복하고 국민 통합과 대중 동원을 위한 정체성을 재발견해야 할 1940년대는 '스페인인의 성녀'라는 강력 접착제를 그 어느 때보다도 더욱 절실히 필요로 한 때였다.

테레사는 비단 '스페인인의 성녀'로서뿐만 아니라 젠더 모델로서도 매우 유용하게 활용되었다. 펠라요, 엘 시드, 정복자들, 펠리페 2세, 이냐시오 데 로욜라 등이 당시의 대표적인 남성 모델이라면, 가톨릭 여왕 이사벨과 성녀 테레사는 대표적인 여성 모델이었다. 이사벨 여왕과 테레사는 물론 종교적 차원이나 군사적 차원에서도 중요한 인물이었다. 그럴 경우 이사벨은 무어인들을 패퇴시키고 유대인을 추방했으며 신대륙을 발견하고 아메리카 대륙을 복음화한 인물로 소개되었고, 테레사는 앞서 얘기한 대로 반루터파 운동의 창시자이자 개혁가로 칭송되었다.

이사벨 여왕과 테레사는 16세기 이후 간행된 여성 교육 교재에 젠더 모델로 자주 등장한다. 그러다가 프랑코 시대에 들어와서는 반

페미니스트 문헌 속에 가내 여성상과 관련된 의미나 가치를 암시하는 것으로 나타난다.[30] 1940년대와 1950년대의 젊은 여성들과 기혼 여성들을 위한 교재에 실을 잣고 바느질을 하며 뜨개질을 하는 여성들의 표상이 많이 등장하는데, 그 대표적인 인물이 바로 우리가 다루고 있는 테레사이다.

실베리오는 1931년 출간한 전기 《성녀 테레사. 기독교 페미니즘 모델》[31]에서 테레사를 '기독교 페미니즘'을 구현한 인물로 묘사했다. 그는 이 책에서 프랑스 혁명과 러시아 혁명으로 고양된 여성과 관련된 관습의 부패를 '건전한' 기독교적 가치와 대조하면서 테레사를 '근대적 페미니스트 모델'로 소개했다. 테레사가 근면성과 교양, 그리고 기독교적·인간적 미덕을 두루 갖춘 인물이며, 이단과의 투쟁은 물론 세속주의와 합리주의와 비밀 결사에 대항하고 '잃어버린 것'의 회복을 위해 분투하는 용사라는 것이다. 그는 나아가 경우에 따라서는 여성의 가외 노동을 인정하고 보수의 불평등에 대한 시정을 요구한 적이 있는 것으로 테레사를 소개하기도 했다. 하지만 그는 여성의 사명이 '가톨릭 정신'과 가족·소유·자본·교육·국가 등을 회복시키는 데 있다며, 제2공화정기(1931~1936년)와 같이 여성에게 참정권이 주어진 경우에는 이를 염두에 두고 투표에 임해야 할 것이라고 강조하기도 했다.[32]

테레사는 그 뒤 1937년에 팔랑헤당의 산하 기관인 여성부의 수호성인으로 모셔진다. 여성들이 적극 모방해야 할 모델이 된 셈이다. 여성부의 전국 대표인 필라르 프리모 데 리베라(Pilar Primo de Rivera)는 테레사를 수호성인으로 추대하는 이유를 다음과 같이 밝

Teresa

혔다.

그녀를 우리의 수호성인으로 모시는 것은 그녀의 거룩함 때문이고 지혜의 여인인 그녀가 스페인에 가장 큰 영광을 안겨준 여인들 가운데 하나이기 때문입니다. 우리가 그녀를 모시는 것은 또한 여성부 동지 여러분이 그녀처럼 창립자의 사명을 지니고 있기 때문입니다. 여러분은 스페인 방방곡곡마다 우리 혁명의 열망을 전수해야 합니다. 그러나 떠들지 않고 드러내지 않는 조용한 방식으로 해야 합니다. 왜냐하면 떠들고 드러내는 것은 여성적인 방식이 아니기 때문입니다. 테레사도 그렇게 하지 않았습니다.[33)]

여기서 필라르가 여성부 소속 여성들의 사명을 창립자 테레사의 그것과 결부시키고 있음을 볼 수 있다. 그 사명은 곧 '기독교화'와 '스페인화' 작업이었다. 스페인 교회는 당시 가톨릭행동(Acción Católica) 소속의 젊은 여성들에게 이러한 사명을 불어넣고 있었다. 좀더 구체적으로 말해 그 사명은 위대한 남성을 길러내는 것이었다. 전몰자의 계곡의 전속 신부이자 여성부의 종교 고문인 페레스 데 우르벨 신부가 팔랑헤 여성 당원들을 대상으로 한 연설에서 "여성은 엄밀히 말해서 모성이다. 모성에는 두 가지 방식이 있다. 하나는 낳는 것이고 다른 하나는 기르는 것이다."[34)]라고 말한 것도 이와 같은 맥락이다. 이후 모성은 '어머니 주간'이나 '가정 주간'을 통해 더욱 고양되었다. 이는 내전으로 말미암은 인구 감소 문제라는 국민적 필

1939년 2월 12일 프랑코군을 환영하는 팔랑헤당 여성부의 사열.

1939년 1월 프랑코군의 진입을 열렬히 환호하는 바르셀로나의 여성들.

요성에서 나온 것이었다. 프랑코는 당시 '4천만 명의 스페인'을 꿈꾸었다. 의학잡지 〈세르〉지는 그를 대변해서 "국가의 인구 지표를 올리지 않는다면 제국이 될 수 없다."라고 말할 정도였다. 하여튼 모성은 끊임없이 이상화되고 신화화되었다. 이러한 모성의 신성화는 가정이나 가족 같은, 모성과 상징적·문화적으로 관련된 모든 영역으로 확장되어나갔다.

여성부는 사실 성녀 테레사를 국가가톨릭주의의 코드로 만드는 데 가장 힘쓴 단체였다. 각종 잡지와 글은 테레사를 건설적인 종교성, 위계 존중, 최대의 순종, 가사노동 애호 등의 모범으로 칭송했다. 요컨대 권위주의적 근대화를 추진해나가던 프랑코 체제는 테레사를 통해 전통적인 젠더 역할을 확산시킴으로써 여성들을 국민화하는 데 일정한 성공을 거둔 것으로 보인다.[35]

3. '썩지 않은 팔'의 전국 순례

한편 1962년은 바로크식 성물 숭배가 절정에 달한 해다. 이 해는 카르멜회 개혁의 400주년이 되는 해였다. 이를 기념하기 위해 1962년 8월부터 1963년 8월까지 성녀 테레사의 팔 유골이 스페인 전역을 순례하는 행사가 거행되었다. 이는 최후의 성대한 바로크식 숭배 모델의 재현으로 국민적 합의를 공고화하기 위한 마지막 시도인 셈이었다. 당시는 이미 반(反)프랑코 운동이 점차 확산되어가는 분위기였다. 사실 가톨릭계 지식인들과 단체들 모두가 거듭되는 프랑코

성녀 테레사 데 헤수스 바실리카.

체제의 합리화(정당화) 시도에 대해 동일한 지지를 보낸 것은 아니었다. 예를 들어 1940년대 말에 철학자 로페스 아란구렌이 스페인 가톨릭 내에 싹트기 시작한 모순들을 분석하기 시작했으며, 이러한 비판적인 분석은 1950년대 들어 리드루에호와 마리아스, 디에스 알레그리아, 라인 엔트랄고 같은 지식인들로 이어졌다. 하지만 이들은 아직 소수였고 그 목소리 또한 작았다. '썩지 않은 팔'의 전국 순례 행사는 이마저 잠재워버릴 듯한 기세로 진행되었다.

내전을 십자군 전쟁으로 치켜세우는 것은 군사반란뿐만 아니라 종래의 의식적·종교적 관행들을 정당화한다는 의미를 지닌다. 이런 차원에서 1960년대까지 크고 작은 규모의 순례와 성물 및 성상(聖像)들의 순회가 진행되고 있었다. 그 중 대표적인 것으로 1954년 희년(禧年)을 기념하여 거행된 산티아고 데 콤포스텔라의 순례와 파티마 성상의 순회, 1959년 '성배(聖杯)'의 아라곤 순회, 1959년 전몰자의 계곡 바실리카 낙성식 등을 들 수 있다.

그 뒤에 이어진 '썩지 않은 팔'로 알려진 성녀 테레사 유골의 스페인 전역 순례 행사는 로마 교황청의 가세로 그 엄숙함이 한층 강조되었다. 로마 교황청은 테레사의 출생지인 아빌라와 사망지인 알바 데 토르메스를 테레사 희년 사업의 본부로 선언해주었다. 그리고 카르멜회 회원들로 '400주년 기념위원회'가 구성되었으며, 남녀 명예위원회들과 아빌라 주교와 알바 공작부인 주재의 집행위원회들이 이 기념위원회를 지원하고 나섰다. 명예위원회들 가운데는 프랑코가 위원장이거나 그의 부인 카르멘 폴로가 위원장인 위원회도 있었으며, 필라르 프리모 데 리베라와 다수의 추기경들을 위원으로 하는 위원회도 있었다. 그리고 테레사의 생애에 관한 슬라이드 사진을 제작·배포하거나 지역적·전국적 차원의 토론회를 조직하고, 중등교육용 테레사 선집을 출간하며, 성녀 테레사의 초상을 넣은 기념우표를 발행하는 등 각종 문화 행사와 출판 행사가 이어졌다. 전통적인 성인열전 방식을 활용하여 재구성한 테레사의 전기가 라디오와 텔레비전을 통해 소개되고, 〈테레사 데 헤수스〉라는 제목의 영화가 제작 상영되기도 했다.

순례 행사를 위한 기념사는 마드리드와 아빌라 두 곳에서 낭독되었다. 우리는 이 기념사를 통해 테레사를 어떻게 소개하고 있는지를 엿볼 수 있다. 3월 28일 마드리드의 산타 테레사 성당에서 낭독된 기념사에서는 테레사의 개혁이 "루터파의 개종과 인디오들의 복음 전도, 사제들의 성화를 성취하기" 위한 수단으로 소개되었다.[36] 이는 수세기에 걸쳐 형성된 테레사의 모델을 재확인한 것이다.

한편 아빌라에서는 도시의 열쇠를 아빌라의 센토(Cento) 추기경에게 양도하는 것으로 기념제를 시작했다. 이어서 센토 추기경이 기념사를 낭독했는데, 그 내용은 16세기의 "제국적·선교적·신비적·영웅적" 스페인과 기적적인 십자군 시기를 찬미하고 테레사의 생애와 활동을 '카스티야'와 '스페인'이라는 코드로 재구성한 것이었다. 센토 추기경은 예전에 카스티야의 테레사와 이사벨을 동일시한 사실을 다음과 같이 추억했다.

> 테레사 데 헤수스가 여왕이었다면 가톨릭 여왕 이사벨처럼 행동했을 것이고, 가톨릭 여왕 이사벨이 수녀였다면 성녀

테레사처럼 되었을 것이라는 훌륭한 말이 있다. 이 두 사람은 여러분의 카스티야 하늘을 밝혀주는 별이고 꺼지지 않는 빛이다.[37]

4. 성체의 카리스마, 집단적 기억을 만들다

테레사의 '썩지 않은 팔'은 기념제가 끝난 뒤 알바 데 토르메스의 사당을 떠났다. 유골이 사당을 떠나기 위해서는 알바 데 토르메스 카르멜회 수도원 여수도원장의 허가와 살라망카 주교의 허락이 필요했으며, 교회법이 규정한 일정한 의식을 따라야 했다. 이런 절차를 밟은 테레사의 유골은 카르멜회 수도원이 있는 도시와 마을을 여행하기 시작했다.

사실 유골이 사당을 떠난 것은 이전에는 볼 수 없었던 새로운 것이었다. 알바 데 토르메스 카르멜회의 엥카르나시온 수도원 교회에 안치되어 있던 테레사의 팔과 몸과 심장은 그때까지만 해도 순례의 대상이었지 몸소 순례를 떠나지는 않았다. 그리고 알바 데 토르메스 도시 또한 스페인 공동 수호성인의 성체 사당이 있다는 이유로 특별 숭배지로 각광을 받고 있었다. 그런데 이번에는 성체가 '순례'의 길을 나선 것이다.

여기에는 특별한 의미가 있는 것으로 보인다. 당시 성체가 안치되어 있는 사당은 공동체를 결집시켜주고 그 정체성을 유지시켜주는 기능을 하고 있었다. 따라서 이 성체가 전국 순례의 길을 나섰다

Teresa

엥카르나시온 수도원 정면에 조각되어 있는 성녀 테레사.

는 것은 공동체를 결속시키고 정체성을 확인하는 기능을 알바 데 토르메스를 넘어 전국적 차원으로 확장시키고자 한 것이라고 풀이할 수 있다. 바꾸어 말하면 성체의 카리스마를 통해 교회에 대한 집단적 소속감을 강화시키려 한 것이라고 볼 수 있다. 이것은 더 나아가 당시 일고 있던 체제 비판의 목소리를 잠재우고 국민적 합의를 불러 일으키려는 의도가 있었던 것이다. 그리고 그런 의도는 실제로 상당 부분 달성되었으리라고 본다.

그러나 이러한 행사가 기획한 대로 쉽사리 진행된 것은 아니었다. 이러한 기획이 알려지면서 알바 데 토르메스 주민들 사이에 즉각적인 시위와 분쟁이 일어났다. 그들은 유골이 일단 알바 데 토르메스를 떠나면 다시 돌아오지 못할 것이라고 생각했다. 이에 대해 살라망카 주교 회보를 통해 1년 후에는 틀림없이 돌아올 것이라고 공식 선언을 하기도 하고, 순례의 매 여정마다 유골과 동행할 충실한 운송자로 현지 카르멜회의 라이문도 신부를 선출하기도 했다. 또한 순례를 하면서 반세기 전부터 중단된 테레사를 위한 바실리카 공사를 재개할 자금을 모금하겠다고 주민들에게 약속하기도 했지만, 그들을 설득하지는 못했다. 그래서 결국 8월 25일 오후 지역 당국이 입회한 가운데 은제 유골함이 정부가 제공한 차량으로 순례의 길을 나섰지만, 알바 데 토르메스 주민들은 시위의 표시로 출발 행사에 참석하지 않았다.

유골은 가는 곳마다 엄숙한 의식과 의례 행진, 미사, 테 데움가(歌), 사흘 간의 근행(勤行), 그레고리안 성가, 테레사 찬가를 통하여 환영을 받았다. 의례는 일반적으로 다음과 같은 절차를 따랐다.

유골이 도시나 마을의 중앙 광장으로 진입하면 시 당국과 종교 당국의 공식적인 환영사가 있고, 이어서 교회로 행진했다가 카르멜회 수도원으로 이동하여 그곳에서 밤을 지내게 된다. 유골이 수도원의 정숙한 곳으로 들어가기까지는 대개 축제 분위기가 연출되었다. 폭죽과 불꽃 세례가 이어지는 가운데 벽걸이 융단으로 장식된 거리를 따라 행진했다. 심지어 일부 지역에서는 유골이 도착하는 날 공공기관의 문을 닫기도 했다.

유골은 다양한 교통수단을 통해 이송되었는데 자동차뿐만 아니라 비행기와 배로 여행하기도 했고, 차량과 오토바이와 자전거 대열의 호위를 받기도 했다. 마드리드에서 일종의 공식 임명장이자 특권증을 하사받은 후로는 여행 내내 그 임명장을 지참하고 다녔다.

마드리드의 마요르 광장에서는 1962년 9월 18일 오후에 특별한 의례가 거행되었다. 여성부 전국 대표인 필라르가 광장 중앙에 설치된 제단과 광장을 둘러싼 건물의 발코니에서 종이 울려퍼지는 가운데 헌화했고, 군대는 수천 명의 군중들이 연호하며 지켜보는 가운데 유골에게 '총사령관'의 영예를 바쳤다. 이때부터 유골은 총통과 스페인 교회 간의 연합을 보증하는 '성녀'가 되었다. 마드리드 시장은 이를 재차 확인하기라도 하듯이 "성녀께서 우리의 총통과 그 참모들에게 계시를 주시며 거룩한 가톨릭 교회에 힘과 용기를 주셔서 우리 사회의 영원한 기초와 확고한 기둥이 되게 하십시오. 바로 이 교회 위에 국가의 모든 기초가 안전하게 놓여 있습니다."[38)]라는 말로 환영사를 대신했다.

이렇게 진행된 순례는 1년이 끝날 무렵 알바 데 토르메스에서 대단원의 막을 내렸다. 1963년 8월 25일 알바 데 토르메스 주민들은 축제와 폭죽, 음악과 환호 등으로 유골의 복귀를 축하했다. 시장은 엄숙한 환영사에 앞서 테레사를 '영원한 명예 시장'에 임명한다는 알바 데 토르메스 시청의 결정을 공포했다. 일간지 〈엘 아델란토〉지는 1963년 8월 27일자에서 당시 상황을 "곧이어 시장이 축소된 형태의 상징적인 지휘봉을 내보이더니 헌정 절차에 따라 그것을 유골함에 넣었다. 그 순간 군중들은 성녀에게 엄청난 환호와 박수갈채를 보냈다."고 기술했다. 이어서 살라망카 자치단체장과 알바 공작 가문에게는 '테레사 수도회 명예 회원'의 메달과 깃발이 수여되었다. 이것은 상징적인 성격이긴 하지만 일종의 권력 교환이 진행된 것을 보여준다. 테레사의 유골이 일정한 임명 절차를 거쳐 지상권력으로부터 명예 시장에 위촉된 다음, 자치단체장과 공작 가문의 정치 권력을 신성화시켜준 것이다. 이로써 일반 제도와 신성한 것 사이의 결합이 이루어진 셈이다.

 주민들 대다수는 '성녀의 복귀'에 대해 엄청난 열정과 애정을 보여주었다. 이는 틀림없이 테레사의 명성과 관련이 있을 것이다. 또한 인간 테레사와 그녀의 활동이 어떤 정형이나 상투적인 것을 초월해 불러일으키는 존경심과도 관련이 있을 것이다. 유골에 존경을 표할 수 있도록 마드리드의 산타 테레사 성당 문들을 열어젖힌 것이나, 유골이 떠나자 숭배자들이 이곳저곳에서 흐느끼면서 유골이 머물렀던 바닥에 소중한 입맞춤을 하는 것이나, 기발한 창조성을 동원해 음악을 작곡하고 연극을 제작하며 우의적인 장식차를 꾸미는 것에서 신성한 것과의 교감을 바라는 일반 대중의 열렬한 참여를 확인할 수 있다. 그리고 '팔'이란 원래 권위와 지휘를 상징하는데, 그 팔 앞에 대지의 산물인 빵과 밀과 과일 등을 헌물한 것으로 보아 풍성한 수확을 기원하기도 하고, 심지어는 다산과 풍요까지도 기원했던 것으로 보인다. 또한 병자들과 장애자들이 유골함에 헌물하기도 하고 악동의 모친이 유골에 은혜를 청한 후 그 악동이 회심하게 되었다는 이야기들은 민중적 기원을 지닌 성체의 기적 코드가 재생되었음을 보여주는 것이다.

VI. 종교와 독재자의 공생

프랑코 체제의 성녀 테레사 숭배는 신성한 것 혹은 종교를 정치적 목적으로 활용한 대표적인 경우라고 볼 수 있다. 그것은 첫째로 테레사의 손 숭배로 나타나는데, 여기서 손은 단순한 손이 아니라 프랑코의 십자군 전쟁을 승리의 길로 안내하는 성녀로, 그리고 총통의 미래와 평화 사업을 계속 안내해줄 표지로 간주되었다. 게다가 손은 프랑코의 '보이지 않는 동반자'로서 프랑코의 카리스마를 강화하는 데도 상당한 기여를 했다.

둘째로 내전 직후 국민 통합과 국민 동원을 위한 정체성 구축이 절실하던 시대에 테레사를 '스페인인의 성녀'로 추대함으로써 스페인 특유의 가치와 신앙, 그리고 도덕을 보증하는 반(反)마르크스 정신의 구심점으로 삼았다. 그로 인해 테레사는 스페인을 넘어 라틴 아메리카로까지 확장되는 스페인성 구현의 대표 모델이 되었다.

셋째로 테레사는 이사벨 여왕과 더불어 대표적인 여성 모델로 소개되었다. 더욱이 여성부의 수호성인으로 추대되면서 젊은 여성들

1953년 1월 19일 마드리드에서 추기경들에게 추기경모를 씌워주고 있는 프랑코.

에게 '기독교화'와 '스페인화'의 사명을 불어넣어주는 역할을 했다. 이러한 사명은 모성의 강조로 귀결되었으며 그와 더불어 위계를 존중하고 순종을 즐겨 하며 가사노동에 힘쓰는 미덕이 강조되었다.

　넷째로 카르멜회 개혁 400주년을 기념한 특별 프로젝트로 거행된 '썩지 않은 팔'의 전국 순례는 그동안 순례의 대상이었던 성체가 이제 거꾸로 순례의 길을 나선 것으로, 교회에 대한 집단적 소속감을 강화하고 나아가 국민적 합의를 공고화하기 위한 시도라고 볼 수 있다. 이는 사회 변혁이 가속화되면서 점차 일기 시작한 반(反)체제 움직임을 바로크식 성인 숭배의 재현을 통해 잠재우려 한 것에 다름 아니다.

결론적으로 성녀 테레사 숭배는 국가가톨릭주의의 맥락에서 이뤄진 것이라고 볼 수 있다. 다른 독재자들과 달리 프랑코 총통의 카리스마는 그것이 바로 이 국가가톨릭주의에 새겨져 있다는 점이 특수하다. 이데올로기가 고백 국가의 기틀을 만들어주는 대신 종교는 권력의 합법적 기능과 더불어 종교기관의 정치적 활용을 허용해주었다. 국가가톨릭주의는 심지어 독재자에게 전능자로 자처하도록 신비적·종교적 코드로 찬양 받을 가능성마저 제공해주었다. 그러나 이것이 언제까지나 가능한 것은 아니었다. 앞서 얘기했다시피 사회가 변하면서 가톨릭 내부에서도 소수의 성직자들과 지식인들을 중심으로 체제 비판의 목소리가 제기되기 시작하였고, 로마 교황청과의 종교협약이라는 전성기를 구가하던 국가가톨릭주의도 사양길에 접어들게 되었다.

그러나 성녀 테레사의 숭배를 통해 그 일면을 엿본 스페인의 국가가톨릭주의는 독재자가 성직자의 문화권력뿐만 아니라 전통종교의 가치와 전제(前提)의 제한을 받을 수밖에 없기 때문에 파시즘이 뿌리내리기 위해서는 세속화가 만들어낸 공간이 필요하다는 스탠리 페인의 말이 설득력을 잃게 만든다. 종교와 독재자는 서로를 제한할 수밖에 없는 것이 아니라 신성한 것의 정치화를 통해 서로의 카리스마를 강화시켜줄 수도 있는 것이다. 다시 말해 종교와 독재자의 공생이 가능하다는 얘기다.

■ 성녀 테레사 미주

1) 이에 관한 대표적인 연구로 Hans Maier (ed.), *Totalitarismus und Politische Religionen*. *Konzepte des Diktaturvergleichs*, Paderborn: Schoningh, 1996; Michael Ley · Julius H. Schoeps (eds.), *Der Nazionalsozialismus als politische Religion*, Mainz: Philo Verlag, 1997; Claus-Ekkehard Bärsch, *Die politische Religion des Nazionalsozialismus*, München: Fink, 1998; Emilio Gentile, *Il culto del Littorio. La sacralizzazione della politica nell' Italia fascista*, Bari: Laterza, 1993; Emilio Gentile, "The Sacralization of Politics: Definitions, Interpretations and Reflections on the Question of Secular Religion and Totalitarianism", *Totalitarian Movements and Political Religions*, 1, Summer 2000, pp. 18~55; Philippe Burrin, "Political Religion. The Relevance of a Concept", *History & Memory*, 9, 1997, pp. 321~349를 들 수 있다. 또한 임지현 · 김용우 엮음, 《대중독재: 강제와 동의 사이에서》(책세상, 2004), 24~37, 211~217쪽을 참고하라.
2) Stanley G. Payne, *A History of Fascism, 1914~1945*, Madison: University of Wisconsin Press, 1995, pp. 16, 490, 516; Robert O. Paxton, *The anatomy of fascism*, New York: Alfred A. Knopf, 2004, pp. 213~214.
3) Giuliana Di Febo, *Ritos de guerra y de victoria en la España franquista*, Bilbao: Desclée de Brouwer, 2002, p. 180 참조.
4) Paxton, Ibid., p. 203.
5) 황보영조, 〈프랑코 체제와 대중〉, 《역사학보》제182집(2004. 6), 284~286쪽.
6) 국가가톨릭주의에 대해서는 다음을 참고하라. Julián Casanova, *La Iglesia de Franco*, Madrid: Ediciones Temas de Hoy, S. A., 2001, p. 283; Adrian Shubert, *A Social History of Modern Spain*, London: Unwin Hyman, 1990, pp. 234~235; A. Alvarez Bolado, *Experimento del nacional-catolicismo (1939~1975)*, Madrid: Cuadernos para el Diálogo, 1976, pp. 139~237; Enrique Gervilla Castillo, *La Escuela del Nacional-Catolicismo. Ideología y Educación Religiosa*, Granada: ImpRedisur, 1990, p. 167; Stanley G. Payne, *Spanish Catholicism. An Historical Overview*, London: The University of Wisconsin Press, 1984, pp. 178~191; Juan J. Linz, "Religión y política en España", Rafael Díaz-Salazar y Salvador Giner (comps.), *Religión y sociedad en España*, Madrid: CIS, 1993, pp. 18~29.
7) Giuliana Di Febo, *La Santa de la Raza. Teresa de Avila: Un culto barroco en la España franquista*(1937~1962), Barcelona: Icaria, 1988, p. 10.
8) Antonio Mª. Calero, "Prólogo", *Ritos de guerra y de victoria en la España franquista*, pp. 19~22.
9) Di Febo, *Ritos de guerra y de victoria en la España franquista*, p. 24.
10) 이에 대해서는 황보영조, 〈스페인 내전의 전쟁 이념 분석〉, 《이베로아메리카연구》제12집 (2001. 12)을 참고하라.
11) J. Mª. Margenat, *El factor católico en la construcción del consenso del Nuevo Estado franquista (1936~1937)*, Madrid: Universidad Complutense de Madrid, 1991, pp. 164~165를 참고하라.

12) 이 주제에 대해서는 1988년 출판된 Giuliana Di Febo의 *La Santa de la Raza. Teresa de Avila: Un culto barroco en la España franquista*(1937~1962)와 2002년 출판된 *Ritos de guerra y de victoria en la España franquista*에서 이미 상세히 분석한 바 있다. 본고는 이 연구의 성과에 크게 힘입었음을 밝혀둔다.
13) 국내에 소개된 성녀 테레사의 생애에 관한 참고 도서는 다음과 같다. 아빌라의 성녀 예수의 테레사, 서울 가르멜 여자 수도원 역,《천주 자비의 글》(왜관 : 분도출판사, 1996) ; 마르셀 오클레르, 부산 가르멜 여자 수도원 역,《아빌라의 테레사》(왜관 : 분도출판사, 1993) ; 왈터 닉, 정은순 역,《위대한 성인들》(왜관 : 분도출판사, 1983) ; 엠마누엘 르놀, 고성 가르멜 여자 수도원 역,《靈性의 大家》(왜관 : 분도출판사, 1990) ; 요셉 글린, 차순향 역,《영원한 신비가》(서울 : 가톨릭출판사, 1991). 이 밖에 성녀 테레사에 관한 훌륭한 전집으로는 Santa Teresa de Jesús, Alberto Barrientos, (dir.), *Obras Completas*, Madrid: Editorial de Espiritualidad, 1984가 있다.
14) Fermín Bouza, *Religiosidad contrarreforma y cultura simbólica del barroco*, Madrid: CSIC, 1990.
15) Julián Casanova, Ibid., pp. 205~206.
16) Di Febo, Ibid., p. 136, 각주 5번 참고.
17) Di Febo, Ibid., p. 136.
18) 이에 대해서는 다음 장에서 다룬다.
19) *Boletín del Obispado de Salamanca*, 27 de febrero de 1937, pp. 54~55. Di Febo, Ibid., p. 140 에서 재인용.
20) Silverio de Santa Teresa, "La Mano de la Santa redimida de la esclavitud bolchevique", *El Monte Carmelo*, 1 de abril de 1937, p. 148. Di Febo, Ibid., p. 141에서 재인용.
21) Di Febo, Ibid., p. 143.
22) Di Febo, Ibid.
23) 이에 대해서는 Di Febo, *La Santa de la Raza. Un culto barroco en la España franquista*, pp. 73~95를 보라.
24) Di Febo, *Ritos de guerra y de victoria en la España franquista*, pp. 69~70.
25) Di Febo, Ibid., pp. 70~71.
26) Manuel de Santo Tomás, *La mujer grande. Vida meditada de Santa Teresa de Jesús*, t. I, Madrid, 1807, p. 288. Di Febo, Ibid., p. 71에서 재인용.
27) 이에 대해서는 I. Lasa Iraola y J. Mª. Laboa Gallego, "Santa Teresa de Jesús Patrona de España en las Cortes de Cádiz", en *Hispania Sacra*, n. 32, 1980, pp. 265~285를 보라.
28) Di Febo, Ibid., pp. 78~80.
29) Di Febo, Ibid., p. 80.
30) Di Febo, Ibid., p. 102.
31) Silverio de Santa Teresa, *Santa Teresa. Modelo de femenismo cristiano*, "El Monte Carmelo", Burgos, 1931.

32) Di Febo, Ibid., pp. 89~90.
33) P. Primo de Rivera, *Discursos, circulares, escritos*, Madrid, s. f., p. 268.
34) *Conferencia de Fray Justo Pérez de Urbel en el Consejo Nacional de la Sección Femenina de F.E.T. y de las J.O.N.S.*, Madrid, 1941. Di Febo, Ibid., p. 99에서 재인용.
35) 이에 대해서는 황보영조, 〈프랑코 체제와 여성〉, 《지중해지역연구》 제5권 제2호(2003. 10)를 참고하라.
36) 이 기념사는 〈테레사의 개혁과 우리 시대(La Reforma teresiana y nuestro tiempo)〉라는 제목으로 *Revista de Espiritualidad*, 21(1962), pp. 427~444에 실려 있다.
37) 1962년 8월 24일자 〈야〉지. Di Febo, Ibid., p. 121에서 재인용.
38) 1962년 9월 19일자 〈마드리드〉지. Di Febo, Ibid., p. 125에서 재인용.

대중독재의 영웅 만들기

비교역사문화연구소 기획
권형진 · 이종훈 엮음

1판 1쇄 발행일 2005년 8월 22일
1판 2쇄 발행일 2007년 3월 5일
1판 2쇄 발행부수 1,000부 총 3,000부 발행

발행인 | 김학원
편집인 | 한필훈 이재민 선완규
기획 | 황서현 유소영 유은경 박태근 유소연
크리에이티브 디렉터 | 김영철
마케팅 | 이상용 하석진
저자 · 독자 서비스 | 조다영(humanist@hmcv.com)
스캔 · 표지 출력 | 이희수 com.
용지 | 화인페이퍼
인쇄 | 청아문화사
제본 | 정민제책

발행처 | (주)휴머니스트 퍼블리싱 컴퍼니
출판등록 제313-2007-000007호(2007년 1월 5일)
주소 | 서울시 마포구 연남동 564-40 121-869
전화 | 02-335-4422 팩스 | 02-334-3427

ⓒ 비교역사문화연구소, 2005

ISBN 978-89-5862-065-5 03900

만든 사람들

편집 주간 | 선완규(skw2001@hmcv.com)
편집 | 김선경 · 임미영
본문 조판 | 홍영사
표지 디자인 | 민진기디자인